高等职业技术教育建筑设备类专业规划教材

楼宇智能化技术

主　编　孙景芝　张铁东
副主编　刘志坚　李宏勇
主　审　温红真

武汉理工大学出版社
·武　汉·

内 容 提 要

本书是在校企合作、工学结合的新办学理念指导下，根据教育部高职高专的培养目标编写的。全书共分为 9 个学习情境：情境 1. 为智能建筑工程认知，情境 2 为智能建筑相关技术，情境 3 为智能建筑设备自动化控制系统，情境 4 为安全防范系统与消防监控联网，情境 5 为通信自动化系统，情境 6 为智能建筑办公自动化系统，情境 7 为住宅小区智能化系统，情境 8 为智能建筑系统工程的实施，情境 9 为楼宇智能化工程管理。

本书脉络清晰，内容通俗易懂，图文并茂，可作为高等职业技术院校楼宇智能化专业、建筑电气专业及建筑院校非电气专业教材，同时也可作为建筑电气控制系统工程技术人员的参考书。

图书在版编目(CIP)数据

楼宇智能化技术/孙景芝，张铁东主编. —武汉：武汉理工大学出版社，2009.01（2019.10 重印）

ISBN 978-7-5629-2872-0

Ⅰ. ①楼… Ⅱ. ①孙… ②张… Ⅲ. ①智能建筑-自动化系统 Ⅳ. ①TU855

中国版本图书馆 CIP 数据核字(2009)第 002743 号

项目负责人：张淑芳　　**责 任 编 辑**：张淑芳
责 任 校 对：张明华　　**封 面 设 计**：陶　冶
出 版 发 行：武汉理工大学出版社
社　　　址：武汉市洪山区珞狮路 122 号
邮　　　编：430070
网　　　址：http://www.wutp.com.cn
经　　　销：各地新华书店
印　　　刷：武汉兴和彩色印务有限公司
开　　　本：787×1092　1/16
印　　　张：18.25
插　　　页：2
字　　　数：462 千字
版　　　次：2009 年 1 月第 1 版
印　　　次：2019 年 10 月第 7 次印刷
定　　　价：29.00 元

凡购本书，如有缺页、倒页、脱页等印装质量问题，请向出版社发行部调换。
本社购书热线电话：027-87515778　87515848　87785758　87165708(传真)

前　　言

高等职业教育是以“为企业培养用得上的人才为目标、以就业为导向”的一种全新的教育类型。对建筑智能化工程的实践和考查表明，要实现零距离就业，必须以典型建筑智能化工程的技术领域为基准，以建设部制定的相应岗位群职业标准为依据，编写工学结合的具有高职特色的教材。

智能建筑是一种融现代建筑技术、计算机技术、自动控制技术与信息通信网络技术等高新技术于一体的新型建筑，它的迅速发展为建筑行业带来了强大的发展空间和技术革命。另外，城市化建设为建筑行业营造了广阔的发展空间，急需大批懂设计、会施工、能管理的应用型人才。我国加入 WTO 后，国内建筑业市场将融入国际大市场，这就需要我们迅速提高竞争力。提高竞争力的关键在于高素质的技术与管理人才。教育部已将楼宇智能化专业列为紧缺人才培养计划，面对智能建筑的迅速崛起和它所包含的多种学科、多种技术的交叉综合，处于工程建设第一线的设计、施工、管理、运行维修人员迫切需要熟悉和掌握相应的高新技术知识。本书为适应这些需求而编写，因此，它不仅可用作高职高专类院校的教材，同时也可作为从事智能建筑施工、管理、运行维修等行业的人员继续教育的参考书。

本书编写的指导原则是：

1. 以行业职业标准为依据，突出课程的职业定向性。以职业能力作为课程内容配置的基础，使学生获得的知识、技能真正满足职业岗位的需求。

2. 注重知识与技能的融合，综合开发学生的职业能力。理论知识以应用为目的，以必需、够用为度，以掌握概念、强化应用为重点；实践技能强调针对性和实用性，使理论知识真正为职业技能服务，强化学生创新能力的培养，提高学生就业上岗和职业变化的适应能力，使教材成为培养职业人才的工具。

3. 注意与本系列其他教材之间的关系，原则上不重复其他教材的内容。

4. 编写的内容突出针对性与实用性，并考虑有通用性和先进性，既可以作为教科书使用，也可以作为相关工程技术人员的参考书。

5. 按照教育部高职人才培养目标的要求，结合楼宇智能化技术的工作任务，将本学习领域分为 9 个学习情境：情境 1 为智能建筑工程认知，情境 2 为智能建筑相关技术，情境 3 为智能建筑设备自动化控制系统，情境 4 为安全防范系统与消防监控联网，情境 5 为通信自动化系统，情境 6 为智能建筑办公自动化系统，情境 7 为住宅小区智能化系统，情境 8 为智能建筑系统工程的实施，情境 9 为楼宇智能化工程管理。

在编写过程中，作者根据示范院校建设中对教育教学的全新认识和理解，加上多年教学实践及工程实践，将教学、设计、施工融为一体，结合高职教学培养应用型人才的特点，遵循够用为度，将教、学、做合一的理念贯穿全书；结合工作任务，从培养应用型人才出发，围绕本教学领域所需形成的职业能力展开讨论；在对每一情境的阐述过程中，结合实际工程项目，针对工程项目的实际设计、安装及运行维护中所需要的知识点展开分析，实用性强，是指导学生工程实践的必修内容。另外，为使读者将学习过程中的理论与实际密切结合，书中给出了相关习题与训练项目，意在培养学生的应用能力，以适应现代化建筑行业的需求。

本书由黑龙江建筑职业技术学院孙景芝和辽宁建筑职业技术学院张铁东担任主编，由徐州建筑职业技术学院刘志坚和滁州职业技术学院李宏勇担任副主编。具体的分工为：情境1、8由孙景芝编写，情境2、4由哈尔滨工业大学韩翀编写，情境3由张铁东编写，情境5由刘志坚编写，情境6由黑龙江建筑职业技术学院范丽萍编写，情境7由李宏勇编写，情境9由黑龙江建筑职业技术学院张恬编写。全书由孙景芝负责统一定稿及完成文前、文后的内容。

本书在编写过程中得到了黑龙江建筑职业技术学院温红真的认真审阅和帮助，在此一并表示感谢。

本书参考了有关智能化技术方面的网上资料和大量书刊资料，并引用了部分资料，除在参考文献中列出外，在此谨向这些书刊资料的作者表示衷心的谢意！

由于楼宇智能化技术更新和发展迅速，我们的认知水平及综合能力有限，书中必定存在不少的缺点和错误，恳请广大读者给予批评指正。

编　者

2008年9月

目　　录

学习情境1　智能建筑工程认知

智能建筑(Intelligent Building),作为建筑工程与艺术、自动化技术、现代通信技术和计算机网络技术相结合的复杂系统工程学科,是现代高新技术与建筑艺术相结合的产物,是一门多学科交叉且具有高科技含量的新领域技术。

智能化建筑的发展日新月异,智能化住宅更是人们生活质量提高的重要标志,人们对智能化住宅的需求促进了智能化建筑的发展,目前,在世界各地智能化工程技术正逐步走向创新阶段。楼宇控制系统的主要功能是对建筑物内部的能源使用、环境、交通以及供电进行统一监控与管理,以便提供一个既安全可靠、节约能源又舒适宜人的工作和居住环境,主要包括对中央空调、给排水、变配电、照明、电梯等系统的监控,这些系统一般运用在商场、宾馆、体育馆等大型的公共场所里。

随着智能建筑的发展,智能化领域的规范和标准也相继问世,在设计、施工、验收等环节一定要认真执行。

【能力目标】

▲ 初步了解智能建筑的发展背景及现状;
▲ 明白智能建筑的基本概念、功能、特点及涉及的核心技术;
▲ 会使用智能化相关标准;
▲ 掌握智能化工程的业务范围;
▲ 能对智能化工程图有初步认识。

任务描述

本学习情境的任务是:初步了解智能建筑的发展背景及现状,明白智能建筑的基本概念、功能、特点及涉及的核心技术、相关标准等,增强对智能化领域及智能化专业所涉及的知识范围和业务领域的认识,为学好本学习领域的相关内容打下良好的基础。

任务分析

从认识智能化住宅入手,了解智能建筑的形成背景及发展,然后深入智能建筑的定义、智能建筑相关规范,最后到家居智能系统的案例展示。

方法与步骤

任务1　智能建筑的形成及展望

1.1.1　智能建筑的发展史

1.1.1.1　智能建筑在全球的发展状况

世界上第一幢智能大楼于1984年在美国康州首府哈特福德市的城市广场建成,这是一栋

38 层的办公建筑，拥有比较好的建筑设备系统，将通信自动化(CA)、办公自动化(OA)、楼宇设备管理自动化(BA)、安全、防灾等技术纳入运行管理，同时给租户提供新的服务及共享服务功能，从而成为世界上第一座冠以“智能建筑”的大楼，被视为城市现代化、信息化的主要标志，承担该工程总体设计和安装的是 UTBS 公司。

从第一座智能大楼诞生后，20 世纪 80 年代后期，智能建筑风靡全球，并以蓬勃发展的势头在世界范围形成。这主要是由于电子技术，特别是微电子技术在楼宇自动化和通信网络以及它们的系统集成方面有了飞跃的发展。据统计，美国新建和改造的办公大楼约 71%为智能建筑，智能建筑总数超过万座。日本从 1985 年开始建设智能大厦，并制订了一系列的发展计划，成立了智能化组织，到 20 世纪末已有 65%的建筑实现智能化。新加坡计划建成“智能城市花园”。印度计划建设“智能城”。韩国计划将其半岛建成“智能岛”。也就是说，智能建筑是科技发展的产物，尤其是现代计算机(Computer)技术、现代控制(Control)技术、现代通信(Communication)技术和现代图形显示技术(CRT)，即所谓 4C 技术的历史性突破和在建筑平台上的应用，“智能建筑”的使用功能和技术性能与传统建筑相比较发生了深刻的变化，从而使这种综合性高科技建筑物成为现代化城市的又一个重要标志。

1.1.1.2　中国智能建筑的发展

20 世纪 80 年代末 90 年代初，中国科学院计算技术研究所就曾进行了“智能化办公大楼可行性研究”，对智能办公楼的发展进行了探讨。80 年代后期出现了较早的一批智能设施和系统较为完备的建筑物。1990 年建成的北京发展大厦是智能建筑的雏形。1993 年建成的广东国际大厦是我国大陆首座智能化商务大厦，它具有较完善的“3A”系统[建筑设备自动化系统(Building Automation System，BAS)，通信网络系统(Communication Network System，CNS)，办公自动化系统(Office Automation System，OAS)]及高效的国际金融信息网络，通过卫星可直接接收美联社道琼斯公司的国际经济信息，同时还提供了舒适的居住与办公环境。

首先打出“智能建筑”旗号的是房地产开发商，另一个最早进入这个市场的是系统集成商，他们原来多半是搞通信或是承担网络工程的，从做网络转向专门做综合布线。

在智能建筑的发展过程中，原来建筑业的主力军即建筑工程的设计和施工安装两支队伍却显得技术准备不足。行业中的一些先知先觉者为了规范市场，统一认识，便在上海首先提出了制定智能建筑设计标准的问题，此标准在 1996 年作为上海市的地方标准出台，将智能建筑划为三级。仅以上海浦东新区为例，自 1990 年至 1996 年就建造了 20 层以上的高楼 89 幢。全上海市 1990～1996 年建造了 20 层以上的高楼 497 座，总计约 1062 万 m^2。

智能建筑兴起于沿海特区和北京，尔后在武汉、西安等大城市出现了智能建筑，后来在乌鲁木齐也建造了智能大厦。

建设部在 1997 年 10 月发布了《建筑智能化系统工程设计管理暂行规定》，界定了有关建筑智能化工程的主管部门是建设部，具体的工程项目的设计部门应是本工程的设计总体负责机构，设计负责人应对工程总体(包括智能化系统工程)负全面责任。规定了任何智能建筑工程应在立项时就应将智能化系统的设计要求提出，经批准立项之后，即作为设计要求下达到设计单位进行设计。承包分项的系统集成商应在工程总体设计的指导下进行本系统的细化设计，同时还要承担设备安装、调试、用户培训以及交工后的维护服务等一系列工作。规定还指出，智能建筑在竣工和正常运转一段时间后要进行评估，评估为优秀者要进行奖励。这个管理规定是政府关于智能建筑管理的第一个总令，对于整顿市场和规范行业行为起了很好的作用。

1998 年 10 月又颁布了《建筑智能化系统工程设计和系统集成专项资质管理暂行办法》以及与之相应的《执业资质标准》。这两个法令规定了承担智能建筑设计和系统集成的资格，实际上是市场准入的标准。

1998 年 6 月在建设部勘察设计司领导下成立了建筑智能化系统工程设计专家委员会，协助政府进行一些行业管理和推进智能建筑事业的工作。

综上可见，近 20 年的建筑智能化发展之所以如此迅猛，是因为它首先是人性化的重要体现，然后才是在现有的经济和技术发展的前提下实现的。

1. 社会背景

(1) 进入信息化时代，产业结构的变化需要智能建筑。当今社会已经从工业社会发展到了信息社会，知识、信息已经成为越来越重要的资源，因而，人类对于其进行生产、生活的主要载体——建筑物的功能要求产生了巨大变化，其功能范围也在不断增加和扩大。人们对生活、工作环境的要求越来越高，在要求可靠、高效的通信服务的同时，又希望居住环境舒适、方便而且节能。为了满足人们的需求，需使建筑功能逐步增加，各种自动化管理和服务设备广泛应用于建筑物内，而人工却无法完成这些先进设备的管理，由此可见，社会需要促进了传统建筑向智能建筑的转化，智能建筑也体现了人性化的理念。

(2) 建筑物本身的现代化发展，对建筑提出更多、更高的条件与要求，这也包括一系列对建筑智能化的要求。另外，随着建筑物的高效化和多功能化，人们对生产、生活场所的条件也提出了方便、舒适、高效和节能的要求。现代办公楼、商住楼的技术支持和设备管理已非人工操作所能应付，智能建筑应运而生。

结论：社会变革，国家垄断经营的交通、邮电等行业转向自由竞争，国际贸易和市场开放，使得信息技术市场的竞争日趋激烈，为智能建筑的技术和设备选择提供了更多的机会。

2. 技术背景

智能建筑的诞生是电子信息技术发展的结果。如数字技术、光纤技术、超大规模集成电路技术和图像通信技术已广泛渗透于各个应用领域(如建筑业)以及生产、经营、管理等过程，成为诸多行业更新发展的基本依据和重要手段。现在各国都在争建自己的信息高速公路，而信息高速公路网的节点——建筑物必然要满足其客观要求。高新技术在智能建筑中的应用将建立在互联网网络基础之上，并且有良好的人机交互多维信息处理能力。在技术上，发展的重点是可视化技术、虚拟技术和协同工作技术，必须密切结合应用需求，强调综合集成。由此可见，随着智能传感技术与智能控制技术的发展与应用，将进一步提高控制精度，节能效果显著。信息网络与控制网络的融合和统一，将使建筑智能化系统的网络结构更加简化，网络系统更加可靠。信息技术的快速发展，必将开创新的应用市场，智能建筑作为信息高速公路上的主节点，恰好顺应了市场需求，必将成为信息产业的重要市场。

结论：计算机技术、微电子技术、信息网络技术促使智能建筑的实现具备了技术基础。

3. 经济背景

在现代化的今天，世界经济区域集团化趋势日益显现，各国经济逐步纳入世界经济体系，资金、商品、人才和技术的国际化流动正在加速。世界经济由总量增长型向质量效益型转制，产业结构也向知识集约型与高增值型转变。智能建筑以现代高技术为基础，以知识、技术密集形式获得了高增值，不仅提高了建筑产业的技术含量和水平，还将推动相关产业结构现代化和产品结构的升级换代。如果说信息是经济发展的战略资源的话，智能建筑这一信息系统的成员在新经济形式下必将得到更壮观的发展。

经济背景概括为如下几方面：(1) 第三产业的崛起；(2) 世界经济全球化；(3) 世界经济由总量增长型向质量效益型转变。

结论：智能建筑的产生，经济同样起到了决定性的作用。

1.1.2 智能建筑展望

随着人们生活水平的日益提高，对智能建筑的需求量也会急剧增大，智能建筑已成为一个国家综合经济实力的具体表征。随着房地产事业的发展，智能建筑已经成为建筑现代化的标志之一，许多开发商和业主都以自己的产品冠以“智能建筑”为荣。

智能建筑的发展趋势主要体现在以下几个方面：

1. 向规范化发展

在设计、施工中，大多是专业人员按国家规定和规范进行，政府高度重视，并提供了各方面的支持，促使智能建筑向规范化方向发展。

2. 智能建筑材料与智能建筑结构的发展

当前智能建筑的“智能”是通过建筑设备的智能化系统来实现的。未来智能建筑的“智能”还会体现在智能化的建筑材料和智能化的建筑结构等方面，例如：

(1) 自修复混凝土。在提高建筑结构安全度方面，可采用自修复混凝土（智能混凝土）。在混凝土中掺入装有树脂的空心纤维，当结构构件出现超过允许度的裂缝时，混凝土的微细管破裂，溢流出来的树脂将其自动封闭和粘结裂缝。

(2) 光纤混凝土。在建筑物的重要构件中埋设光导纤维，从而能够经常监视构件在荷载作用下的受力状况，显示结构的安全程度；采用有机结构构件，如建筑物的梁、柱由聚合物缓冲材料连成一体，在一般荷载下为刚性连接，而在振动的作用下为柔性连接，起到吸收和缓冲地震或风力带来的外力作用。这一技术已在三峡大坝中应用。

(3) 智能化平衡结构。如日本竹中建筑公司在东京市中心建了一栋 6 层大楼，它在强烈的模拟地震试验中安然无恙。这栋新建筑物之所以能抗震，一方面在于有一个液压支架系统，能减弱和抑制 40%的震动；另一方面是楼的顶层安装了一个大滑块，当大楼受到飓风或地震的影响即将倾斜时，这块 9 t 重的滑块会根据计算机的指令朝相反的方向移动。

3. 智能建筑向多元化发展

由于用户对智能建筑功能要求有很大差别，智能建筑正朝多元化方向发展。例如：智能建筑的种类已逐步增加，从办公写字楼向公共场馆、医院、厂房、宾馆、住宅等领域扩展；随着智能建筑建设范围的扩大和数量的增加，智能建筑也正向智能化小区、智能化城市发展，未来必将与数字化国家和数字化地球接轨。

4. 建筑智能化技术与绿色生态建筑的结合

绿色建筑是综合运用当代建筑学、生态学及其他技术科学的成果。绿色生态建筑在不损害生态环境的前提下，提高人们的生活质量及当代与后代的环境质量，其“绿色”的本质是物质系统的首尾相接，无废无污、高效和谐、开放式闭合性良性循环。通过建立起建筑物内外的自然空气、水分、能源及其他各种物资的循环系统来进行绿色建筑的设计，并赋予建筑物以生态学的文化和艺术内涵。在生态建筑中，采用智能化系统来监控环境的温、湿度，自动通风、加湿、喷灌，临近管理三废（废水、废气、废渣）的处理等，为居住者提供生机盎然、自然气息浓厚、方便舒适并节省能源、没有污染的居住环境。

5. 信息技术的标准化必将提升智能化的素质

国际开放协议标准的应用，可使建筑智能化系统的集成和互操作性得以实施；把 Intranet 引入智能建筑，可实现智能建筑内部局域网与外部 Intranet 和 Extranet 网络的无缝连接；光纤到家、光纤到办公室以及三网合一（语音、视频、数据传输使用同一传输网络）的实现将使智能建筑的接入网达到一个新的境界；同时，地理信息技术的应用使得办公自动化系统和智能建筑物业管理系统实用性更强。

智能建筑是传统建筑技术与新兴的信息技术结合的产物，因此，伴随信息技术的迅猛发展，建筑智能化的功能和性能将进一步提升，智能建筑中的“智能”也必将显示出更多的优势。不远的将来，一个高度集成、综合化管理和高智能人性化的智能化系统必将成为建筑的重要内容。

任务 2　智能建筑认知

任务描述

明确智能建筑的定义，熟悉其所包含的内容，并通过案例分析对智能建筑的优势和特征及功能有所掌握。

任务分析

从智能建筑的定义入手，分析智能建筑 BAS 、CAS、OAS 与 PDS 的相互关系及其内容，最后阐述智能建筑的功能及优势。

方法与步骤

1.2.1　智能建筑的定义与特征

1.2.1.1　智能建筑的定义

智能建筑的定义：智能建筑是指利用系统集成方法，将计算机技术、通信技术、信息技术与建筑艺术有机结合，通过对设备的自动监控，对信息资源的管理和对使用者的信息服务及其与建筑的优化组合，所获得的投资合理、适合信息社会需要并且具有安全、高效、舒适、便利和灵活特点的建筑物。

智能建筑的形象描述：钢筋混凝土结构是建筑物的躯体，装饰装潢是建筑物的衣服，智能控制中心是建筑物的大脑，各种智能探测器是建筑物的感觉器官，通信网络是建筑物的神经系统。

1.2.1.2　智能建筑的特征

1. 复杂性特征

从系统论的角度来看，可以把它看做是一个复杂系统（Complex System），因为它具备了复杂系统几乎所有的特征。

2. 开放性特征

系统集成的关键问题是解决不同子系统、不同产品间接口和协议的标准化，以使它们之间能达到"互联性"和"互操作性"。它应提供数据接口、网络接口、系统和应用软件接口。系统开放性的特征是:集成接口遵循开放、通用的国际标准;集成接口互换性好。

3. 技术先进性特征

(1) 无线通信技术的充分应用;

(2) 数字化视频传输技术的推广使用;

(3) 控制系统的全数字化技术。

4. 集成化特征

集成(Integrated)是指把各个自成体系的硬件和软件加以集中,并重新组合到统一的系统之中。它由五个独立的自动化子系统组成:

(1) 设备管理自动化系统(BAS);

(2) 安全防卫自动化系统(SAS);

(3) 通信自动化系统(CAS);

(4) 防止火灾自动化系统(FAS);

(5) 办公自动化系统(OAS)。

通过系统集成中心(SIC)把这些子系统组合在一起,以满足用户的需求。

1.2.2　建筑智能化的内容

智能建筑(大厦)是由建筑的结构、系统、服务和管理四个基本要素以及它们之间的内在关联进行最优化组合(系统集成),提供一个投资合理而且高效、舒适、方便的建筑环境空间。

智能建筑是指在现代建筑内综合利用目前国际上最先进的计算机技术、控制技术、通信技术、图形(图像)显示技术,建立一个由计算机统一管理的集成化系统平台。

建筑智能化结构与内容如图 1.1 所示,智能化建筑各级工作关系如图 1.2 所示。

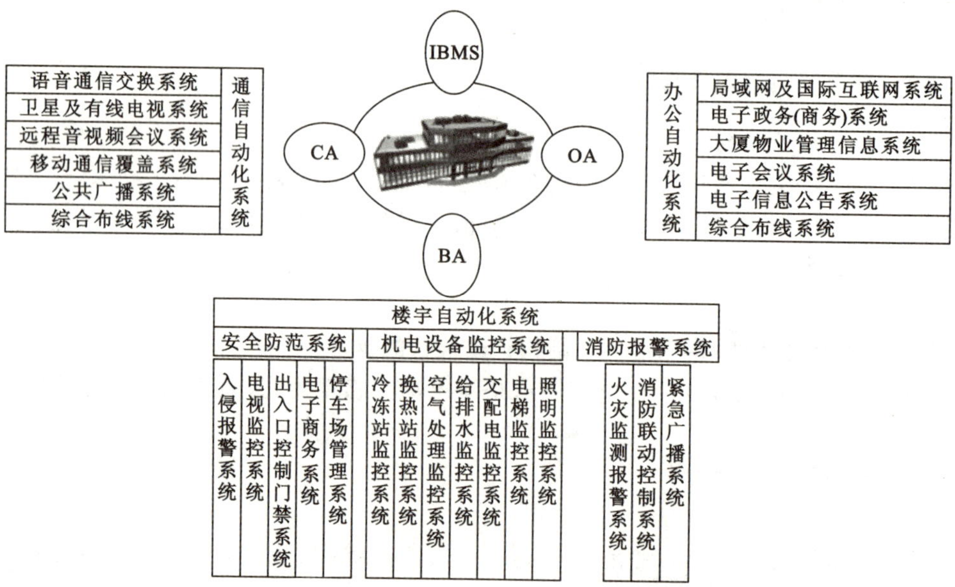

图 1.1　智能化建筑工程结构与内容

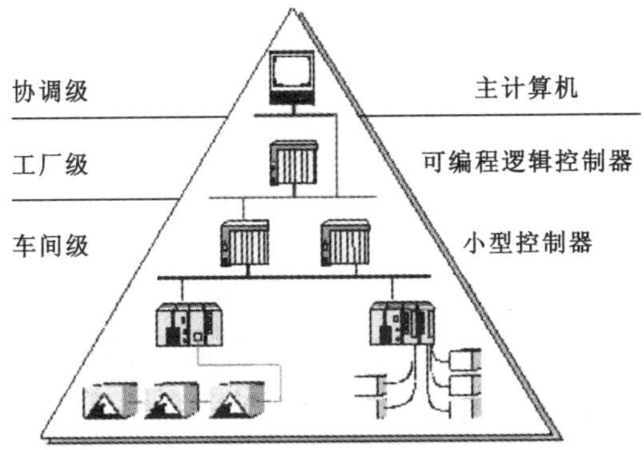

图 1.2　智能化工程各级工作关系

智能建筑是实施了智能化工程的一个单体建筑（或建筑群）的统称。在实际智能化工程项目中，由于建筑的用途不同，对智能化的功能要求有较大差异，不同行业、不同业务用途的建筑物对智能化功能要求的侧重点也有非常大的区别。图 1.1 所示的建筑智能化结构基本上涵盖了多数建筑智能化需求的内容，实际工程中应根据用户的一般需求和重点进行合理的增减。

从本质上看，智能建筑是以现代控制技术、现代计算机技术、现代通信技术和现代图形显示技术等高新技术为基础，以现代建筑为载体的各种功能的系统集成，是由硬件部分和软件部分构成。

1.2.2.1　建筑设备自动化系统(BA)

1. 建筑设备监控系统

该子系统是十分重要的，占全部智能化子系统设计工作量的三分之一，还要与水、电、暖等设备专业密切配合。其主要描述内容有：设计原则；本工程建筑机电设备设置情况，如冷暖空调机组；热源锅炉(热水器)；油系统；通风设备；变配电设备；给排水设备；照明设备，包括公共照明、室外照明、泛光照明等；电梯、自动扶梯等；各机电设备的控制要求。建筑设备监控系统的组成案例如图 1.3 所示。

供配电监测分高压侧检测和低压侧检测。

高压侧检测项目：高压进线主开关的分合状态及故障状态；高压进线三相电流检测；高压进线 AB、BC、CA 线电压检测；频率检测；功率因数检测；电量检测；变压器温度检测。以上参数送入供配电系统监测节点中，由系统自动监视及记录，为电力管理人员提供高压运行的数据，便于管理及分析。监视主开关的状态，发生故障及时报警。监视大厦的用电情况和负荷的变化情况，便于管理人员分析。

低压侧检测项目：变压器二次侧主开关的分合状态及故障状态；变压器二次侧 AB、BC、CA 线电压；母线开关的分合状态及故障状态；母线的三相电流；各低压配电开关的分合状态及故障状态；各低压配电出线三相电压、电流、电量、谐波电压、浪涌电流、功率参数等。

中央空调、通风系统的监控：对中央空调的监控，可分成中央空调的水循环系统和中央空调的空气调节系统两部分。中央空调是第一用电大户，对中央空调监控的最终目标是在保证中央空调稳定运行的前提下实现真正意义上的节能控制。从节能和环保方面考虑，中央空调

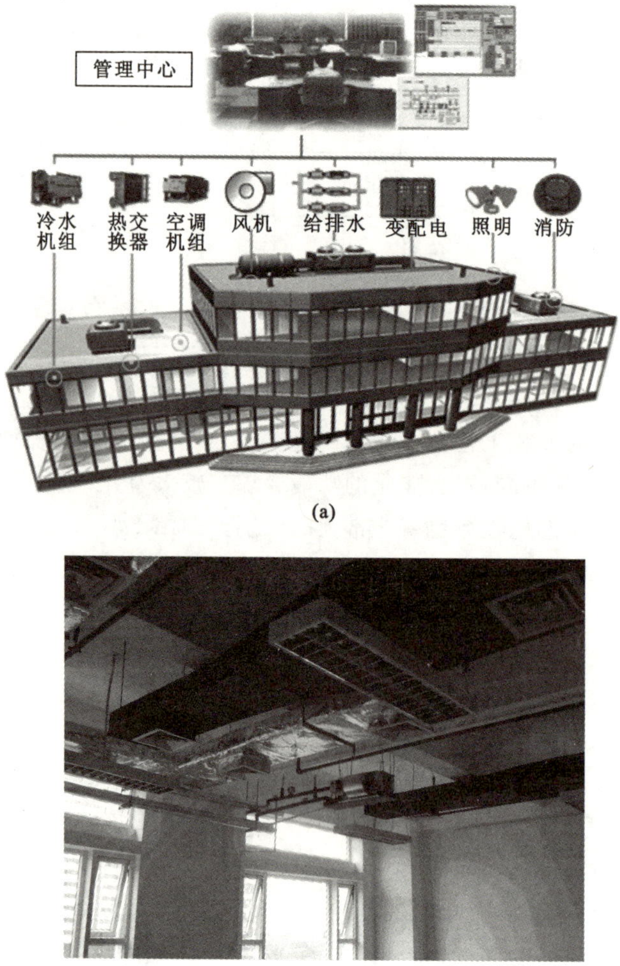

(a)

(b)

图 1.3　建筑设备监控系统

(a) 建筑设备监控系统;(b) 通风与空调系统

的工作模式采用变频。

对通风及排烟系统(包括厕所楼顶排风系统、地下机房、人防及地下车库送/排风系统以及空调新风进风系统、防烟系统、排烟系统及加压送风系统)采集每个风机的运行状态和故障状态,以便进行集中的监视。

给排水系统监控:从节能方面考虑,给排水系统采用变频工作模式。对给排水的监控主要是对给排水系统的工作参数进行采集,监视给水池、排污池的水位高低以及管网的流通状况(堵塞、泄漏),污水过滤网的状态,水泵的工作状态和故障状态等,以保证设备的正常运行。

电梯集群管理系统:通过通信接口与电梯控制系统联网来实现对电梯的集群管理。对电梯的集群管理主要是显示电梯的运行状态和故障状态,电梯运行时的楼层号显示,电梯的启/停控制,累计电梯运行时间对到达指定时间的电梯自动提示维护信息,在发生火警时电梯要求与消防联动停在首层(消防电梯除外)。

照明系统的监控:用电设备是仅次于中央空调的第二用电大户,对照明系统的集中监控在保证照明稳定可靠的前提下还要考虑它的节能性。

2. 安全防范系统

安全防范系统包括防盗报警系统、闭路电视监控系统、保安周边防范与巡更系统、出入口控制及门禁系统、紧急报警系统和模拟显示系统等。

闭路电视监控系统的主要功能是辅助保安系统对于建筑物内的现场实况进行监视。它使管理人员在控制室中能观察到楼内所有重要地点的情况(保安人员视觉的延伸),为消防、楼内各种设备的运行和人员活动提供了监视手段。如图 1.4 所示。

摄像机的安装位置:在建筑的各出入口、主要通道、车库及停车场出入口、贵重设备机房等重要场所,选择适用于监控不同区域的摄像机和镜头。

监视及控制:将监测区的情况以图像方式实时传送到管理中心,值班人员通过对中心控制设备的操作(或程控),从电视墙可以时时刻刻地了解这些重要场所的实时情况。

图像记录:对一些重要场所采用数字压缩技术进行实时图像记录,一般场所采用非实时记录,以便发生意外事件后为公安部门侦察破案提供依据,为防盗报警系统提供图像复核手段(报警联动将自动显示报警区域的实时场面)。

3. 消防报警及消防联动

消防报警及消防联动由火灾自动报警系统和消防联动系统组成,实现火灾报警、人员疏散、防排烟控制、消防灭火等。火灾自动报警系统设备如图 1.5 所示。

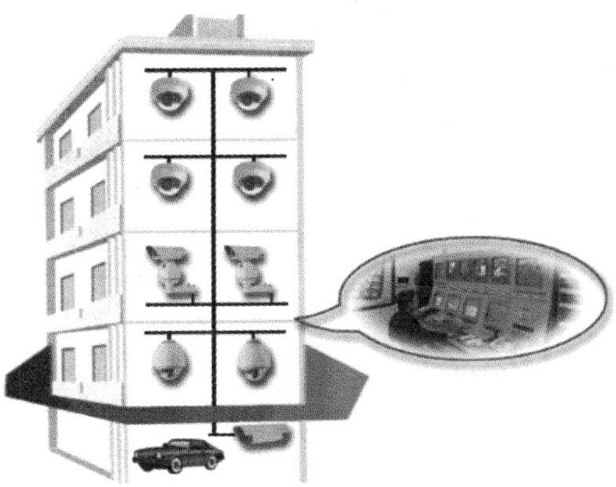

图 1.4　闭路电视监控系统

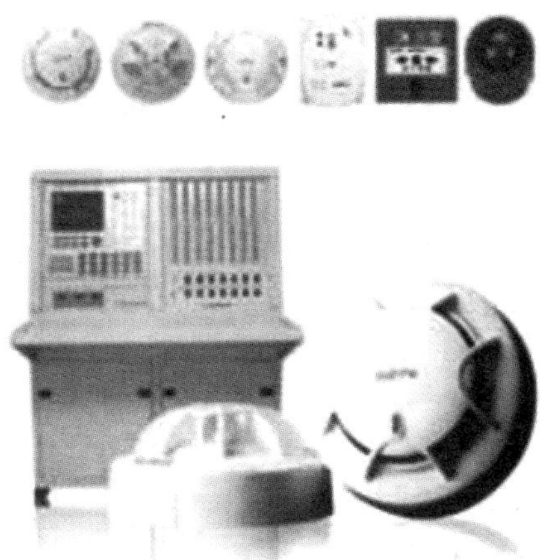

图 1.5　火灾自动报警系统

4. 停车场管理系统

大型公共建筑设置地下停车场的建筑工程需要设置该系统。在汽车通道出入口设置管理室,安装系统主机。如图 1.6 所示。

5. IC 卡管理系统

该系统包括 IC 卡管理系统、IC 卡登记结算系统、宾馆 IC 卡门锁系统和 IC 卡门禁管理系统等,其作用是提供一个优良的工作环境。

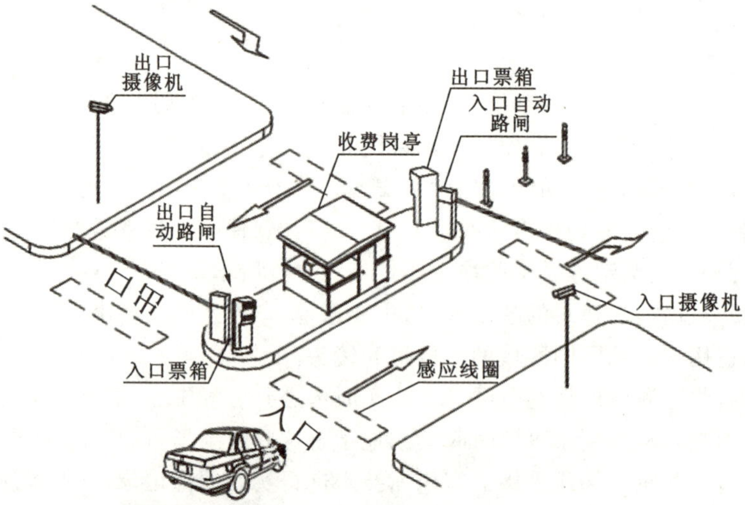

(a)

(b)

图 1.6　停车场管理系统

(a) 设备布置示意图;(b) 应用图

1.2.2.2　通信自动化系统(CAS)

该系统由有线电视系统、数字式程控电话交换机或接入网系统、光缆传输系统、卫星信息通信系统、电视会议系统、可视图文与传真系统、多媒体系统与无线寻呼等组成。其作用是实现建筑物内外或国内外的信息互通、资料查询和资源共享。

通信网络系统:主要内容包括语音信息点设置原则,各楼层不同功能用房的信息点设置一览表(可与计算机信息点同表),机房设置,机房设备选择虚拟交换机、程控交换机等。如果不与计算机网络系统同走综合布线系统,则垂直管线采用通信电缆、水平布线采用四芯通信线,每楼层设置电话分线箱。管线敷设方式:垂直管线走弱电竖井,水平管线走吊顶。部分工程还有无线通信系统等。

1. 卫星电视接收及有线电视系统

该系统一般采用 860 MHz 双向邻频传输系统。对于住宅,一般采用集中式分配分支器系统,原串接分支方式基本不用。有线电视系统应用平面图如图 1.7 所示,卫星电视接收系统应用如图 1.8 所示。

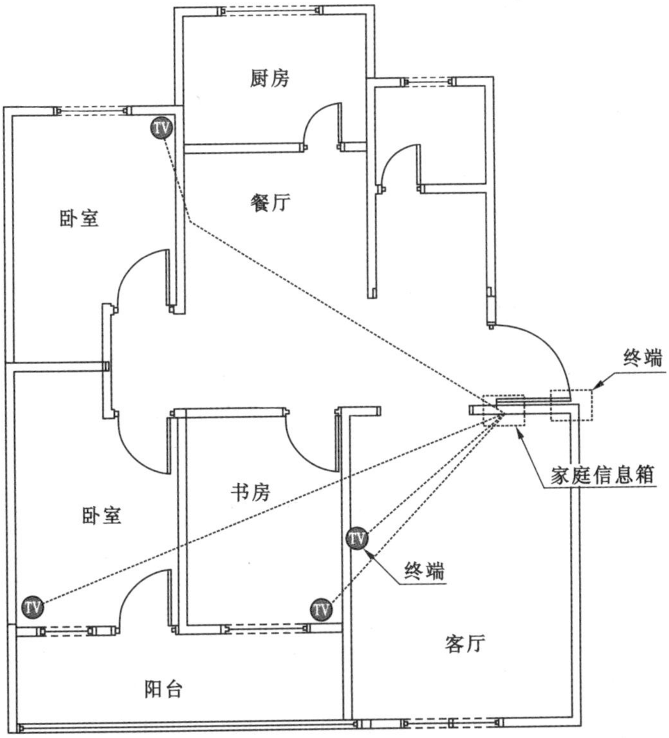

图 1.7　有线电视系统

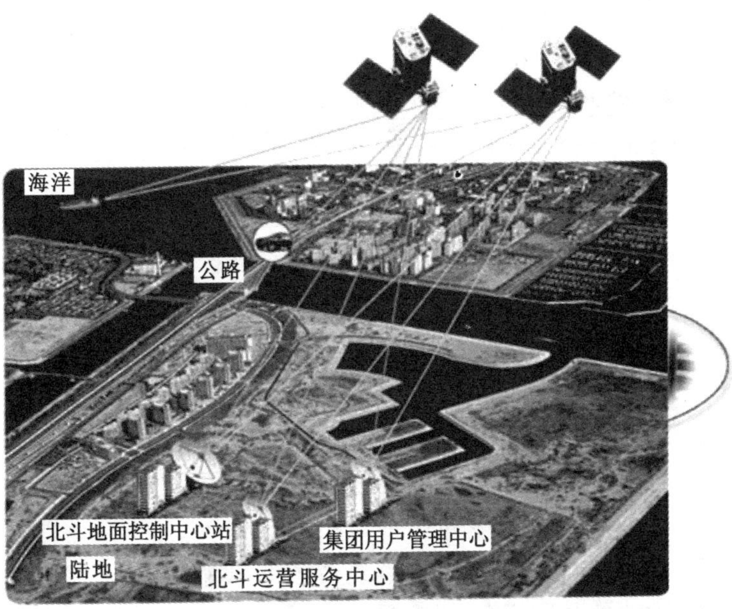

图 1.8　卫星接收系统

2. 公共广播系统

该系统一般与消防紧急广播系统兼容，要说明与消防紧急系统的切换方式。扬声器设置如不完全相同则要作补充，部分场所要增设音量调节开关。其应用如图 1.9 所示。

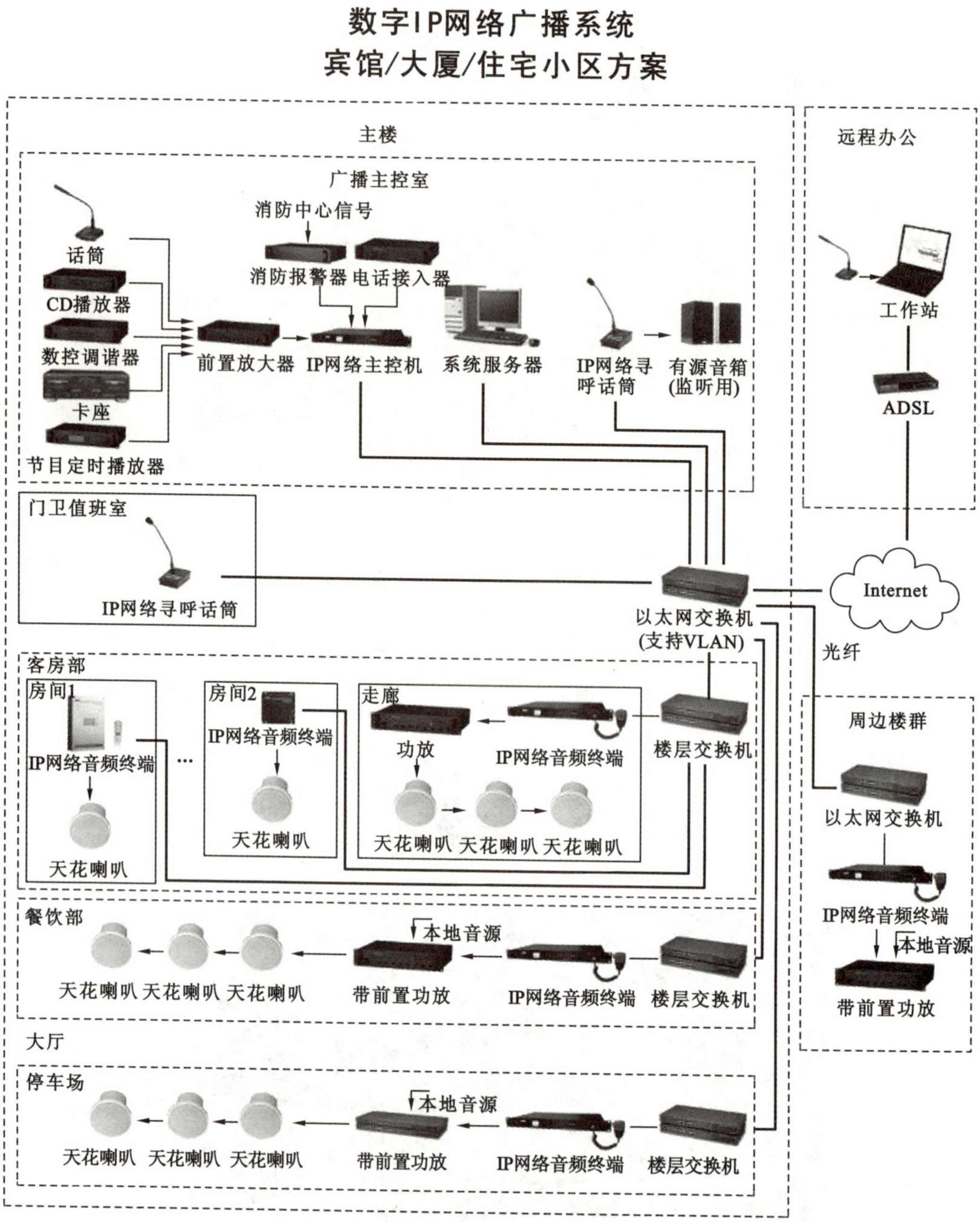

图 1.9　广播系统案例

背景音乐：听音乐的人意识不到声源的位置，有给人快感的音质。声压级为 70～85 dB，频响宽 100～12000 Hz。可设置定时自动广播。

公共广播：以听音的人能听到清晰、准确的声音为目标。声压级为 80～90 dB，频响宽 100～6000 Hz。

紧急事故广播：听音的人在任何地方都能听到清晰、准确的声音。声压级为 88～94 dB，频响宽 100～6000 Hz。紧急广播强切功能，并可按消防有关规范设置紧急广播模式（如 N 1）。

广播区域内声压级均匀，变化范围为 8 dB。

3. 会议系统

一般办公楼具有各种规模、各种用途的会议室和报告厅时均需设置会议系统，如图 1.10 所示。由于建设单位要求档次不同，投资不同，选用会议系统内容也不同。主要有会议扩声、投影、摄像系统，会议视频系统，还有会议表决系统、发言系统及多语种同声传译系统等。

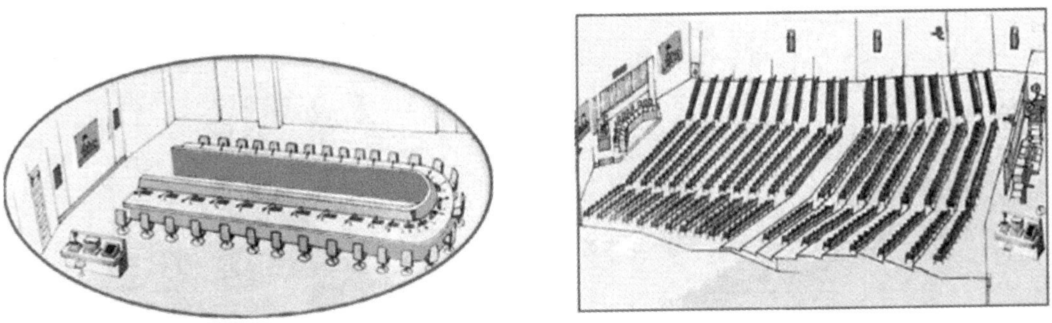

(a)　(b)

图 1.10　会议系统

(a) 小型会议系统；(b) 大型会议系统

电子会议系统的特点为：

(1) 高度集成化；

(2) 各种信息集于一屏；

(3) 多种语言同声传译音质清晰，声音与图像同步匹配；

(4) 音频扩声以自然为本；

(5) 全集成中央控制。

小型会议室：正面中央墙挂单屏显示，有会议发言、表决系统，如图 1.10(a)所示。

大型报告（多功能）厅：主席台一边一个单屏显示（背投），有会议发言（表决）、同声传译、旁听、音频扩声、现场摄像等系统，如图 1.10(b)所示。

4. 大屏幕显示系统及触摸式多媒体信息查询系统

公建项目的办公、商场等一般设置这两种系统，通常设置于门厅、大堂等公共场所，对公众起广告、引导功能。大屏幕显示装置附近需设置小控制室，留足电源功率，一般每平方米 1 kW 左右。大屏幕显示系统如图 1.11 示。

1.2.2.3　办公自动化系统（OAS）

该系统由计算机网络、计算机软件平台、酒店管理系统和物业管理系统等组成，如图 1.12 所示。其作用是服务于建筑物本身的物业管理和运营服务，用户业务领域的金融，外贸和政府部门等办公，是可实现具体办公业务的人机交互信息系统。

计算机网络系统的主要内容有计算机信息点设置原则，各楼层不同功能用房的信息点设置一览表（可与语音信息点同表），机房设置，计算机网络中心机房主网络交换机和楼层网络交

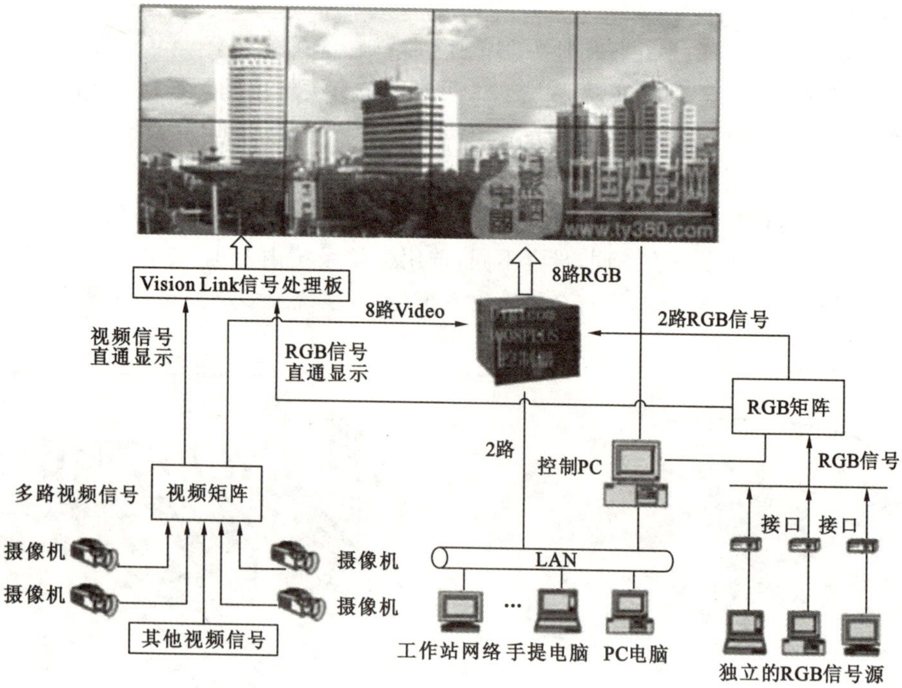

图 1.11　大屏幕显示系统

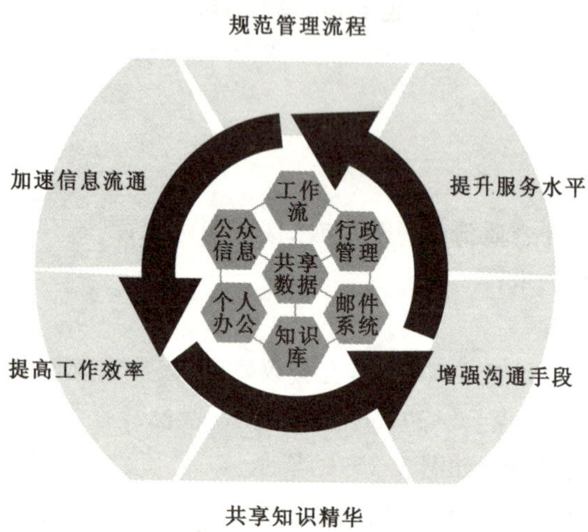

图 1.12　办公自动化系统

换机设置，系统厂商、品牌及系统情况、产品性能的简单介绍。部分政府办公大楼要组建外网、内网，有的业务部门要组建小型局域网。银行计算机网络系统应用案例如图 1.13 所示。教育城域网解决方案如图 1.14 所示。校园网如图 1.15 所示。

1.2.2.4　智能化建筑系统集成中心(SIC)

现代商业机构的运作常常需要计算机技术、通信技术、信息技术和它的办公环境（建筑物）完全集成在一起，实现信息和资源共享，提供舒适的工作环境和完善的安全保障，这就是智能建筑，而这一切的基础就是综合布线。

综合布线系统是一个用于传输语音、数据、影像和其他信息的标准结构化布线系统，是建

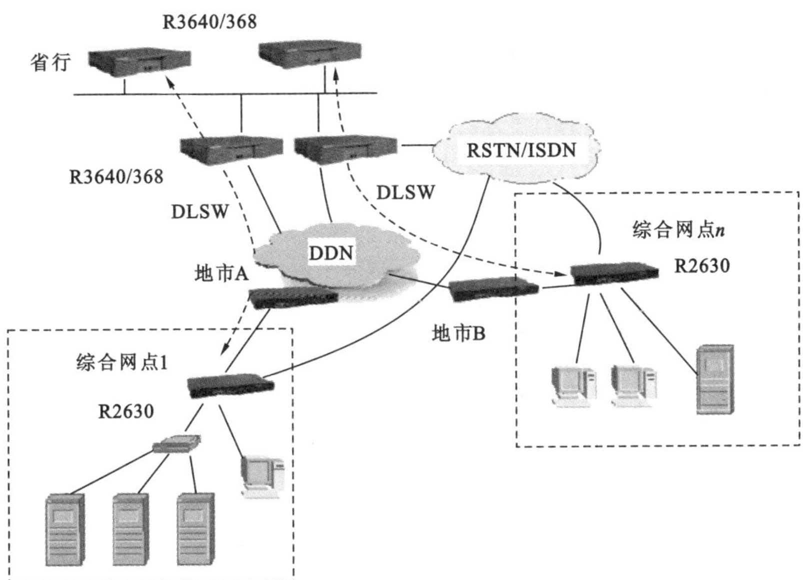

图 1.13　银行计算机网络系统应用案例

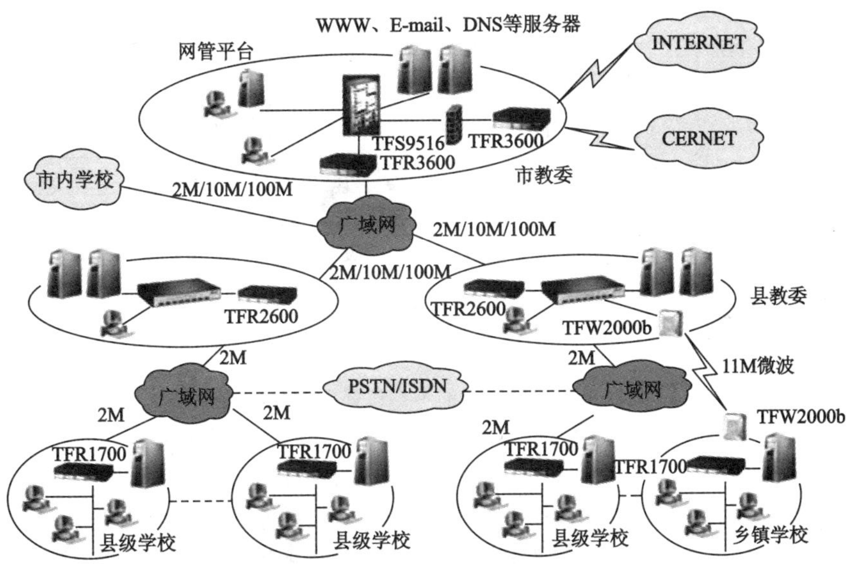

图 1.14　教育城域网解决方案

图 1.15　校园计算机网络系统

筑物或建筑群内的传输网络，它使语音和数据通信设备、交换设备及其他信息管理系统彼此相连接。

综合布线PDS已发展为智能楼宇布线系统IBS，并进一步发展为结构化综合布线系统SCS。综合布线PDS采用模块化的灵活结构将3A系统和智能化建筑系统集成中心进行巧妙的连接，便成了一个完整的智能化建筑系统，基本内容与结构如图1.16(a)所示，智能型大厦布线系统如图1.16(b)所示。

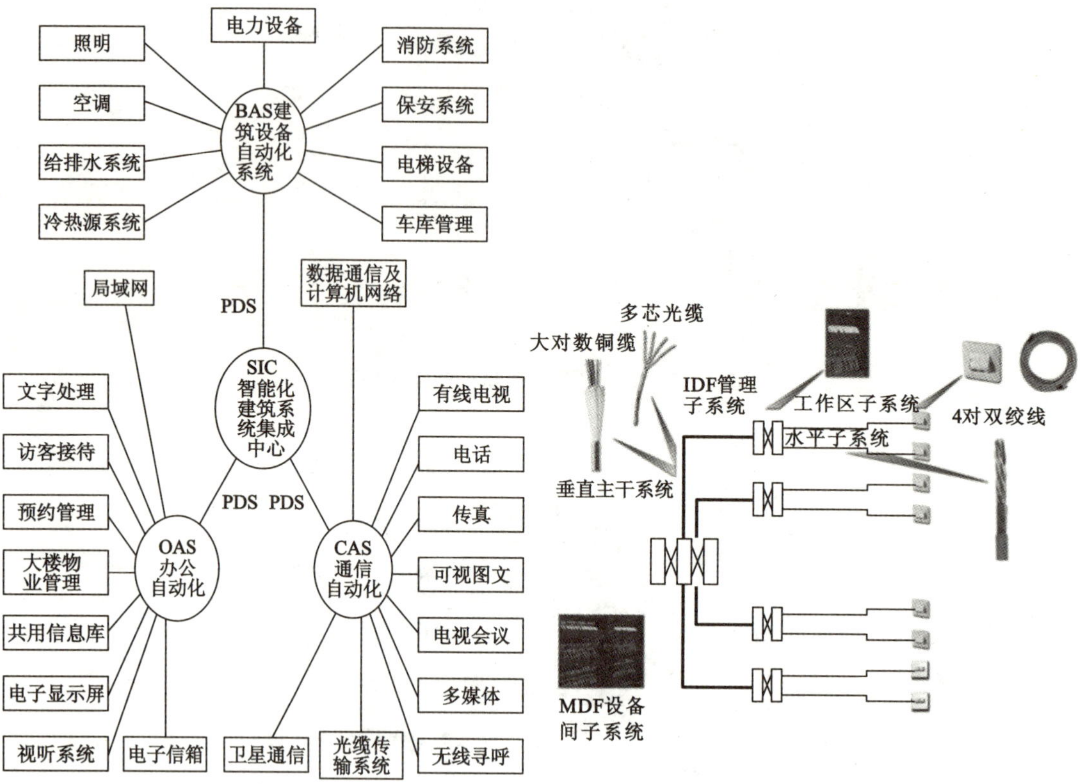

(a)　(b)

图1.16　智能建筑的基本内容与结构及布线

(a) 智能建筑的基本内容与结构；(b) 智能型大厦布线系统

结构化综合布线系统一般由工作区、水平布线、垂直布线、楼层设备间、中心机房等几部分组成，有的工程还有各建筑单体之间的建筑群子系统。目前常用超五类布线，采用超五类的线缆和信息插座，部分工程采用六类线缆和模块。垂直干线采用光纤，进户线一般采用6芯单模光纤。

1.2.3　智能建筑的功能及优势

1. 智能建筑的功能

(1) 信息处理功能。信息范围能在城市、地区或国家间进行。

(2) 能对建筑物内照明、电力、暖通、空调、给排水、防灾、防盗、运输设备等进行综合自行控制。

(3) 能实现各种设备运行状态监视和统计记录的设备管理自动化，并实现以安全状态监视为中心的防灾自动化。

(4) 建筑物应具有充分的适应性和可扩展性，它的所有功能应能随技术进步和社会需要而发展。

智能建筑的功能可用建筑智能化系统汇总(表 1.1)和智能建筑的三大服务领域(表1.2)描述。

表 1.1　智能建筑总体功能按建筑智能化系统汇总

智能建筑管理系统				
办公自动化系统	建筑设备管理系统			通信网络系统
	安全防范自动化系统	火灾自动报警系统	建筑设备自动化系统	
文字处理	出入控制	火灾自动报警	空调监控	程控电话
公文流转	防盗报警	消防自动报警	冷热源监控	有线电视
档案管理	电视监控		照明监控	卫星电视
电子账务	巡更		给排水监控	公共广播
信息服务	停车库管理		电梯监控	公共通信网接入
一卡通				VSAT 卫星通信
电子邮件				视频会议
物业管理				可视图文
专业办公自动化系统				数据通信
				宽带传输

表 1.2　智能建筑的三大服务领域

安全性方面	舒适性方面	便利/高效性方面
火灾自动报警	空调监控	综合布线
自动喷淋灭火	供热监控	用户程控交换机
防盗报警	给排水监控	VSAT 卫星通信
闭路电视监控	供配电监控	专用办公自动化系统
保安巡更	卫星电缆电视	Intranet
电梯运行监控	背景音乐	宽带接入
出入控制	装饰照明	物业管理
应急照明	视频点播	一卡通

2. 智能建筑的优势

相对于传统建筑，智能建筑具有以下优势：

(1) 提供安全、舒适和高效便捷的环境。智能建筑首先确保安全及健康，其防火与保安系统要求智能化；其空调系统能监测出空气中的有害污染物含量，并能自动消毒，使之成为“安全健康大厦”。智能大厦对温度、湿度、照度均加以自动调节，甚至控制色彩、背景噪声与味道，使人们像在家里一样心情舒畅，从而能大大提高工作效率。

(2) 节约能源。在现代化建筑中，空调作为大综负荷耗电量很大，以大厦为例，其空调与照明的能耗约为总能耗的 70%。因此，节能问题是智能建筑中必须重视的，在满足使用者对环境要求的前提下，智能大厦应通过其“智慧”，尽可能利用自然光和大气冷量(或热量)来调节室内环境，以最大限度减少能源消耗。按事先在日历上确定的程序，区分“工作”与“非工作”时间，对室内环境实施不同标准的自动控制，下班后自动降低室内照度与温湿度控制标准，已成为智能大厦的基本功能。利用空调与控制等行业的最新技术，最大限度地节省能源是智能建筑的主要特点之一，其经济性也是该类建筑得以迅速推广的重要原因。

(3) 节省设备运行维护费用。通过管理的科学化、智能化，使得建筑物内的各类机电设备的运行管理、保养维护更趋自动化。确保设备运行维护的经济性主要体现在两个方面：一方面系统能正常运行，发挥其作用可降低机电系统的维护成本；另一方面由于系统的高度集成，操作和管理也高度集中，人员安排更合理，从而使人工成本降到最低。

(4) 满足用户对不同环境功能的需求。传统的建筑设计是根据事先给出的功能进行的，不允许改进。而智能建筑要求其建筑结构设计必须具有智能功能，除支持 3A 功能(即 BA、CA 及 OA)的实现外，必须是开放式、大跨度框架结构，允许用户迅速而方便地改变建筑物的使用功能或重新规划建筑平面。室内办公所必需的通信与电力供应也具有极大的灵活性，通过结构化综合布线系统，在室内分布着多种标准化的弱电与强电插座，只要改变跳接线，就可以快速改变插座功能，如变程控电话为计算机通信接口等。

(5) 高新技术的运用能大大提高工作效率。在信息时代，时间就是金钱。在智能建筑中，用户可以通过国际可视电话、直拨电话、电子邮件、声音邮件、电视会议、信息检索与统计分析等多种手段，及时获得全球性金融商业情报及各种数据库系统中的最新信息；通过国际计算机通信网络，可以随时与世界各地的企业或机构进行商贸等各种业务活动。

由此可见，这种高效率、高速度的性能更加展示了智能建筑的实力所在。

(6) 系统的集成是实现智能目标的保证。从技术角度看，智能建筑与传统建筑最大的区别就是智能建筑各智能化子系统的系统集成。智能化系统的集成是将智能建筑中分离的设备、各子系统、功能和信息通过计算机网络集成为一个相互关联的统一协调的系统，实现信息、资源和任务的重组与共享。也就是说，智能建筑安全、舒适、便利、节能和节省人工费的目标必须依赖集成化才能达到。

任务 3　智能化家居的认知

任务描述

计算机的普及改变了整个世界，网络技术的发展又续写着神奇。随着智能化技术从“智能大厦"走向"智能家居"，国内外信息产业和家电制造业都将"智能家居"作为其研究和应用的目标。家居智能系统是人们追求私密化舒适环境的重要条件，是以人为本的建筑家居环境。

任务分析

从家居智能系统的特征到组成状况、家居智能系统基本设备、家居智能化系统功能及案例。

智能家居系统产品取代传统的灯光及家电控制模式，为居住者提供安全保障的同时，使其可通过电话、电脑来远程遥控自己的家居，例如在回家的路上提前打开家中的空调和热水器。到家开门时，借助门磁或红外传感器，系统会自动拉上窗帘，打开过道灯，让家处于最佳的状态，迎接主人的归来。回到家里，通过遥控器可以方便地控制房间内各种电器设备，设置所需的预置场景，让居住者有更充裕的时间享受更舒适的生活。

方法与步骤

1.3.1　家居智能系统的组成与特征

1. 家居智能化系统的组成

所谓家居智能化，就是通过家居智能管理系统的设施来实现家庭安全、舒适、信息交互与通信的能力。家居智能化系统由家庭安全防范(HS)、家庭设备自动化(HA)和家庭通信(HC)三个方面组成。

在建设家居智能化系统时，依据我国有关标准，具体提出了如下的基本要求：

(1) 应在卧室、客厅等房间设置有线电视插座；

(2) 应在卧室、书房、客厅等房间设置信息插座；

(3) 应设置访客对讲和大楼出入口门锁控制装置；

(4) 应在厨房内设置燃气报警装置；

(5) 宜设置紧急呼叫求救按钮；

(6) 宜设置水表、电表、燃气表、暖气(有采暖地区)的自动计量远传装置。

2. 家居布线系统

对于一个智能住宅，需要有一个能支持语音/数据、多媒体、家庭自动化、保安等多种应用的布线系统，这个系统也就是智能化住宅布线系统。

3. 家居智能系统的特征

(1) 住宅内部具备完善的、综合了安保防灾措施与生活服务的智能控制器；

(2) 住宅小区与社会之间具有高度的信息交互能力；

(3) 小区内部具备完善的安保措施、全面的公用设施监控管理和信息化的社区服务管理；

(4) 为小区内住户提供包括多媒体在内的多种信息服务。

总之，智能住宅小区综合运用了计算机技术、通信技术、控制技术，是由家庭智能控制系统、通信接入网、小区安全防范系统、小区物业管理服务系统和小区综合信息服务系统来支持实现的。智能家居系统如图1.17所示。

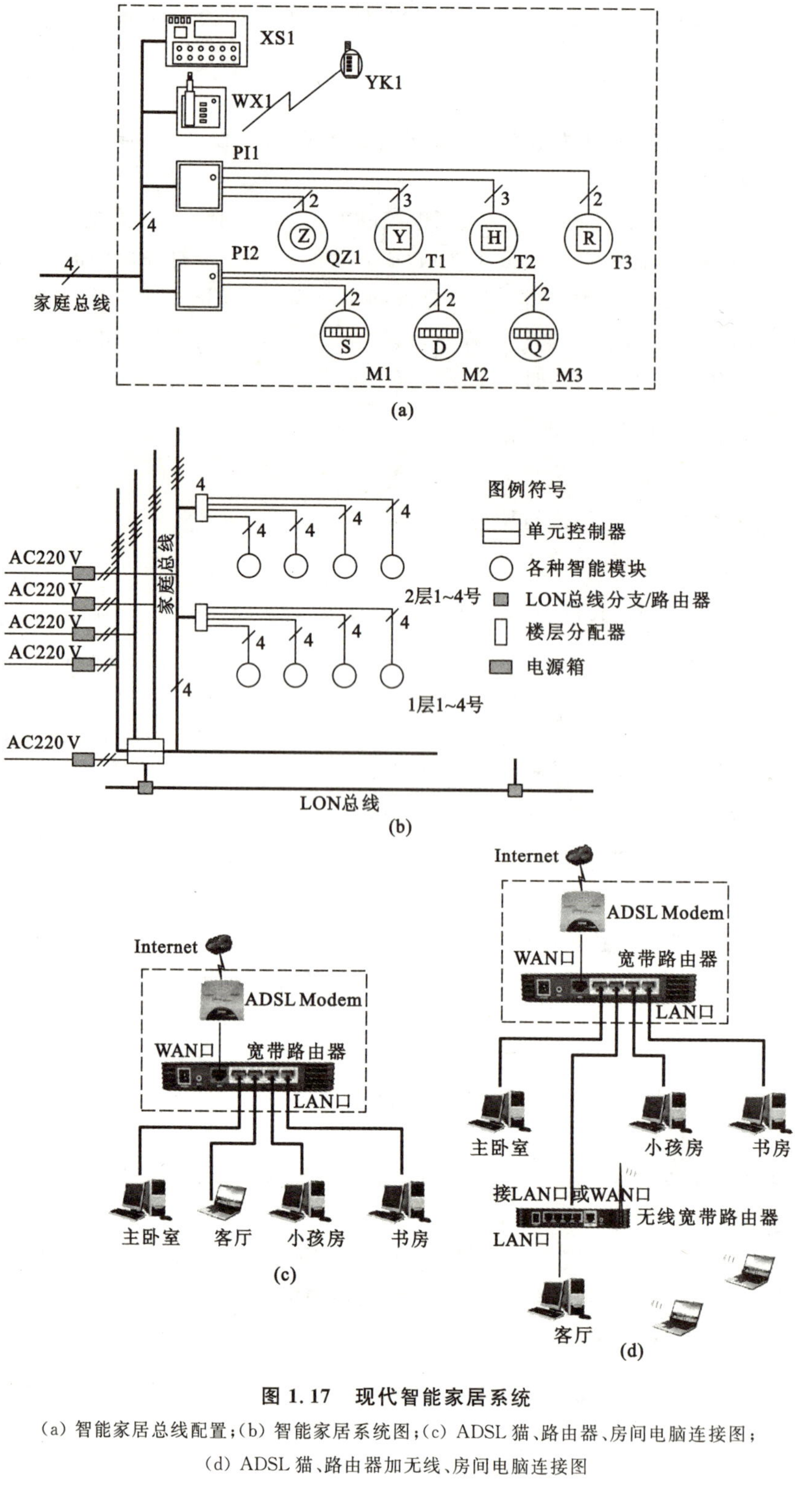

图 1.17　现代智能家居系统

(a) 智能家居总线配置;(b) 智能家居系统图;(c) ADSL 猫、路由器、房间电脑连接图;
(d) ADSL 猫、路由器加无线、房间电脑连接图

1.3.2　家居智能系统基本设备

1. 上位计算机及管理软件

上位计算机及管理软件如图 1.18 所示。

(a)

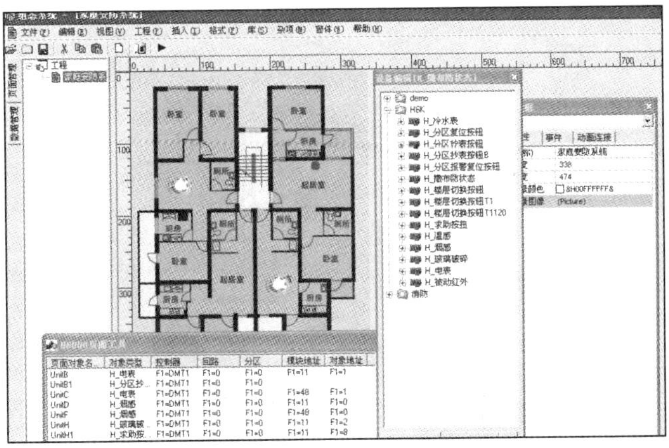

(b)

图 1.18　上位计算机及管理软件

(a) 上位计算机;(b) 管理软件

2. 单元控制器

图 1.19 所示 XQ6202-1/2/3/4 单元控制器在系统中作为主控设备,可以提供 1 路到 4 路家庭总线接口,每路总线最多可连接 240 个数字化总线设备,并提供 LONWORKS 的接口与上位机通信。XQ6202 单元控制器主要实现对总线设备的注册、巡检,完成总线上各个智能模块之间的信息交换以及智能模块和小区网络上其他设备、智能模块和上位机之间的信息交换。

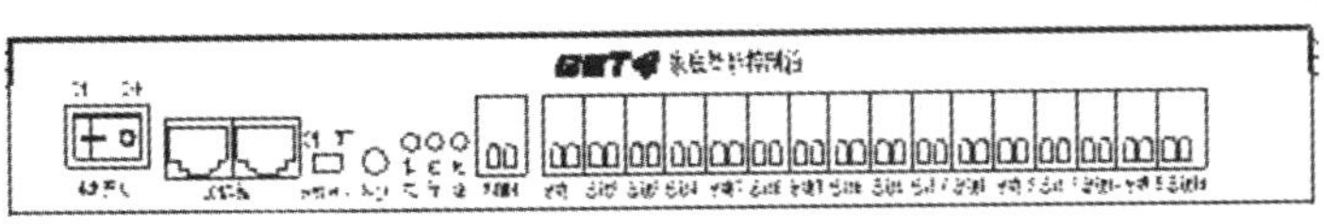

图 1.19　单元控制器

3. 层间配器

该设备安装在每层的电井内,主要用于对每层的所有住户内的智能模块进行保护和隔离,如图 1.20 所示。

4. 家居智能模块

家居智能模块主要有抄表报警模块、1/2 路控制模块、密码键盘模块、无线接收模块、电话模块、红外收发模块、交流电控制模块和显示操作盘等,其外形如图 1.21 所示。

5. 家居智能系统中的辅助配套设备

家居智能系统中的辅助配套设备有报警器、防盗器、求助按钮等,如图 1.22 所示。

图 1.20　层间配器

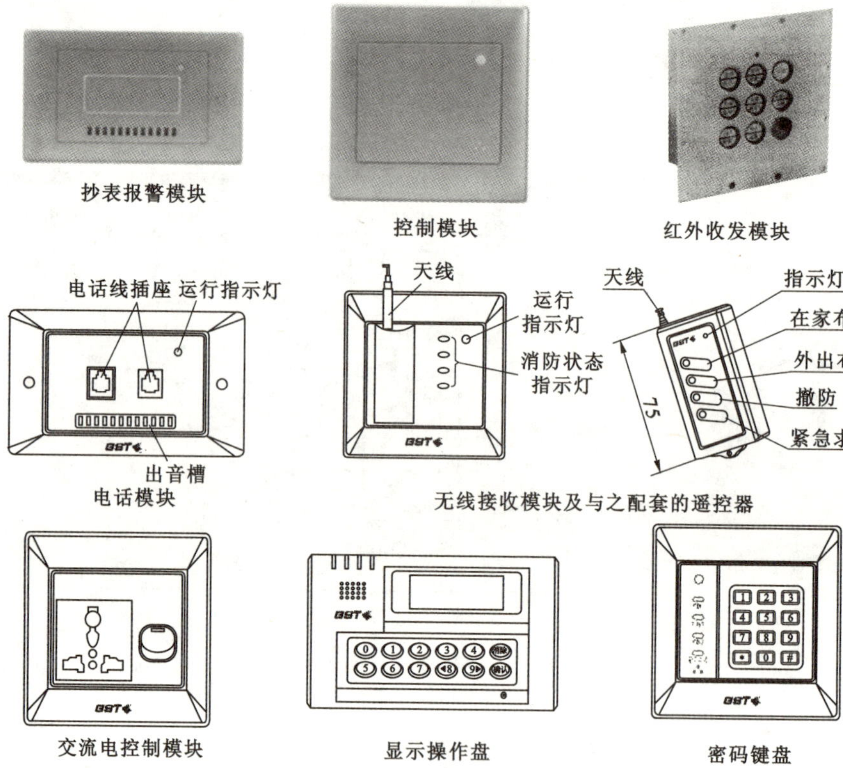

图 1.21　各种模块

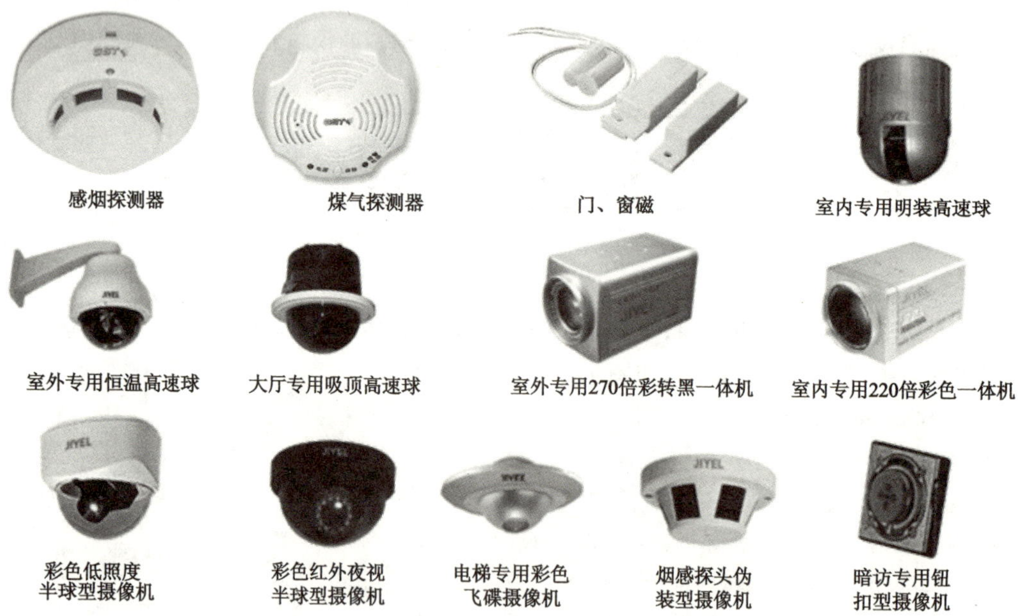

图 1.22　家居智能系统中的辅助配套设备

1.3.3　家居智能系统功能

1.3.3.1　三表(水表、电表、煤气表)远程计量系统

三表(或四表、五表)远程计量系统在住宅小区智能系统中是与住户密切相关的一个智能化系统。三表远程计量系统一般可以分为前端数据采集装置、数据采集处理装置、传输线路和中心控制平台四个部分。主要是物业部门通过该功能足不出户就可以对每一家的用电、用水、用气情况进行了解,必要时可以远程关断相应的管道。

1. 前端数据采集装置

前端数据采集装置是指具有脉冲或电信号输出的水表、电表、煤气表等计量装置。从传感器上分类可分为干簧管型和霍尔元件型。

2. 数据采集处理装置

在三表远程计量系统中,数据采集器处理装置通常有单片机和 Lon Works 技术两种。

3. 传输线路

三表远程计量智能系统的传输线路可分为:

(1) 总线传输,如采用 RS-485 总线,需独立布线。

(2) 电力载波传输。由于我国电网在传输数据过程中易受到无线电信号、电磁信号、脉冲信号的干扰,导致传输数据错码、丢码的情况时有发生,以电力载波作为三表远程计量系统的传输线路还不是很适合。

4. 中心控制平台

住宅小区三表远程计量系统的中心控制平台就是通常所指的物业管理中心计算机。物业中心计算机接受各家庭智能终端采集的计量数据,由能耗管理软件作处理,输出计量结果,实现读表、计费、指引交费的一条龙服务。作为物业中心计算机,通常采用 Windows 的操作界面。

1.3.3.2　家居安全防范系统

家居安全防范系统包括门磁开关、紧急求助、烟雾检测报警、燃气泄漏报警、碎玻探测报警和红外微波探测报警等。

1. 监控点的设置

家居安全防范系统设计时,首先要确定安防探测器放在何处较恰当,其次需要确定采用什么样的探测器较为恰当。

(1) 入口防范:在住宅入口大门处安装门磁,对企图从大门非法入侵住宅的事件发出报警;

(2) 外部防范:阳台采用幕帘式红外/微波双鉴探测器,窗口采用玻璃破碎探测器,对企图从阳台或窗户非法入侵住宅的事件发出报警;

(3) 内部防范:客厅采用球状红外/微波双鉴探测器,提供对住宅内部平面及空间的探测,对进入防护区的非法事件发出报警;

(4) 紧急报警:卧室安装紧急按钮,当发生抢劫等紧急事件时可按下求救信号;

(5) 通过安装燃气探测器,对家中的异常气味发出报警。

2. 系统要求

作为一个智能家居安全防范系统,通常有如下要求:(1) 计算机管理;(2) 系统需联网。

通过在家内安装探测器及报警通信主机,对住宅进行安全防范。警情发生时,探测器将探

测到的报警信号传递给报警通信主机，主机通过判断并确认后，通过总线传输到中心接警计算机，中心管理人员通过接警计算机对警情作出反应，达到对住户家中非法入侵行为进行防范的目的。

图 1.23 智能家居安全防范系统对讲门

住宅报警联网的连接方式：

(1) 室内连接方式：即各探测器与报警器通信主机之间的连接，为避免在传输过程中易受到干扰而出现漏报和误报，要求采用单线连接。

(2) 室外连接方式：如果设有访客对讲系统，为避免室外部分的重复布管、布线，可以与访客对讲系统共用总线。

通过该系统对住户内部的火灾、煤气泄漏及非法入侵等情况进行实时监控。防盗对讲门如图 1.23 所示。

1.3.3.3 家用电器自动化系统

所谓家用电器自动化，是指家庭中电器设备如音响、电视机、热水器、空调机、微波炉和照明设备等，通过集中化、遥控化和异体化远程控制调节，实现对这些家用电器设备的状态进行监视、控制和调节。

随着科学技术的发展，实现家庭电器设备自动化的方式方法以及解决方案也越来越多。本节所介绍的是基于家庭电力总线网络设计的家庭智能化系统的家用电器自动化系统，其最大的特点在于充分利用了现有家庭网络资源，不需要再穿墙打洞单独布线，工程安装简单，只需将系统的功能终端替换普通的开关、插座，接上电力线即可使用，并且系统可通过不同的接口（网关）终端与各种外部网络如公用电话、小区局域网以及 Internet 网等互联。

1. 家用电器自动化系统的组成

(1) 系统操作平台；

(2) 传输网络；

(3) 电器控制子系统；

(4) 现场被控电器设备。

主要是通过电话对家里的电器进行任意的控制，以便达到方便、舒适的目的。

2. 电器控制子系统

电器控制子系统包括网络接口终端、电脑接口终端、电话接口终端、总线接口终端、遥控器或开关控制终端、插座控制终端、红外线控制终端等。

家用电器控制子系统是家用电器自动化系统的核心，根据所控制对象和功能的不同可分为：

(1) 电器开关控制　具体包括电灯、电风扇、电暖气、电热水器等；

(2) 红外遥感　红外遥感控制对象有电视机、空调机、摄像机、遥控窗帘等；

(3) 家电程序控制　可分为定时控制、程序互控以及模拟控制等。

3. 窗帘智能控制

实现窗帘智能控制，可享受安逸自在的生活，实现真正的智能住宅。目前问世的磁悬浮自动窗帘机便可实现这样的梦想。智能门窗（窗帘）控制系统如图 1.24 所示。

这是运用磁悬浮直线电机技术设计生产的用于控制窗帘开合的机械控制系统。磁悬浮直线电机结构简单、安装方便、使用寿命长、运行轻便、无须接触、超静音，克服了传统电动窗帘容

(a)

(b)

图 1.24 智能门窗(窗帘)控制系统

(a) 智能门窗(窗帘)控制系统;(b) 磁悬浮自动窗帘机

易脱位卡机、易损坏和运行不安全等缺陷。同时,实现了手动-自动一体化,解决了传统电动窗帘关闭电源后不能手动操作的缺点。磁悬浮自动窗帘可单独安装,同时也可通过网络与控制中心连接,实现远程控制、集中群控、定时控制等功能。磁悬浮自动窗帘必将成为现代智能建筑和智能住宅不可或缺的重要部分。

适用范围:家庭用户、酒店宾馆、商务大厦、会议中心、医院、学校多媒体教室、影院剧院等场所。

1.3.3.4 家居信息服务

网络信息服务系统就是向小区的居民提供优质的 10M 以上带宽的网络接入服务,并开展诸如 WWW 浏览、VOD、电子邮件、电子商务、网上聊天、网上游戏、远程教学、远程医疗、文化娱乐等各具特色的信息服务。

信息服务系统由 Intranet 社区网和专线接入 Internet 两部分组成,它以计算机网络为核心,以智能综合布线为基础,主干采用光纤,各楼内采用五类双绞线,各家庭采用家庭总线系统方式进行布线,使小区内的主干网速度可达 1000 Mbps,每个信息点达到 100 Mbps。即所谓的千兆到楼,百兆到户,实现电话、电视、电脑的综合通信和信息交互。当每个信息点达到百兆速度时,可以实现目前所有的网络应用,实现整个小区的信息共享。

物业可以通过家居智能系统随时在整个小区进行信息发布,既方便又节约。

智能建筑显示了越来越强大的生命力,其优势在于:节能运行的经济性;高效优美的居住环境,加上与现代科学技术的巧妙结合,使其用户足不出户便可知天下大事;人们可在家中完成设计,搞科研项目,进行商贸交易。因而,它是人们生活、学习和工作的最佳场所。为突出智能建筑独到的特点,建筑设计中一定要执行相关标准,以满足用户要求。

1.3.4 家居智能系统应用案例

1. 已知某独户两层别墅,给出土建图,要求设计家居智能化系统。
2. 根据已知条件,向用户咨询后就可进行方案设计。设计图见图 1.25。

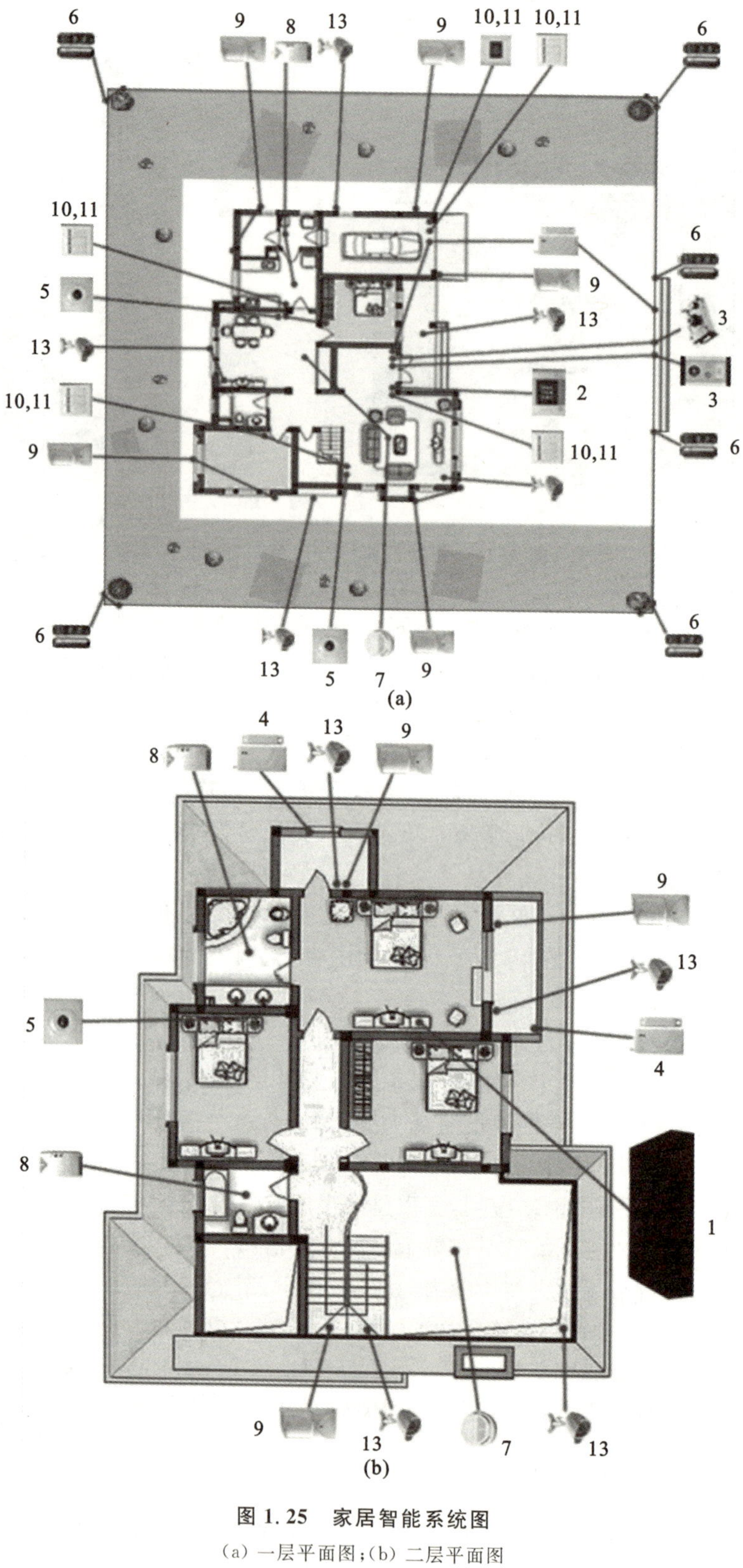

图 1.25　家居智能系统图

(a) 一层平面图;(b) 二层平面图

3. 根据设计图选择设备

设备清单如表 1.3 所示。

表 1.3　家居智能系统设备清单

序号	品　名	型 号	单 位	数 量	主 要 功 能
1	12 防区智能家居服务器	H9928	台	1	12 防区音、视频监控报警录像、支持 TCP/IP 网络协议等功能
2	智能信息终端	ZH9213	台	1	家电控制、真彩色可视对讲、防盗报警等
3	门口机	ZH9612-A	台	2	防啸叫高品质对讲功能、支持远程电话开门、支持 ID 或 IC 卡开门、闲时省电等功能
4	窗磁		个	2	监控门窗的开关状态、非法开门或窗时远程向主机发出报警信号等功能
5	门磁		个	3	监控门窗的开关状态、非法开门或窗时远程向主机发出报警信号等功能
6	红外栅栏对射		对	5	报警等
7	烟雾传感器		个	3	火灾报警
8	燃气传感器		个	4	燃气报警
9	红外探测器		个	11	报警等
10	遥控开关		个	13	灯光、场景控制等
11	遥控插座		个	13	供电
12	遥控转发器		个	5	转发遥控的信号
13	监控摄像机		个	10	监控

任务 4　智能建筑设计标准、规范应用规定

任务描述

认知智能建筑设计标准的基本内容，掌握标准的应用范围，培养严格执行标准的良好职业道德。

任务分析

从智能建筑设计标准的基本内容入手，逐步学会标准、规范的应用。

方法与步骤

1.4.1　智能建筑设计标准的基本内容

《智能建筑设计标准》(GB/T 50314—2006)的基本内容如下：

第一章　智能建筑概论

第二章 通信网络系统设计
第三章 计算机网络及其设计
第四章 综合布线系统设计
第五章 办公自动化系统设计
第六章 厅堂扩声与公共数字传输系统设计
第七章 音频与视频会议系统设计
第八章 共用天线和卫星电视接收系统设计
第九章 电视监控系统设计
第十章 防盗报警与出入口控制系统设计
第十一章 火灾自动报警与联动控制系统设计
第十二章 建筑设备智能化系统集成设计
第十三章 住宅小区智能化系统设计
第十四章 智能建筑的环境设计
第十五章 智能建筑设计的节能降耗
第十六章 智能建筑设计实例精选

从事智能建筑设计时必须严格遵守标准的规定。在智能化工程图纸会审时，智能建筑设计标准是衡量设计合理与否的重要依据。

1.4.2 智能建筑相关规范、标准

目前，我国执行的智能建筑相关规范、标准如下：

(1)《智能建筑工程质量验收规范》(GB 50339—2003)；

(2)《智能建筑及安防设计与施工规范》；

(3)《智能建筑电气工程施工标准规范速查手册》(含建筑电气节能篇)；

(4)《2008智能建筑电气工程施工标准规范速查手册》；

(5)《智能建筑电气设计手册》；

(6)《民用闭路电视监控系统工程技术规范》(GB 50198—94)；

(7)《文物系统博物馆安全防范》(GB 16571—1996)；

(8)《文物系统博物馆风险等级和安全防护级别的规定》(GA 27—2002)

(9)《银行营业场所风险等级和防护级别的规定》(GA/T 38—92)；

(10)《银行营业场所安全防范工程设计规范》(GB/T 16676—1996)；

(11)《2006智能建筑电气工程施工技术标准与电气设备安装调试运行维护故障检修》；

(12)《智能建筑电气工程预算定额工程量清单与施工质量监理验收和电气节能及系统工程实务手册》。

伴随着智能建筑的不断发展，关于建筑智能的施工标准规范、工程质量验收规范、智能建筑电气工程预算定额工程量清单与施工质量监理验收和电气节能手册等都相继问世，为智能建筑的规范发展打下了良好的基础，从业人员必须严格遵照执行。

情境小结

本情境从智能化建筑的发展趋势及展望入手，对智能建筑的基本概念、基本模型、功能、特点进行了说明，并对智能建筑的内容、结构、智能化专业所涉及的知识范围和服务项目进行了阐述，通过对家居智能系统的简单认识，展示了智能建筑的明显优势。最后对智能建筑的设计标准、施工、预算及质量验收规范进行了说明，强调了标准、规范的重要性。

【习题与训练项目】

习　题

1. 简述智能建筑的产生背景及智能化建筑的发展趋势。
2. 智能建筑的节能和经济效益体现在哪些方面？
3. 通过实训描述智能建筑中主要设备的安装位置、形状及作用。
4. 智能建筑的总体布局及功能是什么？
5. 家居智能系统由哪些设备组成？
6. 描述智能建筑设计、施工时应考虑哪些方面。

训练项目

题目：智能化系统认识实训

（一）实训目的

1. 认识智能化系统；
2. 了解智能化所含内容及基本作用。

（二）实训内容与设备

1. 实训内容

(1) 观察设备安装位置；

(2) 熟悉各系统作用。

2. 实训设备

可视对讲系统、闭路电视监控系统、停车场管理系统等设备。

（三）实训步骤

1. 编写实训计划书；
2. 准备实训用具；
3. 熟悉系统设备安装情况；
4. 对系统进行控制操作训练。

（四）实训报告

1. 实训计划；
2. 实训工程过程的报告。

（五）实训记录与分析

智能建筑各系统设备组成认知表

序号	设备名称	安装位置	在系统中所起作用	系统名称
				1. 可视对讲系统
				2. 闭路电视监控系统
				3. 停车场管理系统

（六）问题讨论

1. 停车场管理系统中操作时有什么状态出现？
2. 描述闭路电视监视系统如何操作。
3. 在可视对讲系统中，应如何对讲？

技能考核

1. 观察事物的能力；
2. 操作演示能力。

优______良______中______及格______不及格______

学习情境 2　智能建筑相关技术

智能建筑是在现代建筑技术的基础上，融合了现代控制技术、现代计算机技术和现代通信技术。人类从 20 世纪 90 年代以来，通信网络技术日新月异地发展，如光纤通信技术、多媒体通信技术、IP 宽带技术、蜂窝移动通信技术、高速计算机网络及网络互联技术、接入网技术、智能网技术相继问世。可视电话、可视图文、视频会议、无绳电话、VSAT 卫星、ADSL 和以太网宽带接入等新的通信业务不断推出，使得智能建筑中通信网络系统的内容十分丰富。

【能力目标】

▲ 具有楼宇智能化工程识图的能力；
▲ 具有指导楼宇智能化工程施工和招投标的能力；
▲ 具有楼宇智能化工程的调试及维护运行能力；
▲ 具有楼宇智能化工程操作与管理能力；
▲ 具有参与楼宇智能化工程的设计能力等。

任务描述

对计算机控制技术、计算机网络技术、现代通信技术、BA 系统的检测技术以及楼宇智能化系统集成技术的组成、功能和特点进行介绍，并通过典型工程案例消化各方面的知识，为后续任务的学习打好基础。

任务分析

学习计算机控制技术、计算机网络技术、现代通信技术、BA 系统的检测技术和楼宇智能化系统的集成技术组成，研究其功能，学会智能建筑涉及的相关技术。

方法与步骤

任务 1　计算机控制技术基础与案例

计算机控制技术是计算机技术与自动控制技术相结合的产物，是构成智能建筑设备自动化系统的核心技术之一。

2.1.1　计算机控制系统的认知

自动控制的任务是：连续控制被控对象的物理量按预定规律变化，为达此目的，采用反馈信息构成闭环控制系统，如图 2.1 所示。控制元件将对被控对象测量值反馈到输入端，与给定值进行比较，得到的偏差信号送控制器，控制器经分析判断后经执行机构对被控对象进行调节，直到被控参数满足预定要求为止。

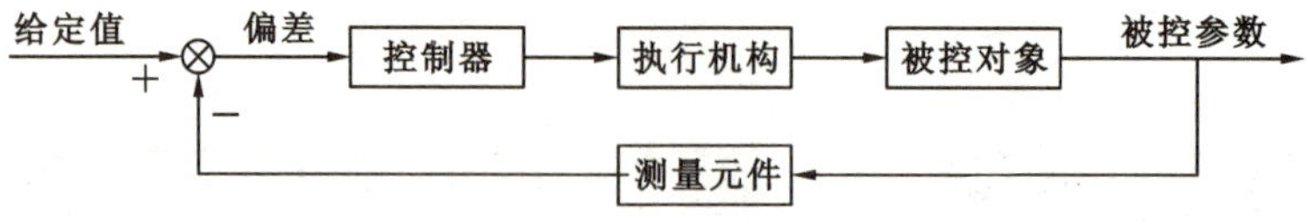

图 2.1　闭环控制系统图

将图 2.1 中的控制器用计算机来代替，即可构成计算机控制系统，基本框图如图 2.2 所示。由于计算机的输入和输出信号都是数字信号，因而系统中必须有将模拟信号转换为数字信号的 A/D 转换器，以及将数字信号转换为模拟信号的 D/A 转换器。

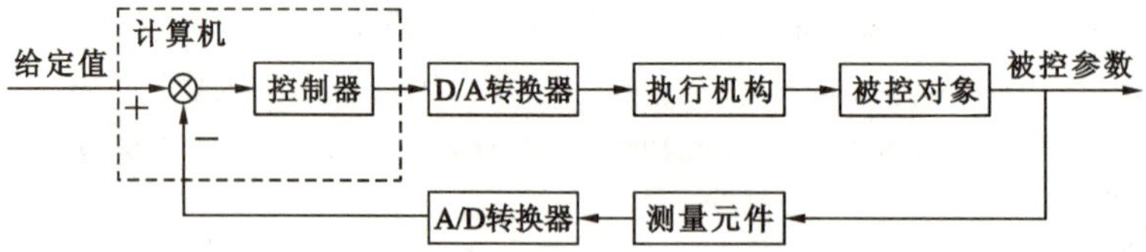

图 2.2　计算机控制系统框图

计算机控制系统由计算机、接口电路、外部通信设备和生产过程等组成，如图 2.3 所示。

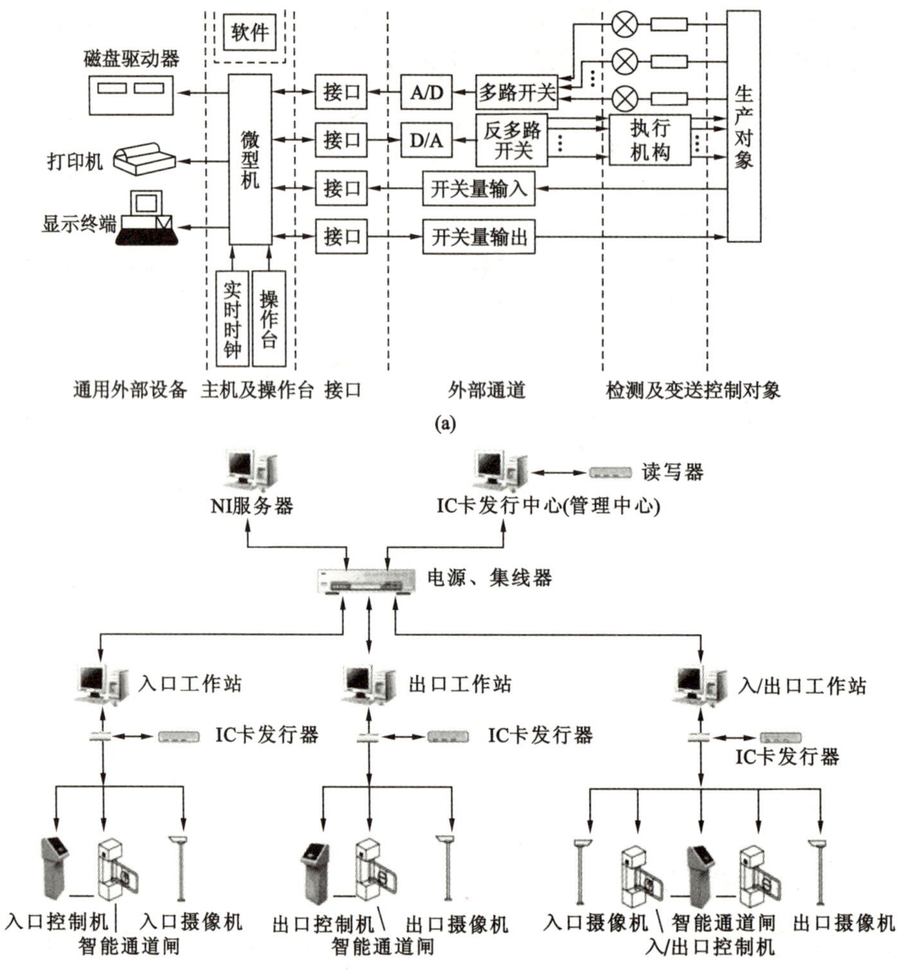

图 2.3　计算机控制系统组成

(a) 组成示意；(b) 拓扑图

计算机控制系统由控制部分和被控对象组成，其控制部分包括硬件部分和软件部分，这不同于模拟控制器构成的系统只由硬件组成。计算机控制系统软件包括系统软件和应用软件。系统软件一般包括操作系统、语言处理程序和服务性程序等，它们通常由计算机制造厂为用户配套，有一定的通用性。应用软件是为实现特定控制目的而编制的专用程序，如数据采集程序、控制决策程序、输出处理程序和报警处理程序等，它们涉及被控对象的自身特征和控制策略等，由实施控制系统的专业人员自行编制。

1. 硬件部分

硬件主要包括主机、外围设备、过程输入输出设备、人机联系设备和通信设备等。由于要求不同，组成的硬件也不同，可根据系统要求进行扩展。

(1) 主机　主机是计算机控制系统的核心，由中央处理机(CPU)和内存储器(RAM、ROM)组成。主机箱、主机板、主机延长器及主机机房等如图 2.4 所示。主机根据过程输入设备送来的反映生产过程的实时信息，按照内存储器中预先存入的控制算法，自动地进行信息处理与运算，及时地选定相应的控制策略，并且通过过程输出设备立即向生产过程发送控制命令。因此，主机的选用将直接影响到系统的功能及接口电路的设计等。

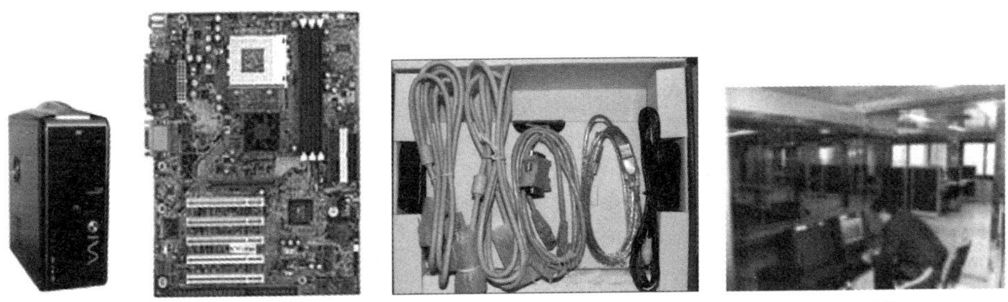

(a)　(b)　(c)　(d)

图 2.4　计算机主机

(a) 主机箱电源；(b) 主机板；(c) 主机延长器；(d) 主机机房

(2) 外部通道或称过程输入输出设备　它是主机与生产对象之间进行信息交换的桥梁和纽带，包括模拟量输入通道(AI 通道)和开关量输入通道(DI 通道)。AI 通道先把模拟量信号(如温度、压力、流量等)转换成数字信号再输入，DI 通道直接输入开关量信号或数字量信号。过程输出设备包括模拟量输出通道(AO 通道)和开关量输出通道(DO 通道)，AO 通道把数字信号转换成模拟信号后再输出，DO 通道直接输出开关量信号或数字量信用卡号。过程输入输出设备还必须包括自动化仪表才能和生产过程(或被控对象)发生联系，这些仪表有信号测量变送单元(检测仪表)和信号驱动单元(执行器)等。

(3) 通用外部设备　常用外围设备按其功能可分为输入设备、输出设备和存储器。输入设备用来输入程序、数据或操作命令，如键盘终端。输出设备如打印机、绘图机、显示器等，以字符、曲线、表格、画面等形式来反映生产过程工况和控制信息。外存储器有磁盘、磁带等，兼有输入和输出两种功能，用来存放程序和数据，作为内存储器的后备存储设备。

(4) 人机联系设备　操作员与计算机之间的信息交换是通过人机联系设备进行的，如显示器、键盘、专用的操作显示面板或操作显示台等。其作用有三：一是显示生产过程的状态，二是供生产操作，三是显示操作结果。人机联系设备也称为人机接口，是人与计算机之间联系的界面。

(5) 通信设备 用于不同地理位置、不同功能的计算机或设备之间进行信息交换。

2. 软件部分

软件是指完成各种功能的计算机程序总和。软件又可分为系统软件和应用软件两大类型。

(1) 系统软件 一般包括操作系统、汇编语言、高级算法语言、过程控制语言、数据库通信软件和诊断程序等。系统软件是由厂家提供的。

(2) 应用软件 一般分为过程输入程序、过程控制程序、过程输出程序、人机接口程序、打印程序和公共服务程序等，以及控制系统组态、画面生成、报表曲线生成和测试等工具性支撑软件。大部分由用户根据需要进行开发。

3. 计算机控制系统工作原理

计算机控制系统的控制过程通常可归结为下述两个步骤：

(1) 数据采集 对被控参数的瞬时值进行检测，并传给计算机。

(2) 控制 对采集到的表征被控制参数的状态量进行分析，并按已定的控制规律决定控制过程，适时地对接收机构发出控制信号。

上述过程不断重复，使整个系统能够按照一定的动态品质指标进行工作，并且对被控参数和设备本身出现的异常状态及时监督，同时做出迅速处理。

对连续量的变化过程进行控制，要求控制系统能满足实时性要求，即在确定的时间内对输入量进行处理并做出反应。超出这个时间，控制就失去了意义。

2.1.2 计算机控制系统的结构形式及分类

1. 计算机控制系统的结构形式

一般可分为集中式系统、集散式系统和现场总线控制系统几种形式。

(1) 集中式系统(CCS) 指由单一的计算机控制系统的所有功能和对所有被控对象实施控制的一种系统结构。智能建筑不采用这种结构。

(2) 集散式系统(DCS) 该系统的分布由被控设备处的现场控制器完成对被控设备的实时监测与控制任务，特征是集中管理、分散控制，克服了集中控制带来的危险性及高度集中和常规功能单一的局限性。智能建筑 BAS 产品中大多使用该系统结构。

(3) 现场总线控制系统(FCS) 它突破了 DCS 中通信由应用网络的封闭系统来实现所造成的缺陷，把基于封闭、专用的解决方案变成了基于分开化、标准化的解决方案，即可把来自不同厂商而遵守同一协议规范的自动化设备，通过现场总线网络连接成系统，实现综合自动化的功能；同时把 DCS 集中与分散相结合的集散系统结构变成了新型的全分布式结构，把控制功能彻底下放到现场，依靠现场智能设备本身即可实现基本控制功能。

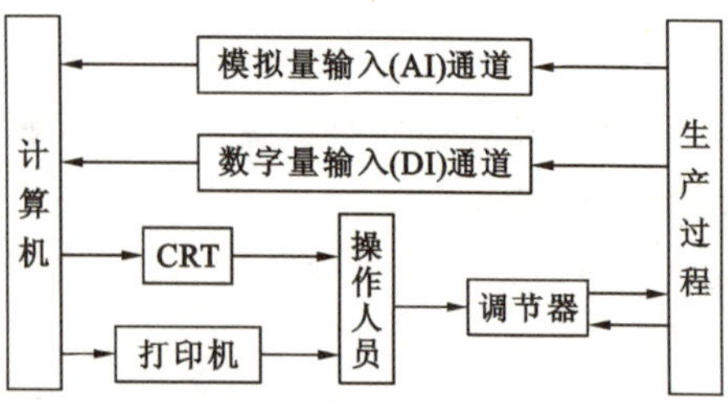

图 2.5 操作指导控制系统

2. 计算机控制系统的分类

计算机控制系统可分为操作指导系统、直接数字控制系统和监督计算机控制系统三种类型。

(1) 操作指导控制系统

该系统构成如图 2.5 所示。图中模拟量输入通道主要由信号变换器、多路切换开关和 A/D 转换器组成，用来采集模拟信号；开关量输入通道主要由光电耦合器和数字量输入单元组成，用来采集开关触点信号。

该系统为开环控制系统，计算机的输出设备与生产过程没有直接联系，控制动作是由操作人员接受计算机的指示去完成的，计算机通过模拟量输入通道和开关量输入通道采集到实时数据以后，根据一定的控制算法（数学模型）计算出供操作人员选择的最优操作条件及操作方案，操作人员根据 CRT 或打印机输出的操作指导信息去调节控制仪表，从而实现对生产过程的控制。

（2）直接数字控制系统（DDC）

该系统的构成如图 2.6 所示。计算机通过 AI 和 DI 采集实时数据，再按一定的控制规律进行计算，最后发出控制信号并通过模拟量输出通道（AO）和开关量输出通道（DO）直接控制生产过程。因此，DDC 系统是一个闭环控制系统，是计算机在工业生产过程中最普遍的一种应用方式。所谓直接数字控制，是指以微处理机为基础，不借助模拟仪表而将系统中的传感器或变送器的输出信号直接输入到微型计算机中，经微机按预先编制的程序计算处理后直接驱动执行器的控制方式。这种计算机称为直接数字控制器，简称 DDC 控制器。这也是目前楼宇智能化技术中最常用的控制器。

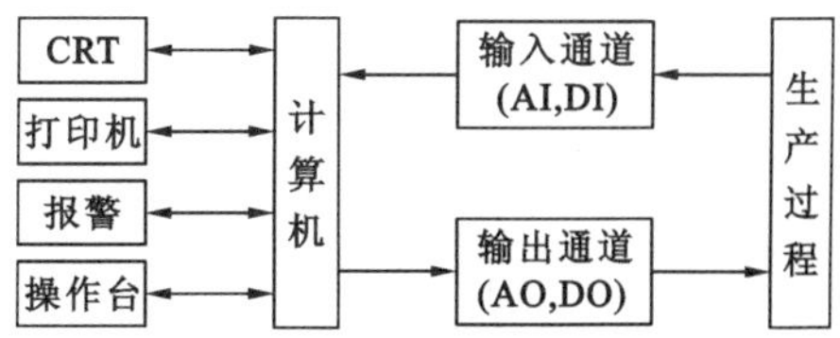

图 2.6　直接数字控制系统

DDC 系统中的计算机直接承担着控制任务，因而要求实时性好、可靠性高和适应性强。为充分发挥计算机的利用率，一台计算机通常要控制几个或几十个回路，因此必须合理设计应用软件，使之不失时机地完成所有功能。工业生产现场环境恶劣、干扰频繁，直接威胁着计算机的可靠运行，因此，必须采取抗干扰措施来提高系统的可靠性，使之能适应各种工业环境。

（3）监督计算机控制系统（SCC）

SCC 系统构成如图 2.7 所示。

SCC 系统采用两级计算机。其中 DDC 用计算机（称第一级）完成上述直接数字控制功能；SCC 用计算机（称为第二级）则根据反映生产过程工况的数据和数字模型进行必要的计算，给 DDC 用计算机提供各种控制信息，比如最佳给定值和最佳控制量等（如高效、低消耗、低成本等）。

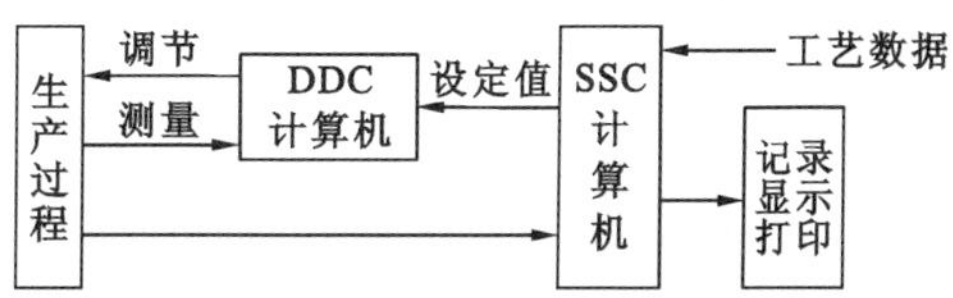

图 2.7　监督计算机控制系统

DDC 用计算机与生产过程连接，直接承担控制任务，因而要求可靠性高、抗干扰强，并能独立工作，一般选用模板机或微型机作为 DDC 用计算机。

SCC 用计算机承担高级控制与管理任务，信息存储量大，计算任务重，一般选用高档微型机或小型机作为 SCC 用计算机。

SCC 系统结构有两种形式：一种是 SCC＋DDC 控制系统，另一种是 SCC＋模拟调节器控制系统。本文中为 SCC＋DDC 系统。

（4）分散控制系统（DCS）

DCS 系统采用分散控制、集中操作、分级管理、分而自治和综合协调的设计原则，自下而上分为若干层，分别完成控制、监督和管理的功能。

2.1.3　计算机控制系统应用案例

【案例 1】　采用计算机控制的智能交通控制系统无线通信方案。

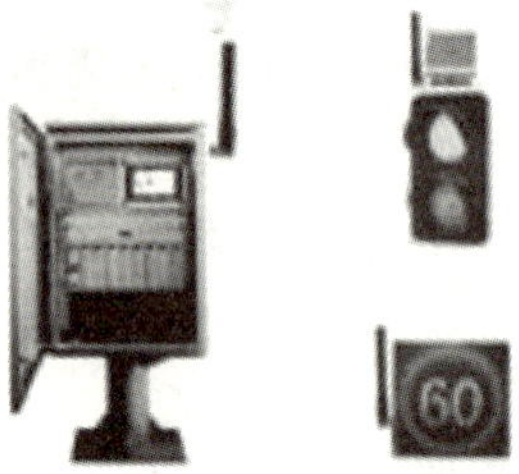

图 2.8　采用计算机控制的智能交通控制系统

随着城市车辆的增加，人、车、路三者关系的协调已成为交通管理部门所面临的重要问题。城市交通控制系统是面向全市的交通数据监测、交通信号灯控制与交通诱导的计算机控制系统，它是现代城市交通监控系统中重要的组成部分，主要用于城市道路交通控制。如图 2.8 所示。

【案例 2】　一卡通系统的建设。

将智能卡的强大功能和计算机网络的数字化理念融入企业中，将企业中原先相对独立的身份认证（员工卡）、门禁管理、考勤管理、会议签到、日常生活消费、员工宿舍管理、厂区（库房）巡更管理、水电节能、人事管理、临时访客等各个系统或者事项联为一体，利用一张卡来实现身份识别、消费等功能，并由系统建立统一的身份信息库，为与其他 ERP、OA 系统的互联互通打好基础，极大地方便职工，提高企业的安全和管理水平，提升企业的形象。企业一卡通系统拓扑图如图 2.9 所示。

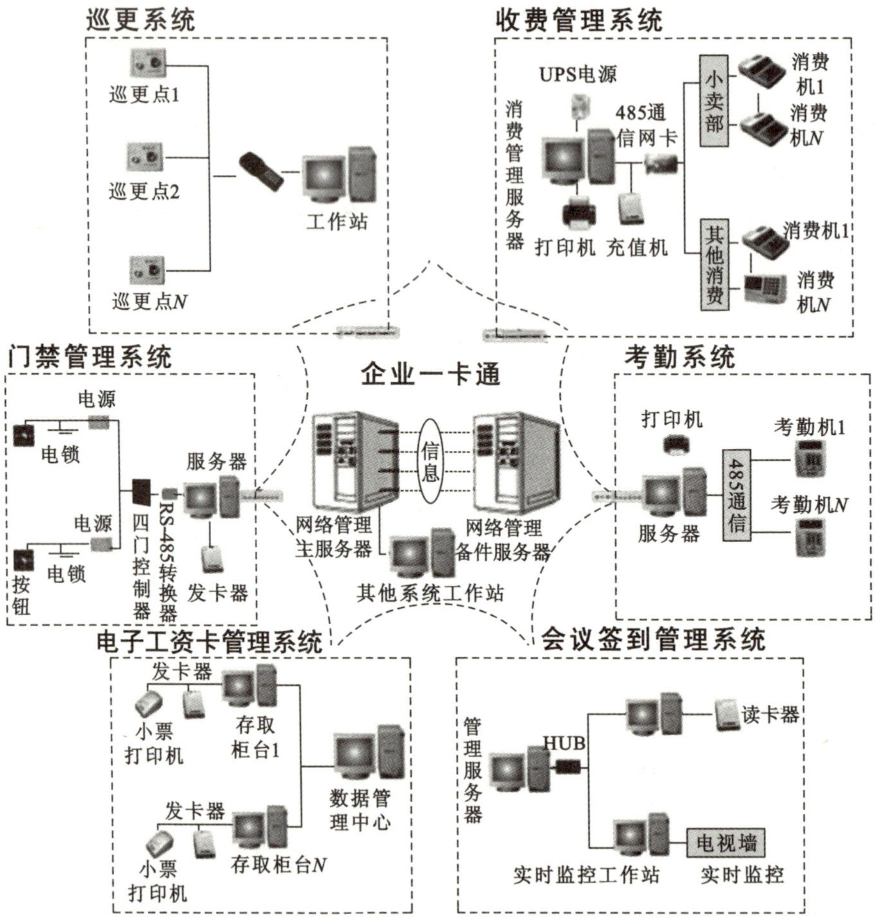

图 2.9　企业一卡通系统拓扑图

企业一卡通系统的建设目标：

(1) 建立企业各类管理人员、员工和各种组织机构基本的、统一的信息化标准，强化集中式的信息规范管理，促进企业的人事规范化管理和企业的信息化建设；

(2) 建立符合企业信息化建设整体规划需求的“一卡通”数据平台，实现相关数据信息的集成及共享；

(3) 企业内所有的证件都由员工智能 IC 卡代替，实现身份识别的数据共享；

(4) 实现员工卡、考勤、门禁、通行身份认证、会议签到、电子巡更、消费、水电节能、人事管理等功能；

(5) 在企业一卡通系统基础数据总平台的基础上，通过系统预留的扩展接口和智能控制可以实现与企业现在已运行的各类 MIS 系统(如人力资源管理、生产管理、ERP、财务管理等管理系统)、OA 系统的信息互通，形成全公司范围的数字化管理空间和共享环境，动态实时地反映企业的生产运作情况和统计分析数据，增强领导科学决策的依据，提高企业管理水平。

企业一卡通的总体设计思想是给使用者每人只用一张非接触智能卡，使该卡同时具有员工身份证件、工作证、电子钥匙、电子钱包、考勤卡等多种功能，让持卡者在企业内部一卡通行，办公、生活方便快捷，让管理者轻松便利、一目了然，充分享受智能科技给日常工作与生活带来的快捷、高效、安全和舒适。

一卡通系统功能总体分为图 2.10 所示四类应用。

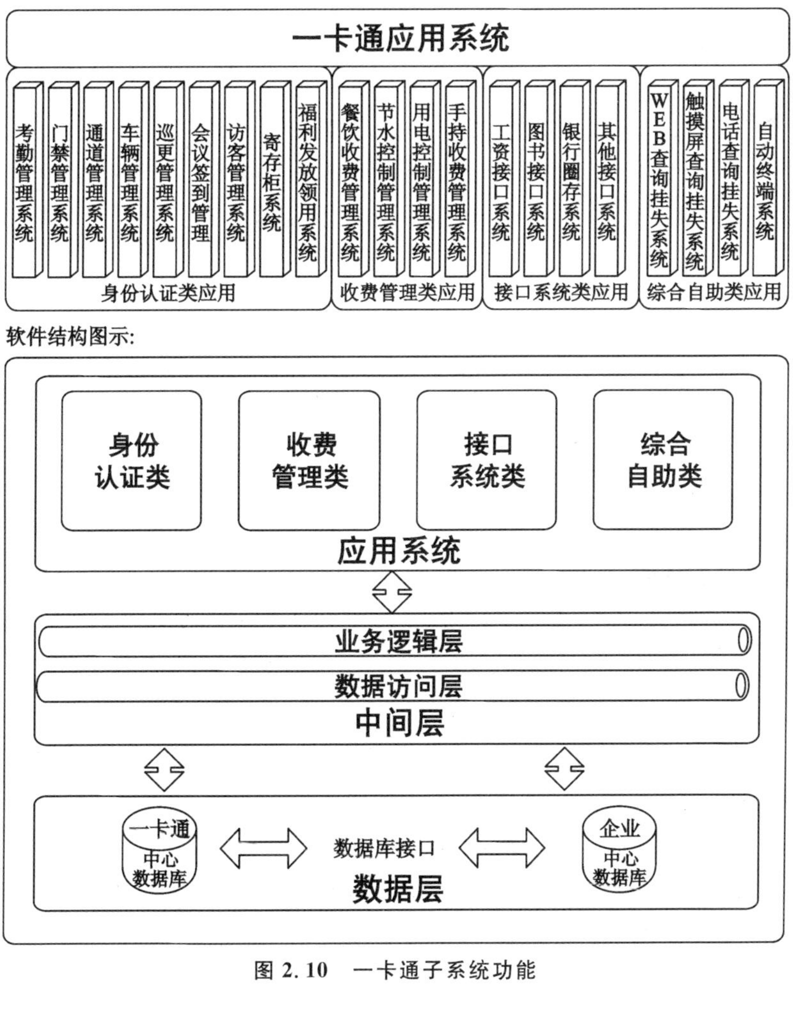

图 2.10　一卡通子系统功能

表 2.1 为一卡通子系统内容。

表 2.1　一卡通子系统内容

身份认证子系统	消费控制子系统	第三方接口系统	综合自助类系统
考勤管理系统	综合消费系统	人事管理系统	综合查询、挂失系统
门禁管理系统	通勤车考勤收费系统	工资管理系统	自助终端
通道出入管理系统	浴室节水(热水)系统	银行圈存系统	
车辆出入管理系统	公寓(公共场所)节水(冷水)		
会议签到系统	智能卡(更衣室、浴室)寄存柜		
保安智能巡更系统	公寓节水系统		
访客管理系统	智能卡自助洗衣机		
职工福利领用系统	智能卡自助电开水器		

任务 2　计算机网络技术基础

任务描述

计算机网络技术与通信技术的结合是智能大厦的核心技术。涉及通信网络系统、办公自动化系统和建筑设备自动化系统，延伸到大厦的各个楼层及角落。计算机网络系统已成为智能大厦的重要基础设施之一。

任务分析

了解计算机网络的概念及组成，熟悉计算机网络的基本功能和特点，掌握计算机网络的拓扑结构。

方法与步骤

2.2.1　计算机网络概述

1. 计算机网络的认知

计算机网络是通过通信设备将地理上分散的多个计算机系统连接起来，按照协议互相通信，达到信息交换、资源共享、可互操作和协作处理的系统。

计算机网络由主机、终端、网络节点、通信链路等网络元素组成，如图 2.11 所示。从逻辑功能上看，一个网络可以分为资源子网和通信子网。

资源子网由主机、终端及相关软件组成。

通信子网由负责信息数据传输和交换等通信处理的设备、线路组成。

从层次上分，资源子网是高层的概念，通信子网是基层的概念。以太网或公用电信网等从要领上讲都属于通信子网的范畴。

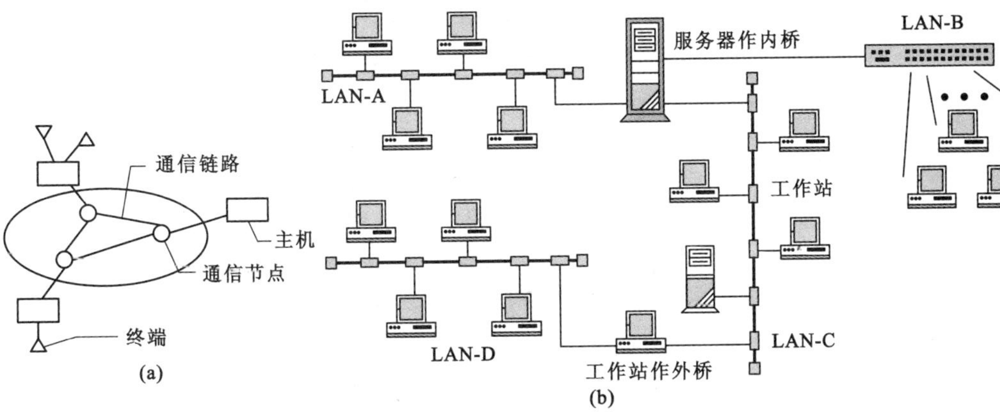

图 2.11　计算机网络组成

(a) 计算机网络组成示意;(b) 计算机网络设备连接示意

2. 计算机网络的基本功能

计算机网络一般都具备表 2.2 所列的基本功能。

表 2.2　计算机网络的基本功能

序号	基　本　功　能
1	数据快速传送和集中处理。这是计算机网络的最基本功能
2	资源共享。指的是网上用户能部分或全部地享受这些资源,使网络中各地区资源互通有无,分工协作,从而大大提高系统资源的利用率
3	实现分布处理。对大型的综合性问题,可将任务交给多台计算机完成,达到分布处理的目的
4	提高可用性及可靠性。网络中的各台主机通过网络连接起来后,当某台主机负担过重时,网络可将它的部分任务转交网络中较空闲的主机处理,这样就能均衡各台主机的负载。另一方面,通过网络,各台主机可以彼此互为备份,如果某台主机出现故障,它的任务可由网络中其他主机代为完成,避免了系统瘫痪,系统可靠性提高

3. 计算机网络的特点

(1) 互联群体。计算机网络是多个计算机系统互联而成的一个群体,这些系统在地理上是分散的,小到一间办公室就可容纳(如局域网),大到遍布一个国家甚至全球(如因特网)。

(2) 共同的网络协议。进行通信的每台主机都是独立工作的,它们需要遵循共同的网络协议才能协同工作。

(3) 经通信设施实现系统互联。系统互联需要通过各种有线、无线或卫星等通信线路及相关设备组成的通信设施实现。

(4) 系统通过相互通信进行信息交换、资源共享、互操作及协作处理。

2.2.2　计算机网络的拓扑结构

计算机网络的拓扑结构是通过网络节点与通信线路之间的几何关系表示网络结构,反映出网络中各实体间的结构关系。计算机网络的拓扑结构既有规则的总线形、环形,也有不规则的网形,前者多见于局域网,后者多见于广域网。这主要是由于局域网的覆盖范围小,在设计上可以更多地从保障传输效能上着眼,而广域网的范围太大,各地理区域的经济、地形条件等对于网络拓扑有影响的因素彼此都有很大差异，因此，对拓扑结构就不能强求像局域网一样规则分布。

在现代智能建筑中主要使用局域网。网络的拓扑结构主要有星形、总线形、环形、树形、混合型和网形，如图 2.12 所示。

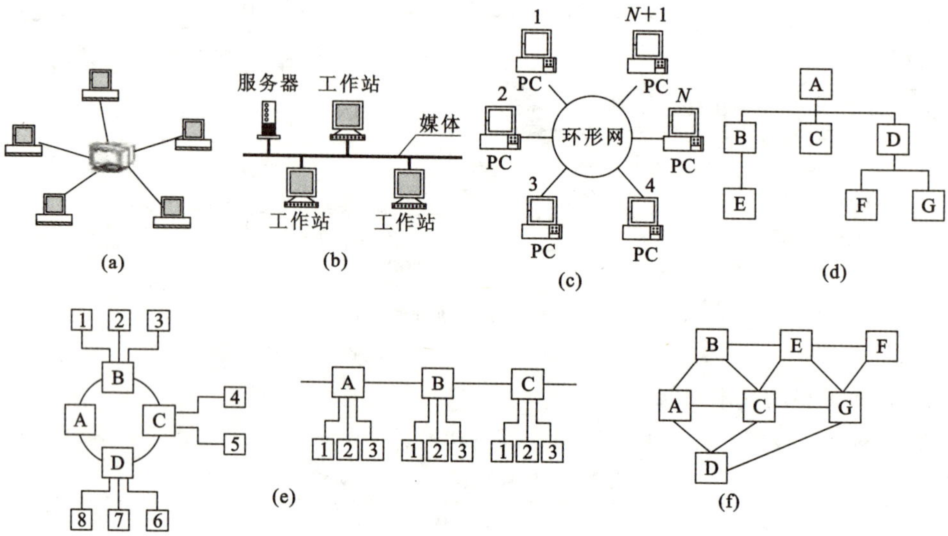

图 2.12 计算机网络拓扑结构

(a) 星形拓扑；(b) 总线形拓扑；(c) 环形拓扑；(d) 树形拓扑；(e) 混合型拓扑；(f) 网形拓扑

拓扑结构的选择往往与传输媒体的选择及媒体访问控制方法的确定紧密相关。在选择网络拓扑结构时，应该考虑的主要因素有下列几点：

(1) 可靠性。尽可能提高可靠性，以保证所有数据流能准确接收；还要考虑系统的可维护性，使故障检测和故障隔离较为方便。

(2) 费用。建网时需考虑适合特定应用的信道费用和安装费用。

(3) 灵活性。需要考虑系统在今后扩展或改动时能容易地重新配置网络拓扑结构，能方便地处理原有站点的删除和新站点的加入。

(4) 响应时间和吞吐量。要为用户提供尽可能短的响应时间和最大的吞吐量。

1. 星形拓扑

星形拓扑是由中央节点和通过点到点通信链路接到中央节点的各个站点组成。目前流行的专用交换机 PBX 就是星形拓扑结构的典型实例。

星形拓扑结构的优点：

(1) 控制简单。在星形网络中，任何一站点只和中央节点相连接，因而媒体访问控制方法很简单，致使访问协议也十分简单。

(2) 故障诊断和隔离容易。在星形网络中，中央节点对连接线路可以逐一地隔离开来进行故障检测和定位，单个连接点的故障只影响一个设备，不会影响全网。

(3) 方便服务。中央节点可方便地对各个站点提供服务和网络重新配置。

星形拓扑结构的缺点：

(1) 电缆长度和安装工作量可观。因为每个站点都要和中央节点直接连接，需要耗费大量的电缆，安装、维护的工作量也骤增。

(2) 中央节点的负担较重，形成瓶颈。一旦发生故障则全网受影响，因而对中央节点的可靠性和冗余度方面的要求很高。

(3) 各站点的分布处理能力较低。

星形拓扑结构广泛应用于网络的智能集中于中央节点的场合。从目前的趋势看，计算机的发展已从集中的主机系统发展到大量功能很强的微型机和工作站，在这种形势下，传统的星形拓扑的使用会有所减少。

2. 总线形拓扑

总线形拓扑结构采用一个信道作为传输媒体，所有站点都通过相应的硬件接口直接连到这一公共传输媒体上，该公共传输媒体即称为总线。任何一个站发送的信号都沿着传输媒体传播，而且能被所有其他站所接收。

总线形拓扑结构的优点：

(1) 总线结构所需要的电缆数量少；

(2) 总线结构简单，又是无源工作，有较高的可靠性；

(3) 易于扩充，增加或减少用户比较方便。

总线形拓扑结构的缺点：

(1) 总线的传输距离有限，通信范围受到限制；

(2) 故障诊断和隔离较困难；

(3) 分布式协议不能保证信息的及时传送，不具有实时功能，站点必须是智能的，要有媒体访问控制功能，从而增加了站点的硬件和软件开销。

3. 环形拓扑

环形拓扑网络由站点和连接站点的链路组成一个闭合环。每个站点能够接收从一条链路传来的数据，并以同样的速率串行地把该数据沿环送到另一端链路上。

环形拓扑结构的优点：

(1) 电缆长度短。环形拓扑网络所需的电缆长度和总线形拓扑网络相似，但比星形拓扑网络要短得多。

(2) 增加或减少工作站时，仅需简单的连接操作。

(3) 可使用光纤。光纤的传输速率很高，十分适合于环形拓扑的单方向传输。

环形拓扑结构的缺点：

(1) 节点的故障会引起全网故障。这是因为环上的数据传输要通过接在环上的每一个节点，一旦环中某一节点发生故障就会引起全网的故障。

(2) 故障检测困难。这与总线形拓扑相似，因为不是集中控制，故障检测需在网上各个节点进行，因此就不很容易。

(3) 环形拓扑结构的媒体访问控制协议都采用令牌传递的方式，在负载很轻时，信道利用率相对来说就比较低。

4. 树形拓扑

树形拓扑从总线形拓扑演变而来，形状像一棵倒置的树，顶端是树根，树根以下带分支，每个分支还可再带子分支。

树形拓扑结构的优点：

(1) 易于扩展。这种结构可以延伸出很多分支和子分支，这些新节点和新分支都能便捷地加入网内。

(2) 故障隔离较容易。如果某一分支的节点或线路发生故障，很容易将故障分支与整个系统隔离开来。

树形拓扑的缺点：

各个节点对根的依赖性太大，如果根发生故障，则全网不能正常工作。从这一点来看，树形拓扑结构的可靠性有点类似于星形拓扑结构。

5. 混合型拓扑

将以上某两种单一拓扑结构混合起来，取两者的优点构成的拓扑称为混合型拓扑结构。一种是星形拓扑和环形拓扑混合成的“星-环”拓扑，另一种是星形拓扑和总线形拓扑混合成的“星-总”拓扑。其实，这两种混合型在结构上有相似之处，若将总线形结构的两个端点连在一起也就成了环形结构。这种拓扑的配置是由一批接入环中或总线的集中器组成，由集中器再按星形结构连至每个用户站。

混合型拓扑的优点：

(1) 故障诊断和隔离较为方便。一旦网络发生故障，只要诊断出哪个集中器有故障，将该集中器和全网隔离即可。

(2) 易于扩展。要扩展用户时，可以加入新的集中器，也可在设计时在每个集中器留出一些备用的可插入新的站点的连接口。

(3) 安装方便。网络的主电缆只要连通这些集中器即可，这种安装和传统的电话系统电缆安装很相似。

混合型拓扑的缺点：

(1) 需要选用带智能的集中器。这是为了实现网络故障自动诊断和故障节点的隔离所必需的。

(2) 像星形拓扑结构一样，集中器到各个站点的电缆安装长度会增加。

6. 网形拓扑

网形拓扑在广域网中得到了广泛的应用，它的优点是不受瓶颈问题和失效问题的影响。由于节点之间有许多条路径相连，可以为数据流的传输选择适当的路由，从而绕过失效的部件或过忙的节点。这种结构虽然比较复杂，成本也比较高，提供上述功能的网络协议也较复杂，但由于它的可靠性高，仍然受到用户的欢迎。

结论：不管是局域网还是广域网，拓扑的选择需要考虑诸多因素。网络既要易于安装，又要易于扩展；网络的可靠性也是考虑的重要因素，要易于故障诊断和隔离，以使网络的主体在局部发生故障时仍能正常运行；网络拓扑的选择还会影响传输媒体的选择和媒体访问控制方法的确定，这些因素又会影响各个站点在网上的运行速度和网络软、硬件接口的复杂性。

任务 3　现代通信技术基础与案例

任务描述

现代通信技术基础是实现大厦内部、大厦与大厦以及大厦与国内、国外信息交流不可缺少的关键技术。它在作为未来信息高速公路网站主节点的智能大厦中的地位和作用不言而喻。

现代通信的内容涵盖了多媒体通信、计算机通信网络、个人通信、数字图像通信、移动卫星通信程控交换、信息高速公路、语音信箱与电子信箱等。通信网络正在由模拟走向数字，由单一业务走向综合业务，由服务到家到服务到人，由电气通信走向光通信，由封闭式的网络结构走向开放式网络结构。

任务分析

了解信息高速公路的干线部分、支线部分和节点部分的基本内容，掌握信息高速公路的特点。

方法与步骤

2.3.1　信息高速公路的组成

信息高速公路由干线、支线和节点构成。它是在光纤干线上将信息（如图像、声音、文字等）转换成数字信号，再经切换送到支线（电缆或电话线）上，最终送到节点（用户终端。）

1. 干线部分

干线部分是信息高速公路的骨架，是局域网、有线网、数据网、无线网和程控网之间的桥梁。其中，局域网包括校园网、小型企业的信息网等；有线网包括有线电视、图文电视等；数据库包括图书资料、电子书刊以及各种信息数据等组成的数据网；无线网包括卫星通信、微波通信以及移动通信组成的无线寻呼、电话网、程控交换网等。

2. 支线部分

支线部分构成某个局域的现代化信息环境。以校园网为例，它可提供图书资料服务、文件服务、打印服务、行政信息管理等功能。

3. 节点部分

节点部分包括各种信息的发送和接收设备，构成用户的信息环境。按照信息环境的差异可以分为各种不同的用户，如办公室信息环境、家庭信息环境等。

2.3.2　信息高速公路案例

某商场的网上购物为信息高速公路应用案例，如图 2.13 所示。

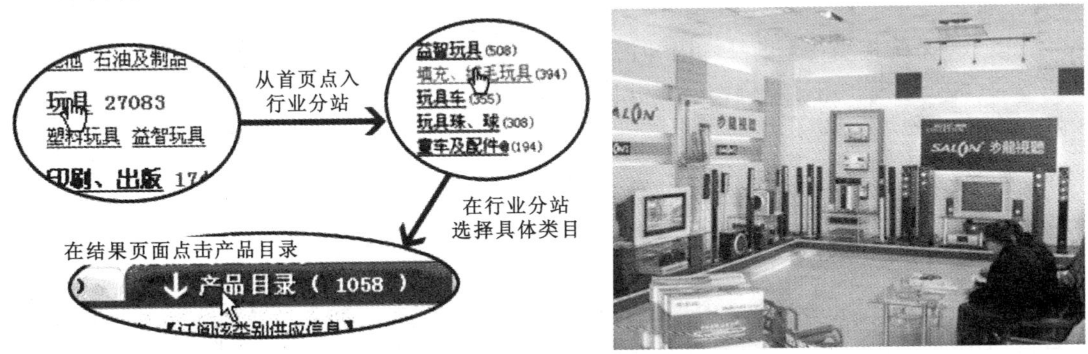

(a)　(b)

图 2.13　信息高速公路应用案例

(a) 网上购物；(b) 实物图

购物操作指导：在关键字中填写产品名进行搜索。

下拉菜单中有 5 项内容可供选择：

"供应信息"⇒得到搜索产品的所有供应信息

"求购信息"⇒得到搜索产品的所有求购信息

"产品目录"⇒得到搜索产品的所有商品样品的列表

"公司库"⇒得到搜索产品的所有公司的介绍

"行业资讯"⇒得到搜索产品的所有新闻资讯

如果所需产品特别专业或者比较冷僻，可以到华典信息高速公路寻找商业伙伴和服务人员的帮助。

2.3.3 信息高速公路的特点

信息高速公路具有"六化一性"的特点：

(1) 高速化：速度和容量接近正比例关系。

(2) 数字化：容量大、成本低、抗干扰性强、失真度小、保密性好，便于与计算机连接。

(3) 网络化：通信平台和应用信息体系配合便构成了网络，用户的多元"信息媒体"通过应用信息体系置入公用"平台"。

(4) 小型化：在三维空间的大幅度活动要求个人携带设备小型化。

(5) 多媒体化：采用多媒体计算机，使多媒体共存，实现综合双向传输。

(6) 多样化：即功能的兼容性。

(7) 双向性：在通信过程中，可对信息处理的全过程随时干扰或介入。

任务 4　BA 系统的检测技术基础

任务描述

在智能建筑中，应用大量检测设备(传感器)及执行机构设备，在智能楼宇内对各种物理量的检测和控制的执行与这些设备的运行状态密切相关。

任务分析

简述 BA 系统检测技术的基本内容，分析典型的检测设备，如电量检测设备及温、湿度检测设备的构造、原理及用途，最后介绍常用的执行机构。

方法与步骤

2.4.1 BA 系统的检测技术

自动检测技术是以微电子技术为基本手段的检测技术，归纳起来可以分为两大类：一类是对电压、电流、阻抗等电量参数的检测；另一类则是运用一定的转换手段，把非电量(如温度、湿度、压力、流速等)转换为电量，然后进行检测。将非电量转换为电量的器件，通常称为传感器。传感器在自动检测技术中占极为重要的地位，在某些场合成为解决实际问题的关键。非电量自动检测单元的基本结构用图 2.14 描述。

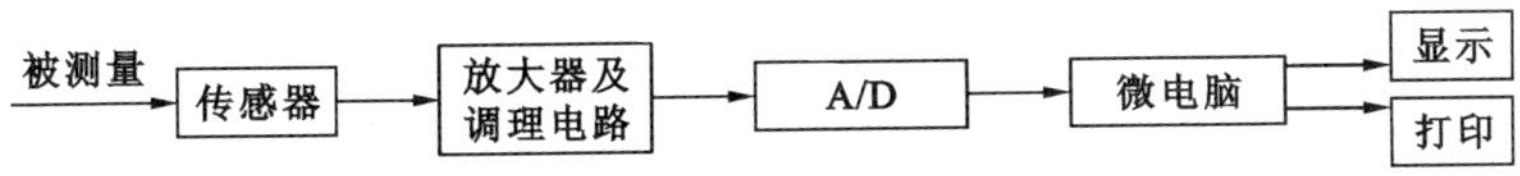

图 2.14　非电量自动检测单元的基本结构

传感器是一个把被测的非电量转变为电量的装置，具有信息获得、放大、转换、处理、显示和打印等功能。

BA 系统检测仪表应选用标准化、系列化和通用化产品。考虑现场环境条件的影响，根据先进可靠、经济和实用的原则进行选择，以确保检测的准确可靠。

1. 传感器的组成及定义

(1) 传感器(即检测器)的定义

传感器是一种能把特定的被测量(包括物理量、化学量、生物量等)信息按一定规律转换成某种可用信号输出的器件或装置。

传感器的输出信号通常是电量，它便于传输、转换、处理、显示等。电量有很多形式，如电压、电流、电容、电阻等。输出信号的形式由传感器的原理确定。

(2) 传感器的组成

传感器由敏感元件和转换元件组成。其中，敏感元件是指传感器中能直接感受或响应被测量的部分；转换元件是指传感器中将敏感元件感受或响应的被测量转换成适于传输或测量的电信号部分。

2. 传感器的分类

传感器的种类繁多，应用领域极其广泛。可从不同角度进行分类，如表 2.3 所示。

表 2.3　传感器的分类

分类法	形　式	说　　明
按基本效应分	物理型、化学型、生物型等	分别以转换中的物理效应、化学效应等命名
按构成原理分	结构型 物性型	以其转换元件结构参数变化实现信号转换 以其转换元件物理特性变化实现信号转换
按能量关系分	能量转换型(自源型) 能量控制型(外源型)	传感器输出量直接由被测能量转换而得 传感器输出量能量由外源供给，但受被测输入量控制
按作用原理分	应变式、电容式、压电式、热电式等	以传感器对信号转换的作用原理命名
按输入量分	位移、压力、温度、流量、气体等	以被测量命名(即按用途分类法)
按输出量分	模拟式 数字式	输出量为模拟信号 输出量为数字信号

除按表 2.3 分类外，还有按构成敏感元件的功能材料分类的，如半导体传感器、陶瓷传感器、光纤传感器、高分子薄膜传感器等；或与某种高技术、新技术相结合而得名的，如集成传感器、智能传感器、机器人传感器、仿生传感器等。不同传感器的外形如图 2.15 所示。

3. 传感器的技术要求

作为测量与自动控制系统的首要环节，传感器必须满足如下基本要求：

(1) 灵敏度高，精度适当。即要求其输出信号与被测输入信号成确定关系(通常为线性)，

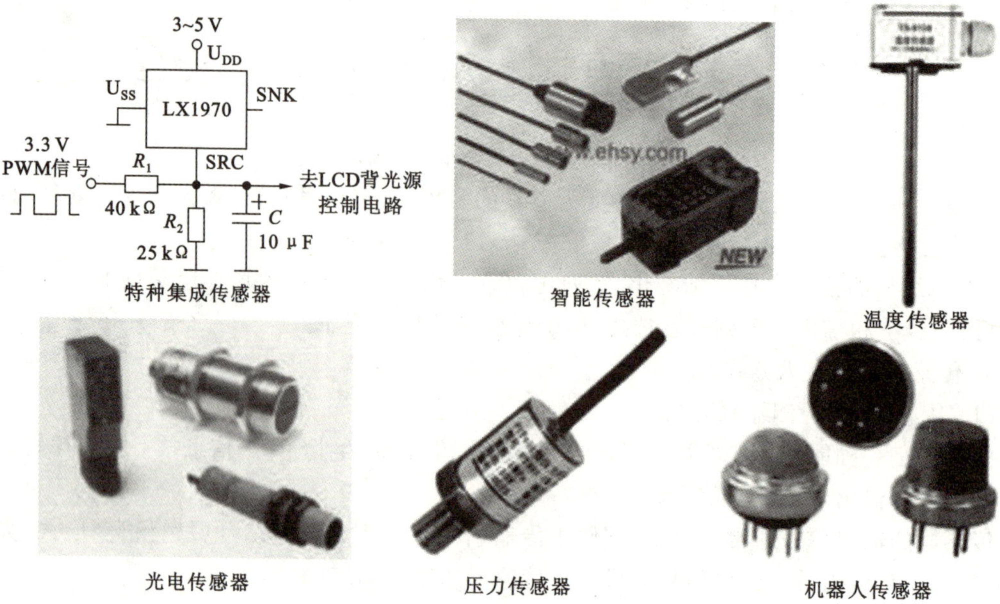

图 2.15　各种传感器

且比值要大，传感器的静态响应与动态响应的准确度能满足要求。

（2）足够的容量。传感器的工作范围或量程足够大，具有一定的过载能力。

（3）适用性和适应性强。体积小、质量轻，动作能量小，对被测量对象的状态影响小；内部噪声小而又不易受外界干扰和影响；其输出力求采用通用或标准形式，以便与系统对接。

（4）响应速度快，工作稳定，可靠性好。

（5）使用经济。成本低，寿命长，且便于使用、维修和校准。

2.4.2　典型的检测设备

2.4.2.1　电量检测设备

电参数的检测主要是对电压、电流、功率、阻抗和波形等参数的测量。通常采用以下设备和方法进行。

1. 直流电压、电流的测量

测量方法有多种，在测控系统中采用数字化测量方法，如图 2.16 所示。

测量原理：被测电压 U 经放大器进行放大或衰减，以达到标准的电压范围，实现量程变换（单极性的如 0～5 V 或 0～10 V，双极性的如 ±5 V，±10 V），变换的标准电压可直接送到 DDC 的 AI 输入，DDC 内部经 A/D 转换器将此电压信号转变成一个数字量，该数字量乘以放大器放大或衰减系数即为被测电压的测量值。

在实际工程应用中有许多非电量需转为电量，如压力变送器、温度变送器，转换后一般为 0～5 V 直流电压或 4～20 mA 的电流，可直接送到 DDC 的 AI 输入端进行测量。

2. 交流电压、电流的测量

在测控系统中常用数字化测量法检测交流电压、电流，如图 2.17 所示。

测量步骤：首先是量程变换，由电流互感器或电压互感器完成，再经过交-直流变换，最后将直流电压值测出，可求得被测正弦交流电压、电流的有效值。

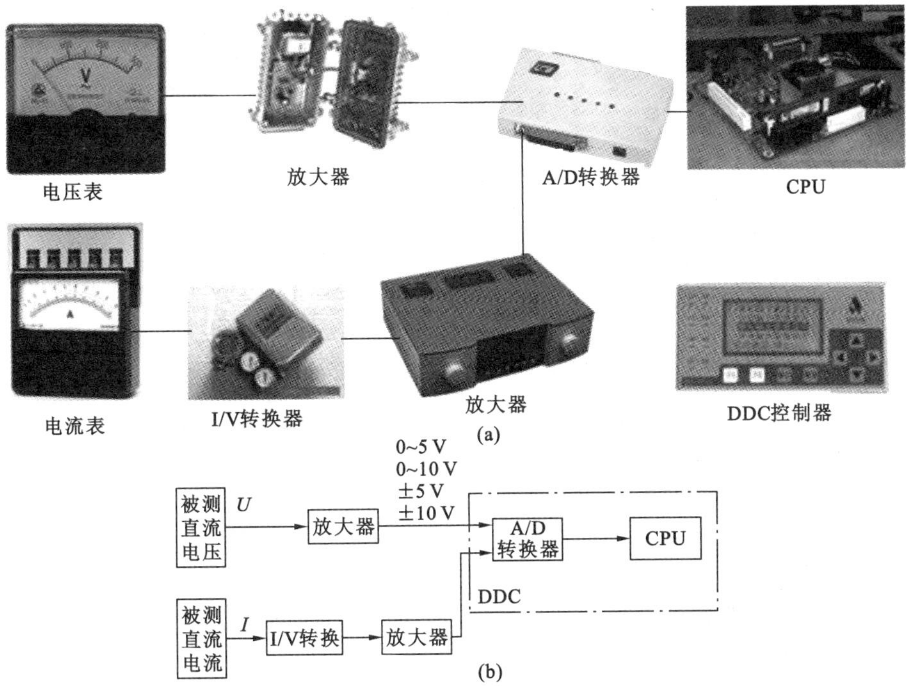

图 2.16　直流电压、电流的测量

(a) 实物图;(b) 框图

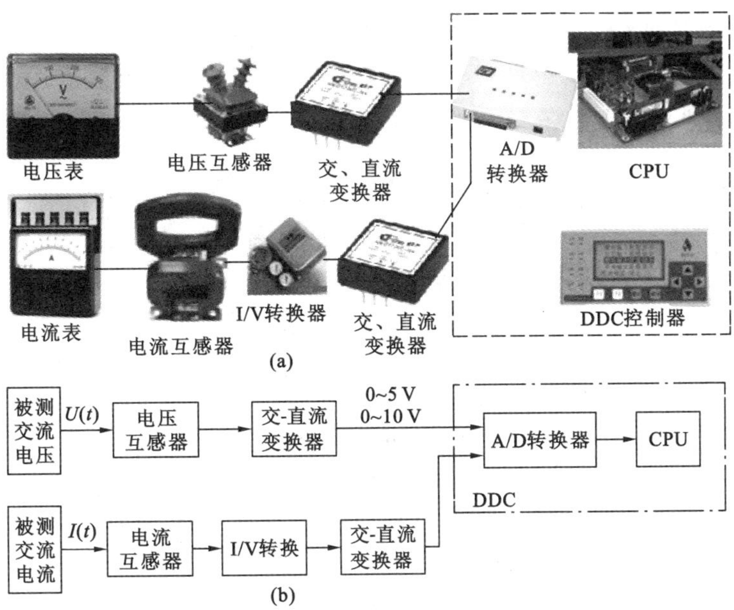

图 2.17　正弦交流电压、电流的检测

(a) 实物图;(b) 框图

3. 功率的测量

功率测量过程如图 2.18 所示。

功率测量原理的核心是模拟乘法器。交流电压和电流信号经模拟乘法器相乘后即得瞬时

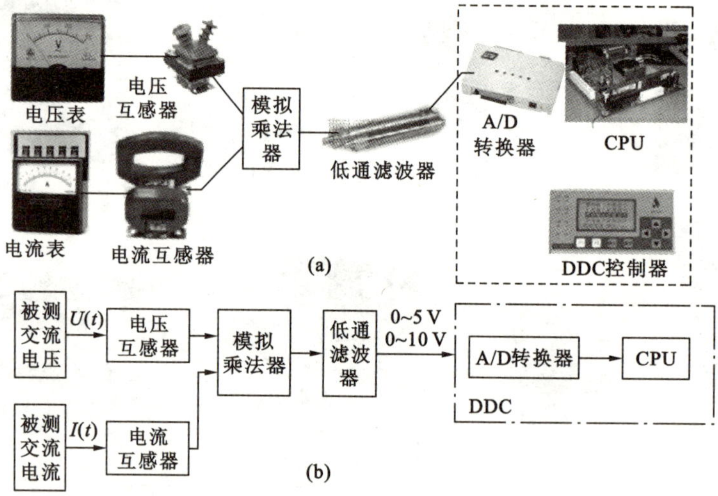

图 2.18　功率的检测

(a) 实物图;(b) 框图

功率信号,再经过低通滤波器得出平均功率值,这是一个直流信号,它代表被测功率的大小。测出此直流电压值即可求得被测功率的数值。

2.4.2.2　温、湿度的检测设备

1. 温度的检测

温度检测仪表按检测方式可分为接触式和非接触式两大类。在 BA 系统中采用接触式检测方法,检测设备为铂热电阻、铜热电阻、热敏电阻、热电偶等,可对室内外气温(−40～45 ℃)、风道气温(−40～130 ℃)、水管内水温(0～90 ℃)进行检测。这种温度检测器在结构上有室外型、室内墙挂式、风道式和水管式等,如图 2.19 所示。

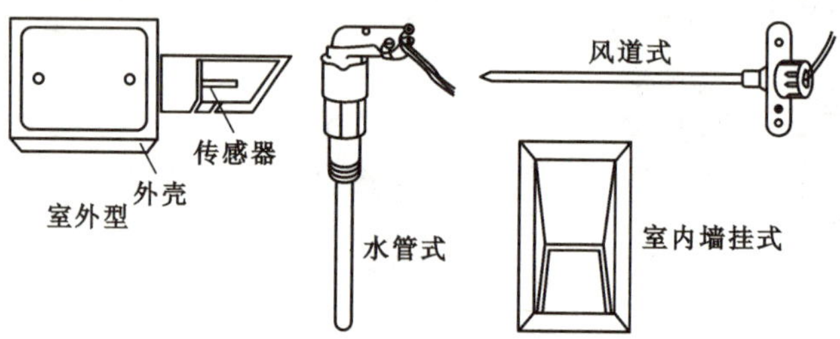

图 2.19　温度检测器的结构

【案例】　热电阻温度检测器。

热电阻温度检测器在 BA 系统中应用较多,其测量如图 2.20 所示。

热电阻规格很多,但基本上是线性器件。用以描述其线性关系的公式为:

$$R_t = R_0 + at \tag{2.1}$$

式中　R_t——热电阻阻值;

R_0——温度为零时的阻值;

a——灵敏度;

t——时间。

由上式可知,虽然热电阻规格不同,由其线性特点说明,只有 R_0 和 a 不同,所以 R-V 变换

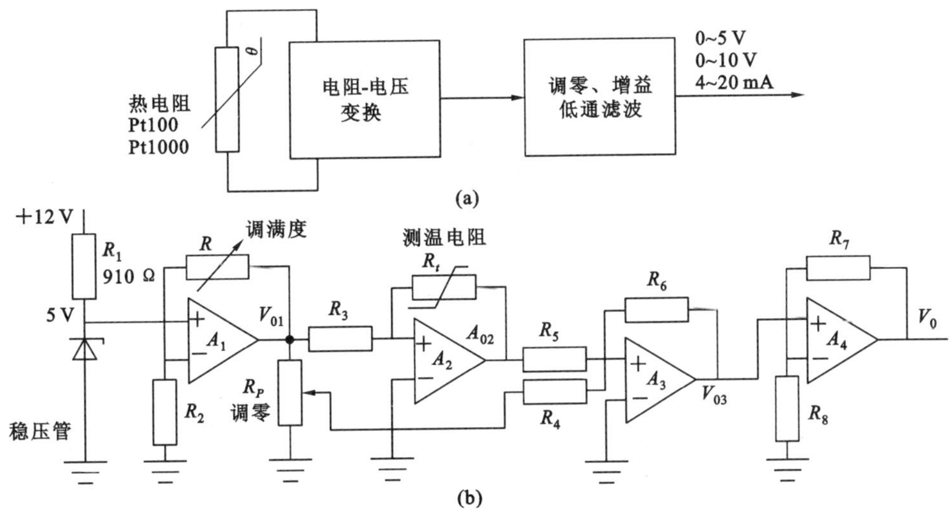

图 2.20　热电阻温度检测仪

(a) 热电阻测量电路原理；(b) 电压输出型实用的测温电路

和信号调理电路的原理是相同的，其输出均为标准的电压(0～5 V，0～10 V)或标准的电流(4～20 mA)。而热敏电阻是非线性的。

2. 湿度的检测

BA 系统中对湿度的检测主要用于室内外的空气湿度和风道内空气湿度的检测。常用的湿度检测有烧结型半导体陶瓷湿敏元件、电容式相对湿度传感元件等。

检测元件是利用极板电容器的变化正比于极板间介质的介电常数。如果介质是空气，则其介电常数和空气相对湿度成正比。因此，电容器容量的变化与空气相对湿度的变化成正比。

电容式相对湿度传感器的测量精度可达 ±2%，测量范围为 10%～90%R. H，环境湿度一般不超过 50%，其输出可以是标准的电压(0～5 V，0～10 V)或电流(4～20 mA)。

在 BA 系统中，空调子系统中常采用热敏电阻或湿敏电阻检测，如图 2.21 所示。

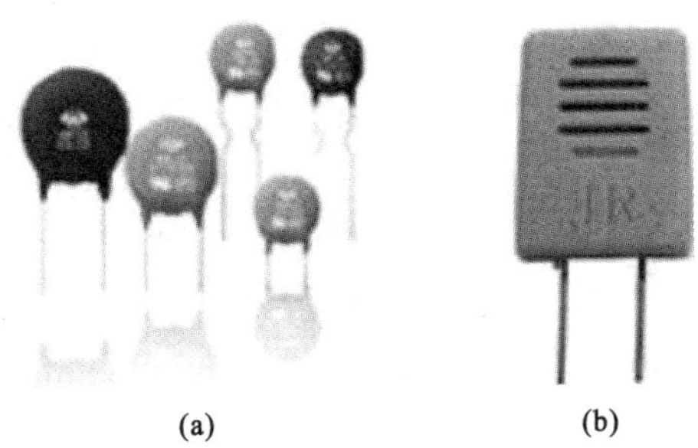

图 2.21　温、湿度检测元件

(a) 热敏电阻；(b) 湿敏电阻

3. 压力液体检测

在 BA 系统中，给排水子系统、冷热源子系统等可检测风道静压、供水管压、差压、水箱水位等，因此可以说压力检测在系统中占有一定位置。

压力检测仪选用的依据主要有：

(1) 控制系统对压力检测的要求，例如测量精度、被测范围以及对附加装置的要求等。

(2) 被测介质的性质，例如介质温度高低、黏度大小、有无腐蚀和易燃易爆情况等。

(3) 现场环境条件，例如高温、腐蚀、潮湿、振动等。

除此之外，对于弹性式压力表，为了保证弹性元件在弹性变形的安全范围内可靠地工作，在选择压力表量程时必须留有余地。一般在被测压力较稳定的情况下，最大压力值应不超过满量程的 3/4；在被测压力波动较大的情况下，最大压力值应不超过满量程的 2/3。为保证测量精度，被测压力最小值应不低于全量程的 1/3 为宜。

常用压力自动检测装置位移式开环压力变送器如图 2.22 所示。

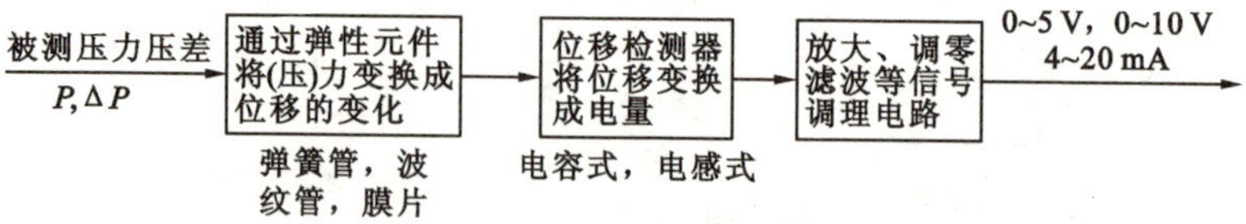

图 2.22　压力自动检测装置

检测过程：将压力通过弹性元件变换为位移变化，再经位移检测器将位移变换成电量，最后经信号调理电路送出电压为 0～5 V 或 0～10 V，电流为 4～20 mA 的标准值。

弹性元件有弹簧管、波纹管、膜片以及波纹管与弹簧组合几种，如图 2.23 所示。这里仅以弹簧管为例说明弹性元件如何将压力转为位移的变化过程。

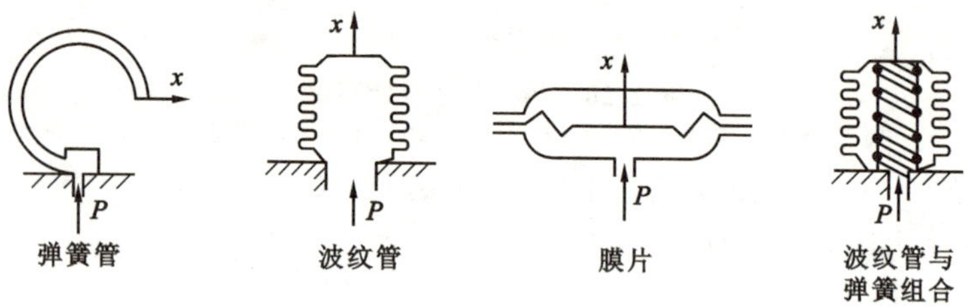

图 2.23　常用弹性元件构造

弹簧管是常用的一种弹性测压元件，它是一种弯成圆弧形的空心管子，其横截面是椭圆形的。当从固定的一端通入被测压力时，由于椭圆形截面在压力的作用下趋向圆形，使弧形弯管产生挺直的变形，其自由端产生向外的位移 x。此位移虽然是一个曲线运动，但在位移量不大时可近似认为是直线运动，且位移大小与压力成正比。

4. 流量、容积及其检测

在冷热源子系统中，流量、容积的控制应用最多。检测方法有电磁式、速度式、容积式和节流式等。差压流量计如图 2.24(a)所示，它实质上是节流装置与差压计配套，测量各种性质的液体、气体和蒸汽的流量。

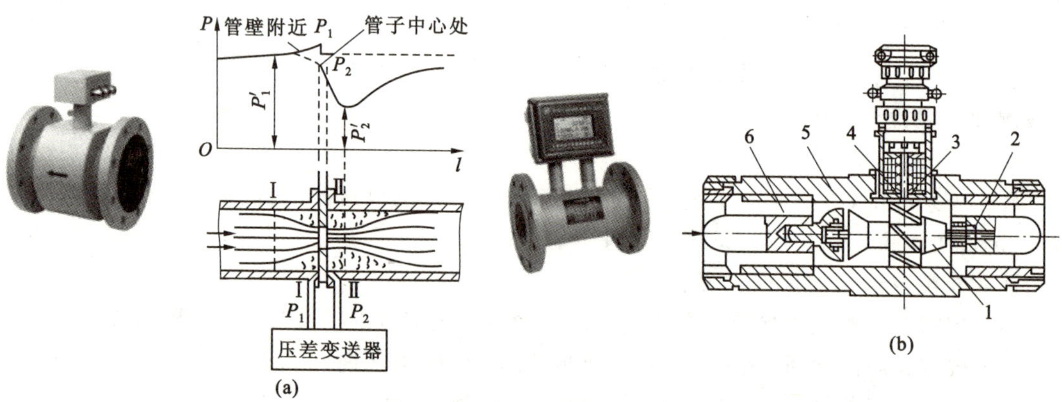

图 2.24　流量计

(a) 差压流量计；(b) 涡轮流量计

1—涡轮；2—磁铁；3—支承；4—线圈；5—导流体；6—壳体

涡轮流量计如图2.24(b)所示。涡轮的轴装在导管的中心线上，流体流过涡轮时，推过叶片，使涡轮转动，其转速近似正比于流量Q。

2.4.3　常用执行机构

执行机构按使用的能源种类可分为气动、电动和液动三种。在智能楼宇中常用电动执行器。执行器在系统中的作用是执行控制器的命令，直接控制能量或物料等被测介质的输送量，是自动控制的终端主控元件。执行器安装在生产现场，常年和生产工艺中的介质直接接触。执行器选择不当或维护不善时常使整个控制系统不能可靠工作，严重影响控制品质。

电动执行器有电动执行机构、电动阀、电磁阀等，详见后续相关课程。

任务5　楼宇智能化系统的集成技术基础与案例

2.5.1　楼宇智能化系统集成的概念

2.5.1.1　系统集成的定义及意义

1. 楼宇智能化系统集成的定义

系统集成是将智能建筑中分离的不同功能的子系统通过一定的技术手段使之集成为一个相互关联、统一协调的系统，以实现数据综合。

建造智能建筑的目的是为了谋求低造价、高性能，在整个建筑生命周期获得高效益的结果。楼宇控制系统的建立是为了智能建筑有一个舒适的环境，节约能源，尽快回收基本建设投资，并且始终高效益地运行。目前楼宇控制系统的设计人员正在竭力采用标准的、开放的交互操作控制系统，以集成多个暖通空调、照明、消防、安保、电梯、停车场、IC卡等系统，这种以楼宇控制系统集成为平台的智能建筑集成十分必要。

2. 系统集成的意义

智能化系统集成不是各系统的简单组合，而是计算机网络技术和分布式数据库技术经最优化的综合统筹设计，将各子系统或设备有机地综合在一起，实现信息共享与综合应用，通过对大楼集中监控和管理，可以全面地利用大楼内的综合信息和数据，提高物业管理水平，降低大楼总体运行费用，实现对大楼内各类事件的全局管理，提高对大楼突发事件的响应能力，提供给用户更安全舒适的工作环境和更高效的办公条件。

系统集成的意义还体现在节省投资、提高工程质量和降低工程管理费用等方面。早期建设的智能化大楼多数是分立系统，即各个智能化子系统独立设置，分开管理，各个子系统互不相关，硬、软件大量冗余，使系统建设费用增加。而集成系统采用最优化的综合统筹设计，可实现整个大厦内物理和逻辑上的硬件设备与软件资源的共享，利用最低限度的设备和资源来最大限度地满足用户对功能上的要求，节省了大厦的投资。从工程建设的角度来看，系统集成有利于智能建筑的工程实施和施工管理。因为系统集成便于采用智能化系统总承包的施工方式，减少工程承包界面，便于各子系统之间的界面协调，不仅提高工程质量，保证工程进度，为系统的一次性开通打下基础，而且降低工程管理费用。

2.5.1.2　楼宇智能化系统集成监控

(1) 供配电设备的监视：对供配电设备不实行控制，对主要参数如电压、电流、视在功率、功率因数、频率等进行监视。

(2) 冷冻站设备的控制和监视:冷冻机一般由数台构成,在一般情况下需预留一台机组作后备,每个机组的开、关取决于定时时间表。定时时间表决定每天在什么时间开机、关机。在冷冻机的供水端和回水端安装冷冻水旁通阀,用来控制空调机单元和风机盘管单元开始关闭时系统产生的压力。同时,它也可用来在冷冻水供水端和回水端保持一定压力,使冷冻水流向空调机。

(3) 空气调节机组的控制和监视:空气调节机组的启动、停止控制要预先在定时时间表中安排程序,空调机一周内每天的开机、关机由楼宇控制系统根据定时时间表自动控制。楼宇控制系统将存储每台空调机的运行时间,这些数据将按需要在工作站向操作员显示。采用回风管温度来控制空调机阀门,当消防报警接点闭合时,把空调机关闭。当风量探头在发动机开动后仍未测得风量时,空调机的状态显示将显示故障。空调机过滤网堵塞时,压差开关动作,向系统发出报警信号。当回风湿度低于设定值时,开启加湿装置。当温度低于 4 ℃时,防冻系统报警并执行相应的防冻保护程序。监视的运行参数和控制功能有回风温、湿度,送风温、湿度,调节新风风阀、回风风阀、冷冻水阀的开度,风机启停控制以及过滤器阻塞报警。

(4) 新风机组的控制和监视:每台空调机都可选择手动、自动控制。在自动控制模式下,楼宇控制系统将按时间表来操作空调机,执行相关的空调机程序和连锁功能。在手动状态下,楼宇控制系统功能失效,但监视功能仍然保留。新风机组监视的运行参数和控制功能有送风温度,室外新风温度,调节新风风阀、冷冻水阀的开度,风机启停等。

(5) 通风设备的控制和监视:每台风机都由选择开关来选择手动、自动控制。根据控制区域内 CO、CO_2 探测器所测参数,控制风机启停。在定时时间表中安排一周内每天开机、关机时间,楼宇控制系统将存储每台风机的整个运行时间,这些数据将按需要向操作员显示。

(6) 给、排水系统的控制和监视:整个系统由若干台水泵和各类水池、贮水箱组成,每台水泵都可选择手动、自动控制。楼宇自控系统将根据水位的高低来操作泵的启、停,存储每台泵的整个运行时间,并且自动更换泵的运行,以确保每台水泵有较平均的运行时间。当水位超过设定的高、低位置时,楼宇控制系统将给出报警信号。

(7) 安保系统:如果火灾报警发生,或者发生偷盗或坏人破坏等事件,则可通过联动系统使公用广播及火灾事故广播转换到紧急广播,便于发出通知,组织人员进行疏散。另外对摄像机摄取的图像进行录像。

(8) 停车场系统:纳入整个楼宇设备管理系统,对工作状态进行监视,在事故状态下如何运行也要由集成系统进行操作管理。

(9) IC 卡系统:对重要区域及门锁实行 IC 卡管理,何人何时进入防范区域及大门都要进行管理,以提高安全程度。此外,IC 卡可一卡多用,这属于办公自动化的一项内容。

(10) 火灾报警及自动控制系统:火灾报警的监视报警数据除了反映到消防控制室外,还要反映到楼宇控制室,这样可以起到双重保险的作用。有些连锁接点,如火灾报警后要关断有关风机阀门,则要统一考虑。依据我国消防部门的规范,对于火灾报警的自动控制,主要靠火灾报警和自动控制系统完成。

(11) 电梯:应对电梯平时的运行状态进行监视,当发生火灾时,电梯应停靠首层,以供使用。

2.5.2 楼宇智能化系统集成方式

楼宇智能化系统集成，在国内对整个智能大厦的集成还没有一个统一的定论，目前大型公共建筑 BMS 系统集成主要采用以下四种模式：

(1) 以节点方式进行系统集成；

(2) 以串行通信方式进行集成；

(3) 以建筑自控系统 BAS 为平台进行系统集成；

(4) 基于子系统平等方式进行系统集成。

第一种集成方式是系统集成最初的手段，现在 BMS 集成中很少应用。第二种方式由于采用串行通信在通信速度上过慢。第三种集成方式存在很大的缺陷，BAS 系统是一个相对封闭的体系，缺少向上开放的能力，与其他子系统的接口设备和接口软件局限于特定产品，因此系统集成能力有限，并且维护、升级成本过高。且 BAS 与 BMS 捆绑过紧，一旦 BAS 出现故障，BMS 也就宣告瘫痪，失去正常工作能力，不能管理和监控仍正常工作的子系统。因此，基于子系统平等的集成方式相对受到青睐。

以楼宇控制系统为平台的系统集成方案可以形成以整个设备管理为中心的集成，这种系统集成比较经济实用，可以适当减少一些硬件设备及软件系统。另外一种方式为整个楼宇的一体化集成，是在楼宇控制系统、火灾报警与自动控制系统、保安系统、通信系统、办公自动化系统之上再加一级中央管理集成系统，这对需要形成最高管理层次的单位来讲是必要的。对于来自不同厂家的产品，真正做到集成需要采用一个统一的通信协议。由于具有共同的通信协议，有些昂贵的硬件、软件或其他的网关配置可以被削减。开放的"点对点"(分散控制)通信技术支持新一代的产品和系统，使其运行起来更经济。此外，它还提供非预制环境，以便将来改变或修改系统，完善子系统的集成性，降低运行成本。关于通信协议，采用 Internet 上使用的 TCP/IP 通用性较大。

楼宇智能化系统的集成技术包括两方面内容：一是分散控制系统，二是现场总线技术。总之，系统的集成是将计算机技术、控制技术、图形显示技术和通信技术汇集于一体，从而对现场设备进行分散控制，又方便地集中管理，真正体现其智能化优势。

以前采用 BAC net 开放式通信界面较多，上层通过以太网(Ethernet)，主干线采用因特网(Internet)提供系统高速的通信。以太网支持网络控制器，为楼宇中央通信系统提供高效的输入/输出的可扩充性。以太网支持更多工作站及 Windows NT 服务器工作，操作员可通过标准拨号电话线与很多个异地终端通信。以太网(Ethernet)控制器包含多至四个可编程的 RS-232或 RS-485 接口，支持通信、打印机、调制解调器(Modems)的连接。

最近 LONWORKS 控制网络技术使得分散控制的目标成为现实。在 LONWORKS 网络中，智能控制装置被称为节点，使用一个共同的协议来相互通信。每一个节点都含有嵌入式能执行协议的智能芯片，以完成监控功能。在一个网络中，可以有 3 至 3 万个乃至更多的节点，如传感器(温度、湿度、压力、红外线等)、驱动器(开关、整流器、断路器、变风量控制器、变频驱动器等)、操作接口(显示器、触摸终端、人-机接口等)和控制器(空调机、压缩机、冷水机组等)等，通常为减少对中央控制器、可编程控制器或计算机的需求，可改用分散控制，这将提高系统的可靠性，同时也会降低系统的安装和运行成本。管理通信的任务将由一个强有力的集成电路来完成，系统允许控制装置作出适当的决定，同时，通过一种或多种通信介质与与其有关的网络中的其他智能控制装置进行通信。通信介质可由双绞线、动力线、同轴电缆、光缆或无线方式组成。这种支持多种通信介质的灵活性使得 LONWORKS 网络成为改造现存的使用双绞线、结构化综合布线或动力线系统的极具魅力的方案。一个 LONWORKS 节点类似数据网络上的一台个人电脑。然而，不同于数据网络采用宽带介质用来传输大量数据文件，控制网络传送由传感器生成的包含“状态信息”的少量控制信息。网络中的执行机构监视这种状态信息并作出相应的指令，协调风门、阀门或其他控制装置，保持对系统的控制。网络中的控制装置可以实现现场安装。使用流行的网络管理软件可在 Windows 95、Windows NT 或其他平台上运行。控制装置安装后，网络管理者既可以使之与网络连接，也可与网络断开。这种智能型现场控制装置无需管理控制器即能正常运行。

2.5.3　楼宇智能化系统集成案例

某智能化小区是由网络通信、网关、设备通信、系统管理、人机交互等模块以及数据采集终端和网络设备构成，如图 2.25 所示。该系统运用了计算机技术、自动控制技术、网络技术等，在解决楼宇智能化系统集成方面有创新性。系统对智能建筑各子系统进行了系统集成，实现了集中控制、统一管理、资源共享、协调运行，节约了能源和人力资源，降低了运营维护成本。通过多个楼宇的应用，系统稳定性好，具有开放性、实施性、适用性和易用性等特点。系统人机界面友好，操作简单，响应时间快捷，能够适应现代楼宇智能化管理的需求，具有广阔的市场前景和推广价值。楼宇智能化集成了以下各个系统：

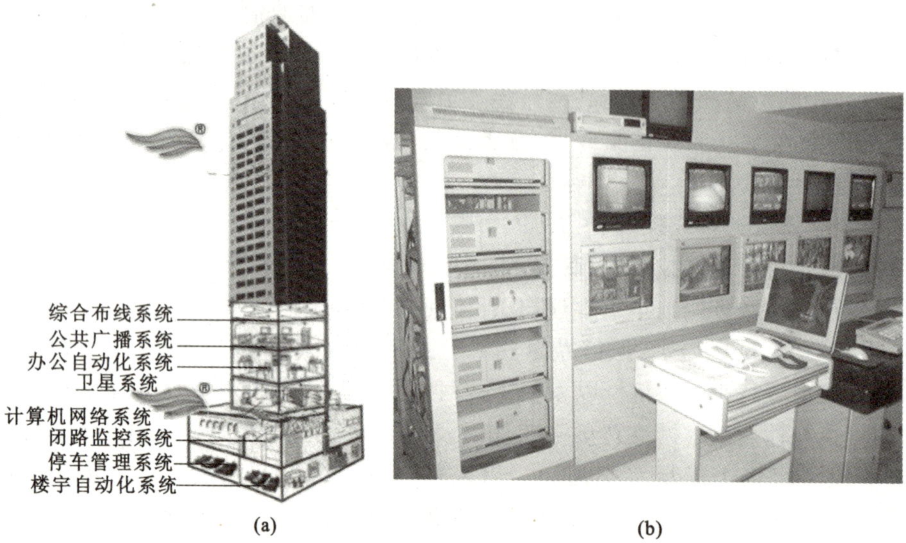

(a)　　(b)

图 2.25　楼宇智能化系统的集成

(a) 系统的集成示意；(b) 智能化中控室

(1) 设备自动化系统：将建筑物或建筑群内的空调、电力、给排水、照明、送排风和电梯等设备或系统以集中监视、控制和管理为目的，构成楼宇设备自动化系统。对于自有控制系统的设备系统，通过高阶接口集中到楼宇设备自动化系统统一管理，对于部分系统可做到只监视不控制。

(2) 安全自动化系统：包括闭路电视监控系统，保安防盗系统，出入口控制、巡更、停车场管理等，一卡通系统。

(3) 通信自动化系统:包括综合布线系统、计算机网络系统、卫星/有线电视系统以及公共电话系统。

(4) 办公自动化系统:包括 INTERNET/INTRANET 系统、电视会议系统以及多媒体信息互动系统。

(5) 管理自动化系统:包括水、电、气、空调计费系统,停车场管理系统以及楼宇集成管理系统。楼宇集成管理系统将建筑物内不同功能的子系统在物理、逻辑和功能上连接在一起,以实现信息、资源共享。

情境小结

本情景着重介绍了智能建筑的技术基础,通过对计算机控制技术、计算机网络技术、通信网络技术、BA 系统的检测技术及系统集成技术的学习,为后续课程的学习奠定了基础。重点掌握如下内容:

(1) 能描述智能化集成技术的现状、计算机控制系统的组成及作用;

(2) 懂得智能化系统的常用关键技术;

(3) 掌握几种测量方法;

(4) 明白楼宇智能化系统的集成关键。

【习题与训练项目】

习　题

1. 简述计算机控制系统的组成及各部分的作用,并用框图描述。
2. 楼宇智能化系统的集成技术的内涵是什么?集成技术中常用哪种网络技术?
3. 智能建筑的 3C 技术具体指什么技术?
4. 分别绘制计算机网络的星形、环形及总线形拓扑结构的拓扑图。
5. 简述所见所学传感器的作用。
6. 简述各执行机构的作用,说明相互间的区别。
7. 说明智能建筑的核心问题是什么。

训练项目

题目:五种技术比较

(一) 实训目的

1. 了解五种技术在系统中的作用、特点;

2. 掌握核心内容。

(二) 实训内容与设备

1. 实训内容

(1) 计算机控制技术;

(2) 现代通信技术;

(3) 计算机网络技术；

(4) 典型BA系统设备检测技术；

(5) 楼宇智能化系统集成技术。

2. 实训设备

电流表，电压表，电流(电压)互感器，交、直流变换器，放大器，转换器，DDC控制器，CPU及导线等。

(三) 实训步骤

1. 编写实训计划书；

2. 准备实训用具；

3. 熟悉五种技术的核心内容；

4. 进行检测训练。

(四) 实训报告

1. 实训计划书；

2. 设备检测与操作过程报告。

(五) 实训记录与分析

测量记录与分析

序号	被测设备名称	在系统中所起作用	测量记录	备　注

(六) 问题讨论

1. 五种技术中哪种技术最重要？

2. 假如你住在豪宅，用的是智能化家居，早上出门后如何把家中电饭煲里的米加热？

五种技术特点比较

特点 技术种类	主要组成设备	该技术在智能系统中的作用	特　　点	
计算机控制技术				
现代通信技术				
计算机网络技术				
典型 BA 系统设备检测技术				
楼宇智能化系统集成技术				

技能考核

1. 检测技巧及熟练程度；
2. 对各种技术的应用能力。

优______良______中______及格______不及格______

学习情境3　智能建筑设备自动化控制系统

智能建筑设备自动化系统 BAS(Building Automation System)是智能建筑不可缺少的重要组成部分，其任务是对建筑物内部的能源使用、环境、交通及安全设施进行监测、控制与管理，以提供一个既安全可靠、节约能源而又舒适宜人的工作或居住环境 。

【能力目标】

▲ 初步了解智能建筑设备自动化系统的组成；
▲ 掌握智能建筑设备自动化系统的监控功能；
▲ 掌握智能建筑设备自动化系统各子系统的监控原理及功能；
▲ 掌握智能建筑设备自动化系统的设备选型；
▲ 能够识读智能建筑设备自动化系统的施工图。

任务描述

本学习情境的任务是：初步了解智能建筑设备自动化系统的组成，掌握智能建筑设备自动化系统各子系统的监控原理及功能，增强对智能建筑设备自动化系统的工程实践能力(识图、设计和现场施工)。

任务分析

从介绍智能建筑设备自动化系统各子系统的结构和工作原理入手，逐步介绍智能建筑设备自动化系统各子系统的监控原理及功能，最后介绍智能建筑设备自动化系统的案例。

方法与步骤

任务1　智能建筑设备自动化系统的组成及监控功能

3.1.1　楼宇设备自动化系统的组成

楼宇设备自动化系统通常包括暖通空调、给排水、供配电、照明、电梯、消防、安全防范等子系统。根据我国的行业标准，BAS 又可分为设备运行管理与监控子系统及消防与安全防范子系统，如图 3.1 所示。一般情况下，这两个子系统宜一同纳入 BAS 考虑，如将消防与安全防范系统独立设置，应与监控中心建立通信联系，以便灾情发生时能够按照约定实现操作转移，进行一体化的协调控制。

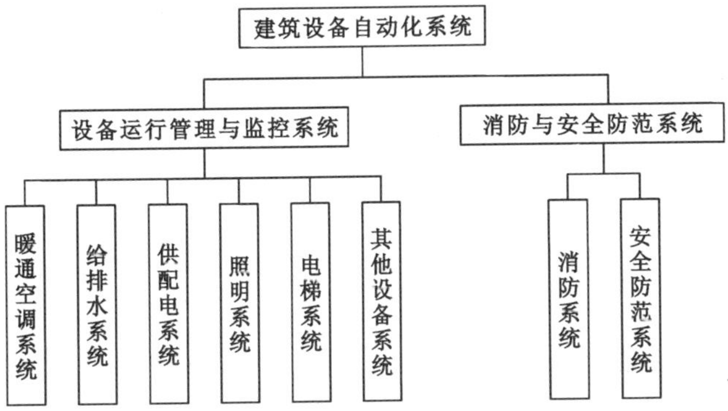

图 3.1　智能建筑设备自动化系统的组成

3.1.2　楼宇设备自动化系统的监控功能

(1) 自动监视并控制各种机电设备的启/停，显示或打印当前运行状态。如冷水机组正在运行时，冷却水泵出现故障，备用泵自动投入运行等。

(2) 自动检测、显示、打印各种设备的运行参数及其变化趋势或历史数据，如温度、湿度、压差、流量、电压、电流、用电量等；当参数超过正常范围时，自动实现越限报警。

(3) 根据外界条件、环境因素、负载变化情况自动调节各种设备，使之始终运行在最佳状态。如空调设备可根据气候变化和室内人员多少自动调节，自动优化到既节约能源又感觉舒适的最佳状态。

(4) 监测并及时处理各种意外、突发事件。如检测到停电、煤气泄漏等偶然事件时，可按照预先编制的程序迅速进行处理，避免事态扩大。

(5) 实现对大楼内各种机电设备的统一管理、协调控制。例如火灾发生时，不仅仅是消防系统立即启动，投入运行，而且整个大楼内所有有关系统都将自动转换方式、协同工作：供配电系统立即切断普通电源，确保消防电源；空调系统自动停止通风，启动排烟风机；电梯系统自动停止使用普通电梯并将其降至底层，自动启动消防电梯；照明系统自动接通事故照明、避难诱导灯；有线广播系统自动转入紧急广播，指挥安全疏散等。整个建筑设备自动化系统将自动实现一体化的协调运转，以使火灾的损失减到最小。

(6) 能源管理。对水、电、燃气等自动进行计量与收费，实现能源管理自动化。自动提供最佳能源控制方案，如白天使用燃气，夜晚使用电能，以错开用电高峰，达到合理、经济地使用能源。自动监测、控制设备用电量，以实现节能，如下班后及节假日室内无人时自动关闭空调及照明等。

(7) 设备管理。包括设备档案管理、设备运行报表和设备维修管理等。

任务 2　给排水设备监控系统

任务描述

明确建筑给排水系统的结构和工作原理，掌握建筑给排水监控系统的监控功能和监控原理图。

任务分析

从建筑给排水系统的结构入手，分析智能建筑给排水监控系统的监控对象和监控功能，最后阐述智能建筑给排水系统的监控原理。

方法与步骤

3.2.1　给排水系统的工作原理

高层建筑物的高度大，一般城市管网中的水压力不能满足用水要求，除了最下几层可由城市管网供水外，其余各层均需加压供水。由于供水高度增大，直接供水时低层的水压将过大，过高的水压对日常使用、材料设备、维修管理均不利，为此必须进行合理竖向分区供水。分区的层数或高度应根据建筑物的性质、使用要求、管道材料设备的性能、维修管理等条件，结合建筑物层数划分。在进行竖向分区时，还应考虑低处卫生器具及给水配件处的水压力，在住宅、旅馆、医院等居住建筑中，供水点水压力一般为 300～350 kPa；在办公楼等公共建筑中则可稍高些，可采用 350～400 kPa 的压力限值。

为了节省电能，应充分利用室外管网的水压，在最低区可直接采用城市管网供水，如将洗衣房、餐厅、理发室和浴室等用水大户布置在低区。

根据建筑物给水要求、高度和分区压力等情况进行合理分区，然后布置给水系统。给水系统的形式有多种，各有其优缺点，但基本上可划分为两大类，即高位水箱给水系统和气压给水或水泵直接给水系统。

1. 高位水箱给水系统

这种系统的特点是以水泵将水提升到最高处水箱中，以重力向给水管网配水，如图 3.2 所示。对楼顶水池(箱)水位进行监测及高/低水位超限时报警，根据水池(箱)的高/低水位控制水泵的启/停，监测给水泵的工作状态和故障，当工作水泵出现故障时，备用泵需自动投入工作。

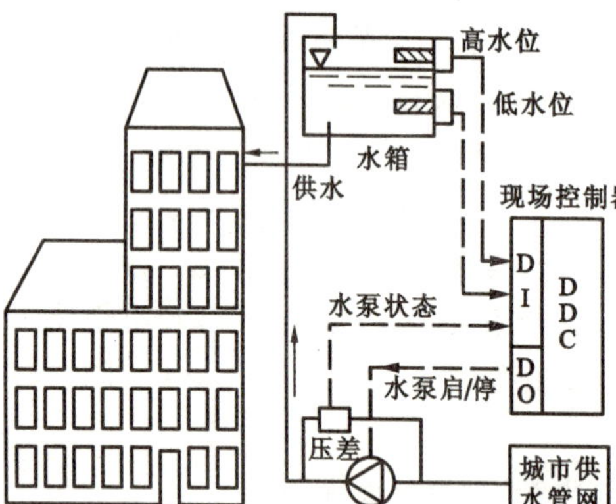

图 3.2　高位水箱给水系统框图

高位水箱给水系统用水是由水箱直接供应，供水压力比较稳定，且有水箱储水，供水较为安全。但水箱重量很大，增加建筑物的负荷，且占用楼层的建筑面积。

2. 气压给水系统

考虑到重力给水系统的种种缺点，为此可考虑气压供水系统，如不在楼层中或到顶上设置水箱，仅在地下室或某些空余之处设置水泵机组、气压水箱(罐)等设备，利用气压来满足建筑物的供水需要。

水泵-气压水箱(罐)给水系统是以气压水箱(罐)代替高位水箱，而气压水箱可以集中于地下室水泵房内，这样可以避免在楼房中设置水箱的缺点，如图 3.3 所示。气压水箱需用金属制造，投资较大，且运行效率较低，还需设置空气压缩机为水箱补气，因此耗费动力较多。目前大多采用密封式弹性隔膜气压水箱(罐),可以不用空气压缩机补气,既可节省电能又可防止空气污染水质,有利于优质供水。

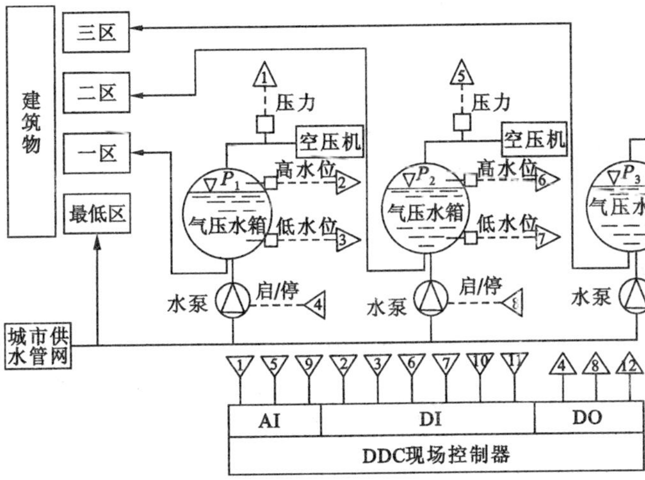

图 3.3　气压装置供水系统

3. 水泵直接给水系统

以上所讨论的给水系统,无论是用高位水箱,还是用气压水箱,均为设有水箱装置的系统。设有水箱的优点是预储一定水量,供水直接可靠,尤其对消防系统是必要的,但存在着前述很多缺点,因此有必要研究无水箱的水泵直接供水系统,这种系统可以采用自动控制的多台水泵并联运行,根据用水量的变化,开/停不同水泵来满足用水的要求,以利节能,如采用计算机控制更为理想。水泵直接供水,较节能的方法是采用调整水泵供水系统,即根据水泵的出水量与转速成正比关系的特性调整水泵的转速而满足用水量的变化。

无水箱的水泵直接给水系统最好用于水量变化不太大的建筑物中,因为水泵必须长时间不停地运行。即便在夜间用水量很小时,也将消耗动力,且水泵机组投资较高,需要进行技术经济比较后确定。

以上是几个比较有代表性的给水系统,选用时应根据使用要求、用水量的大小、建筑物结构情况以及材料设备供应等具体条件全面考虑。在用水安全可靠的前提下,考虑技术上先进、经济上合理的给水系统。

3.2.2　给排水系统的监控功能

3.2.2.1　给水监控系统

1. 生活泵启/停控制

建筑物中的生活给水系统可以由高位(屋顶)水箱、生活给水泵和低位(或地下)蓄水池等构成。生活给水系统监控原理如图 3.4 所示。

生活泵启/停由水箱和蓄水池水位自动控制。生活水箱设有 4 个水位,即溢流水位、最低报警水位、生活泵停泵水位和生活泵启泵水位。DDC 根据水位开关送入信号来控制生活泵的启/停:当高位水箱液面低于启泵水位时,DDC 送出信号自动启动生活泵投入运行;当高位水箱液面高于停泵水位或蓄水池液面达到停泵水位时,DDC 送出信号自动停止生活泵。当工作泵发生故障时,备用泵自动投入运行。自动显示水泵启/停状态。

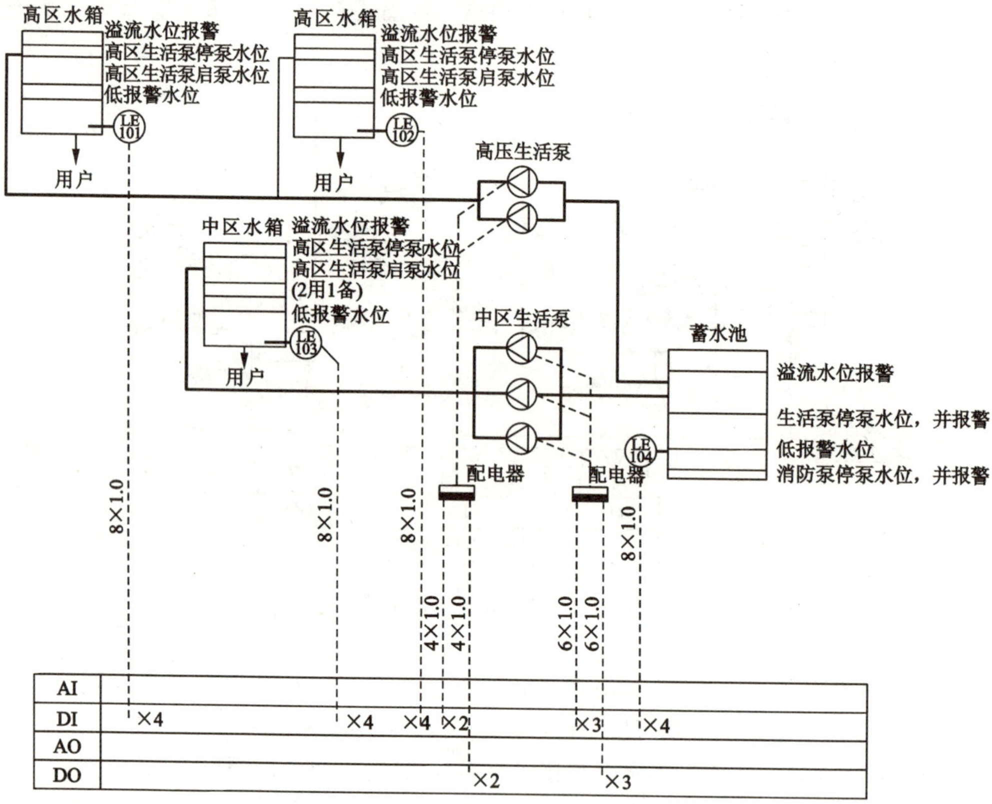

图 3.4 生活给水系统监控原理图

2. 检测及报警

当高位水箱(或蓄水池)液面高于溢流水位时，自动报警；当液面低于最低报警水位时，自动报警。但蓄水池的最低报警水位并不意味着蓄水池无水。为了保障消防用水，蓄水池必须留有一定的消防用水量。发生火灾时，消防泵启动。如果蓄水池液面达到消防泵停泵水位，将发生报警。水泵发生故障时自动报警。

3. 设备运行时间累计、用电量累计

累计运行时间将为定时维修提供依据，并根据每台泵的运行时间自动确定作为工作泵或是备用泵。对于超高层建筑，由于水泵扬程限制，则需采用接力泵及转水箱。

3.2.2.2 排水监控系统

高层建筑的排水系统必须通畅，保证水封不受破坏。有的建筑物采用粪便污水与生活废水分流，避免水流干扰，改善环境卫生条件。建筑物一般都建有地下室，有的深入地面下2～3层或更深些，地下室的污水常不能靠重力排除，在此情况下，先将污水集中于污水集水坑(池)，然后用排水泵将污水提升至室外排水管中。污水泵应为自动控制，保证排水完全。

建筑物排水监控系统的监控对象为集水坑(池)和排水泵。排水监控系统的监控功能有：

(1) 污水集水坑(池)和废水集水坑(池)水位监测及超限报警。

(2) 根据污水集水坑(池)与废水集水坑(池)的水位，控制排水泵的启/停。当集水坑(池)的水位达到高限时，连锁启动相应的水泵；当水位高于报警水位时，连锁启动相应的备用泵，直到水位降至低限时连锁停泵。

(3) 排水泵运行状态的检测以及发生故障时报警。

(4) 累计运行时间，为定时维修提供依据，并根据每台泵的运行时间自动确定作为工作泵或是备用泵。

建筑物排水监控系统通常由水位开关和直接数字控制器(DDC)组成，如图 3.5 所示。

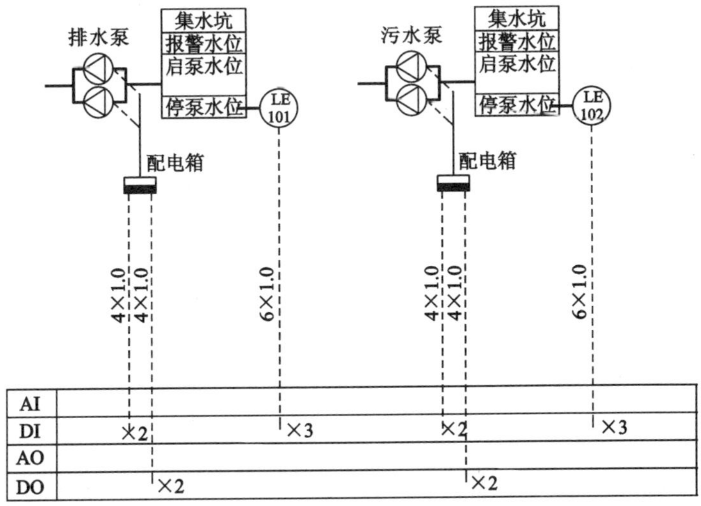

图 3.5　生活排水监控系统原理图

3.2.3　水泵的节能运行

水泵调速可有下列几种方法：

1. 用水泵电动机可调速的联轴器(力矩耦合器)

电动机的转速不可调，在用水量变化时，通过调节可调速水泵电动机的联轴器，以此改变水泵的转速，以达到调节水量的目的。联轴器类似汽车的变速箱。

2. 用调速电动机

由用水量的变化来控制电动机的转速，从而使水泵的水量得到调节。这种方法设备简单，节省动力，国内已有使用，效果较好。调速水泵给水系统如图 3.6 所示。

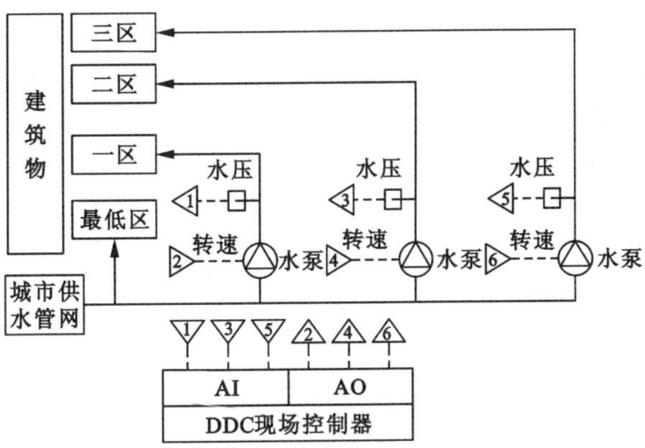

图 3.6　调速水泵给水系统

任务3 暖通空调监控系统

任务描述

明确暖通空调系统的结构和工作原理，掌握暖通空调系统的监控功能和监控原理图。

任务分析

从建筑暖通空调系统的结构入手，分析智能建筑暖通空调监控系统的监控对象和监控功能，最后阐述智能建筑暖通空调监控系统的监控原理。

方法与步骤

3.3.1 暖通空调系统工作原理

3.3.1.1 空调系统的基本概念

影响室内空气环境参数变化的因素有两个：一是外部原因，如太阳辐射和外界气候条件的变化；另一方面是内部原因，如室内设备和人员的散热量、散湿量等。当室内空气参数偏离设定值时，就需要采取相应的空气调节措施和方法，使其恢复到规定值。

1. 空调系统的组成

空调系统一般包括以下几部分：

(1) 进风 根据人对空气新鲜度的生理要求，空调系统必须有一部分空气取自室外，常称新风。空调的进风口和风管等组成了进风部分。

(2) 空气过滤 由进风部分引入的新风必须先经过一次预过滤，以除去颗粒较大的尘埃。一般空调系统都装有预过滤器和主过滤器两级过滤装置。根据过滤的效率不同，大致可以分为初(粗)效过滤器、中效过滤器和高效过滤器。

(3) 空气的热湿处理 将空气加热、冷却、加湿和减湿等不同的处理过程组合在一起统称为空调系统的热湿处理部分。热湿处理设备主要有直接接触式和表面式两大类型。

直接接触式：与空气进行热湿交换的介质直接和被处理的空气接触，通常是将其喷淋到被处理的空气中。喷水室、蒸汽加湿器、局部补充加湿装置以及使用固体吸湿剂的设备均属于这一类。

表面式：与空气进行热湿交换的介质不和空气直接接触，热湿交换是通过处理设备的表面进行的。表面式换热器属于这一类。

(4) 空气的输送和分配 将调节好的空气均匀地输入和分配到空调房间内，以保证其合适的温度场和速度场。这是空调系统空气输送和分配部分的任务，它由风机和不同形式的管道组成。

根据用途和要求不同，有的系统只采用一台送风机，称为单风机系统；有的系统采用一台送风机和一台回风机，称为双风机系统。管道截面通常为矩形和圆形两种，一般低速风道多采用矩形，而高速风道多采用圆形。

(5) 冷热源部分 为了保证空调系统具有加温和冷却能力，必须具备冷源和热源两部分。

冷源有自然冷源和人工冷源两种。热源有自然热源和人工热源两种。自然热源热量为地热和太阳能；人工热源是指用煤、石油或煤气作燃料的锅炉所产生的蒸汽和热水，目前应用得最为广泛。

2. 空气调节方式

按照空气处理设备的设置情况，空气调节系统可分为集中系统、半集中系统和分散系统。

(1) 局部式空调

在半集中空调系统中，除了集中空调机房外，还设有分散在被调节房间的二次设备(又称末端装置)。变风量系统、诱导空调系统以及风机盘管系统均属于半集中空调系统。

分散系统也称局部空调机组。这种机组通常把冷、热源和空气处理、输送设备(风机)集中设置在一个箱体内，形成一个紧凑的空调系统。房间空调器属于此类机组，它不需要集中的机房，安装方便，使用灵活，可以直接将此机组放在需要空调的房间内，也可以放在相邻的房间用很短的风道与该房间相连。一般说来，这类系统可以满足不同房间的不同送风要求，使用灵活，移动方便，但装置的总功率必然较大。

(2) 集中式空调

集中式系统的所有空气处理设备(包括风机、冷却器、加热器、加湿器和过滤器等)都设在一个集中的空调机房内(如图3.7所示)，经集中设备处理的空气用风道分送到各空调房间，因而，系统便于集中管理和维护。

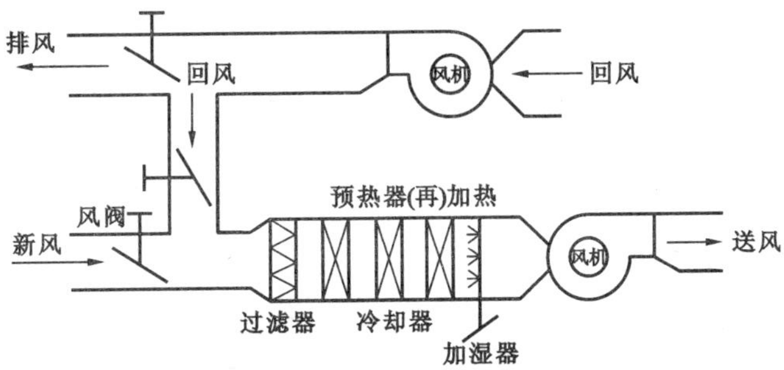

图3.7　典型的集中式空调系统

在建筑物中，一般采用集中式空调系统，通常称之为中央空调系统。对空气的处理集中在专用的机房里，对处理空气用的冷源和热源也有专门的冷冻站和锅炉房。

按照所处理空气的来源，集中式空调系统可分为循环系统、直流式系统和混合式系统。循环式系统的新风量为零，全部使用回风，其冷、热消耗量最省，但空气品质差。直流式系统的回风量为零，全部采用新风，其冷、热消耗量大，但空气品质好。由于循环式系统和直流式系统的上述特点，两者都只在特定情况下使用。对于绝大多数场合，采用适当比例的新风和回风相混合，这种混合系统既能满足空气品质的要求，经济上又比较合理，因此是应用最广的一类集中式空调系统，如图3.8所示。

中央空调的空气热湿处理系统如图3.9所示。系统主要由风门驱动器、风管式温度传感器、湿度传感器、压差报警开关、电动调节阀、压力传感器以及现场控制器(DDC)等组成。

空调空气热湿处理系统的监控功能如下：

① 将回风管内的温度与系统设定的值进行比较，用PID(比例加积分、微分)方式调节冷水/热水电动阀开度，以调节冷冻水或热水的流量，使回风温度保持在设定的范围之内。

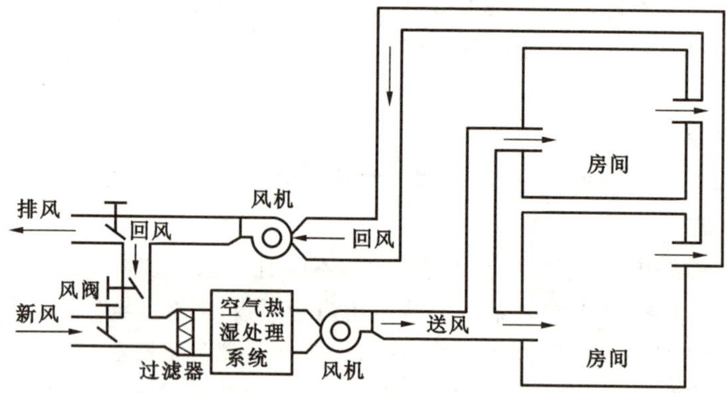

图3.8　中央空调系统的原理

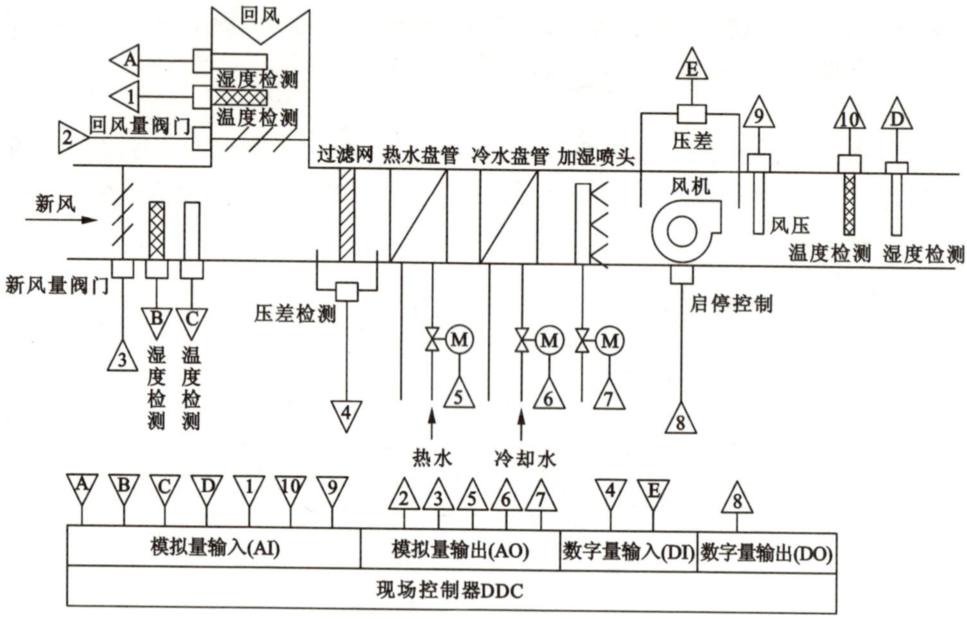

图3.9　空气热湿处理系统框图

② 对回风管、新风管的温度与湿度进行检测，计算新风与回风的焓值，按回风和新风的焓值比例控制回风门和新风门的开启比例，从而达到节能的效果。

③ 检测送风管内的湿度值，与系统设定的值进行比较，用PI(比例加积分)方式调节控制湿度电动调节阀，从而使送风湿度保持在所需要的范围之内。

④ 测量送风管内接近尾端的送风压力，调节送风机的送风量，以确保送风管内有足够的风压。

⑤ 其他方面如风机启动/停止的控制、风机运行状态的检测及故障报警和过滤网堵塞报警等。

当环境温度过高时，室外热量从墙体和窗口传入，加上电灯、复印机、电视机及人体散发的热量等，使室温过高，空调系统通过循环方式把房间里的热量带走，以维持室内温度为一定值。当循环空气(新风加回风)通过热湿处理系统时，高温空气经过冷却盘管先进行热交换，盘管吸收了空气中的热量，使空气温度降低，然后再将冷却后的循环空气吹入室内。

如果想要使室内温度升高，则对风机盘管供应热水，空气被加热后送入室内。

空气经过冷却后，产生凝结水，相对湿度减少，变得干燥。如果想增加湿度，可进行喷水或喷蒸汽，对空气进行加湿处理。

根据建筑物的使用功能，应将集中式空调系统与分散式空调系统灵活地结合起来设计。对于营业厅、多功能厅等公共场所采用集中式系统(全空气系统)，对于客房等则采用风机盘管加新风系统(空气-水系统)，这样使设备及风井风道布置灵活，并可与建筑设计密切结合，也为自动控制及节能提供了方便。

3. 通风换气

送、排风系统根据各区域新风和室内二氧化碳浓度来设定送、排风机的定时启/停，以达到保证新风量同时又节能的目的。

通风的任务是稀释和排出室内被污染的空气，借以改善空气质量，以利于人们的生活、工作和学习，保证人们的身心健康，提高工作效率。

用通风方法改善内部环境，即把不符合卫生标准的被污染空气净化或直接排至室外，把新鲜空气经净化且符合卫生要求后送入室内。前者称排风，后者称送风。为此而设置的设备及管道称为通风系统。

通风方式有局部通风和全面通风两种。按照空气流动动力不同，可分为机械通风和自然通风。

(1) 局部通风

局部通风方式有局部送风和局部排风，它们都是利用局部气流使局部工作地点不受有害物的污染，创造良好的室内环境。

(2) 全面通风

全面通风也称稀释通风，是利用清洁空气稀释室内空气中的有害物浓度，同时不断地把被污染的空气排至室外，使室内空气中有害物的浓度不超过卫生标准规定的最高允许浓度。

通风系统的设计原则为：

① 散发热、湿或有害物的房间及一般的地下室均考虑进行通风换气。

② 在供暖地区设计通风换气时，应作空气平衡及热平衡计算，并采取相应的补风及加热措施，以保证通风运行的效果。

③ 在办公室、居室、厨房、厕所、盥洗室和浴室等房间应设置自然通风或机械通风进行全面换气。

④ 送风系统室外进风的采气口应设置在室外空气较为清洁的地点，远离排风口的上风侧，而且低于排风口。

(3) 通风控制

通风风机的控制方案如图3.10所示，该方案的主要功能为：

① 风机控制　分站根据其内部的软件及时钟，按时间程序或事件来启动或停止风机(闭合或断开控制电路)。

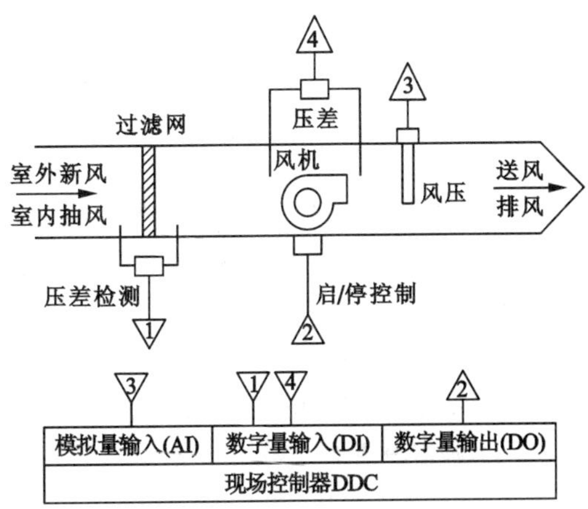

图3.10　风机控制方案

② 过滤器报警　风机启动后，过滤网前后将建立起一个风压。如果过滤器干净，风压将小于一个指定值，接触器的干节点会断开。反之，如果过滤器太脏，过滤网前后的风压变大，接触器的干节点将闭合。分站根据接触器干节点的情况会发出过滤网报警信息。

③ 风机故障报警　风机启动后，如果运行正常，则在风机前后将建立起一个风压，接触器的干接点将闭合。反之，若风机运行不正常，这时风机前后的风压将小于一个指定值或者为零，接触器的干接点会断开。分站根据接触器干接点的情况会发出风机故障报警信息。

(4) 末端控制

末端控制包括变风量和定风量两种。定风量末端大多采用温控器控制电磁阀方式调节，以达到舒适性控制的目的。变风量末端一般自身带有控制设备，可用直接数字控制器(DDC)与其接口，监测其参数及运行状态，以达到控制要求。

3.3.1.2　冷热源系统的基本概念

冷源主要应用于三个方面：一是空气调节；二是食品冷藏，如肉、鱼、禽等食品的低温保温储存；三是某些生产工艺需要低温，以保证生产过程的顺利进行。

凡是采暖的地区，均离不开热源，供热大体有两种方式：一种是集中供热，其热源来自热电厂、集中供热锅炉房等；另一种是由分散设在一个单位或一幢建筑物的锅炉房供热。这里的供热指的是热水和蒸汽，一般用于生活用水和空气调节。

现代化的建筑物需配备锅炉房，供应空调、采暖、生活等热水。锅炉燃烧装置能全自动启动、程序控制、自动点火和燃烧监察连锁保护。锅炉点火后，快则 10 min 即可达额定工作压力；且停炉方便，动作灵敏，噪声很小。

1. 冷源装置

在中央空调系统中，目前常用的制冷方式主要有压缩式制冷和吸收式制冷两种形式。中央空调系统常用的载冷剂是水，在一些要求特殊的场所也有采用水与其他物质组成的混合水溶液，如盐水、乙二醇水溶液等。

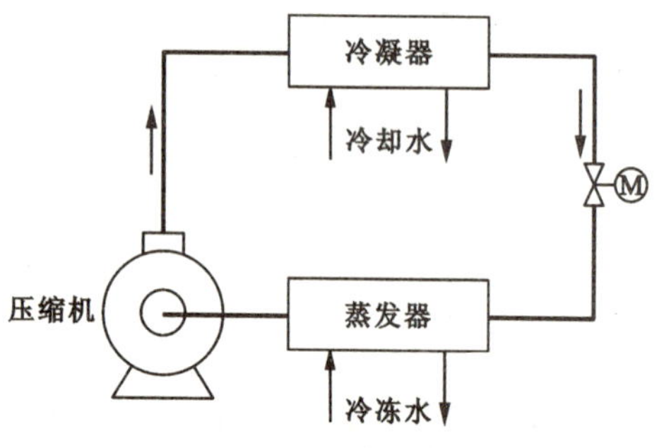

图 3.11　压缩式制冷循环的基本原理示意图

(1) 压缩式制冷

压缩式制冷的基本原理如图 3.11 所示。

低压制冷剂蒸气在压缩机内被压缩为高压蒸气后进入冷凝器，制冷剂和冷却水在冷凝器中进行热交换，制冷剂放热后变为高压液体，通过热力膨胀阀后，液态制冷剂压力急剧下降，变为低压液态制冷剂后进入蒸发器。在蒸发器中，低压液态制冷剂通过与冷冻水的热交换而发生气化，吸收冷冻水的热量而成为低压蒸气，再经过回气管重新吸入压缩机，开始新一轮的制冷循环。很显然，在此过程中，制冷量即为制冷剂在蒸发器中进行相变时所吸收的气化潜热。

从压缩机的结构来看，压缩式制冷大致可分为往复压缩式、螺杆压缩式和离心压缩式三大类，近年来新研究的涡旋压缩式制冷机也已逐渐开始在一些小型机组上应用。

(2) 吸收式制冷

吸收式制冷与压缩式制冷一样，都是利用低压制冷剂的蒸发产生的气化潜热进行制冷。两者的区别是：压缩式制冷以电为能源，而吸收式制冷则是以热为能源。在高层民用建筑的空调制冷中，吸收式制冷所采用的制冷剂通常是溴化锂水溶液，其中水为制冷剂，溴化锂为吸收剂，通常溴化锂制冷机组的蒸发温度不可能低于0 ℃，从这一点上可以看出溴化锂制冷的适用范围不如压缩式制冷广。但在高层民用建筑空调系统中，由于要求空调冷水的温度通常为6～7 ℃，因此还是比较容易满足的。

溴化锂吸收式制冷循环的基本原理如图3.12所示。

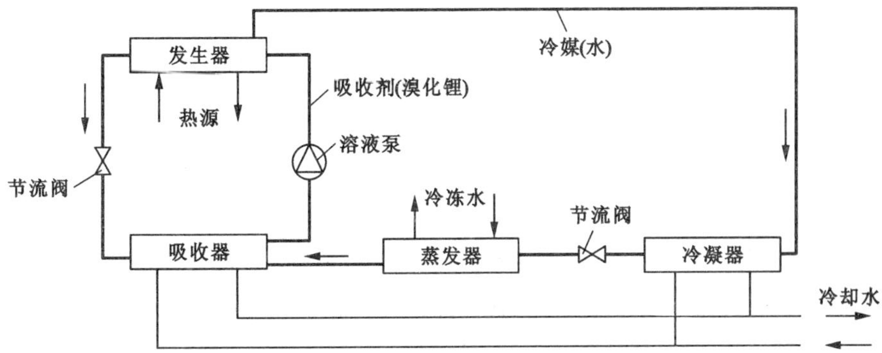

图3.12　溴化锂吸收式制冷循环基本原理示意图

来自发生器的高压蒸汽在冷凝器中被冷却为高压液态水，通过膨胀阀后成为低压蒸汽进入蒸发器。在蒸发器中，冷媒水与冷冻水进行热交换发生汽化，带走冷冻水的热量后成为低压冷媒蒸汽进入吸收器，被吸收器中的溴化锂溶液吸收，吸收过程中产生的热量由送入吸收器中的冷却水带走，吸收后的溴化锂水溶液由溶液泵送至发生器，通过与送入发生器中的热源进行热交换而使其中的水发生汽化，重新产生高压蒸汽。同时，由于溴化锂的蒸发温度较高，稀溶液汽化后，吸收剂则成为浓溶液重新回到吸收器中。在这一过程中，实际上包括了两个循环——制冷剂的循环和吸收剂的循环，只有这两个循环同时工作才能保证整个制冷系统的正常运行。

从溴化锂制冷机组的制冷循环中可以看出，其用电设备主要是溶液泵，电量为5～10 kW，这与压缩式冷水机组相比是微不足道的，与压缩式冷水机组相比，它只是在能源的种类上不一样。因此，在建筑物所在地的电力紧张而无法满足空调要求的前提下，应采用低位能源的溴化锂吸收式冷水机组；如果当地的电力系统允许的话，还是应优先选择压缩式冷水机组。

2. 热源装置

(1) 热源分类

① 按热源性质分类

a. 蒸汽

蒸汽热值较高，载热能力大，且不需要输送设备。其汽化潜热在2200 kJ/kg左右，占使用的蒸汽热量的95%以上。

在采用蒸汽作为空调热源的工程中，通常都采用表压为0.2 MPa以下的蒸汽。当凝结水回水较为畅通时，可以采用背压回水；反之，则应使用凝结水泵。另外，如果蒸汽压力过高，也会限制换热器的使用类型。

采用蒸汽为热源时，与之配套使用的一系列附件如减压阀、安全阀和疏水器等，其性能都直接关系到热源的合理利用，设计及管理人员应充分重视。

b. 热水

热水在使用的安全性方面比蒸汽优越，与空调冷水的性质基本相同，传热比较稳定。在空调机组中，采用冷、热盘管合用的方式（即两管制），以减少空调机组及系统的造价，热水能较好地满足此种方式的要求，而蒸汽盘管通常不能与冷水盘管合用。另外，使用热水时，不像蒸汽系统那样需要许多的附件，这也给运行管理及维护带来了一定的方便。

空调热水在使用的过程中系统内存在结垢问题，这与其水质和水温有关。当水温超过 70 ℃时，结垢现象变得较为明显，它对换热设备的效率将产生较大的影响。因此，空调热水应尽可能地采用软化水，或者加药、使用电子除垢器等防止或缓解水结垢的一些水处理措施。

② 按热源装置分类

a. 锅炉

供热用锅炉分为热水锅炉和蒸汽锅炉。在空调热水系统中，由于空调机组及整个水系统要随建筑物的使用要求进行调节与控制，通常设有中间换热器。设有蒸汽锅炉的建筑物也为其冬季空调加湿提供了一个较好的条件。

b. 热交换器

从结构上来分，热交换器有三种类型，即列管式、螺旋板式和板式换热器。板式换热器是近十几年来大量使用的一种高效换热器，其结构如图 3.13 所示。

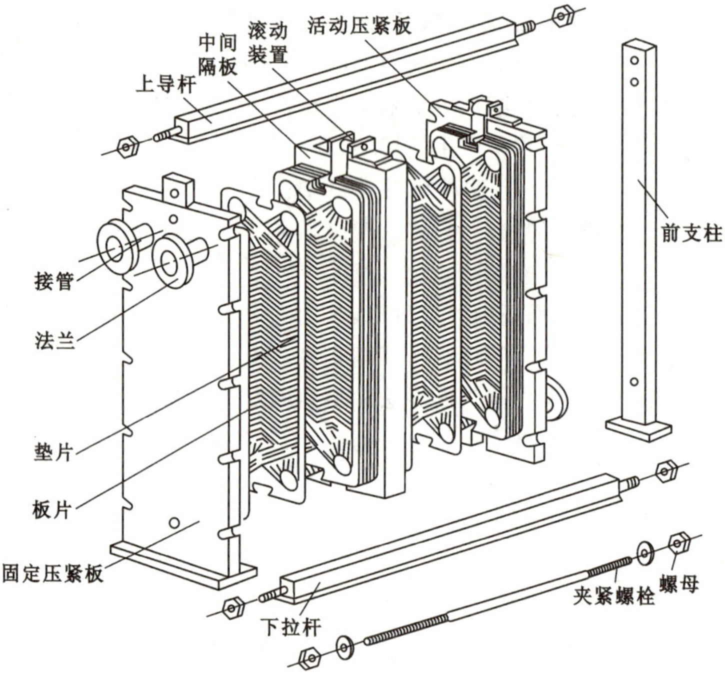

图 3.13　板式换热器结构图

目前，大多数板式换热器都是按等截面（BR 型）设计的，即一、二次热媒的流通截面积相等。在实际工程中，一、二次热媒的进出水温差不同，且一次热媒的温差大于二次热媒。正是由于这一原因，有的厂家开发研制了不等截面型板式换热器（BB 型），通过对流道的重新设计，使一次热媒侧流通面积小于二次热媒侧流通面积，尽可能使两侧的热媒流速接近，以利于在不增大水流阻力的情况下提高传热系数。

板式换热器对安装的要求相对较高，尤其是各板片组合时，密封垫片与板的配合要准确，否则易发生漏水现象，在拆开检修时更要注意这一点。

通常，以水蒸气为热媒的换热器，其静特性均为线性特性，而以水为一次侧介质的换热器，无论其二次侧的介质是水还是空气，其静特性都是非线性的。

3. 冷热水机组

直燃吸收式冷水机组（简称直燃机）就是把锅炉与溴化锂吸收式冷水机组合二为一，通过燃气或燃油产生制冷所需要的能量。直燃机按功能可分为三种形式：① 单冷型——只提供夏季空调用冷冻水；② 冷、暖型——夏季提供空调用冷冻水，冬季供应空调用热水；③ 多功能型——除能够提供空调用冷、热水外，还能提供生活用热水。

直燃机由高/低压发生器、高/低压换热器、冷凝器、蒸发器、冷剂水泵、溶液泵、控制设备及辅机等主要设备组成，其工作原理分为制冷循环、供热循环和卫生热水循环三种不同方式。

空调供热循环产生的热水温度一般为 55～60 ℃，工作原理如图 3.14 所示。

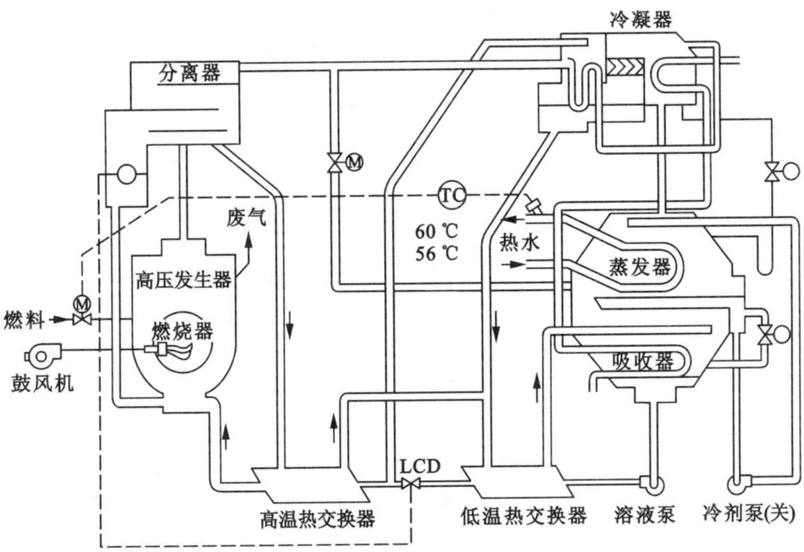

图 3.14　直燃机组空调供热循环

在空调供热循环中，蒸发器用作冷凝器，通过阀门的切换使高压发生器产生的冷凝水蒸气直接进入蒸发器，与热水进行热交换后变为冷剂水进入吸收器。高压发生器产生的中间溶液流入吸收器中，吸收由蒸发器来的经放热后的冷剂水而成为稀溶液，通过溶液泵重新送入高压发生器中，完成了一个供热循环过程。在这一过程中，冷剂水泵停止运行。

直燃机可以在空调供冷的同时供应生活热水，也可同时供应空调热水和生活热水，但不能同时供应空调用冷、热水。

4. 冰蓄冷系统

冰蓄冷系统利用冰的融解热进行蓄热，由于冰的融解热（335 kJ/kg）远高于水的比热容，因此，采用冰蓄冷时蓄冰池的容积小得多。通常水蓄冷时，其单位蓄冷量的要求容积为 0.118 m^3/(kW · h)，而冰蓄冷时仅为 0.02 m^3/(kW · h)。冰蓄冷系统可分为并联系统和串联系统两种。

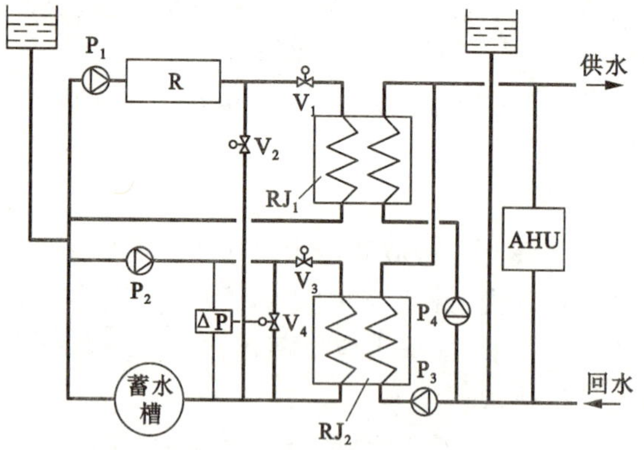

图3.15　冰蓄冷并联系统

(1) 并联系统

从图3.15中可以看出，该蓄冷系统实际上是由两个完全分开的环路组成的，各环路具有独立的膨胀水箱及工作压力。在空调环路中，载冷介质为普通水；而在蓄冷环路中，载冷剂必须考虑防冻问题，所以常用介质为乙二醇水溶液。

与水蓄冷一样，这一系统可实现四种运行工况——蓄冰、制冷机供冷、蓄冰槽供冷和联合供冷，不同工况下各设备及阀门的运行状态见表3.1。

表3.1　冰蓄冷并联系统

工　况	R	P_1	P_2	P_3	P_4	V_1	V_2	V_3	V_4	RJ_1	RJ_2
蓄冷	开(低温水)	开	关	关	关	关	开	关	关	关	关
制冷机供冷	开(高温水)	开	关	关	开	开	关	关	关	开	关
蓄冰槽供冷	关	关	开	开	关	关	关	调节	调节	关	开
联合供冷	开(高温水)	开	开	开	开	开	关	调节	调节	开	开

注：1. 表中所注低温水即指满足蓄冷要求的低温乙二醇水溶液，其温度通常为−5.0 ℃；

2. 表中所注高温水即指满足空调要求的较高温度的乙二醇水溶液，其温度通常为5～5.5 ℃(考虑板式换热器温差)。

制冷机是在双出水温度的状态下工作的。蓄冰时要求出水温度为−5 ℃，直接供冷时要求出水温度为5～5.5 ℃。因而在制冷机供冷时，它不能同时作蓄冰用途；反之，当制冷机蓄冰运行时，若同时供空调冷水则水温太低，一是有可能使RJ_1热交换器的二次水侧出现结冰而损坏的情况，二是效率太低。因此，这一系统供冷和蓄冰的工作时间是完全分开的，二者不能同时使用。

(2) 串联系统

与并联系统相似，串联系统也可实现四种运行工况，见表3.2。

表3.2　冰蓄冷串联系统

工　况	R	P_1	P_2	V_1	V_2	V_3	V_4	RJ
蓄冷	开(低温水)	开	关	关	开	关	开	关
制冷机供冷	开(高温水)	开	开	开	关	开	关	开
蓄水槽供冷	关	开	开	开	关	调节	调节	开
联合供冷	开(高温水)	开	开	开	关	调节	调节	开

注：同表3.1。

此外，串联系统的蓄冰和供冷通常也是不能同时运行的。

在联合供冷时，这种系统的效率较低，这主要是由于制冷机或蓄冰槽总有一个是处在低效运行状态造成的。在图3.16中，冰槽位于制冷机出口，因此冰槽进水温度较低，取冰效率受到影响(取冰水溶液温差小)；反之，如果把冷水机组设于冰槽出水管上，则冷水机组由于进水温度低而使其制冷效率下降。这还导致联合运行时的水温差将大于冷水机组或冰槽单独供冷时的温差。

在蓄冰系统中，制冷机有蓄冰运行和空调供冷运行两种运行工况。当处于蓄冰工况时，同一制冷机的制冷效率将下降，如当出水温度由 5 ℃变为 −5 ℃时，离心压缩机和活塞压缩机的制冷量约下降至 65%，螺杆压缩机制冷量约下降至 70%。蓄冰系统中通常采用螺杆式制冷机组，它适用于中温中压冷媒，可防止蒸发器的真空度过高。

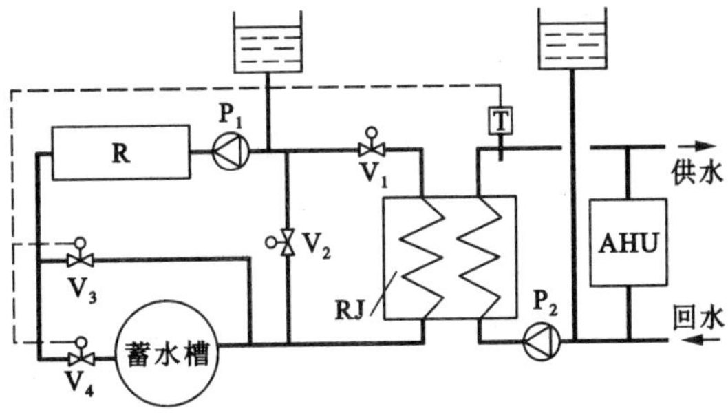

图 3.16　冰蓄冷串联系统

3.3.2　空调机组设备监控系统

空调机组有各种不同的功能，其控制原理也应有所不同，但有两点应该是相同的：

(1) 无论何种空调机组，温度控制时，宜采用 PI 型以上的控制器，其调节水阀应采用等百分比型阀门。

(2) 控制器与传感器分开设置，一般来说，传感器设于要求控制的位置(或典型区域)；而控制器应设于该机组所在的机房内。

3.3.2.1　新风机组的控制

新风机组的控制功能包括送风温度控制、送风相对湿度控制、防冻控制、CO_2 浓度控制以及各种连锁内容。如果新风机组要考虑承担室内负荷(如直流式机组)，则还要控制室内温度或室内相对湿度。

1. 送风温度控制

送风温度控制是指出风温度控制，其适用条件通常是该新风机组是以满足室内卫生要求而不是负担室内负荷来使用的。因此，在整个控制时间内，其送风温度以保持恒定值为原则。由于冬、夏季对室内要求不同，因此冬、夏季送风温度应有不同的要求。也就是说，新风机组确定送风温度控制时，全年有两个控制值——冬季控制值和夏季控制值，因此必须考虑控制器冬、夏季工况的转换问题。

送风温度控制时，通常是夏季控制冷盘管水量，冬季控制热盘管水量或蒸汽盘管的蒸汽流量。为了管理方便，温度传感器一般设于该机组所在的机房内的送风管上。

2. 室内温度控制

对于一些直流式系统，新风不仅能使环境满足卫生标准，而且还可承担全部室内负荷。由于室内负荷是变化的，这时采用控制送风温度的方式不能满足室内要求(有可能过热或过冷)，因此必须对使用地点的温度进行控制，而且必须把温感器设于被控房间的典型区域。由于直流系统通常设有排风系统，温感器设于排风管道并考虑一定的修正，这也是一种可行的办法。

除直流式系统外，新风机组通常是与风机盘管一起使用的。在一些工程中，由于考虑种种原因(如风机盘管的除湿能力限制等)，新风机组在设计时承担了部分室内负荷。这种做法对于设计状态时新风机组按送风温度控制是不存在问题的，但当室外气候变化而使得室内达到热平衡时(如过渡季的某些时间)，如果继续控制送风温度，必然造成房间过冷(供冷水工况时)或过热(供热水工况时)，这时应采用室内温度控制。因此，在这种情况下，对全年运行而言，应采用送风温度与室内温度的联合控制方式。

3. 相对湿度控制

新风机组相对湿度控制方法的重要一点是选择湿度传感器的设置位置和控制参数，这与其加湿源和控制方式有关。

(1) 蒸汽加湿

对于要求比较高的场所，应根据被控湿度的要求，自动调节蒸汽加湿量。这一方式要求蒸汽加湿器采用调节式阀门(直线特性)，调节器应采用 PI 型控制器。由于这种方式的稳定性较好，湿度传感器可设于机房内的送风管道上。

对于一般要求的高层民用建筑物，也可以采用位式控制方式，如采用位式加湿器(配快开型阀门)和位式调节器，这对于降低投资是有利的。

采用双位控制时，由于位式加湿器只有全开全关的功能，湿度传感器如果还是设在送风管上，一旦加湿器全开，传感器立即就会检测出湿度高于设定值而要求关阀(因为通常选择的加湿器最大加湿量必然高于设计要求值)；而加湿器一旦关闭，又会使传感器立即检测出湿度低于设定值而要求打开加湿器，这样必然造成加湿器阀的振荡运行，动作频繁，使用寿命缩短。显然，这种现象是由于从加湿器至出风管的范围内湿容量过小造成的。因此，蒸汽加湿器采用位式控制时，湿度传感器应设于典型房间(区域)或相对湿度变化较为平缓的位置，以增大湿容量，防止加湿器阀开关动作过于频繁而损坏。

(2) 高压喷雾加湿、超声波加湿及电加湿

这三种都属于位式加湿方式，因此，其控制手段和传感器的设置情况应与位式控制蒸汽加湿的情况相类似，即控制器采用位式控制加湿器启停(或开关)，湿度传感器应设于典型房间(区域)。

(3) 循环水喷水加湿

循环水喷水加湿与高压喷雾加湿在处理过程上是有所区别的，理论上前者属于等焓加湿，而后者属于无露点加湿。如果采用位式控制器控制喷水泵启停时，则设置原则与高压喷雾情况相似。但在一些工程中，喷水泵本身并不做控制而只是与空调机连锁启停，为了控制加湿量，此时应在加湿器前设置预热盘管，其机组处理空气的过程如图 3.17 所示。通过控制预热盘管的加热量，保证加湿器后的机器露点 t_L(L 点为 d_N 线与 $\Phi=80\%\sim85\%$ 的交点)达到控制相对湿度的目的。

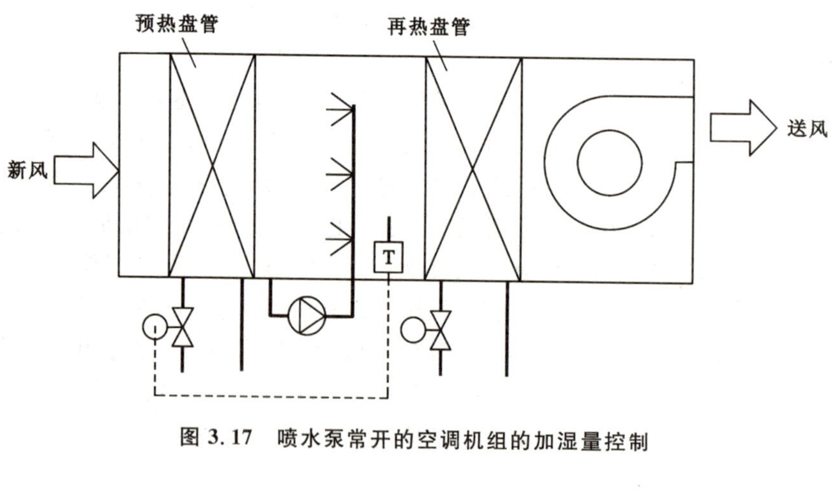

图 3.17　喷水泵常开的空调机组的加湿量控制

(4) 二氧化碳(CO_2)浓度控制

通常新风机组的最大风量是按满足卫生要求而设计的(考虑承担室内负荷的直流式机组除外)，这时房间人数按满员考虑。在实际使用过程中，房间人数并非总是满员的，当人员数量不多时，可以减少新风量以节省能源，这种方法特别适合于某些采用新风加风机盘管系统的办公建筑中间断使用的小型会议室等场所。

为了保证基本的室内空气品质，通常采用测量室内 CO_2 浓度的方法来控制，如图 3.18 所示。各房间均设 CO_2 浓度控制器，控制其新风支管上电动风阀的开度，同时，为了防止系统内静压过高，在总送风管上设置静压控制器控制风机转速。因此，不但新风冷负荷减少，而且风机的能耗也将下降。

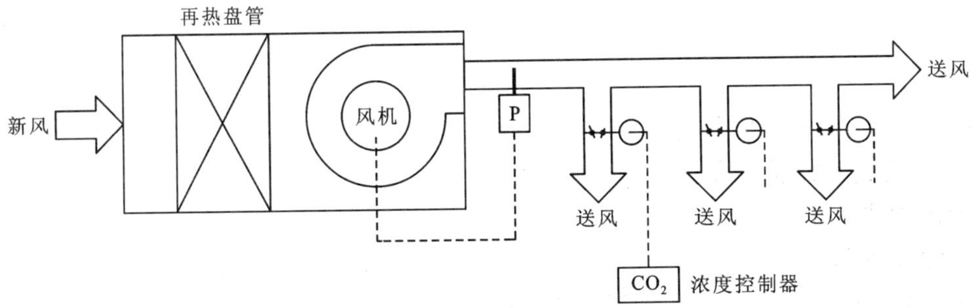

图 3.18　CO_2 浓度控制新风量

很显然，这一控制属于变风量控制(关于变风量控制详见后述)。这种控制方式目前应用并不很多，一个重要原因是 CO_2 浓度控制器产品并不普及(仅有少数厂家生产)，同时，这种控制方式的投资较大，其综合效益需要进行具体分析。

(5) 防冻及连锁

在冬季室外设计气温低于 0 ℃的地区，应考虑盘管的防冻问题。除空调系统设计中本身应采用的预防措施外，从机组电气及控制方面也应采取一定的手段。

① 限制热盘管电动阀的最小开度

在盘管选择符合一定要求的情况下，才能限制热盘管电动阀的最小开度。尤其是对两管制系统中的冷、热两用盘管更是如此，最小开度设置后应能保证盘管内水不结冰的最小水量 W_{min}。

② 设置防冻温度控制

这是防止运行过程中盘管冻裂的又一措施。通常可在热水盘管出水口(或盘管回水连箱上)设一温度传感器(控制器)，测量回水温度。当其所测值低到 5 ℃左右时，防冻控制器动作，停止空调机组运行，同时开大热水阀。

③ 连锁新风阀

为了防止冷风过量的渗透引起盘管冻裂，应在停止机组运行时连锁关闭新风阀。当机组启动时，则打开新风阀(通常先打开风阀，后开风机，防止风阀压差过大无法开启)。无论新风阀是开启还是关闭，前述防冻控制器始终都正常工作。

除风阀外，电动水阀、加湿器和喷水泵等与风机都应进行电气连锁。在冬季运行时，热水阀应优先于所有机组内设备而开启。

3.3.2.2　一次回风系统的控制

一次回风系统控制包括回风(或室内)温、湿度控制，防冻控制，再热控制和设备连锁等。

1. 回风温度(或室温)控制

从控制方式上看,一次回风空调机组与新风空调机组对温度的控制原理都是相同的,即通过测量被控温度值,控制水量或蒸汽量而达到控制机组冷、热量的目的。其区别在于温度传感器的设置位置不同,一次回风机组温感器一般设于典型房间(区域),直接控制室温。但在许多工程中,为了方便管理,有时也把温感器设于机房内的回风管道之中。由于回风温度与室温是有所差别的,因此在这种情况下通常应对所控制的温度设定值进行一定的修正。如对于从吊顶上部回风的气流组织方式,如果要求室温为 24 ℃,则控制的回风温度可根据房间内热源情况及房间高度等因素而设定为 24.5～25 ℃。

2. 回风湿度控制

与温度控制相同,湿度传感器应优先考虑设于典型房间(区域)或回风管道上。

由于控制的是室内相对湿度(或回风相对湿度),且房间的湿容量比较大,因此,无论采用何种加湿媒介(蒸汽或水)以及何种控制方式(比例式或双位式),湿度传感器的测量值都是相对比较稳定的。因此,这时不必像新风空调机组那样过多地考虑自动控制元件的设置位置。

如果采用蒸汽加湿,其加湿段通常应设在加热盘管之后。采用高压喷雾、超声波加湿及电加湿时也应如此。

在双管制系统中,预热盘管通常只是冬季使用的,夏季则是利用再热盘管作为冷盘管。因此,在夏季使用时,预热盘管的控制应切断,加湿控制停止工作。

3. 再热控制

在一些夏季热湿比比较小的系统中,由于考虑夏季除湿要求,冷盘管的处理点有可能无法落在 ε_d 线上(即 ε_d 线与 Φ_L 线无交点,或者交点极低,使普通 7～12 ℃冷水无法做到),这时需要对冷却后的空气进行再热,防止室温过低。

如图 3.19 所示,这种系统在控制上较为复杂,可作如下考虑:

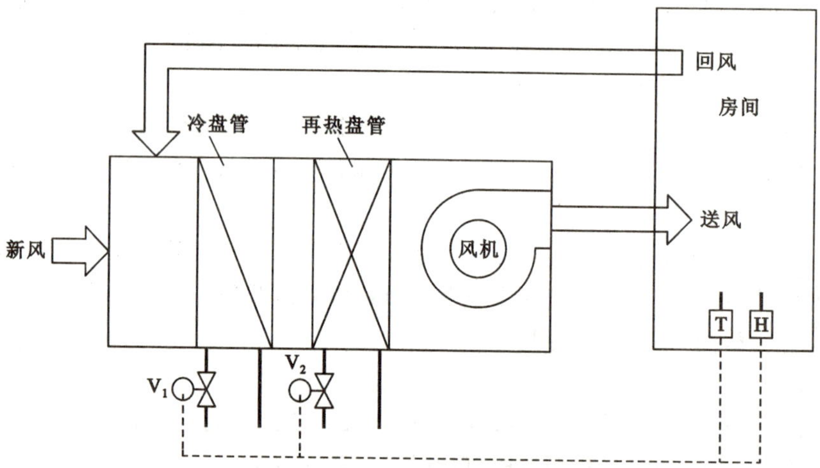

图 3.19　再热盘管控制

(1) 夏季

室内温度传感器 T 和湿度传感器 H 同时控制冷盘管阀 V_1 和再热盘管阀 V_2。如果温、湿度均高于设定值,则开大 V_1,关小 V_2;若湿度高于设定值而温度低于设定值,则 V_1、V_2 均开大;若温度高于设定值而湿度低于设定值,则开大 V_1,关闭 V_2(显然,这时室内湿度偏小);温、湿度均低于设定值时，则关小 V_1，直至 V_1 全关后若温度仍低于设定值时，打开 V_2 阀调再热盘管。

(2) 冬季

由于这种系统通常反映出的是室内湿负荷较大，因此大多可不再考虑加湿问题，这时室温 T 直接控制热盘管(对两管制系统而言即是夏季的冷盘管电动阀 V_1)，当 V_1 阀全开而温度仍然过低时，打开 V_2 阀调再热盘管。

4. 防冻及连锁

只有设有新风预热器的机组，或混合点(或加湿后的状态点)有可能低于 0 ℃的机组，或者冬季要求作全新风运行且新风温度可能低于 0 ℃的机组才有必要考虑运行防冻问题。但是，在停止运行时，机组的防冻也是必须考虑的。

一次回风机组的防冻及连锁与新风机组基本相同。

3.3.2.3　空调机组监控系统

1. 定风量空调系统的监测与自动控制

定风量空调系统的使用有增多的趋势，这主要是建筑物内办公自动化(OA)和通信自动化(CA)系统的设备比较贵重，为防止空调水管结露或滴水损坏设备而采用全空气系统。全空气送风方式中水管不进入空调房间，从而避免了一些意外发生。

(1) 定风量空调系统运行参数的监测

以两管制定风量空调系统为例。

① 空调机新风温、湿度　采用 TE501 和 HE502 风道温、湿度传感器测量，并在 DDC 和 COS 上显示。

② 空调机回风温、湿度　采用 TE502 和 HE502 风道温、湿度传感器测量，并在 DDC 和 COS 上显示。

③ 送风机出口温、湿度　采用 TE503 和 HE503 风道温、湿度传感器测量，并在 DDC 和 COS 上显示，当超温、超湿时报警。

④ 过滤器压差超限报警　采用 DPS501 压差开关测量过滤器两端压差。当压差超限时，压差开关闭合并报警，提醒维护人员清洗过滤器。

⑤ 防冻报警采用 FZS501 防冻开关监测表冷器前温度。当温度低于 5 ℃时报警，提醒维护人员(或连锁)采取防冻措施。

⑥ 送风机、回风机状态显示和故障报警　送风机的工作状态是采用压差开关监测的，风机启动，风道内产生风压，送风机的送、回风管压差增大，压差开关闭合，空调机组开始执行顺序启动程序。

⑦ 回水电动调节阀、蒸汽加湿阀开度显示。

(2) 定风量空调系统的自动控制

定风量系统的自动控制内容主要有空调回风温度自动调节、空调回风湿度自动调节以及新风阀、回风阀及排风阀的比例控制。

① 空调回风温度的自动调节。回风温度自动调节系统是一个定值调节系统，它把 TE502 温度传感器测量的回风温度送入 DDC 控制器，与给定值比较，根据 $\pm\Delta T$ 偏差，由 DDC 按 PID 规律调节表冷器回水调节阀开度以达到控制冷冻(加热)水量，使夏天房间温度保持在低于 28 ℃，冬季则高于 16 ℃。

在回风温度自动调节系统中，新风温度是随天气变化的，这个变化对回风温度调节系统是一个扰动量，使得回风温度调节总是滞后于新风温度的变化。为了提高系统的调节品质，把TE501温度传感器测量的新风温度作为前馈信号加入回风温度调节系统。如在夏季中午新风温度 T 增高，设此时回水阀开度正好满足室内冷负荷的要求，处于平衡状态，新风温度传感器测量值增大，这个温度增量经DDC运算后输出一个相应的控制电信号，使回水阀开度增大（即冷量增大），补偿了新风温度增高对室温的影响。

由于建筑物自动控制系统对空调机组进行最优化控制，使各空调机的回水阀始终保持在最佳开度，恰到好处地满足了冷负荷的要求，其结果反映到冷冻站供水干管上，真实地反映了冷负荷要求，进而控制冷水机组和水泵启动台数，节省了能源。

② 空调机组回风湿度调节。空调机组回风湿度调节与回风温度的调节过程基本相同，回风湿度调节系统是按PI（比例、积分）规律调节加湿阀，以保持夏季房间的相对湿度小于75%，而冬季则应大于30%。

③ 新风电动阀、回风电动阀及排风电动阀的比例控制。把装设在回风管的TE（HE）502温湿度传感器和新风管的TE（HE）501所检测的温度、湿度送入DDC进行回风及新风焓值计算，按新风和回风的焓值比例输出相应的电压信号，控制新风阀和回风阀开度的比例，使系统在最佳的新风/回风比状态下运行，以达到节能的目的。

④ 排风阀的开度控制从理论上讲应该和新风阀的开度相对应。正常运行时，新风占送风量的30%，而排风量应等于新风量，因此排风电动阀开度也就确定下来了。

（3）连锁控制

① 空调机组启动顺序控制　即：送风机启动→新风阀开启→回风机启动→排风阀开启→回水调节阀开启→加湿阀开启。

② 空调机组停机顺序控制　即：送风机停机→关加湿阀→关回水阀→停回风机→新风阀、排风阀全关→回风阀全开。

③ 火灾停机　发生火灾时，由建筑物自动控制系统实施停机指令，统一停机。

定风量空调系统的监控原理如图3.20所示。

注意：在定风量空调系统监控的原理图中，数字输出点DO（14）是为连锁合、断蒸汽发生器电源而设的（如有固定汽源，此点可不设）。

2. 变风量空调系统的监测与自动控制

由于建筑物内空调系统耗电量很大，节能运行在建筑物自动化系统中就显得格外重要。采用变风量系统节电率可达50%，因此，近几年国内一些超高层建筑物中均采用变风量空调系统。

变风量空调系统属于全空气送风方式，系统的特点是送风温度不变，用改变送风量来满足房间对冷热负荷的需要。也就是说表冷器回水调节阀开度恒定不变，用改变送风机的转速来改变送风量。由于送风机的电机多为三相交流异步电动机，因此工程上通常采用变频调速器来调节电机的转速。

（1）变风量空调系统的运行参数监测

为使空调机组在合理的参数下运行，实时监视其运行状态是十分必要的。在机组中需要监测的参数如下：

① 送风主干风道末端静压　采用DPT601压差传感器测量送风主干风道末端静压信号，通过变频器调节风机转速以改变送风量。

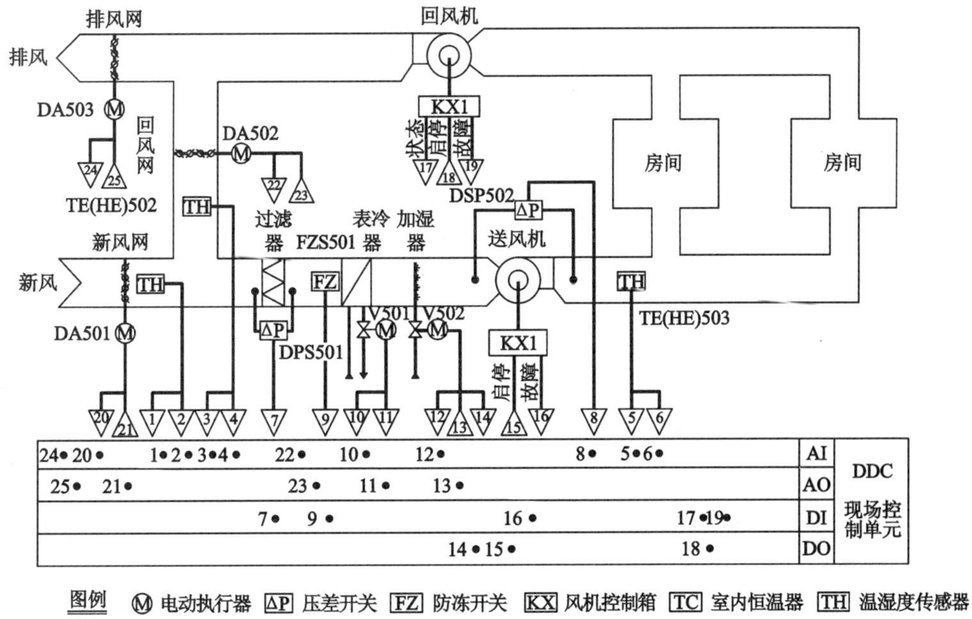

图 3.20　定风量空调系统的监控原理图

② 送、回风前后风道压差　采用 DPT601、DPT602 压差传感器测量送、回风机前后的风道压差。当送、回风量出现超差时，调节回风机转速来维持给定的风量差。

③ 回风管道的温度　采用 TE602 温度传感器测量回风管道的温度，根据回风的温度调整表冷器回水电动阀的初始设定开度。

④ 回风管道的相对湿度　采用 HE601 湿度传感器测量回风管道的相对湿度，根据回风湿度控制加湿电动调节阀开度。

⑤ 送风机出口管道风温及湿度　采用 TE(HE)602 测试送风机出口温、湿度，与回风温、湿度相比较，即可看出房间冷(热)负荷的情况。

⑥ 空调机新风温、湿度　采用 TE(HE)603 温湿度传感器测量回风管道的温度及相对湿度，根据回风温度和相对湿度确定新、回风阀开度。

⑦ 空气过滤器两端压差显示报警。

⑧ 新风管风速测量　采用 FS601 流量开关测量空调机新风管风速，以保证变风量系统的最小新风量得到控制。

⑨ 送风机、回风机运行状态显示、故障报警　采用送、回风机主回路接触器辅助常开接点作为开机、停机状态显示。取送、回风机主回路热继电器常开接点作为故障报警信号。

⑩ 风阀开度显示　取新风阀、回风阀、排风阀、表冷器回水调节阀及加湿阀的位置反馈信号作为阀门开度显示。

⑪ 防冻报警　在表冷器前加防冻开关，冬季作为盘管的防冻保护措施。当表冷器前温度低于 5 ℃，防冻开关动作，回水阀自动开启一定开度。关闭新风门，停风机，同时向管理中心报警。

以上运行参数除在 DDC 显示之外，还在中央操作站上进行显示。

(2) 变风量空调系统的自动控制

在变风量空调系统中，其调节原理是：

① 送风量的自动调节。在变风量系统中，通常把系统送风主干管末端的风道静压作为变风量系统的主要参数，根据主要参数的变化来调节被调风机转速，以稳定末端静压。稳定末端静压的目的就是要使系统末端的空调房间有足够的风量来进行调节，如果风量能够满足末端房间对冷/热负荷的要求，系统其他部位的房间也就自然能够满足要求。如果系统为单区系统(即只有一个主干风道为一个区域供冷/热水的系统)就取系统端70%～100%段管道静压作为主参数。

如果系统是多区系统(即空调机出口有两根以上主干管末端的风道静压取出输入到DDC进行最小值选择，把最小静压作为变频调速器的给定信号，变频调速器根据此信号调节送风机的转速以稳定系统静压。

系统的调节过程：当房间负荷需要风量增加(减少)时，管道静压降低(升高)，传感器把静压变化量$\pm\Delta P$检出，回馈给DDC，经PI运算后输出控制信号至变频器，变频器根据此信号调速，当风量逐步与所需负荷平衡时，静压恢复到原来状态，系统在新的平衡点工作。

② 回风机自动调节。在变风量系统中，调节回风机风量是保证送、回风平衡运行的重要手段，在正常工况下运行时回风机随送风机而动，也就是送风机改变风量时也要求回风机改变风量，二者从量上来讲回风量小于送风量，如果送、回风机功率相等、特性相同，那么回风机的转速就小于送风机转速。在实际工程中，采用较多的有风道静压控制和风量追踪控制，系统控制原理分述如下：

A：风道静压控制。回风机和送风机用同一个系统末端的静压来控制，这种控制方式首先确定送、回风量的差值，根据此差值对风机进行给定值设定，然后送、回风机共同遵循末端静压信号调节风机的转速。

B：风量追踪控制。这种控制方式是取送风机、回风机前后风道压差信号，使它们之间保持固定的差值，当出现超差时，调节回风机的转速以维持给定的风量差。

③ 相对湿度的自动控制。为了保证房间有良好的舒适性，室内的相对湿度可通过改变送风含湿量来实现。工程中通常取回风管道的相对湿度作为主参数，根据主参数的变化调节蒸汽加湿阀的开度，以稳定系统的相对湿度。

④ 新风电动阀、回风电动阀及排风电动阀的比例控制。把TE(HE)601温湿度传感器测量的回风温、湿度和TE(HE)603测量的新风温、湿度输入DDC控制器进行回风及新风焓值计算，按新风和回风的焓值比例控制回风阀的比例开度。

由于新风量占送风量的30%左右，且排风量应等于新风量，所以排风阀的开度应与新风阀的开度相同。

⑤ 变风量末端装置的自动调节。末端装置是由一个空气阀和套装式送风口(散流器)及24 V电动执行器组成，是补偿室内负荷变化，调节房间送风量维持室温的重要设备。在实际应用中，调节房间温度是通过室内恒温器直接控制末端装置的空气阀开度来实现的。除此之外也可通过建筑物自动化系统的指令自动调节末端装置满足房间的温度要求。

(3) 变风量系统的连锁控制

① 新风电动阀和排风电动阀与风机连锁。风机开，阀开；风机关，阀关。这样可以防止冬季冷空气冻坏换热器盘管或停机时减少空气粉尘进入风道。

② 当新风管设有一次加热器时，风机停机连锁切断加热器电源。

③ 风机停机连锁切断蒸汽发生器电源。

④ 当建筑物发生火灾时，由建筑物自动控制系统关停空调机。

⑤ 变风量系统的启、停顺序控制与定风量系统相同 。

变风量空调系统的监测与自动控制原理图如图 3.21 所示。

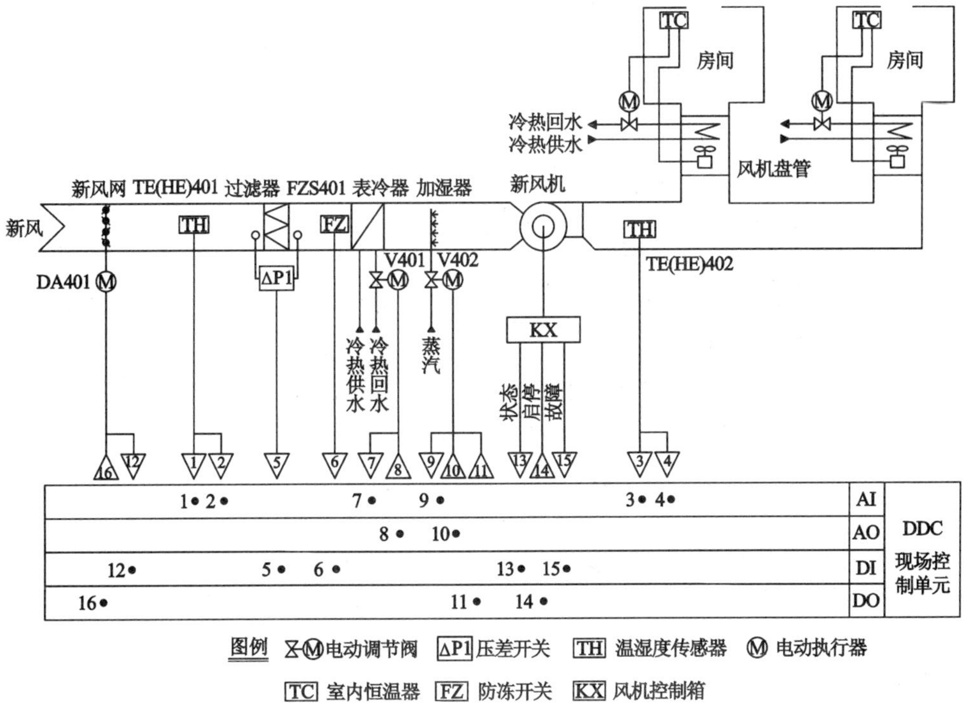

图 3.21　变风量空调系统的监测与自动控制原理图

3.3.2.4　风机盘管系统的控制

1. 风机盘管系统概述

(1) 风机盘管的结构

风机盘管机组可用于全水系统或空气-水系统中。本节只考虑 DDC 控制下风机盘管在两管制系统中的应用。

风机盘管由翅片盘管、风机段和过滤段等组成。风机使空气在房间到供热水或冷冻水的盘管间不断循环。有的机组还配备有附加电阻，用来避免两管制系统的转换问题。

风机盘管内装一个可清洗或可更换的效率为 35％的标准过滤器(ASHRAE 标准 52-76)或效率为 60％的新型电子过滤器(ASHRAE52-76，CEN F5 或 EU5)，过滤器安装在风机的上游，这样可以防止循环空气中的灰尘或纤维阻塞盘管，提高使用区的室内空气品质，同时也净化了二次风。风机盘管强迫室内空气通过机组，除去空气中携带的污染物，从而使空气得到净化。

风机盘管配备有积水盘。风机与电机设计为可快速拆卸的形式，以便维护检修。

通常按 100～600 L/s 空气流量来给风机盘管定级。电机是多级变速或可调速的。两管制系统有 3～4 排翅片管，而四管制系统为 1 排加 3 排。

风机盘管有多种配置方法。图 3.22 显示了不同的机组方式。矮型立式机组适于安装在低窗台下,其中以 0.6～0.8 m 高度的立式机组使用最为广泛,见图 3.22(a)。卧式机组可用于吊顶安装或连接风管(一台机组供应多个房间或狭长房间有多个送风口)。

地板-吊顶式暗装机组的水管和凝结水排放立管可以是工厂组装机组的一部分,见图 3.22(b),这些机组的内部不用任何阀门或连接装置。它们占地面积小且泵送费用较低,便于安装和维护。

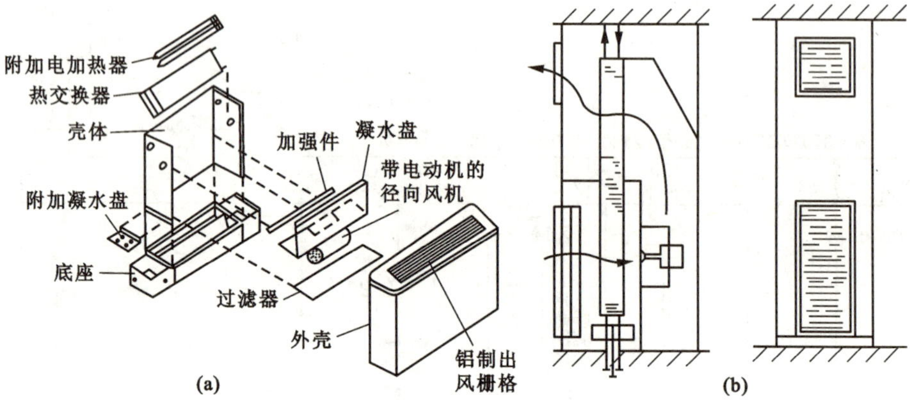

图 3.22　典型风机盘管机组的设计

(a) 立式机组;(b) 地板-吊顶式机组

(2) 风机盘管的选型

风机盘管的选择以冷负荷的大小和机组的性能数据为基础。当提供三挡速度控制开关或可调速电机时,可根据中挡转速或中等电机速度下的额定冷量来选择风机盘管,这样既保证了机组在室内运行起来较安静,而且在速度提高时能增大机组容量。

如果所提供的一次风在 21℃,那么末端风机盘管就仅仅需要处理内部区域的冷热负荷。整幢建筑物使用区的温度控制由一次风负担,内部潜热负荷较大、相对湿度过高的房间可通过提高通风量来解决。

各使用房间的温度控制是通过房间温度自动调节器或安装在风机盘管上的恒温器来单独进行的。

风机盘管的冷/热量可通过控制盘管水量、气流旁通、风机转速或三者的结合来控制。冷/热量的控制可手动或自动调节。

通过上述分析可以看出,利用风机盘管可以设计出一个节能且使用灵活方便的空调系统,这样的系统具有较高的热舒适性和室内空气品质。

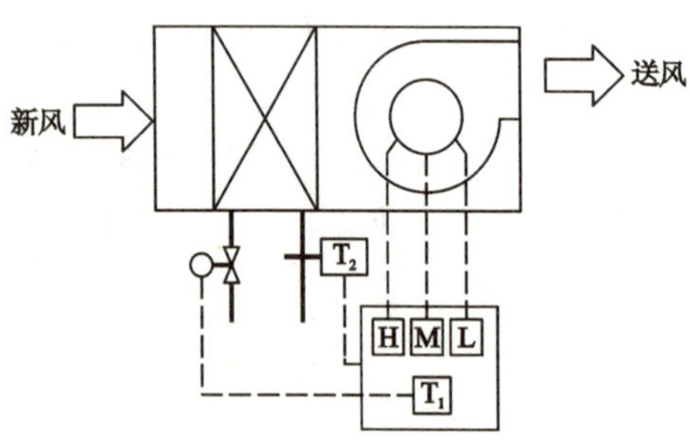

图 3.23　风机盘管控制原理

2. 风机的转速控制

风机盘管控制通常包括风机转速控制和室内温度控制两部分,如图 3.23 所示。

(1) 风机转速控制

目前几乎所有的风机盘管所配的电机均采用中间抽头,通过接线可实现对其风机的高、中、低三速运转的控制。

通常情况下,三速控制是由使用者通过手动三速开关来选择的,因此也称为手动三速控制。

(2) 室温控制

室温控制是一个完全的负反馈式温控系统。它由室温控制器 T_1 及电动阀组成,通过调节冷、热水量来改变盘管的供冷或供热量,以控制室内温度。

大多数风机盘管都是冬、夏季共用的,因此,在其温控器上都设有冬/夏转换的功能。当水系统为两管制系统时,电动阀为冬/夏两用;当水系统采用四管制时,则应分开设置电动冷水阀和电动热水阀。冬/夏转换的措施有手动和自动两种方式,应根据系统形式及使用要求来决定。四管制系统一般应采用手动转换方式;两管制系统则有以下三种常见做法:

① 温控器手动转换

在各个温控器上设置冬/夏手动转换开关,使得夏季时供冷运行,冬季时供热运行。当温控器为位式控制器时,它与冬夏手动转换开关的接线如图3.24所示。

处于夏季状态时,如果室温过高,则温感元件 θ_C 向前动作,使温控器接点1、2接通,电动水阀带电打开;当室温降低后,温感元件向后动作,使1、2接点断开,电动水阀失电后由弹簧复位而关闭。处于冬季状态时,把转换开关拨向"W"挡,其动作过程与上述类似,但动作方向与夏季相反,即室温过高时关水阀,室温过低时开水阀。

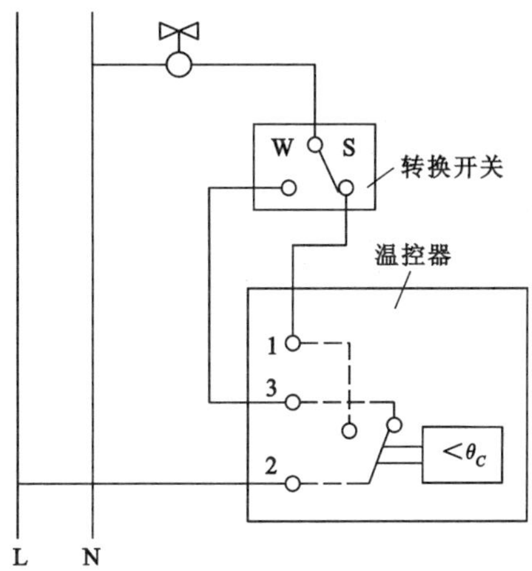

图3.24　风机盘管冬/夏手动转换控制原理

② 统一区域手动转换

对于同一朝向或相同使用功能的风机盘管,如果管理水平较高,也可以把转换开关统一设置,集中进行冬/夏工况的转换。这样,各温控器上可取消供使用者操作的转换开关,这种方式对于某些建筑物(如酒店等)的管理是有一定意义的,也可以避免手动转换方式在使用中出现的因使用者错误选择而导致的问题或争议(比如在一些酒店客房中曾经出现这样的问题:温控器转换开关上不是注明的"冬"、"夏"字样,而是标注的"冷"、"热"字样,结果有的不懂专业的客人在夏季感到房间过冷时不是调温控设定值,而是把开关拨向"热"端,结果导致室内更冷而引起投诉)。但是,这种方式要求所有的统一转换的风机盘管必须是同一电源,这需要与电气工种密切配合。

③ 自动转换

如果使用要求较高而又无法做到统一转换,则可在温控器上设置冬/夏自动转换开关。这种做法的首要问题是判别水系统当前工况。当水系统供冷水时,应转到夏季工况;当水系统供热水时,应转到冬季工况。一个较为可行的方法是在每个风机盘管供水管上设置一个位式温度开关(如图3.23中的 T_2),其动作温度为:供冷水时12 ℃,供热水时30～40 ℃(根据热水温度情况设置),这样就可实现上述自动转换的要求。当然,采用这一做法必须和温控器厂商进行协商,同时,这种方式使投资有所增加,还应征求建设单位的意见。

风机盘管温控有位式控制和比例控制两种。位式控制的特点是设备简单、投资少、控制方便可靠,缺点是控制精度不高;比例控制的控制精度较高,但它要求温控器必须采用P或PI型功能,电动水阀也应采用调节式而不是双位式,因此投资相对较大。从目前的实际工程及产品来看，在小口径调节阀（$DN15$、$DN20$）中，其阀芯行程都只有 10 mm 左右，因而其可调比不可能做得很大，使实际调节性能与位式阀相比优势并不特别突出。从另一方面来看，由于风机盘管是针对局部区域而设的，房间负荷通常较稳定，且民用建筑对精度要求不是很高，一般的位式控制对于满足±(1～1.5) ℃的要求是可以做到的，所以大多数工程都可采用位式控制方式，只有极少数要求较高的区域或者风机盘管型号较大时才考虑采用比例控制。

无论是何种控制方式，温控器都应设于室内有代表性的区域或位置，不应靠近热源、灯光及远离人员活动的位置。三速开关则应设于方便操作的位置。

电动水阀安装时，为避免凝结水滴入吊顶，应尽可能将其安装在风机盘管凝水盘上方。同时，电机应在阀的上方，可以允许一定的倾斜，但它与水平线必须保持一定的夹角 α（见图3.25，$\alpha \geqslant 15°$），以防止冷凝水流入电机。

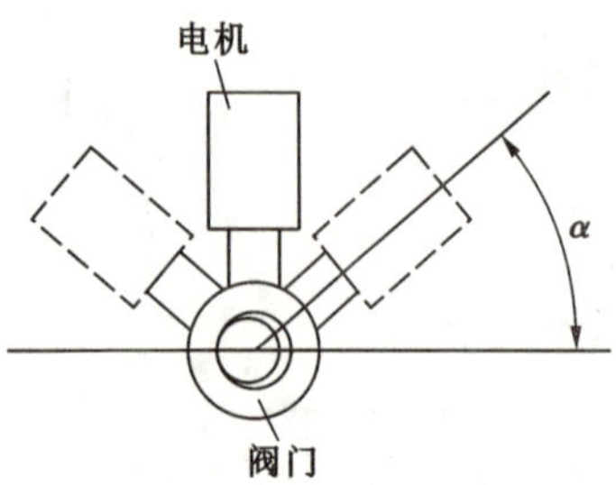

图 3.25　电动水阀安装示意图

在酒店类建筑中，为了进一步节省能源，通常还设有节能钥匙系统，这时风机盘管的控制应与节能钥匙系统协调考虑。

3. 风机的温度控制

在风机盘管系统中，风机温控是指采用室温控制器自动控制风机盘管的风机启、停。如夏季室温超过设定值时自动启动风机，低于设定值时自动停止风机；冬季时动作与夏季动作相反。

这种简单的室温自动控制方式为使用者提供了一种简便的室温自动控制的手段，同时也可辅以风速的手动三速控制。然而，这种方式取消了电动水阀，其结果将与采用三通阀的情形相类似，它对于水系统而言必须是定水量系统。因此，这种控制方式只适用于规模较小、中央冷水机组数量较少（不超过两台）且各末端同时使用系数较大的建筑物，或在不设空调自动控制系统的建筑物中使用。

4. 风机盘管加新风系统的监测与自动控制

风机盘管加新风系统是集中处理全部新风送往各空调房间，在各房间进风处进行再处理的系统。

在建筑物内空调系统所需的风量全部经过新风机组集中处理，以一个恒定的温度、湿度送出，到各房间入口处经过风机盘管再处理后送入房间。风机转速和电动阀均由室内温控器控制。风机盘管机组的风机速度分为高、中、低三挡；装在盘管回水管上的电动阀可以方便地调节各房间的温度。

(1) 新风机组运行参数的监测

① 新风机进口温、湿度

采用 TE(HE)401 温湿度传感器（复合式）测量新风机进口温、湿度，并在 DDC 和 COS 中显示。

② 新风机出口温、湿度

采用 TE(HE)402 温湿度传感器测量新风机出口温、湿度，并在 DDC 和 COS 上显示。同时为温度、湿度自动调节系统提供主调节参数。

③ 防冻报警

在表冷器（换热器）前加防冻开关 FZ401，作为冬季盘管的防冻保护措施。当表冷器温度低于 5 ℃时，防冻开关动作，回水电动调节阀自动开启一定开度（当系统设一次加热器时接通加热器电源)，同时向管理中心报警。

④ 过滤器两端压差

采用 DPS401 压差开关测量过滤器两端压差。当压差超过限定值时压差开关闭合报警，提醒操作人员及时清洗。

⑤ 回水电动调节阀 V401、蒸汽加湿电动调节阀 V402 开度显示

取调节阀反馈 0～10 V 信号作为阀门开度显示。

⑥ 新风机状态显示、故障报警

采用新风机主电路接触器辅助节点作状态显示，采用主电路热继电器辅助节点作故障报警，并且在 DDC 和 COS 中显示报警。

(2) 新风机组运行参数的自动控制

① 新风机组的温度自动调节

把 TE402 热敏电阻测量的新风机出口风温送入 DDC，与给定值比较，根据 $\pm\Delta T$ 偏差，由 DDC 按 PID 规律调节表冷器回水电动调节阀开度，以达到控制冷冻(加热)水量，使房间温度保持在 $T_{夏}\leqslant 28$ ℃，$T_{冬}\geqslant 16$ ℃。

② 新风机组的湿度自动调节

把 HE402 湿度传感器测量的新风机出口湿度送入 DDC，与给定值比较，根据 $\pm\Delta T$ 偏差，由 DDC 按 PID 规律调节加湿阀以达到控制喷汽量，使房间相对湿度保持在 $\Phi_{夏}\leqslant 75\%$，$\Phi_{冬}\geqslant 30\%$。

当被调房间温、湿度均偏离设定值时，应比较温、湿度偏差大小，优先调节偏差大的参数。

(3) 风机盘管控制

风机盘管的控制是由带三速开关的室内温控器(TC)来完成的，温控器安装在需要空调的房间内。TC 上的恒温器有通/断两个工作位置，当恒温器拨到“ON(通)”的工作位置时，风机盘管的回水电动阀 V401 全开，为房间提供作空气再处理的冷热源。当温度达到设定值时，复位弹簧会使阀门关闭。

当拨动 TC 上的三速开关高、中、低挡的任意键时，风机盘管内的风机按选定的风速向房间送风，使室内温度保持在所需的范围。另外，在 TC 恒温器上设有冬/夏运行选择开关，夏季运行时将选择开关拨在“COOL(冷)”挡，冬季运行选择“HEAT(热)”挡。当选择开关拨在“OFF(关)”挡时，电动阀因失电而关闭，风机电源亦同时被切断，风机盘管停机。

(4) 连锁控制

① 新风机组启动顺序控制

新风机启动→新风机风阀开启→ 回水电动调节阀开启→蒸汽加湿电动调节阀开启。

② 新风机组停机顺序控制

新风机停机→加湿电动调节阀关闭→回水电动调节阀关闭→新风机风阀关闭。

③ 火灾时由建筑物自动化系统统一实施停机指令。

风机盘管加新风系统的监测和自动控制原理如图 3.26 所示。

3.3.2.5　机械防排烟监控系统

1. 机械排烟的基本概念

机械排烟是利用排烟风机将烟气排至室外，并在失火区域内形成负压，防止烟气向其他区域蔓延。

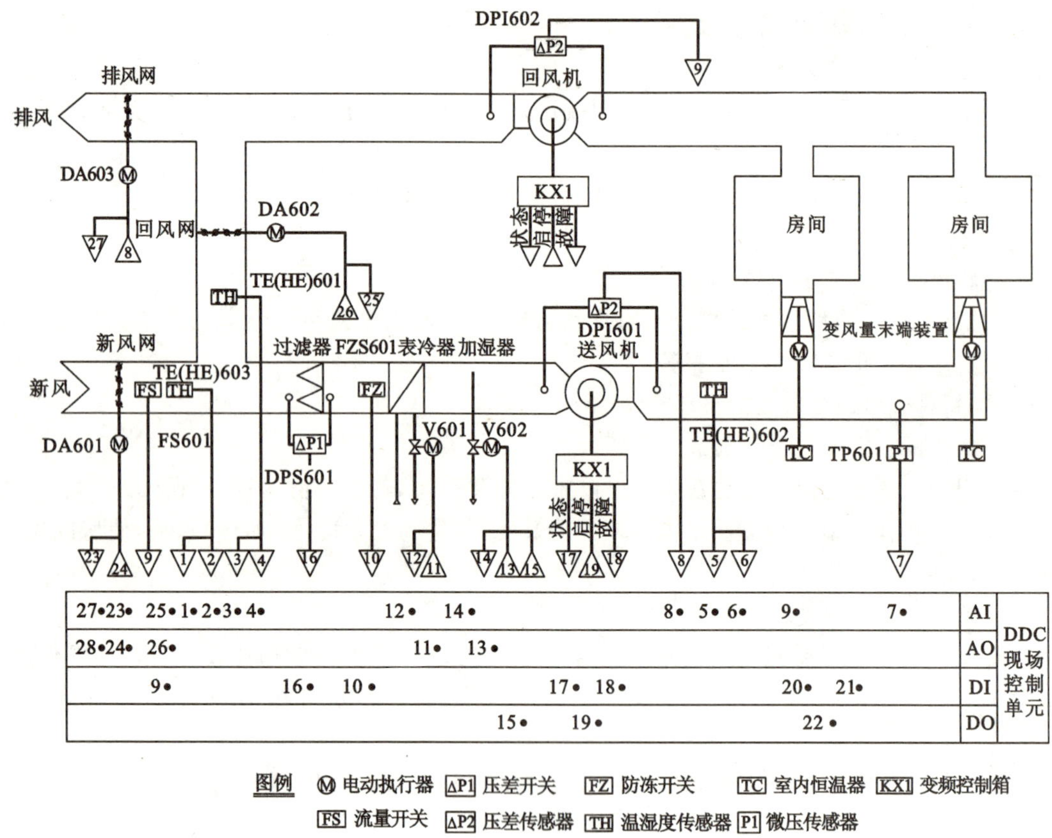

图 3.26 电动执行机构随动系统框图

排烟量可按两种情况确定：建筑物内防火分区的排烟量按其面积大小确定，而建筑物中庭的排烟量按其体积大小确定。

排烟风机应选用离心式风机或轴流风机。

2. 机械排烟监控系统

高层建筑中没有火灾自动报警系统和机械防排烟设施的均要求设置消防控制室，由消防控制室接受信号、发出启/停命令来控制机械防排烟系统工作。具体的控制点及控制要求一般由空调通风专业设计人员提出，由电气专业设计人员绘制到消防控制图上。主要的控制程序见图 3.27。

机械防排烟系统中需要控制的设备主要包括防火阀、排烟阀（口）、加压送风口、排烟风机（包括对应的补风风机）和加压风机。

火灾报警后应停止相关部位（一般为失火层及其上一层）的风机（含空调机的风机）；关闭需电动关闭的防火阀（通常为切断与防排烟系统共用管路的平时使用系统）；启动失火处的排烟阀（口）并连锁启动对应的排烟风机；启动失火层及其上下层走道的排烟阀（口）并连锁启动对应的排烟风机；启动楼梯间加压风机，启动失火层及其上一层楼梯间前室、消防电梯前室及合用前室的加压送风口，连锁启动对应的加压风机，以上动作均要求接受反馈信号。

此外，风机系统上的防火阀熔断关闭后，应关停对应风机（含空调机的风机）。这项控制可由空调自动控制系统（高层建筑一般为直接数字控制）完成，也可通过空调机及风机所配控制柜中的强电连锁完成，但都应向消防控制中心报警。采用数字式空调自动控制系统时，同一空

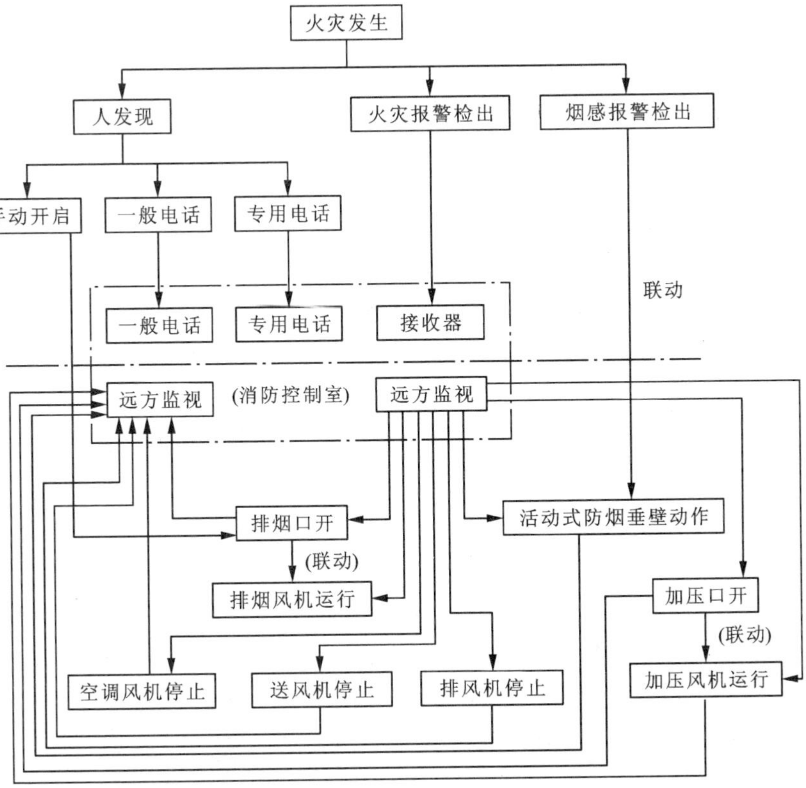

图 3.27　消防控制室的机械防排烟控制程序

调通风系统中的防火阀状态信号可合成一个 DI 点送入 DDC 中。

火灾时应向防排烟设备提供事故电源，对于平时通风及火灾时兼作排烟或排烟补风的风机，则应提供平时和事故时的双路电源，并可随时切换。

任务 4　建筑供配电监控系统

任务描述

明确建筑供配电系统的结构、主要设备和基本参数，掌握建筑供配电监控系统的监控功能和监控原理图。

任务分析

从建筑供配电系统的结构入手，分析智能建筑供配电监控系统的监控对象和监控功能，最后阐述智能建筑供配电监控系统的监控原理。

方法与步骤

3.4.1　智能楼宇对供配电系统的要求

(1) 检测运行参数，如电压、电流、功率和变压器温度等，为正常运行时的计量管理和事故发生时的原因分析提供数据。

(2) 监测电气设备运行状态，如高低压进线断路器、主线联络断路器等各种类型开关的当前分、合状态；提供电气主接线图开关状态画面；如发现故障，自动报警并显示故障位置、相关电压和电流数值等。

(3) 对建筑物内所有用电设备的用电量进行统计及电费计算与管理，包括空调、电梯、给排水和消防喷淋等动力用电和照明用电，绘制用电负荷曲线如月负荷曲线、年负荷曲线，并且实现自动抄表、输出用户电费单据等。

(4) 对各种电气设备的检修、保养维护进行管理，如建立设备档案，包括设备配置、参数、设备运行、事故和检修档案，生成定期维修操作单并存档，避免维修操作时引起误报警等。

3.4.2　供配电系统及其功能

1. 高压线路的电压及电流监测

6～10 kV 高压线路的电压及电流测量方法如图 3.28 所示。

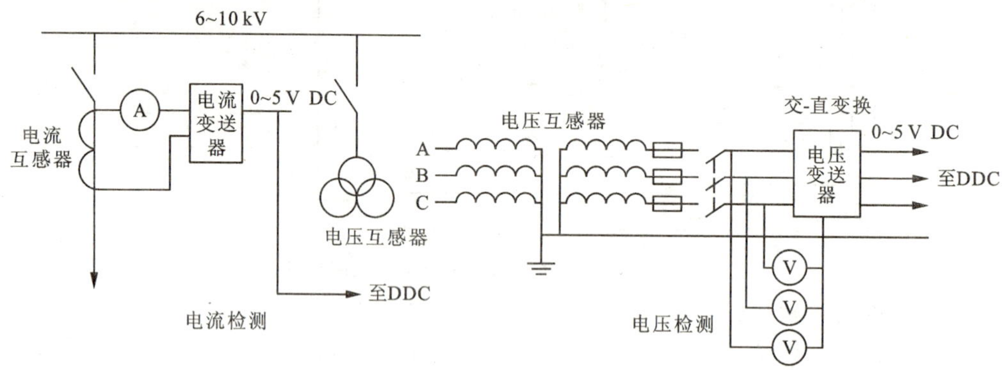

图 3.28　高压线路的电压及电流测量方法

2. 低压端的电压及电流监测

低压端(380/220 V)的电压及电流测量方法与高压侧基本相同，只不过是电压和电流互感器的电压等级不同。图 3.29 所示为低压配电系统监控原理。

(1) 参数检测、设备状态监视与故障报警　DDC 通过温度传感器/变送器、电压变送器、电流变送器及功率因数变送器自动检测变压器线圈温度、电压、电流和功率因素等参数，与额定值比较，发现故障时报警，显示相应的电压、电流数值和故障位置。经由数字量输入通道可以自动监视各个断路器、负荷开关和隔离开关等的当前分、合状态。

(2) 电量计量　DDC 根据检测到的电压、电流和功率因数计算有功功率、无功功率，累计用电量，为绘制负荷曲线、无功补偿及电费计算提供依据。

3. 功率、功率因数的检测

通过流量电压与电流的相位差，可测得功率因数。有了功率因数、电压和电流数值即可求得有功功率和无功功率。因此，可以先测量功率因数，然后间接得出功率，这是一种间接的测量功率的方法。比较精确的测量功率的方法是采用模拟乘法器构成的功率变送器，或者用数字化测量的方法(高速采样电压、电流数据，再对数字信号进行处理)零点接测量功率。

4. 应急柴油发电机与蓄电池组的监测方法

为保证消防泵、消防电梯、紧急疏散照明、防排烟设施和电动防火卷帘门等消防用电，必须

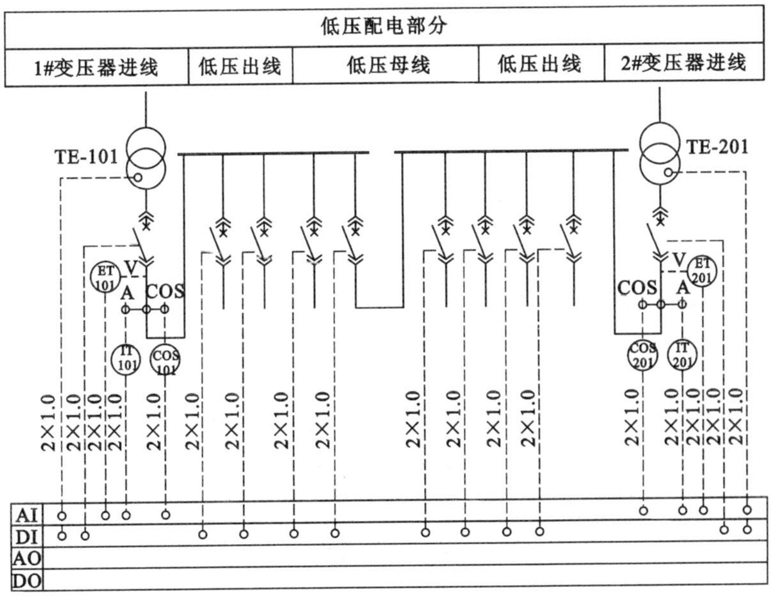

图 3.29　低压配电系统监控原理图

IT—电流变送器；ET—电压变送器；COS—功率因数变送器

设置自备应急柴油发电机组，按一级负荷对消防设施供电。柴油发电机应启动迅速，自启动控制方便，市网停电后能在 10～15 s 内接应急负荷，适合作应急电源。应急柴油发电机组监测内容包括电压、电流等参数，机组运行状态，故障报警和日用油箱液位等。应急柴油发电机组的监测原理如图 3.30 所示。

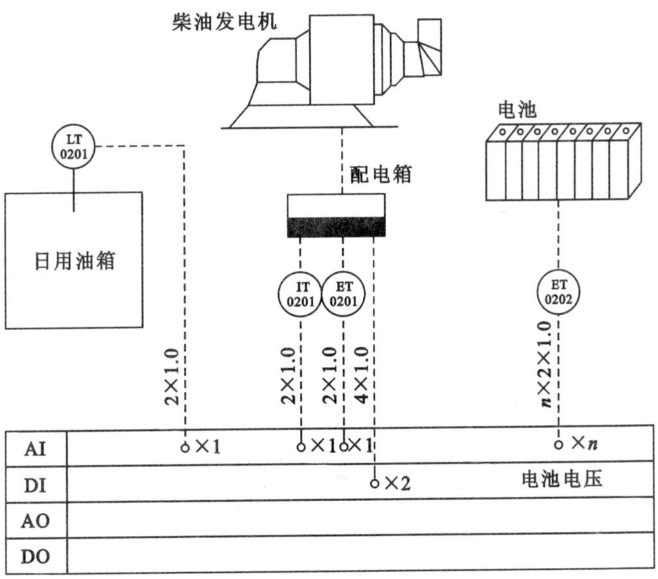

图 3.30　应急柴油发电机组与蓄电池组的监控原理图

IT—电流变送器；ET—电压变送器；LT—液位传感器/变送器

高层建筑中的高压配电室对继电保护要求严格，一般的纯交流或整流操作难以满足要求，必须设置蓄电池组，以提供控制、保护、自动装置及事故照明等所需的直流电源。镉镍电池以其体积小、质量轻、不产生腐蚀性气体、无爆炸危险、对设备和人体健康无影响而获得广泛应用。对镉镍电池组的监测包括电压监视、过电流和过电压保护及报警等。

3.4.3 供电品质的监测

供电品质的指标通常是电压、频率和波形，其中尤以电压和频率最为重要。电压质量包括电压的偏移、电压的波动和电压的三相不平衡度等。

(1) 频率

在电气设备的铭牌上都标有额定频率。我国电力工业的标准频率为 50 Hz。由于频率直接影响电气设备的正常工作，因此对于频率的偏差要求很严格，国家规定电力系统对用户的供电频率偏差范围为 ±0.5%。

对电网频率的检测可在低压侧进行。在电网的频率偏差超过允许值时，监测系统应予报警，必要时应切断市电供电，改用备用电源或应急发电机供电。

(2) 电压偏移

各种电气设备的铭牌上都标有它的额定工作电压。但在实际运行中由于电力系统负荷的变化或用户本身负荷的变化等原因，往往使电气设备的端电压偏离额定值。电压低于额定值往往是发生在高峰负荷时长线路的末端，电压高于额定值往往是发生在低负荷时线路的始端。

当电压过高或过低时监测系统应予报警，同时需采取系统或局部的调压及保护措施。对电压偏移的改善一般要求在电网的高压侧采取措施，使电网的电压随负荷的增大而升高；反之，负荷减少，电压降低。对于重要的负荷，宜在受电或负荷端设置调压及稳压器。

(3) 电压波动及谐波

电动机的启动，电梯、电焊类冲击负荷的工作，将引起供配电系统中的电压时高时低，这种短时间的电压变化称为电压波动。电力系统中交流电的波形从理论上讲应该是正弦波，但实际上由于三相电气设备的三相绕组不完全对称，带有铁芯线圈的励磁装置，特别是大型晶闸管装置、电力电气设备的应用，在电力系统中产生了与 50 Hz 基波成整数倍的高次谐波，使电压的波形发生畸变成为非正弦波。

电压波动及谐波对电气设备的运行是有害的。照明和电气设备对电压波动比较敏感。国内外许多研究成果表明，谐波不仅严重影响电气设备的安全正常运行，而且对通信系统和计算机系统等也有较大影响，因此消除、抑制谐波是十分重要的。

传统的无源型 LCR 滤波器已被用来解决这一问题，但由于结构原理上的原因，无源滤波器的应用中存在着一些难以克服的缺点：

① 滤波器只对调谐点的谐波效果明显，而对偏离调谐点的谐波无明显效果，实际应用中不可能无限地增加滤波器。

② 当系统中谐波电流增大时，无源滤波器可能过载，甚至损坏设备。

③ 电源阻抗强烈地影响滤波特性，严重时电源和滤波器间可能发生谐振，这就是所谓的谐波放大现象。

有源电力滤波器的原理如图 3.31 所示。

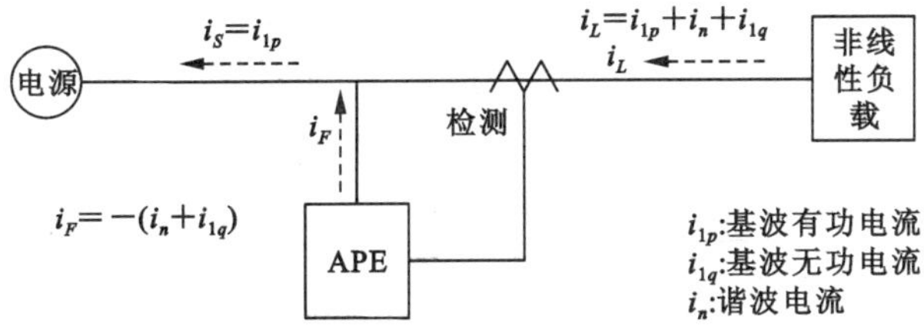

图 3.31　有源电力滤波器原理图

(4) 电压的不平衡度

在低压系统中一般采用三相四线制,单相负荷接于相电压上,由于单相负荷在三相电压不可能完全平衡,因而三个相电压不可能完全平衡。电压的不平衡度可以通过测量三个相电压及三个相电流的数据,再经相互比较其差值来检测。差值越大则不平衡度越大。当这个不平衡电压加于三相电动机时,由于相电压的不平衡使得电动机中的负序电流增加,因而增加了转子内的热损失。在设计中应尽量使单相负荷平衡地分配在三相中,对相电压不平衡敏感的负荷(如电子计算机类设备)应采用分开回路的措施,同时监测系统应予报警。

任务5　照明监控系统

任务描述

明确照明系统的结构、控制方式和基本参数,掌握照明监控系统的监控功能和监控原理图。

任务分析

从照明系统的结构入手,分析智能建筑照明监控系统的监控对象和监控功能,最后阐述智能建筑照明监控系统的监控原理。

方法与步骤

3.5.1　照明控制原理

正确的控制方式是实现舒适照明的有效手段,也是节能的有效措施。目前设计中常用的控制方式有波动开关控制方式、断路器控制方式、定时控制方式和光电感应开关控制方式等,下面对各种控制方式逐一加以介绍。

1. 波动开关控制方式

该方式就是以波动开关控制一套或几套灯具,这是采用得最多的控制方式,它可以配合设计者的要求随意布置,同一房间不同的出入口均需设置开关。单控开关用于一处启闭照明;双控及多控开关用于楼梯及过道等场所,在上、下层或两端多处启闭照明,其接线图如图 3.32 所示。该控制方式线路繁琐,维护量大,线路损耗多,很难实现舒适照明。

2. 断路器控制方式

这是以断路器控制一组灯具的控制方式。这种方式控制简单,投资小,但由于控制的灯具较多,造成大量灯具同时开关,在节能方面效果很差,又很难满足特定环境下的照明要求,因

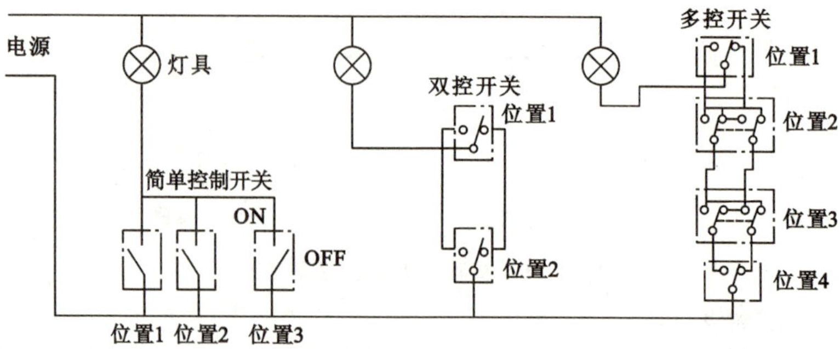

图3.32　双控及多控开关原理图

此，在智能楼宇中应谨慎采用该方式，尽可能避免使用。

3. 定时控制方式

这是以定时控制灯具的控制方式。该方式可利用建筑物自动化系统的接口，通过控制中心来实现，但这种方式太机械，遇到天气变化或临时更改作息时间就比较难以适应，一定要通过改变设定值才能实现，显得非常麻烦。

4. 光电感应控制方式

光电感应开关通过测定工作面的照度，与设定值比较来控制照明开关，这样可以最大限度地利用自然光，达到更节能的目的，也可提供一个不受季节与外部气候影响的相对稳定的视觉环境，特别适合一些采光条件好的场所。当检测的照度低于设定值的极限值时开灯，高于极限值时关灯。

3.5.2　照明监控系统功能

照明监控系统将对整个建筑的照明系统进行集中控制和管理，主要完成以下功能：

1. 走廊、楼梯照明

走廊、楼梯照明除保留部分值班照明外，其余的灯在下班后及夜间应关闭，以节约能源。因此可按预先设定的时间，编制程序进行开/关控制，并监视开关状态。例如，自然采光的走道，白天、夜间可以断开照明电源，但在清晨和傍晚上、下班前后应接通。

2. 办公室照明

办公室照明应为办公人员创造一个良好舒适的视觉环境，以提高工作效率。办公室宜采用辐射入室内的自然光和人工照明协调配合方式。不论晴天、阴天、清晨或傍晚自然光如何变化(夜间照明也可看做其中的一个特例)，也不论房间朝向、进深尺寸有多大，始终能有效地保持良好的照明环境，减轻人们的视觉疲劳。它的调光原理是：当自然光较弱时，自动增强人工照明；当自然光较强时，自动减弱人工照明。亦即人工照明的照度与自然光照度成反比例变化，以使二者始终能够动态地补偿。调光方法可分为照度平衡型和亮度平衡型两大类，前者可使近窗处工作面与房间深部工作面上的照度达到平衡，后者可使室内人工照明亮度与窗的亮度比例达到平衡，以消除人与物的黑相，多用于对照明质量要求较高的场所。在实际工作中，应根据对照明空间的照明质量要求，实测室内自然光照度分布曲线来选择调光方式和控制方式。调光时，根据工作面上的照度标准和自然光传感器检测的自然光亮度变化信号自动控制照明灯具，根据白天工作区与夜间工作区的使用特点，分别编制控制程序，如办公室一般在白天工作，其中又分工作、休息、午餐等不同时间区，应能按程序自动进行控制。

3. 障碍照明、建筑物立面照明

航空障碍灯根据当地航空部门要求设定，一般装设在建筑物顶端，属于一级负荷，应接入应急照明电路。可根据预先设定的时间程序控制，并进行闪烁；或根据室外自然环境的照度来控制光电器件的动作，达到开启/断开。

对智能建筑进行立面照明可采用投光灯，当光线配合协调、明暗搭配适当时，建筑物犹如一座玲珑剔透的雕塑耸立于夜幕之中，给人以美的享受。投光灯的照度计算必须考虑建筑物的位置、背景亮度、建筑物表面材料的反射系数以及灯具技术特性。投光灯的开启/断开可编制时间程序进行定时控制，同时监视开/关状态。

4. 应急照明的应急启/停控制、状态显示

当建筑物发生事故时，需要照明各组做出相应的联动配合。当有警时，联动正常照明系统关闭，事故照明打开；当有保安报警时，联动相应区域的照明灯开启，并且保证市电停电后的事故照明、疏散照明。

这样，每天照明监控系统可按计算机预先编好的时间程序自动地控制各楼层的办公室照明、走廊照明和广告霓虹灯等，并可自动生成文件存档或打印数据报表。

不同用途的场所对照明要求各不相同。照明监控原理如图 3.33 所示，其核心是 DDC 分站。一个 DDC 分站可控制一个楼层的照明或整座楼的装饰照明。区域可以按照地域来划分，也可按照功能来划分，各照明区域控制系统通过通信系统连成一个整体，成为建筑物自动化系统的一个子系统。

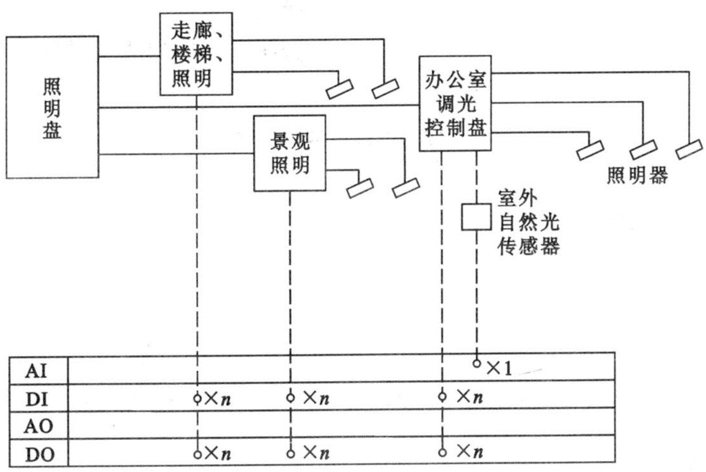

图 3.33　照明系统监控原理图

照明控制箱接线原理如图 3.34 所示。

图 3.34 中 DDC 输出接辅助继电器触点(KA1/KA2)，手动开关或来自照明集中控制箱触点(SA1/SA2)。

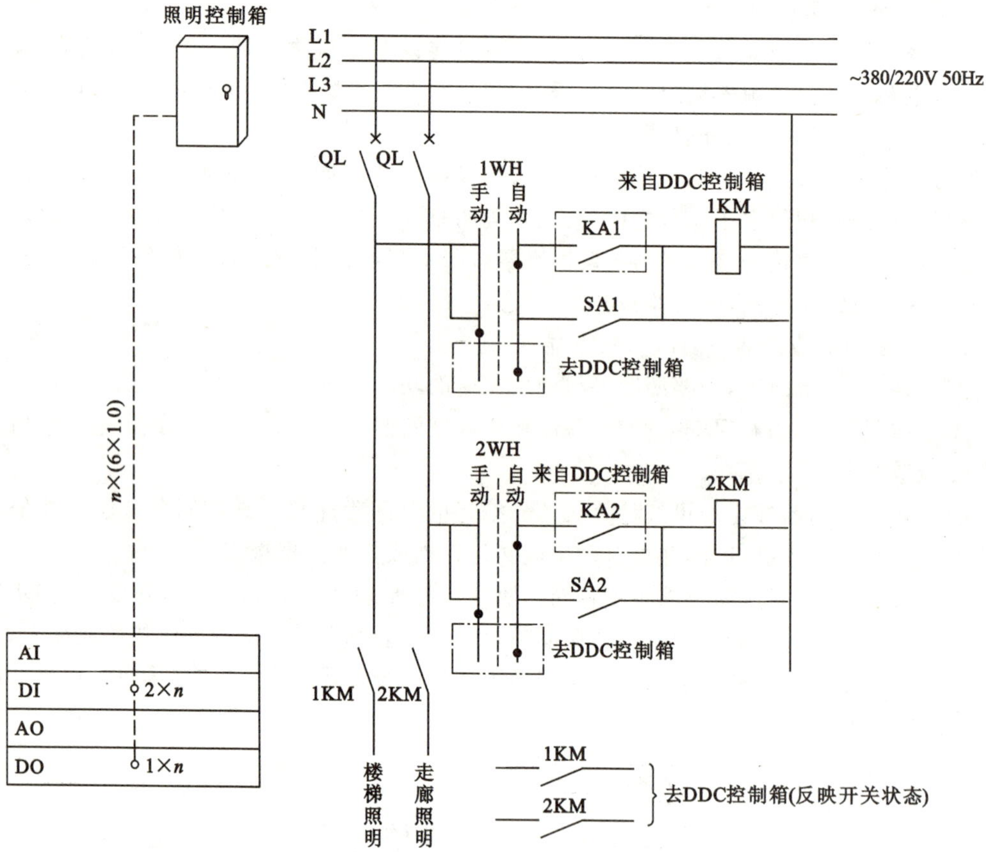

图 3.34 照明控制箱接线原理示意图

任务6 电梯监控系统

任务描述

明确电梯系统的结构和控制方式，掌握电梯监控系统的监控功能和监控原理图。

任务分析

从电梯监控系统的结构入手，分析智能建筑电梯监控系统的监控对象和监控功能，最后阐述智能建筑电梯监控系统的监控原理。

方法与步骤

3.6.1 电梯系统工作原理

电梯已成为高层建筑中必备的交通工具，包括普通客梯、观光梯、货梯以及自动扶梯等。电梯一般由轿厢、曳引机构、导轨、对重、安全装置和控制系统组成。对电梯监控系统的要求是：安全可靠，启、制动平稳，感觉舒适，平层准确，候梯时间短和节约能源。试验表明，人的感觉与速度无关，而取决于加（减）速度 a 和加（减）速度变化率 ρ。电梯加速上升或减速下降时，人会产生超重感，电梯加速下降或减速上升时则会产生失重感，人对失重的感觉比对超重的感觉更加不适。因此，为满足感觉舒适、平层准确并且尽可能缩短运行时间、提高运行效率，选择适当的加速度及其变化率是重要的。电梯运行速度曲线 v 如图3.35所示，即在启动加速段和减速制动段皆为抛物线、中间为直线的抛物线-直线综合速度曲线。图中同时给出加速度 a 和加速度变化率 ρ 的变化曲线。为实现上述运行速度曲线，需要产生速度给定曲线并进行速度闭环控制，以采用计算机控制系统为宜。

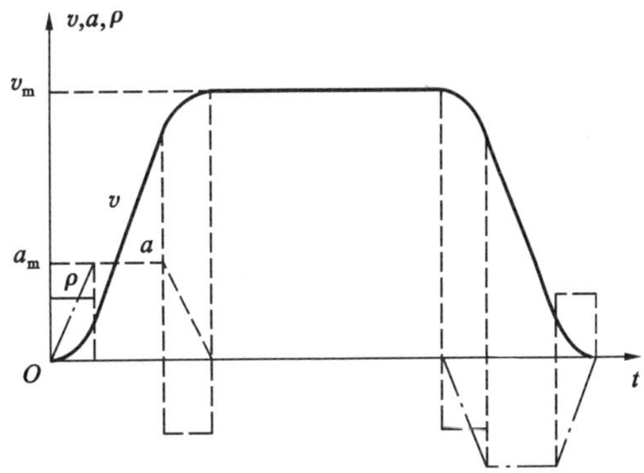

图 3.35　电梯运行速度曲线图

按驱动电动机的电源，可将电梯分为直流电梯和交流电梯两大类。直流电梯由直流电动机拖动，由于直流电机存在换向器和电刷，维修保养工作量大，而且体积、质量和成本都比同容量的交流电机大。交流电梯由结构简单、成本低廉和维修方便的异步电动机拖动，采用计算机控制的变频调速系统既可以满足电梯运行速度的要求，又可以节约能源。在高层建筑中，对电梯的启动加速、制动减速、正反向运行、调速精度、调速范围和动态响应都提出了更高的要求，因此，应该选择自带计算机控制系统的电梯系统，并且应留相应的信息接口。

3.6.2　电梯监控内容

1. 按时间程序设定的运行时间表启/停电梯、监视电梯运行状态、故障及紧急状况报警

运行状态监控包括启动/停止状态、运行方向、所处楼层位置等，通过自动检测并将结果送入 DDC，动态地显示出各台电梯的实时状态。故障检测包括电动机、电磁制动器等各种装置出现故障后自动报警，并显示故障电梯的地点、发生故障时间、故障状态等。紧急状况检测通常包括火灾、地震状况检测和发生故障时是否关人等，一旦发现，立即报警。电梯运行状态监控原理如图 3.36 所示。

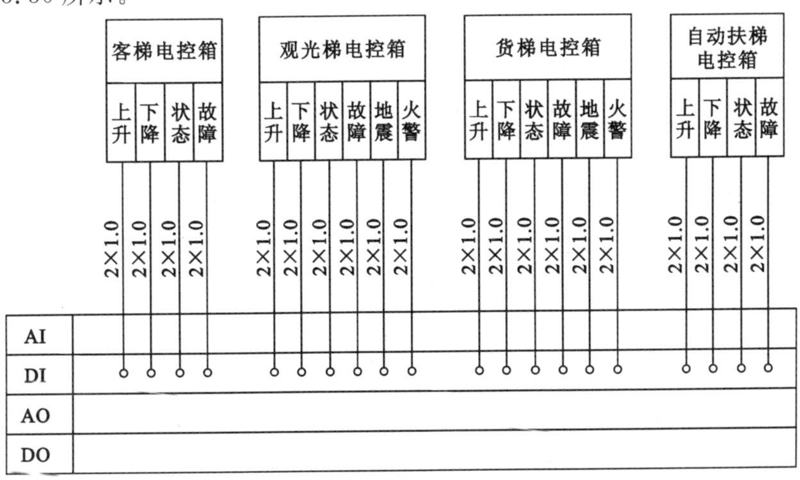

图 3.36　电梯运行状态监控原理图

2. 多台电梯群控管理

以办公大楼中的电梯为例，在上、下班及午餐时间客流量十分集中，其他时间又比较空闲。如何在不同客流时段自动进行调度控制，达到既能减少候梯时间、最大限度地利用现有交通能力，又能避免数台电梯同时响应同一召唤造成空载运行、浪费电力，这就需要不断地对各停站的召唤信号和轿厢内选层信号进行循环扫描，根据轿厢所处位置、上下方向停站数、轿内人数等因素来实时分析客流变化情况，自动选择最适合于客流情况的输送方式。群控系统能对运行区域进行自动分配，自动调配电梯至运行区域的各个不同服务区段。服务区域可以随时变化，它的位置与范围均由各台电梯通报的实际工作情况确定，并随时监视，以便随时满足大楼各处不同停站的召唤。

在客流量很小的“空闲状态”，空闲轿厢中有一台在基站待命，其他所有的轿厢被分散到整个运行行程上，为使各层站的候梯时间最短，将从所有分布在整体服务区中的最近一站调度，不需要运行的轿厢自动关闭，避免空载运行。

上班时，几乎没有下行乘客，客流基本上都上行，可转入“上行客流方式”，各区电梯都全力输送上行乘客，乘客走出轿厢后，立即反向运行。

下班时可转入“下行客流方式”。

午餐时，上、下行客流量都相当大，可转入“午餐服务方式”，不断地监视各区域的客流量，随时向客流量大的区域分派轿厢，以缓解载客高峰。

群控管理可大大缩短候梯时间，改善电梯交通的服务质量，最大限度地发挥电梯的作用，使之具有理想的适应性和交通应变能力。这是单靠增加台数和梯速所不易做到的。

3. 配合安全防范系统协同工作

当接到防盗信号时，根据保安级别自动行驶至规定楼层，并对轿厢门实行监控。当发生火灾时，普通电梯直驶首层、放客，切断电梯电源；消防电梯由应急电源供电，在首层待命。

任务 7　智能建筑设备自动化系统工程实例

任务描述

明确智能建筑设备自动化系统的设计原则和应具备的基本条件，掌握常用智能建筑设备自动化系统的监控功能和监控原理图，掌握智能建筑设备自动化系统设计和施工的基本知识。

任务分析

从智能建筑设备自动化系统的设计原则入手，逐步介绍各种智能建筑设备自动化系统的监控功能和监控原理，最后阐述智能建筑设备自动化系统设计和施工的基本知识。

方法与步骤

【案例】 某综合楼建筑面积为 34000 m^2，是集餐饮、宾馆和写字楼于一体的多功能的现代化建筑。其被控设备清单如表 3.3 所示。

表 3.3　被控设备清单

系　统	设备名称	数 量	单 位	备　注
空调制冷系统	冷水机组	3	台	
	冷冻水泵	3	台	
	冷却水泵	3	台	
	冷却水塔	3	台	
	空调机组	1	台	泳池专用
	新风机组	15	台	各楼层用
热交换系统	换热器	5	台	生活热水换热 2 台，空调换热 3 台
	热水循环泵	4	台	两主两备
送排风系统	排风机	3	组	顶楼、泳池和厨房各 1 组
变配电系统	配电室	2	台	配电室
	变压器	2	台	
照明系统	照明配电箱	8	个	每层公共空间和室外照明
给排水系统	给水泵	3	台	生活冷水
	给水箱	2	个	
	排水泵	4	台	
	污水池	2	个	
	水池	1	个	
电梯系统	电梯	2	部	

3.7.1　系统控制功能的确定及方案设计

根据建设单位的实际需求和经济承受能力，经过充分沟通，确定设计原则如下：

(1) 对空调系统、制冷系统及送风系统的监控尽可能全面细致；

(2) 对建筑物所有公共照明系统能进行分区控制，局部特殊要求部位能实现照度分级控制；

(3) 监视配电系统主要运行参数，提供故障报警信号；

(4) 对给排水系统重点监控泵房设备的运行情况，提供较完备的维护和故障报警功能；

(5) 实时监控电梯的运行情况。

3.7.2　系统的控制功能及设计方案

1. 冷冻站系统

本工程冷冻站系统由冷冻机、冷却塔、冷冻泵和冷却泵组成。系统通过控制应达到节约能源、安全运转的目的。具体监控功能如下：

(1) 冷水机组、冷冻水泵、冷却水泵、冷却塔风扇的运行状态监测及故障报警；

(2) 按冷冻机启停工艺要求顺序启停相应的冷冻水泵、冷却水泵、冷却塔及有关阀门；

(3) 用水流开关监视水流状态；

(4) 监测冷冻水的供回水温度、压力和供水流量，监测冷却水供回水温度；

(5) 根据冷冻水的供水流量和供回水温差计算建筑物的实际冷负荷，据此控制冷水机运行台数，尽量节约能源，提高设备使用效率；

(6) 根据冷冻水供回总管压差，控制冷冻水旁通阀的开度，调节管网压差，保证供水压力稳定；

(7) 根据冷却水供回水温度，控制冷却水旁通阀的开度及冷却塔风扇的启停，保证冷却水温度满足工艺要求和最大限度地节约能源。

根据制冷设备厂家提供的通信协议，通过设计特殊的接口和网关(Gateway)，将冷却机组控制系统本身的各种监控点纳入楼宇自控系统。

2. 换热站系统

本工程中，换热站系统通过换热器完成城市供热与楼内生活和供暖系统之间的热交换，提供生活用热水和空调取暖用水。换热站系统控制最终达到节能、舒适和安全的目的，具体监控功能如下：

(1) 在换热器一、二次管路上通过安装温度传感器测量水温；

(2) 在换热器一次水进口设置调节阀，调节阀门开度使二次出水温度保持在设定值；

(3) 在每台循环水泵处安装水流开关，监视水泵运行情况；

(4) 根据系统时间表和使用情况控制水泵的启停，并监视水泵状态，自动进行主备泵的切换；

(5) 记录设备运行参数和统计设备累计运行时间，平衡设备使用率，提醒管理人员定期检修；

(6) 加装流量计，满足用户计量和统计方面的要求。

3. 空调新风系统

空调机和新风系统都是用来调节空气温、湿度的设备，对其监控的内容基本相同。本工程共有全空气调节机组1台，新风机组15台。

具体监控功能如下：

(1) 监视送风和新风温度，计算空气焓值；

(2) 通过设置在过滤网和风扇两侧的压差开关，监视过滤网和风扇状态；

(3) 通过盘管处的防冻开关监视空气温度，防止气温过低损坏盘管；

(4) 通过调节冷水管道上的阀门，调节送风温度；

(5) 根据要求控制风扇的启停；

(6) 根据新风、回风焓值调节风门开度和新回风比例，以降低能耗。

实现空调系统的监控需要在设备上加装一些采样和控制装置。此类工作应尽可能在空调设备安装之前进行，以保证仪表安装位置的工艺要求。

4. 照明系统

照明系统主要解决公共区域照明控制问题，其基本功能如下：

(1) 监视接触器触点的状态及配电盘手动、自动状态；

(2) 通过时间设定控制接触器的分合；

(3) 通过系统提供的控制信号控制接触器的分合。

照明设计应尽可能以简单地完成控制功能为前提，根据容量划分回路，在开始设计时与用户详细讨论照明方案，选用适量照明智能节点控制箱，完成照明自动控制和节能的要求。

5. 变配电系统

变配电系统自身一般有相对完善的监控和保护方案，但管理中心要求能够实时了解和控制变配电室的情况，因此基本上是个遥测和遥控的问题。对变配电系统监控的内容可以根据用户的要求增减，一般监控功能包括：

(1) 监视低压断路器、母联开关、配电开关的开关状态及事故跳闸报警；

(2) 测量电压、电流、功率因数、有功功率及有功电度脉冲量，对总用电量进行记录和统计，对高峰负荷、日用电量、平均用电量等指标进行分析和管理。

6. 给排水系统

该系统控制方案是：

(1) 监视水池水位，超限报警；

(2) 监视和控制各水泵的启停、故障信号；

(3) 累计各设备运行时间，提示管理人员定时维修；

(4) 根据各泵运行时间，自动切换主、备泵，平衡各设备运行时间。

7. 电梯系统

电梯系统不但是楼宇内最频繁使用的设备，也是关系人身安全的重要设备，对电梯系统的监控内容主要是位置监视、故障报警、紧急控制。现代电梯是一个高度自动化的完整系统，能输出必要的运行参数和故障信息，且能进行自动保护。楼宇自控系统对电梯的遥测、遥控必须得到电梯厂家的全力支持，如提供数据接口和协议或加装输出端子，以保证电梯安全、可靠运行。

3.7.3　系统监控点、前端设备及楼宇控制箱的确定与选择

1. 系统监控点的确定

采用HW-5000系列产品可以根据控制点的分布而不是仅仅根据系统相关性布置节点控制器，因此在完成上述各子系统控制点分析后，将其按分布区域进行统计。由于每个系统都有专用的智能节点控制箱，所以很快可以确定控制箱的种类和数量。下面通过表3.4说明在确定了被监控数量后如何确定模块控制器的使用数量及类型。本工程实例为一幢地下一层、地上七层的建筑物，其监控点如表3.4所示。

表3.4　某大楼设备自动化系统监控点表

位置及设备	控制点描述	类型				设备名称（选型参见相关资料）
		AI	AO	DI	DO	
一到七层5台新风机组	冷热水阀控制		1×15			二通阀(带执行器)
	新风风阀控制				2×15	风阀执行器
	风机启停				2×15	
	风机状态			1×15		

续表 3.4

位置及设备	控制点描述	类　型				设备名称（选型参见相关资料）
		AI	AO	DI	DO	
一到七层 5 台新风机组	风机故障			1×15		压差开关
	过滤网状态			1×15		压差开关
	加湿阀状态			1×15		
	加湿阀开关控制				2×15	电动阀及执行器
	防冻数字			1×15		防冻开关
	送风温湿度	2×15				风道温湿度传感器
	新风温湿度	2×15				风道温湿度传感器
	合计	60	15	75	90	
	智能节点控制箱配置	HW-BA9057B 新风机组智能节点控制箱 15 台				
换热站 生活热水换热器 2 台 空调换热器 3 台 生活热水泵 2 台 空调热水泵 2 台	流量测量	1				流量计
	热水调节阀		1×5			二通阀(带执行器)
	一次供水温度	1				水管温度传感器
	一次供水压力监测	1				压力变送器
	二次供水温度	1×5				水管温度传感器
	热水泵启停				2×4	
	热水泵状态			1×4		
	二次供水水流状态监测			1×4		水流开关
	合计	8	5	8	8	
	智能节点控制箱配置	HW-BA5921B 换热站智能节点控制箱 3 台				
泵房 生活冷水泵 3 台 排水泵 4 台 给水箱 2 台 水池 1 个 污水坑 2 个	冷水泵启停				2×3	
	冷水泵状态			1×3		
	冷水泵故障			1×3		水流开关
	水箱水位报警			2×2		液位开关
	排水泵启停				2×4	
	排水泵状态			1×4		
	水池高水位			1		液位开关
	污水坑高水位			2		液位开关
	合计			17	14	
	智能节点控制箱配置	HW-BA5926B 给排水智能节点控制箱 3 台				

续表 3.4

位置及设备	控制点描述	类型				设备名称（选型参见相关资料）
		AI	AO	DI	DO	
一到七层及室外照明，共 8 个照明配电箱	智能节点控制箱配置	HW-BA5946B 照明智能节点控制箱 8 台				
配电室变压器 2 台	变压器高温报警			1×2		
	电流	1×2				交流电流变送器
	电压	1×2				交流电压变送器
	有功功率	1×2				有功功率变送器
	电度	1×2				电度变送器
	功率因数	1×2				功率因数变送器
	各主回路状态			1×8		
	合计	10		10		
	智能节点控制箱配置	HW-BA5941B 低压配电智能节点控制箱 1 台 HW-BA5942B 低压配电智能节点控制箱 1 台				
顶层、泳池、厨房处排风机组共 18 台	排风机启/停控制				2×18	
	排风机运行状态			1×18		
	合计			18	36	
	智能节点控制箱配置	HW-BA5931B 送排风智能节点监控箱 3 台				
电梯控制室 电梯 2 部	电梯运行位置			1×2		
	电梯运行状态			1×2		
	合计			4		
	智能节点控制箱配置	HW-BA5936B 电梯智能节点监控箱 2 台				
机房 冷冻机 3 台 冷却塔 3 台 空调机组 3 套 冷冻泵 3 台 冷却泵 3 台	冷冻水供水温度	1				水管温度传感器
	冷冻水回水温度	1				水管温度传感器
	冷却水供水温度	1				水管温度传感器
	冷却水回水温度	1				水管温度传感器
	冷冻机组监控		1			冷水机组智能控制箱
	分集水器压差	1				水流压差传感器
	旁通阀控制					二通阀（带执行器）
	旁通阀开度	1				
	冷却塔风机启停				2×3	
	冷却塔风机状态	1		1×3		

续表 3.4

位置及设备	控制点描述	类型				设备名称（选型参见相关资料）
		AI	AO	DI	DO	
机房 冷冻机 3 台 冷却塔 3 台 空调机组 3 套 冷冻泵 3 台 冷却泵 3 台	冷冻水流量监测	1				流量计
	冷冻水供水水流状态					水流压力传感器
	冷却水供水水流状态			1×3		水流开关
	冷冻泵启停			1×3		水流开关
	冷冻泵状态				2×3	
	冷却泵启停			1×3		
	冷却泵状态			1×3	2×3	
	合计	8	1	15	18	
	智能节点控制箱配置	HW-BA5911B 冷水机组智能节点控制箱 3 台 HW-BA5913B 冷冻/却水泵智能节点控制箱 2 台 HW-BA5914B 冷冻站智能节点控制箱 1 台 HW-BA5915B 顶风机智能节点控制箱 1 台				
空调机组 1 套	冷热水阀控制		1			二通阀（带执行器）
	新风风阀控制		1			风阀执行器
	回风风阀控制		1			风阀执行器
	送风机启停				1×2	
	送风机状态			1		
	送风机故障			1		压差开关
	回风机启停				1×2	
	回风机状态			1		
	回风机故障			1		压差开关
	加湿阀开度			1		
	加湿阀控制				1×2	电动阀及执行器
	过滤网状态			1		压差开关
	防冻数字			1		防冻开关
	回风温湿度	2×1				风道温湿度传感器
	送风温湿度	2×1				风道温湿度传感器
	新风温湿度	2×1				风道温湿度传感器
	合计	6	3	7	6	
	智能节点控制箱配置	HW-BA5904B 全空调机组智能节点控制箱 1 台				

2. 系统监控原理图

(1) 空调机组监控原理如图 3.37 所示。

(2) 新风机组监控原理如图 3.38 所示。

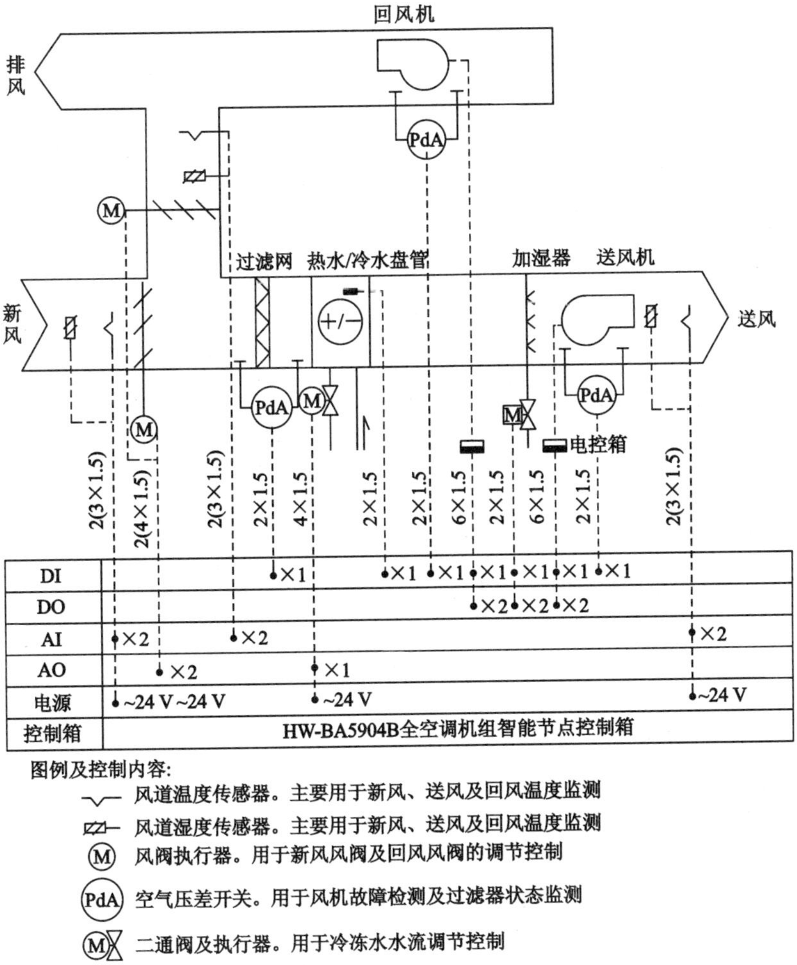

图 3.37　空调机组监控原理图

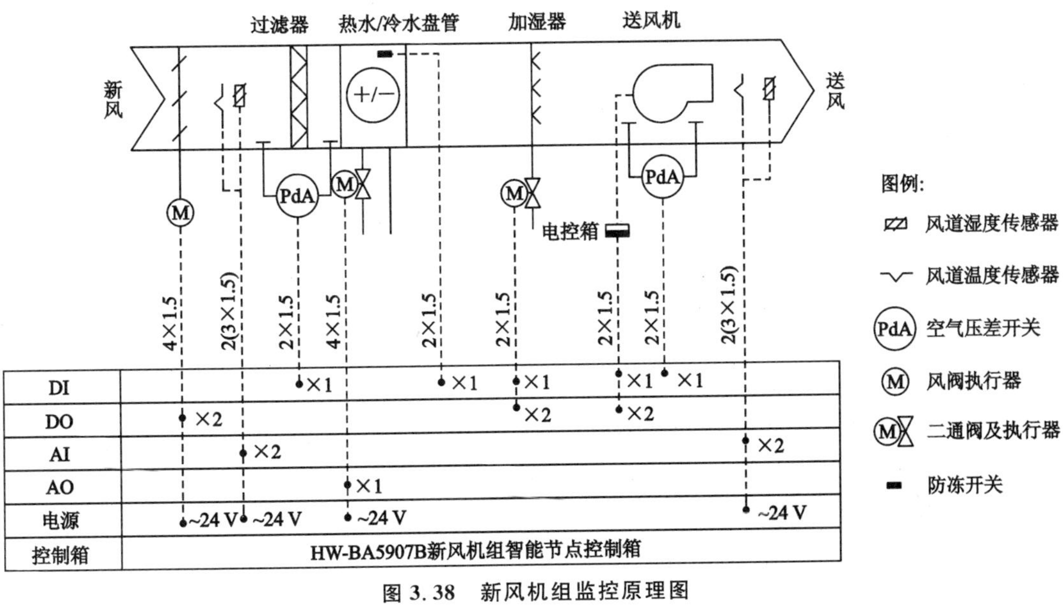

图 3.38　新风机组监控原理图

(3) 冷冻站监控原理如图 3.39 所示。

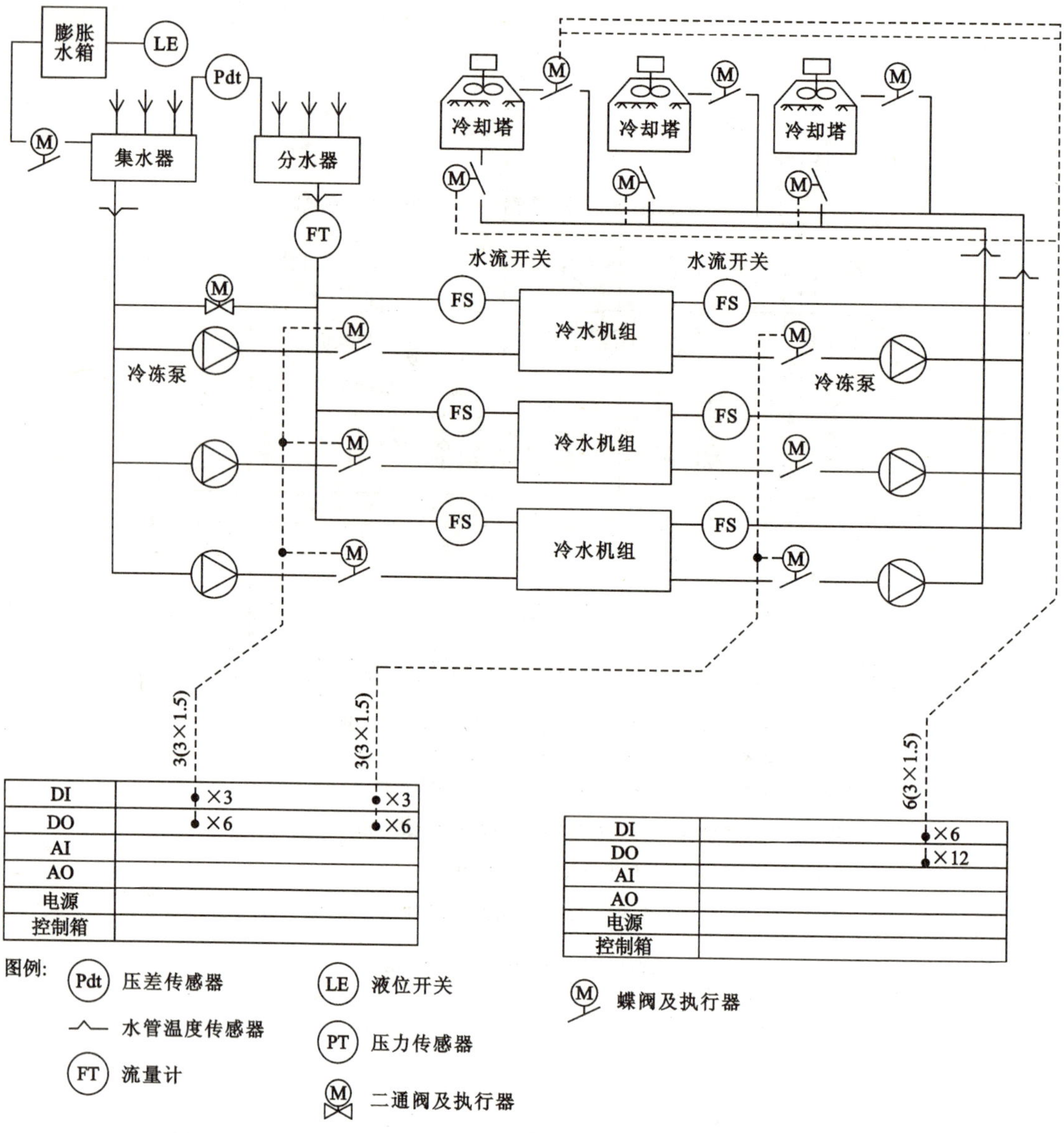

图 3.39 冷冻站监控原理图

(4) 顶风机监控原理如图 3.40 所示。

(5) 冷冻/冷却水泵监控原理如图 3.41 所示。

(6) 送排风监控原理如图 3.42 所示。

(7) 给排水监控原理如图 3.43 所示。

(8) 换热站监控原理如图 3.44 所示。

(9) 楼宇自控系统原理如图 3.45 所示。

(10) 变配电监控原理如图 3.46 所示。

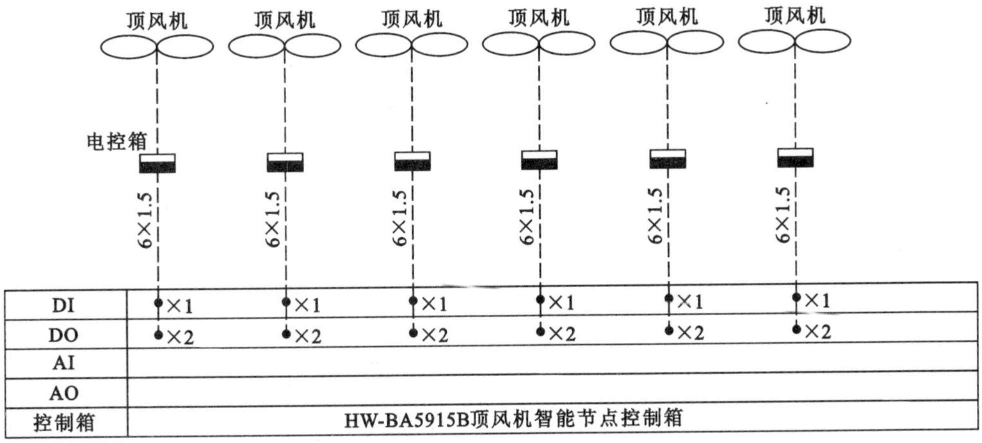

图 3.40　顶风机监控原理图

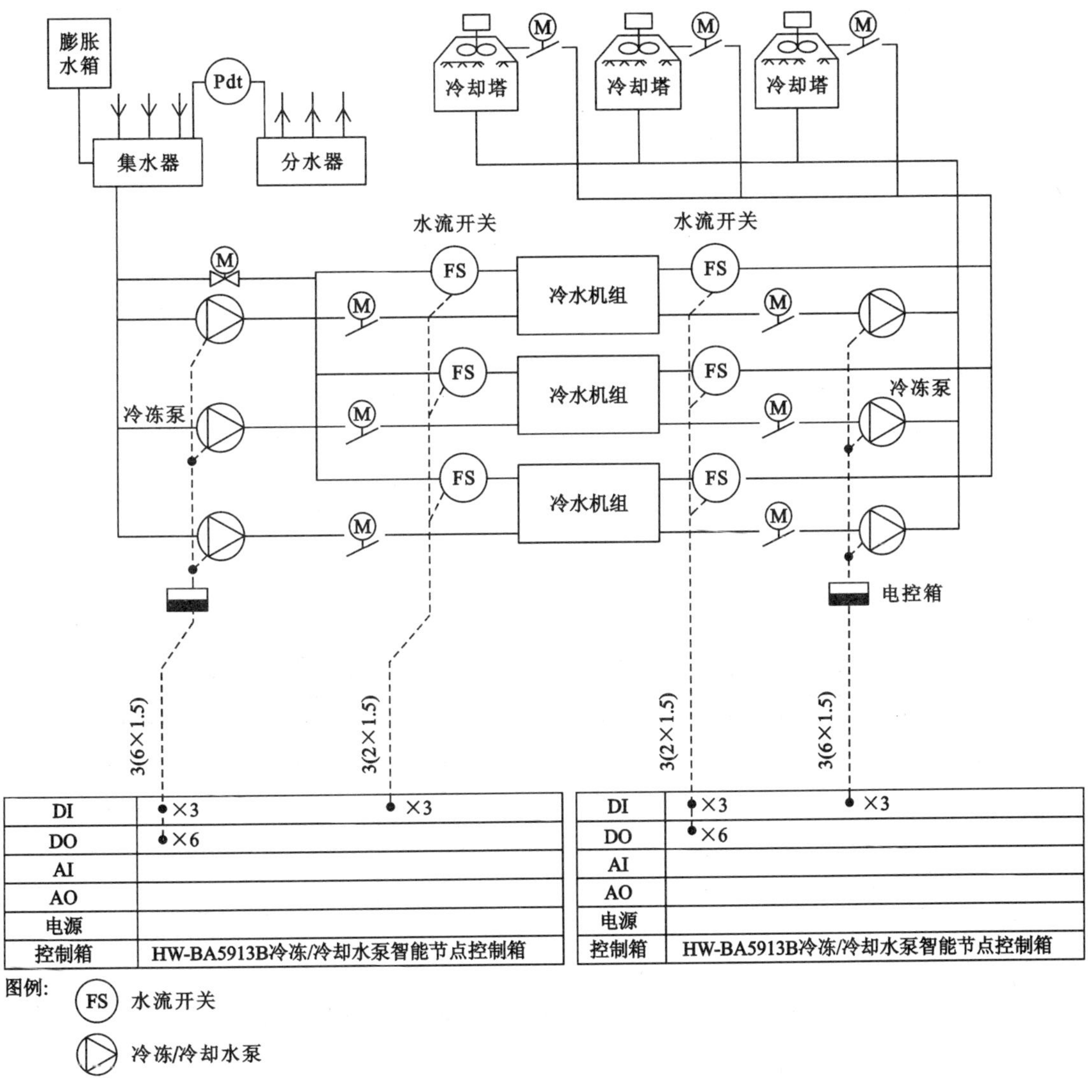

图 3.41　冷冻/冷却水泵监控原理图

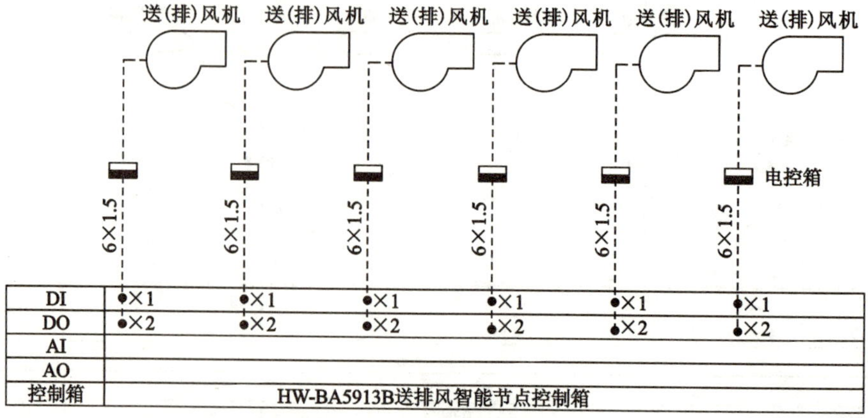

图 3.42 送排风监控原理图

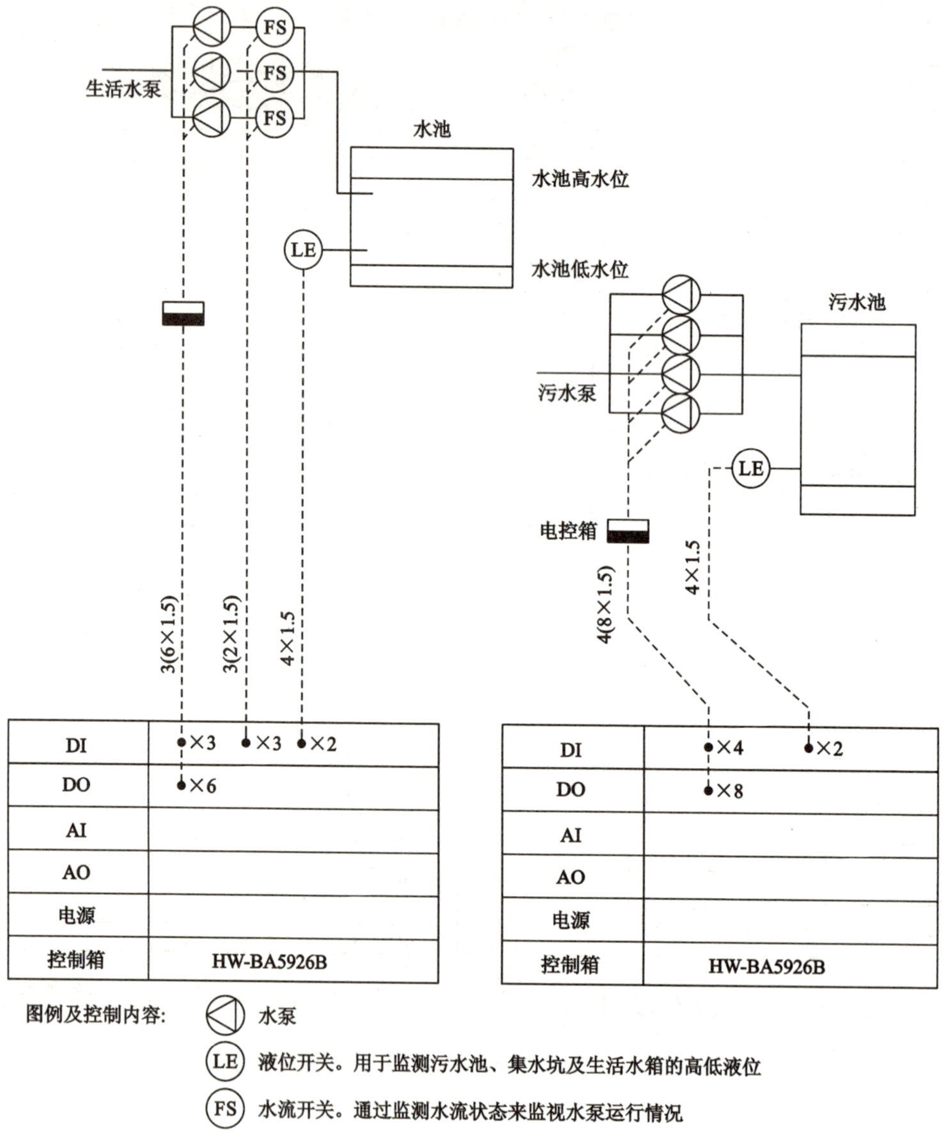

图 3.43 给排水监控原理图

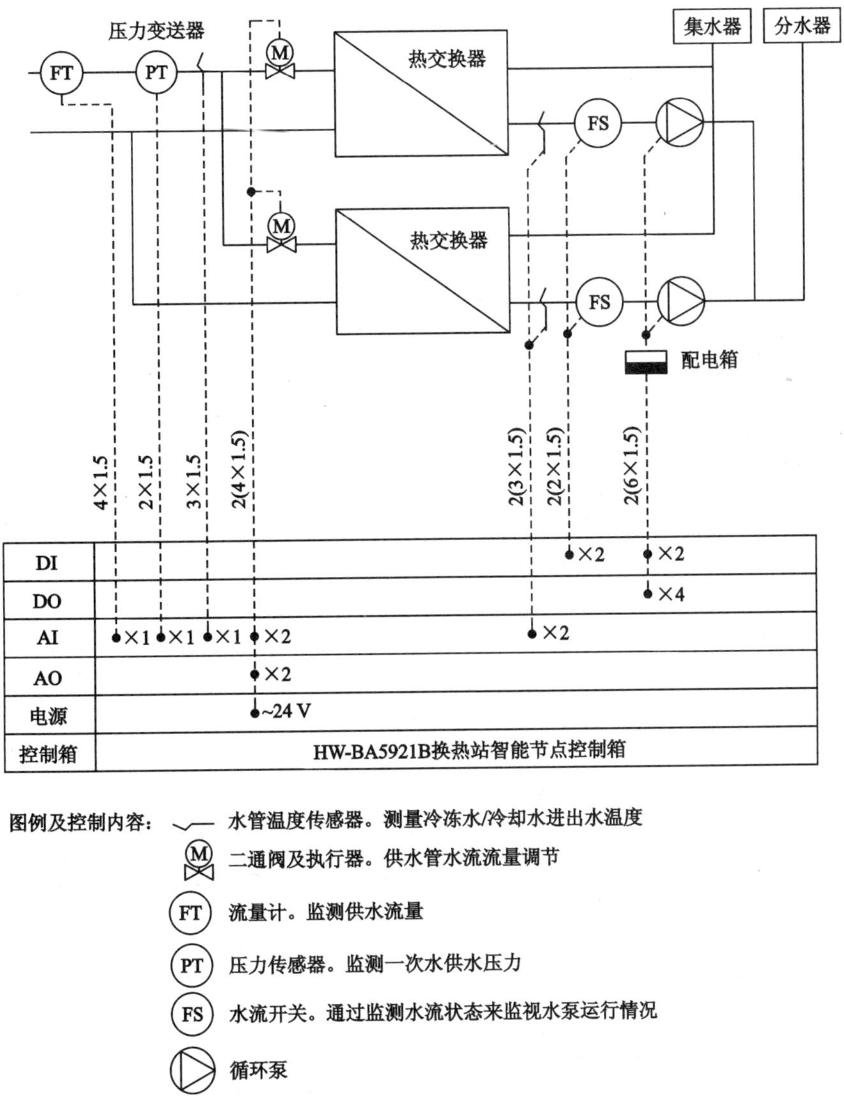

图 3.44　换热站监控原理图

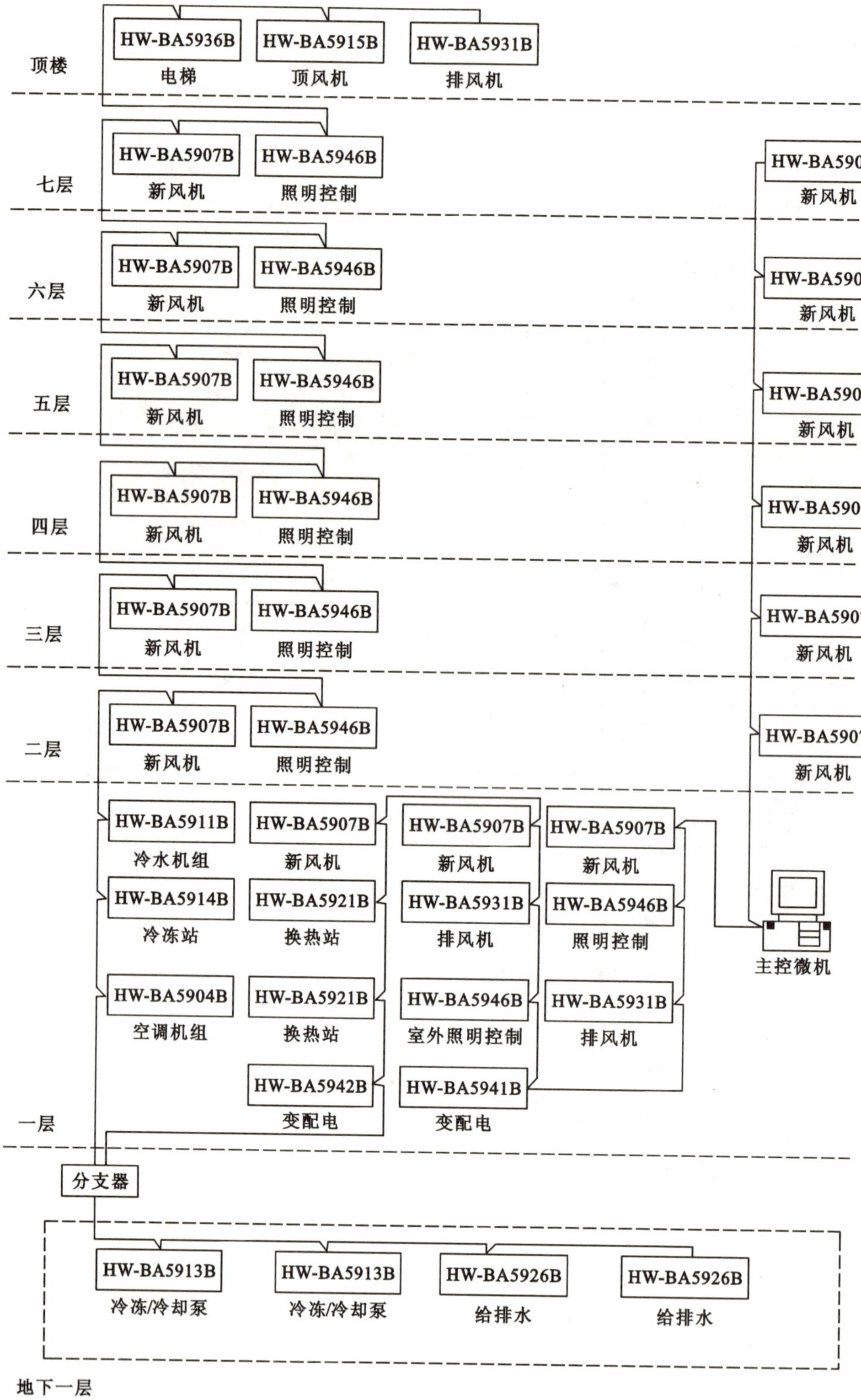

图 3.45　楼宇自控系统原理图

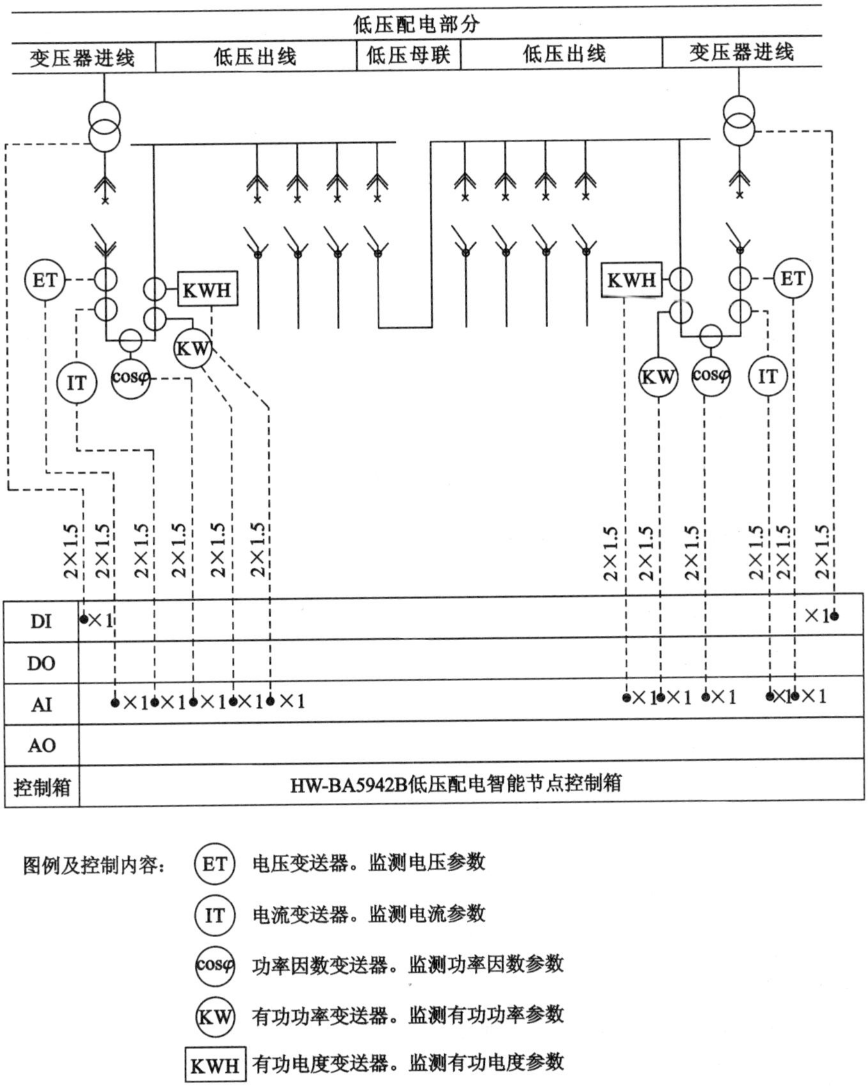

图 3.46　变配电监控原理图

情 境 小 结

本情境主要介绍了智能建筑自动化系统的组成及其功能，并分别介绍了暖风空调系统、给排水系统、供配电系统、照明系统、电梯系统等子系统的组成及工作原理，各自在楼宇自控方面应具备的功能及实现方法，并列举了一个实际工程楼宇自动化系统的具体应用。重点掌握如下内容：

1. 熟悉建筑自动化系统组成及其功能；
2. 掌握建筑自动化系统各个子系统的工作原理；
3. 掌握建筑自动化系统各个子系统的功能及实现方法。

【习题与训练项目】

习　　题

1. 智能建筑设备自动化系统的主要监控内容是什么？
2. 暖通空调设备的主要监控内容是什么？
3. 给水系统是怎么监控的？
4. 排水系统是怎么监控的？
5. 简述低压配电系统的监控内容。
6. 简述电气照明系统的监控内容。
7. 简述电梯监控系统的工作原理。
8. 结合一个工程实例，做出各个楼宇自控子系统 DDC 的监控一览表。

训 练 项 目

题目：建筑设备自动化系统功能实训

（一）实训目的

1. 掌握建筑设备自动化系统的识图方法；
2. 了解建筑设备自动化系统各子系统的监控功能。

（二）实训内容与设备

1. 实训内容

(1) 识别各子系统的设备；

(2) 通过操作掌握各子系统的功能。

2. 实训设备

已建智能化工程监控中心。

（三）实训步骤

1. 编写实训计划书；
2. 准备实训资料和用具；
3. 熟悉图中建筑设备自动化系统各子系统的选择；
4. 对建筑设备自动化系统工程各子系统功能进行训练。

（四）实训报告

1. 实训计划书；
2. 实训的实施过程报告。

（五）实训记录与分析

建筑设备自动化系统功能实训表

序号	子系统名称	主要设备	主要功能

（六）实训评价

1. 熟悉识图方法；
2. 具有选择设备的能力。

学习情境4　安全防范系统与消防监控联网

智能楼宇多以高层建筑为主，具有大型化、多功能、高层次和高技术的特点，为预防火灾的发生，将火灾消除在萌芽状态，保证人民生命和财产的安全，必须根据国家消防要求设置火灾自动报警和联动设备。同时，为创造一个安全、舒适、温馨、高效的办公与生活环境，防范各种偷盗和暴力事件，在建筑物内设置各种安全防范设施显得尤为重要。

【能力目标】

▲ 具有初步安全防范系统工程识图能力；

▲ 能按智能化标准指导安防系统施工；

▲ 具有正确选用安防系统设备的能力；

▲ 具有消防系统监控与联网的能力。

任务1　安防系统相关知识与技能训练

任务描述

从系统认知入手，对安防各系统的作用、特点、原理进行分析，给出各系统应用案例，再进行相关训练；然后介绍消防系统组成、分类及消防系统的联网。

任务分析

从各系统的基本构成入手，分析应用原理，最后通过案例学习达到会应用的目的。

方法与步骤

4.1.1　安全防范系统的构成

安全防范系统是一个技术性和综合性很强的系统，它涉及很多方面，是一个名副其实的系统工程，是物理防范、技术防范、人员管理防范缺一不可的有机组合体。所谓物理防范，是指建筑物的墙体、门窗等设施，在一般情况下，如果在建筑物的结构设计时适当地考虑安全防范的特点和需求，将会大大简化安全防范系统，减少投资，提高建筑物本身的安全系数。技术防范是指用防盗探测器、摄像机、门禁等一些电子设备对建筑物内外进行防范的一种手段，是对物理防范的补充和延伸。有了上述两种设施的基础，再结合人员对设备的管理应用，才会形成一套行之有效的综合安全保卫系统，而人是整个环节中最重要的一环。

安全防范系统是多个子系统有机的结合，概括地讲，安全防范系统通常由入侵探测器、信号传输信道和控制器组成，如图4.1所示。

探测器
信道
控制器
信道
报警中心

(a)

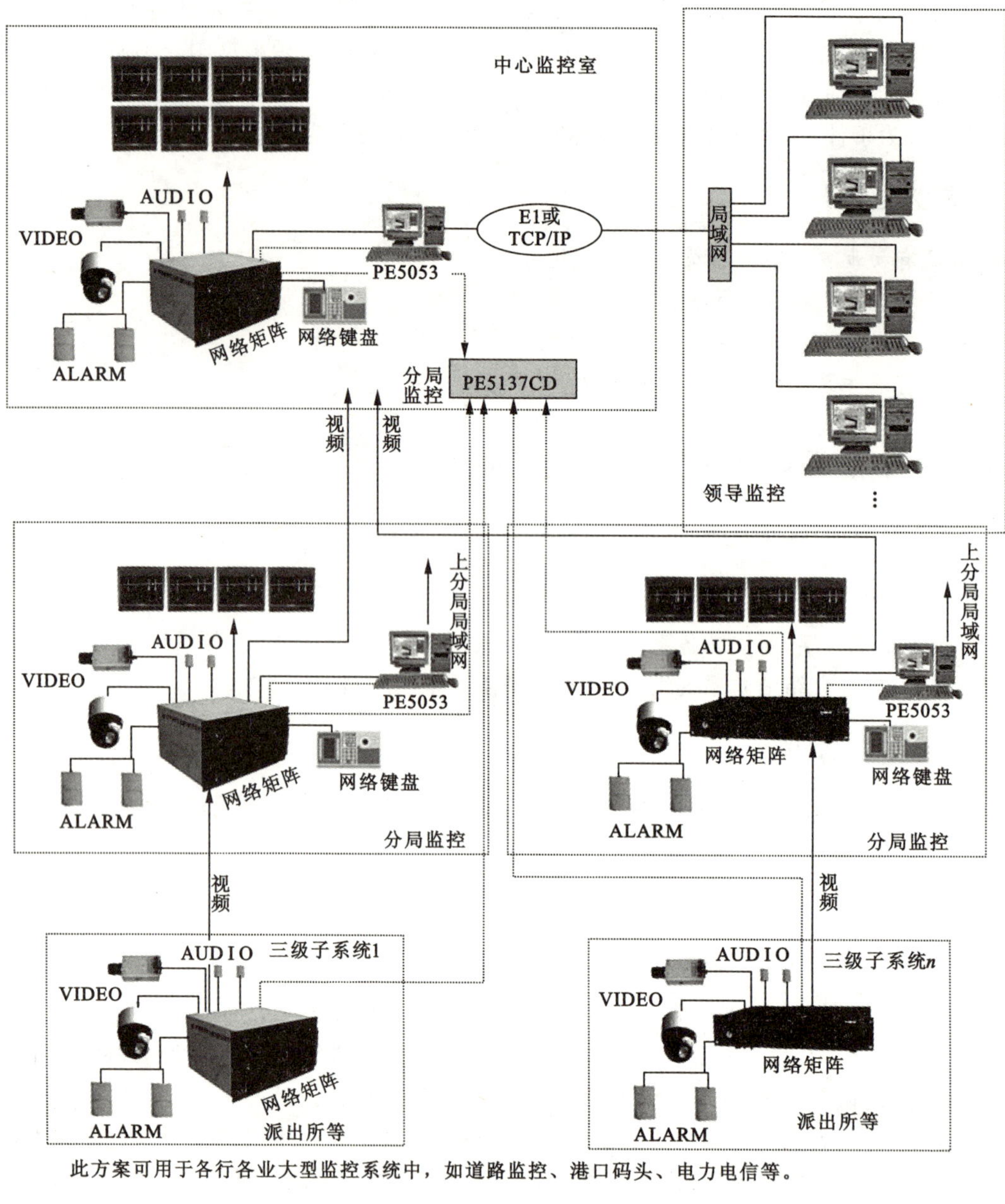
中心监控室
AUDIO
VIDEO
ALARM
网络矩阵
网络键盘
PE5053
E1或
TCP/IP
局域网
领导监控
分局监控
PE5137CD
视频
视频
上分局局域网
AUDIO
VIDEO
PE5053
网络矩阵
网络键盘
ALARM
分局监控
上分局局域网
AUDIO
VIDEO
PE5053
网络矩阵
网络键盘
ALARM
分局监控
视频
视频
AUDIO
三级子系统1
VIDEO
网络矩阵
ALARM
派出所等
AUDIO
三级子系统n
VIDEO
网络矩阵
ALARM
派出所等
此方案可用于各行各业大型监控系统中，如道路监控、港口码头、电力电信等。

(b)

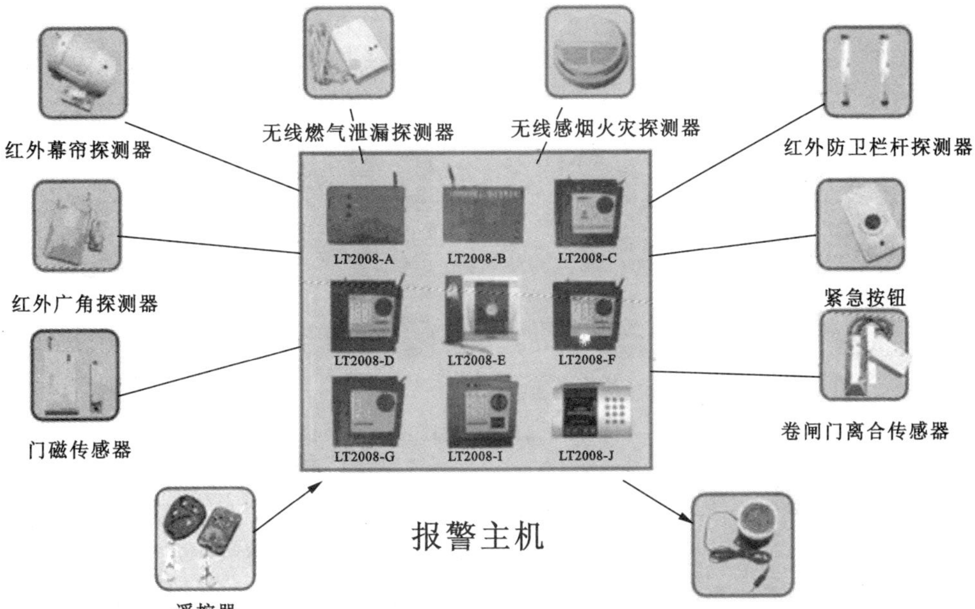

(c)

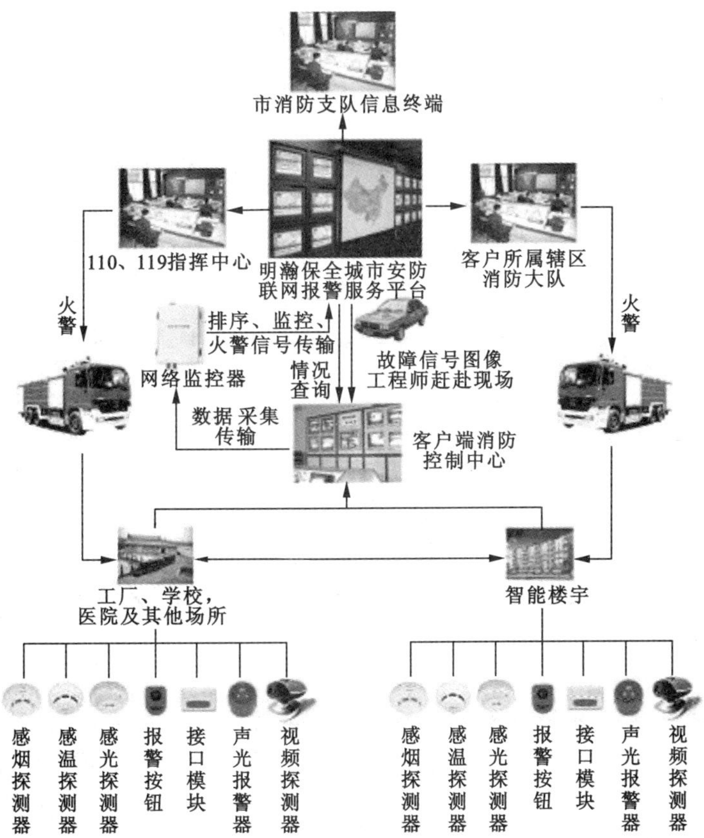

(d)

图 4.1　安全防范系统

(a) 系统组成框图；(b) 适于道路、港口、码头、电力、电信的安防系统；
(c) 智能安全防范系统，(d) 与消防联网维保运行图

1. 探测器

探测器亦称入侵探测器，其作用是探测入侵者移动或其他动作的器件，可称为安防的“哨兵”。如图 4.2 所示。

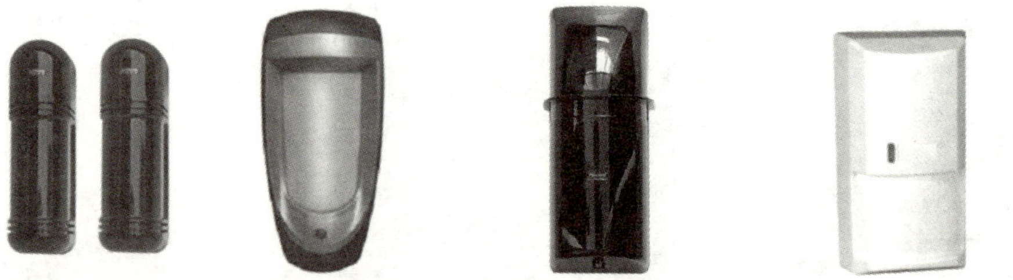

图 4.2　入侵探测器

2. 信道

信道是探测电信号传输的通道。信道种类比较多，通常分为有线信道和无线信道。现代化大厦综合布线系统采用的是一个端到端布线系统，每一个元件都能提供最优越的信道性能，开放式结构平台为未来的网络技术升级（如多媒体应用、ATM、千兆甚至万兆以太网的技术应用）奠定了良好的基础。综合布线信道如图 4.3 所示。

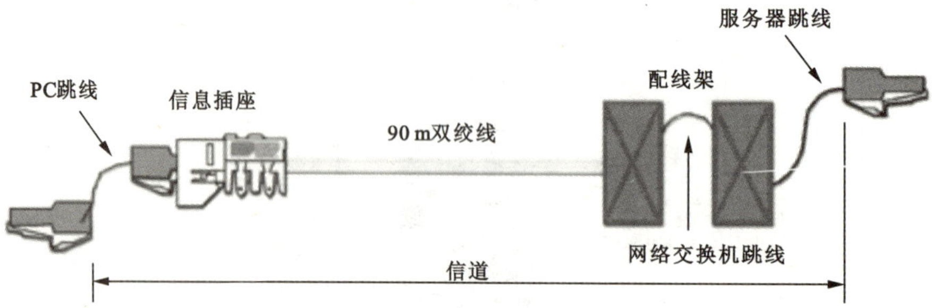

图 4.3　综合布线信道示意图

3. 控制器

报警控制器由信号处理器和报警装置组成，如图 4.4 所示。报警信号处理器是对信号中传来的探测电信号进行处理，判断出电信号中“有”或“无”危险情况，并输出相应的判断信号。若探测电信号中含有入侵者侵入信号，则信号处理器发出告警信号，报警装置发出声或光报警，以引起保安人员的警觉；若控制器在监控现场，则起到威慑入侵者、引起他人注意的作用。反之，若探测电信号中无入侵者的侵入信号，则信号处理器送出“无情况”的信号，同时报警器也不发出声光报警信号。

4. 报警中心

为实现区域性的防范，把几个需要防范的区域连接到一个接警中心，称为报警中心，如图 4.5所示。各个区域报警控制器的电信号通过电话线、电缆、光缆或无线电波传到控制中心，同样，控制中心的命令或指令回送到各区域的报警值班室，一旦出现危险情况，可以集中力量打击犯罪分子，以加强防范力度。

5. 安全防范系统的集成

(1) 集成式安全防范系统

通过统一的通信平台和管理软件，将安保控制中心室和消防报警控制系统进行集成的自

(a)　(b)　(c)

(d)　(e)　(f)

图 4.4　控制器

(a) 门禁控制器；(b) 远程网络控制器；(c)、(d) 安防控制器；(e) 柜式火灾报警控制器；(f)台式火灾报警控制器

图 4.5　报警中心

动化管理，如图 4.6 所示。集成式安全防范系统的标准如下：

① 应设置安全防范系统中央监控室，通过统一的通信平台和管理软件将中央监控室设备与各子系统设备联网，实现由中央控制室对全系统进行信息集成的自动化管理。

② 应能对各子系统的运行状态进行监测和控制，对系统运行状况和报警信息数据等进行记录和显示，并设置必要的数据库。

③ 应建立以有线传输为主、无线传输为辅的信息传输系统。中央监控室应能对信息传输系统进行检测，能与所有重要部位进行无线通信联络，并设置紧急报警装置。

④ 应留有多个数据输入、输出接口，能连接各安全防范子系统管理计算机。应留有与外部公安报警中心联网的通信接口；能连接上位管理计算机，以实现更大规模的系统集成。

(2) 综合式安全防范系统

通过统一的通信平台和管理软件将安保控制中心室设备与安全防范系统各子系统设备联网，对安全防范系统的信息进行集中管理。综合式安全防范系统应满足以下要求：

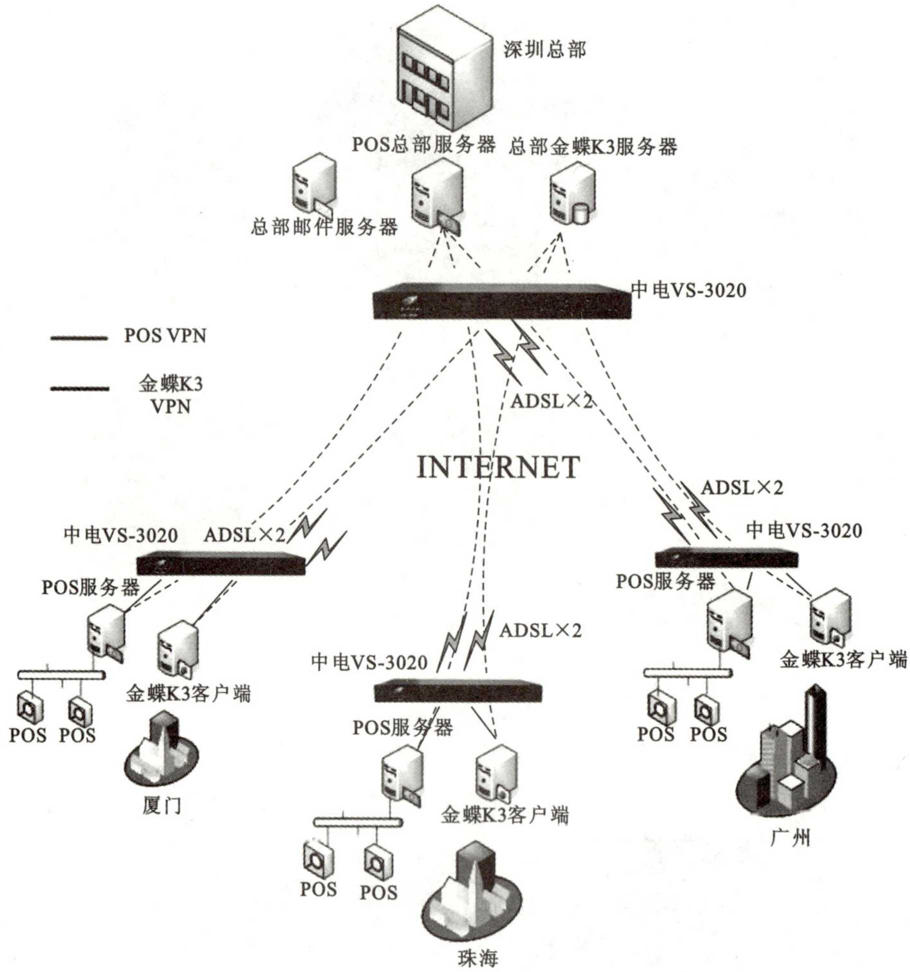

图 4.6　集成式安全防范系统

① 应设置安全防范系统中央监控室，通过统一的通信平台和管理软件将中央监控室设备与各子系统设备联网，实现由中央控制室对全系统进行信息集成的集中管理和控制。

② 应能对各子系统的运行状态进行监测和控制，对系统运行状况和报警信息数据等进行记录和显示。

③ 应建立以有线传输为主、无线传输为辅的信息传输系统。中央监控室应能对信息传输系统进行检测，并能与所有重要部位进行无线通信联络。系统应设置紧急报警装置。

④ 应留有多个数据输入、输出接口，能连接各安全技术防范子系统管理计算机。系统应留有与外部公安报警中心联网的通信接口。

(3) 组合式安全防范系统

安全防范系统中各子系统分别单独设置独立的功能，并由安保控制中心统一管理。

上述三种系统集成模式分别满足甲、乙、丙三类智能建筑标准的要求。

6. 安全防范联动控制的集成管理系统

智能建筑的智能化子系统繁多，功能各不相同，但相互之间又存在一定的关联性，采用集成管理系统来综合协调与管理。该系统应提供与安保控制中心室互联所必需的标准通信接口和特殊接口协议，应能实时观察到安保电视系统、防盗报警系统、门禁出入口系统、安全巡更系统、车库管理及消防值勤报警和控制等系统的相关信息。

4.1.2　安全防范系统的主要内容及应用实例

4.1.2.1　防盗报警系统

1. 防盗报警系统的构成

为适应不同要求，在现场使用不同的探测器对建筑物内外重要地点和区域进行布防，在探测到有非法入侵时，及时向有关人员示警。此外，电梯内的报警按钮、人员受到威胁时使用的紧急按钮、脚挑开关等也属于此系统。振动探测器、玻璃破碎报警器及门磁开关等可有效探测罪犯从外部的侵入，安装在楼内的运动探测器和红外探测器可感知人员在楼内的活动，接近探测器可以用来保护财物、文物等珍贵物品。探测器是系统的重要组成部分。另外，该系统可报警，会记录入侵的时间、地点，同时能向监视系统发出信号，并录下现场情况。总之，防盗报警系统由探测器、报警控制器、信号传输及报警控制中心等组成，其基本结构如图 4.7 所示。

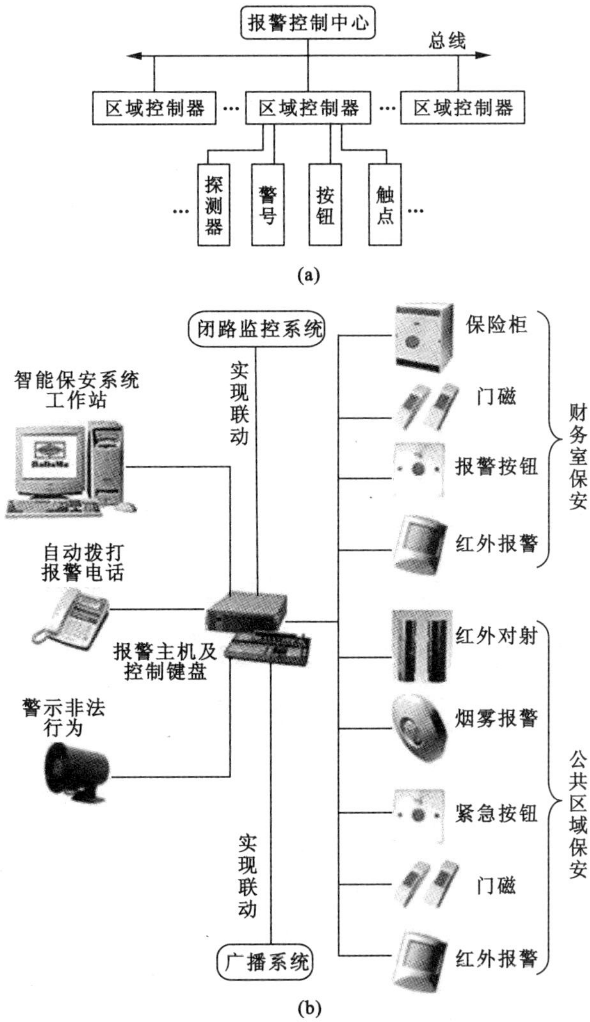

图 4.7　防盗报警系统框图

2. 防盗探测器

(1) 常用入侵探测器分类

入侵探测器由传感器和前置放大器组成。探测器通常按其传感器种类、工作方式和警戒范围来区分。常用入侵探测器可分为点型入侵探测器、直线型入侵探测器、面型入侵探测器和空间入侵探测器等。

(2) 常用入侵探测器的构造及原理

① 点型入侵探测器

点型入侵探测器是指警戒范围仅是一点的报警器。如门、窗、柜台、保险柜等警戒的范围仅是某一特定部位，当这些警戒部位的状态被破坏时，即能发出入侵信号。

点型入侵探测器主要指开关入侵探测器。开关入侵探测器常由微动开关或干簧继电器组成。干簧继电器由干簧管和磁铁组成，干簧管外壳由玻璃制成，容易碎，一般将它安装在固定不动的门框或窗框上，磁铁则可安装在活动的门扇和窗扇上。开关传感器的触电容量很小，过载能力很差，耐压低，需要控制电路对探测器的输出信号进行处理，完成驱动报警器报警。磁控开关的报警电路如图 4.8 所示。

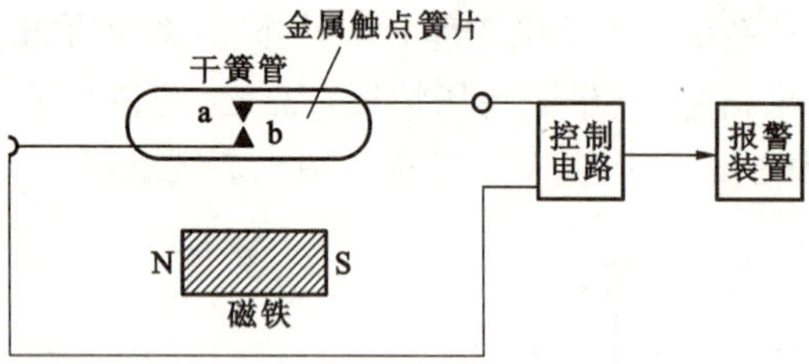

图 4.8 磁控开关的报警电路

② 直线型入侵探测器

直线型入侵探测器是指警戒范围是一条线束的探测器，当这条警戒线上的警戒状态被破坏时，发出报警信号。直线型入侵探测器可分为主动红外入侵探测器和激光入侵探测器。探测器的发射极发射出一串红外光或激光，经反射或直接射到接收器上，如果中间任意处被遮断，报警器即发出报警信号。

主动红外探测器发射极光源通常采用红外发光二极管，具有体积小、质量轻、寿命长、功耗低等特点，同时光源经过脉冲调制发出，这样既可大大降低电源功耗，又增强了系统抗杂散光的能力。主动红外探测器如图 4.9 所示。

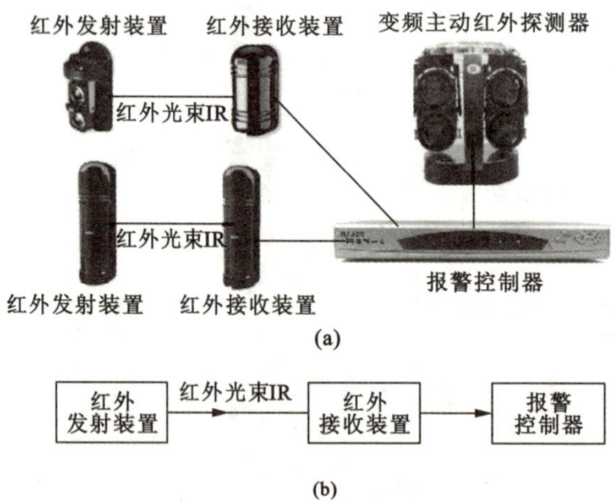

图 4.9 主动红外探测器应用

(a) 主动红外探测器实物图；(b) 框图

激光探测器采用激光作光源。激光具有方向性好、亮度高、单色性、相干性好等特点，所以激光探测器适用于远距离的线控报警装置。因其能量集中，可以在光路上加反射镜反射激光，围成光墙，不易被犯罪分子发现。它采用脉冲调制，抗干扰能力较强，稳定性好，通过采用双光路系统，可以大幅度提高系统的可靠性。

③ 面型入侵探测器

面型入侵探测器警戒范围为一个面，当警戒面上出现危害时，发出报警信号。面型入侵探测器有震动式和电磁感应式两种。震动探测器经常安装在墙面上(玻璃上)或要求保护的铁丝网上，当入侵者凿击墙面(破坏玻璃)或触及铁丝网时，震动传感器发出报警信号。电磁感应探测器有平行电场畸变和带孔同轴电场探测器两类，安装在现场后，当被探测的目标侵入防范区域时，导致传感器周围电磁场分布发生变化而发出报警信号。

④ 空间入侵探测器

空间入侵探测器用于警戒一个空间范围，当警戒空间出现入侵危害时，发出报警信号。常用的空间入侵探测器有声入侵探测器和微波入侵探测器。在声入侵探测器中，常见的有声发射探测器、次声探测器和超声探测器。在声发射探测器中，玻璃破碎声发射探测器主要用来探测频率在10～15 kHz的玻璃破碎所发出的声音。用于探测凿墙、锯钢筋的发射探测器主要用来探测频率在1000 Hz或3500 Hz凿墙或锯钢筋所发出的声音信号。次声探测器通常只用来作室内的空间防范。超声波探测器利用多普勒效应，检测人体移动反射的超声波，利用超声波的变化进行报警。

3. 防盗报警控制器

防盗报警控制器是防盗报警系统的心脏部分，如图4.10示。它具有如下功能：

(1) 能够直接或间接接收入侵探测器发出的报警，并发出声光报警，同时具有手动复位功能或远程计算机复位控制功能；

(2) 具有防破坏功能，识别传输线路发生断路、短路或并接其他负载；

(3) 具有系统自检功能；

(4) 在主电源电压变化±15%时仍能正常工作，为与该控制器接口的全部探测器提供直流电源，并能在满负荷条件下连续24 h工作；

(5) 具有良好的稳定性，在正常大气压条件下连续工作7天，工作正常，不出现误报、漏报；

图4.10　防盗报警控制器

(6) 在额定电压和额定负载电流下进行警戒、报警、复位，循环6000次不允许出现电气或机械故障，也不应有器件的损坏和触点的粘连。

4. 信号传输

探测信号的传输方法主要有有线传输和无线传输两种。

传输距离比较近且频率不高的开关信号，一般采用双绞线传输；传输距离比较远且频率不高的开关信号，一般采用公共电话网传输；声音或图像信号，一般采用音频屏蔽线和同轴电缆传输。音频屏蔽线和同轴电缆传输时具有传输图像精度高、保密性好、抗干扰能力强等优点。对于长距离传输和要求传输速度比较高的场合，则采用光纤传输。此外，随着网络技术应用的深入，可利用局域网、城域网和Internet网实现远程系统监控信号传输。

无线传输是探测器输出的探测信号经过调制，用一定频率的无线电波向空间发送，由报警中心的控制器接收，并将接收信号经解调处理后，发出报警信号和判断报警部位。

4.1.2.2 出入口管理及周界防越报警系统

1. 系统功能

为了建立封闭式住宅小区，加强出入口管理，防范小区外闲杂人员进入，同时防范非法翻越围墙或栅栏，智能化小区均安装出入口管理及周界防越报警系统。当发生非法翻越时，探测器可以立即将警情传送到小区物业管理中心，管理中心将在电子地图上显示出翻越区域，以利于保安人员及时准确地处理。其主要功能要求如下：

(1) 周界须全面设防，无盲区和死角；

(2) 探测器应有较强的抗不良天气、环境干扰能力；

(3) 防区划分适于报警时准确定位；

(4) 报警中心具备语音/警笛/警灯提示；

(5) 中心通过显示屏或电子地图识别报警区域；

(6) 翻越区域现场报警，同时发出语音警笛/警灯/警告；

(7) 报警中心可控制前端设备状态的恢复；

(8) 夜间与周界探照灯联动，报警时警情发生区域的探照灯自动开启；

(9) 与闭路电视监控系统联动，报警时警情发生区域的图像自动在监控中心监视器中弹出；

(10) 报警中心进行报警状态、报警时间记录。

2. 出入口控制系统

(1) 出入口控制系统涉及要求

① 应根据建筑物安全技术防范的要求，对楼内(外)通行门、出入口、通道、重要办公室门等处设置出入口控制装置。系统应对被设防区域的位置、通过对象及通过时间等进行实时控制和设定多级程序控制。系统应有报警功能。

② 出入口识别装置和执行机构应保证操作的有效性。

③ 系统的信息处理装置应能对系统中的有关信息自动记录、打印、贮存，并有防篡改和防销毁等措施。

④ 出入口控制系统应自成网络，独立运行。应与电视监控系统、入侵报警系统联动；系统应与火灾自动报警系统联动。

⑤ 应能与安全技术防范系统中央监控室联网，实现中央监控室对出入口进行多级控制和集中管理。

(2) 出入口控制系统的组成及功能

出入口是指进出小区的主要通道口。出入口管理是限制外来闲杂人员进入小区的重要方式，它一般通过门禁管理系统来实现。出入口控制系统构成如图 4.11 所示。

门禁管理系统是小区出入管理的重要设施，用来管理小区的主要出入口、楼宇出入口、停车场出入口等，对进出人员进行分级别、分区域、分时段的管理，以确保小区安全。门禁管理系统的识别系统通常采用各种卡式识别系统，包括磁卡、IC 卡、射频卡(TM)、智能卡等。这种门禁管理系统用电动门锁和智能卡取代传统的门锁和钥匙，每一个用户持有一张唯一编号的加密智能卡。用户要进入自己家或公共区域时，只需将自己的智能卡接触读卡器，门禁管理系统会自动判断该卡是否有权进入该地区。如果有权进入，则打开大门，否则无法打开大门。

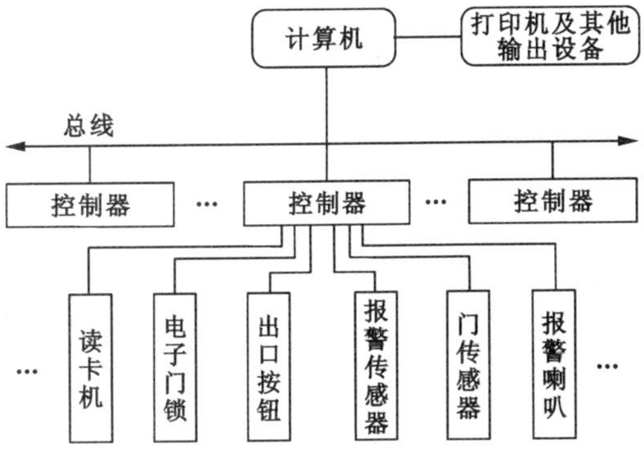

图 4.11　出入口控制系统

门禁管理系统应具有以下功能：

① 电控锁的定时/实时控制；

② 读卡机控制方式的更改；

③ 密码方式下，用户插入智能卡，并输入密码，正确后方可进入；

④ 常规操作方式下，任何用户插入合法的智能卡可不输入密码直接顺利进入；

⑤ 不加锁操作方式下，可自由出入，不需读卡；

⑥ 读卡机的定时/实时控制；

⑦ 卡的发放、挂失等管理；

⑧ 读卡机能提供强行闯入信息；

⑨ 门的关闭时间可控；

⑩ 在发生火警等需要紧急疏散时，系统自动打开门禁。

随着指纹识别技术的逐渐成熟，指纹门禁识别系统开始走向市场。目前，眼底识别技术也在快速发展，在系统安全性要求很高的场合已开始有所应用。这两种技术均是非常有发展前途的应用技术，随着技术的成熟和价格的降低，将会很快应用到智能小区中。

(3) 出入口控制系统实例

出入口控制就是对建筑物内外正常的出入通道进行控制管理，并指导人员在楼内及其相关区域的行动。智能大厦采用的是电子出入口控制系统，在大楼的入口处、金库门、档案室门、电梯处可以安装出入口控制装置，如磁卡识别器或者密码键盘等。想要进入必须拿出自己的磁卡或输入正确的密码，或两者兼备。只有持有有效卡片或密码的人才允许通过。出入口控制系统的标准组成如图 4.12(a)所示。某综合楼的出入口控制系统的设备平面布置如图 4.12(b)所示。

3. 周界防越报警系统

(1) 周界防越报警系统设计要求

① 应根据各类建筑安全防范部位的具体要求和环境条件，可分别或综合设置周界防护、建筑物内区域或空间防护、重点实物目标防护系统。

② 系统应自成网络，可独立运行，有输出接口，可用手动、自动方式以有线或无线系统向外报警。系统除应能本地报警外，还应能异地报警。系统应能与电视监控系统、出入口控制系统联动，应能与安全技术防范系统的中央监控室联网，满足中央监控室对入侵报警系统的集中管理和集中监控。

③ 系统的前端应按需要选择、安装各类入侵探测设备，构成点、面、立体或组合的综合防

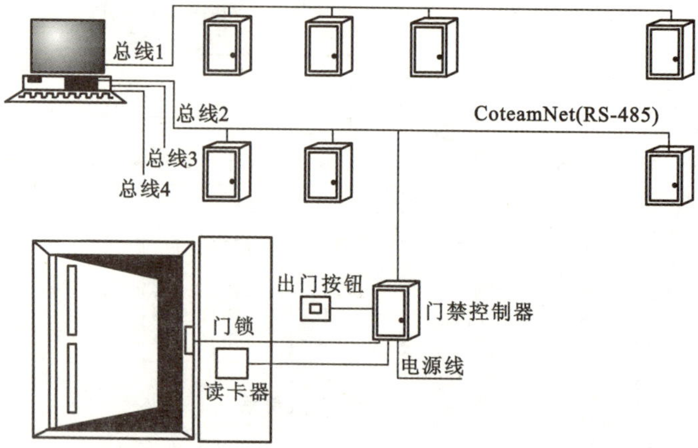

(a)

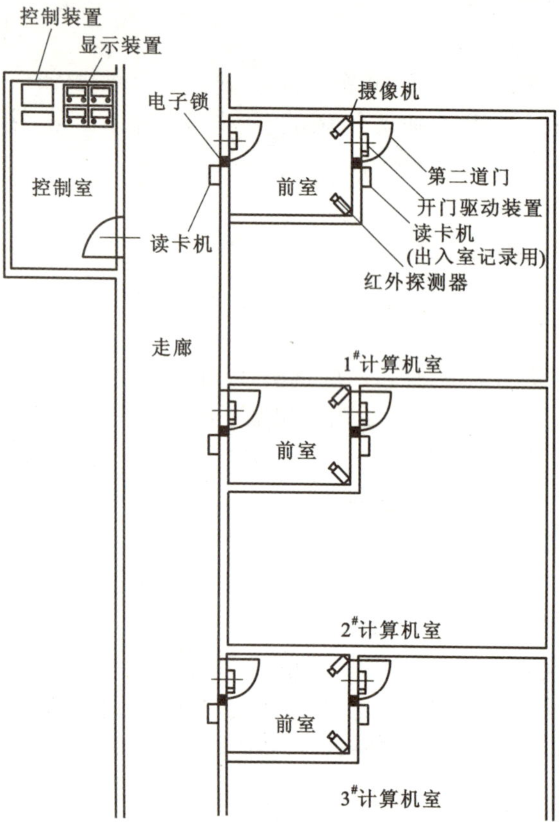

(b)

图 4.12　出入口控制系统

(a) 出入口控制系统的标准组成；(b) 某综合楼的出入口控制系统的设备平面

护系统。

④ 应能按时间、区域、部位任意编程设防或撤防。

⑤ 应能对设备运行状态和信号传输线路进行检测，能及时发出故障报警并指示故障位置。

⑥ 应具有防破坏功能，当探测器被拆或线路被切断时，系统能发出报警。

⑦ 应能显示和记录报警部位和有关警情数据，并能提供与其他子系统联动的控制接口信号。

⑧ 在重要区域和重要部位发出报警的同时，应能对报警现场的声音进行核实。

(2) 周界防越报警系统的组成

系统由探测器、报警控制器、联动控制器、模拟显示屏及探照灯等组成。典型的周界防越报警系统结构如图 4.13 所示。

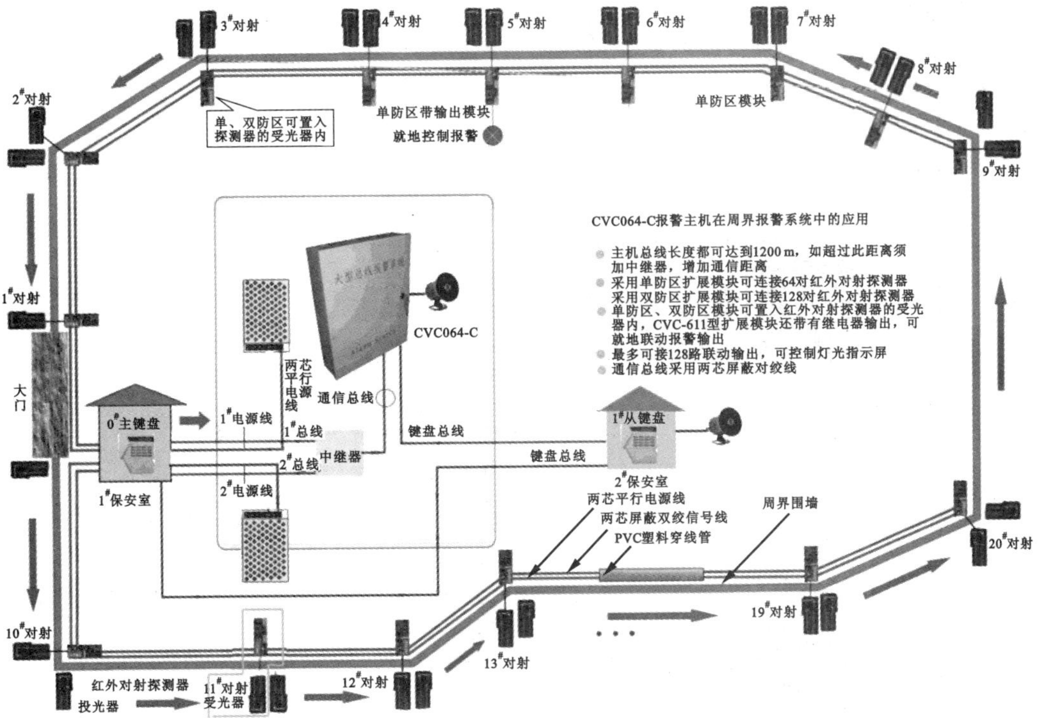

(a)

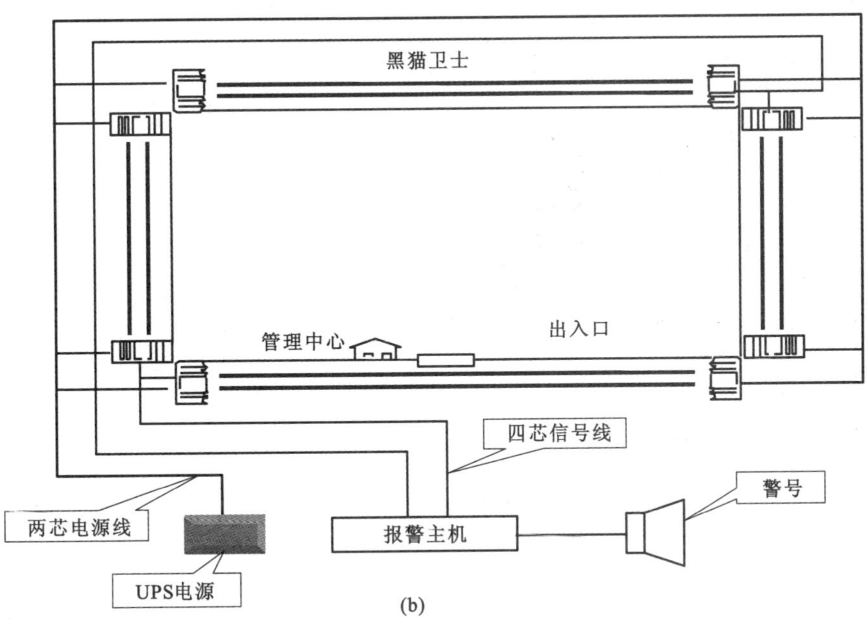

(b)

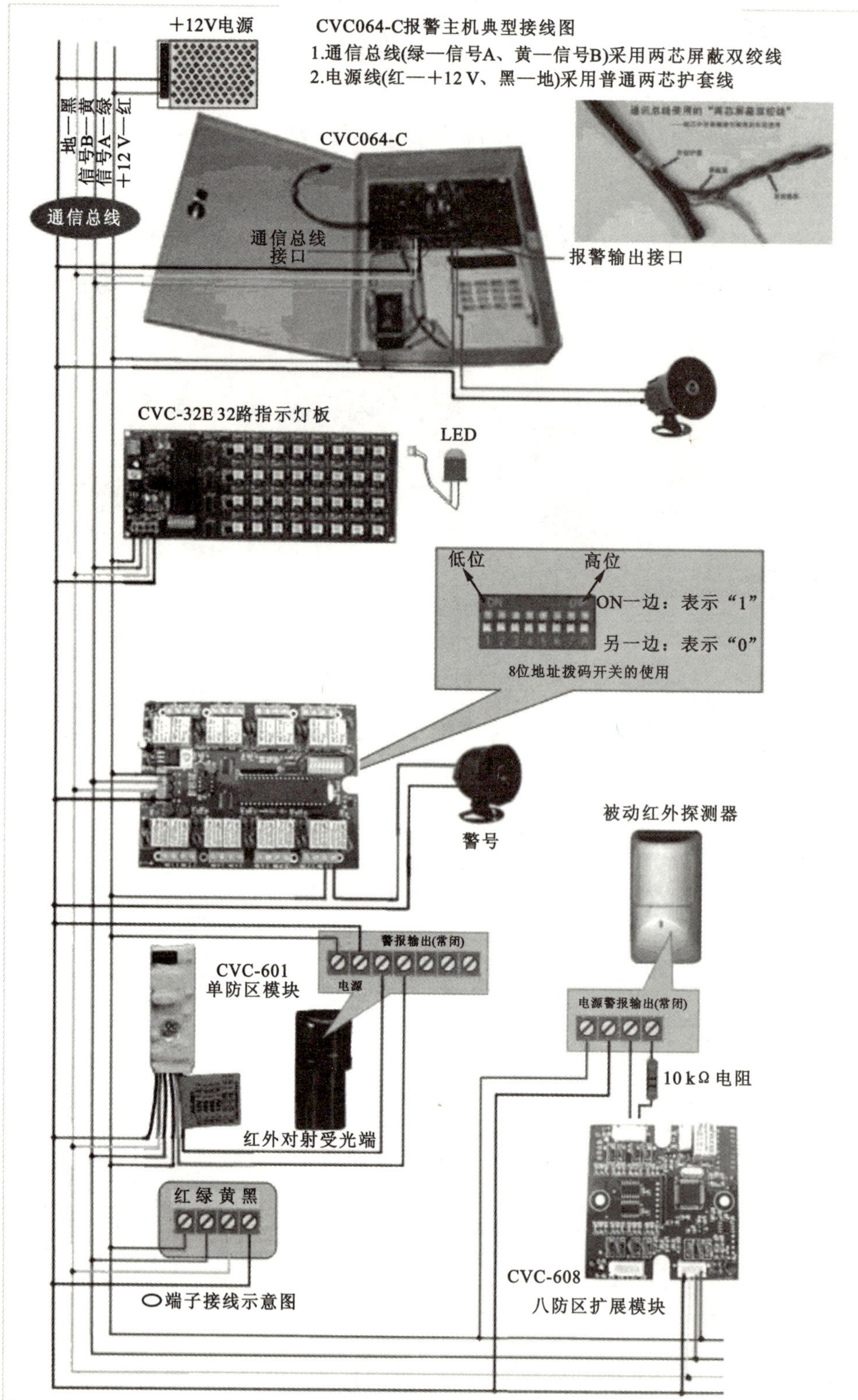

(c)

图 4.13　周界防越报警系统

（3）探测器的合理选用

一般情况下多采用线型探测器，有特殊要求时采用面型探测器。线型探测器多采用户外型双路/四路主动红外探测器或激光探测器，组成不留死角的防非法跨越报警系统。系统应采用模糊控制技术，能有效避免由于树叶、杂物、小鸟、小动物、暴风雪、暴风雨等原因对探测报警器的影响，同时保证任何较大物体和人的非法翻越围墙或栅栏行为引起立即报警。

（4）工作原理

当探测器检测到入侵信号时，向接警中心报警，接警中心联动控制器打开相关区域探照灯，发出报警警笛，启动录像机，模拟电子屏动态显示报警区域，接警中心监控用计算机弹出电子地图并作报警记录。

4.1.2.3　访客对讲与电子巡更系统

1. 对讲/可视防盗门控制系统

（1）系统功能

可视楼宇对讲系统对防止外来人员的入侵和确保家居安全起到了可靠的防范作用。可视楼宇对讲系统不管白天或夜晚都能清楚地看见室外的来访人员。

对讲/可视防盗门控制系统是在各单元入口安装防盗门和对讲装置，以实现访客与住户对讲/可视对讲。在高层住宅楼或居住小区，此设置能为来访客人与居室中的人们提供双向通话或可视通话，具有住户遥控入口大门的电磁开关以及向安保管理中心紧急报警或向"110"报警的功能。

其主要功能如下：

① 叫门、摄像、对讲、室内监视室外、室内遥控开锁、夜视等；

② 住户在室内与访客进行对话的同时，可以从室内机的超薄扁平显示器上看见来访者影像，并通过开锁按钮控制大门开启，达到阻止陌生人进入大楼的目的；

③ 住户在楼下可以通过感应卡、密码、钥匙、对讲开锁；

④ 可对独户型、别墅型、大厦型多幢大楼联网；

⑤ 能对进出人员进行监视和录像；

⑥ 室内分机可以任意选择可视或不可视；

⑦ 无应答，室内机图像在延时时间过后会自动消失；

⑧ 加装单户室外对讲门铃，便于楼内住户内部联系；

⑨ 各幢对讲主机与保安中心管理主机联网，保安中心可随时得到住户求救信号。

（2）系统组成与原理

对讲防盗门控制系统是智能小区的最低要求，目前可视对讲防盗门控制系统开始逐渐成为智能小区的标准要求。可视楼宇对讲系统是由门口主机、室内可视分机、不间断电源、电控锁、闭门器等基本部件构成的连接每个住户室内和单元大门主机的装置，在对讲系统的基础上增加了影像传输功能，如图4.14所示。

可视对讲控制系统工作过程如下：在小区出入口及各组团的出入口保安室内安装对讲管理员总机，在各单元门口安装防盗门及对讲主机，在住户室内安装对讲机。当来访者进入小区组团时，保安人员通过对讲管理员总机与住户对话，确认来访者身份后，开启小区门禁/组团门禁系统，来访者方可进入小区。来访者在单元楼梯口再通过对讲主机呼叫住户，住户同意后，开启单元电控锁，来访者方可进入楼内。

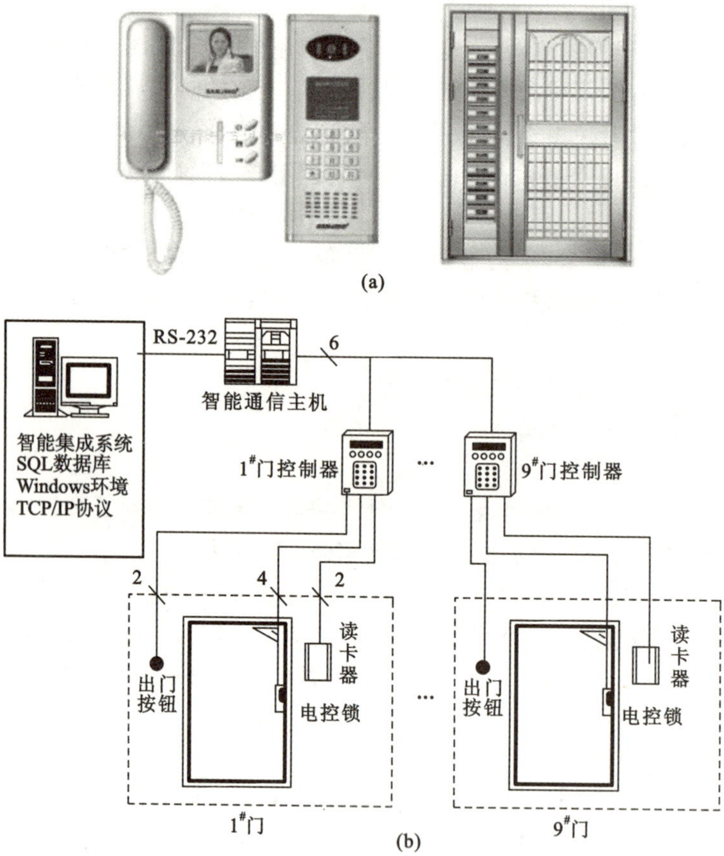

图 4.14　可视对讲系统典型组成

(a) 实物图;(b) 系统组成

(3) 可视对讲系统典型工程示例

在某小区采用 JB-2000 型可视对讲系统,如图 4.15 所示。它是集电话交换机、可视对讲功能于一体的门口主机。系统为可视与非可视兼容的联网访客对讲系统。每层有一个隔离器、视频分配器或视频放大器。每个隔离器最多带 20 台分机。室内分机数量超过 40 户需加隔离器进行扩容,视频切换器为 8 路视频信号输入,1 路信号输出。对讲系统所有设备均装在一个接线箱内,电源装在弱电井内。

2. 巡更保安系统

巡更保安系统是为了实现对大厦安保人员的规范化管理和提高管理的有效性,真正起到人防加技防的作用。系统对保安巡更人员在当班时间是否尽职尽责起到了非常严格的、行之有效的监督和管理作用。

(1) 系统功能

电子巡更系统是按设定程序路径上的巡更开关或读卡器,使保安人员能够按照预定的顺序在安全防范区域内的巡视站进行巡逻,可同时保障保安人员以及大楼的安全。保安巡更系统是小区周界防越系统功能的重要补充,通过小区内各区域及重要部位的安全巡视和巡更点的确认,可以实现不留任何死角的小区巡更网络。

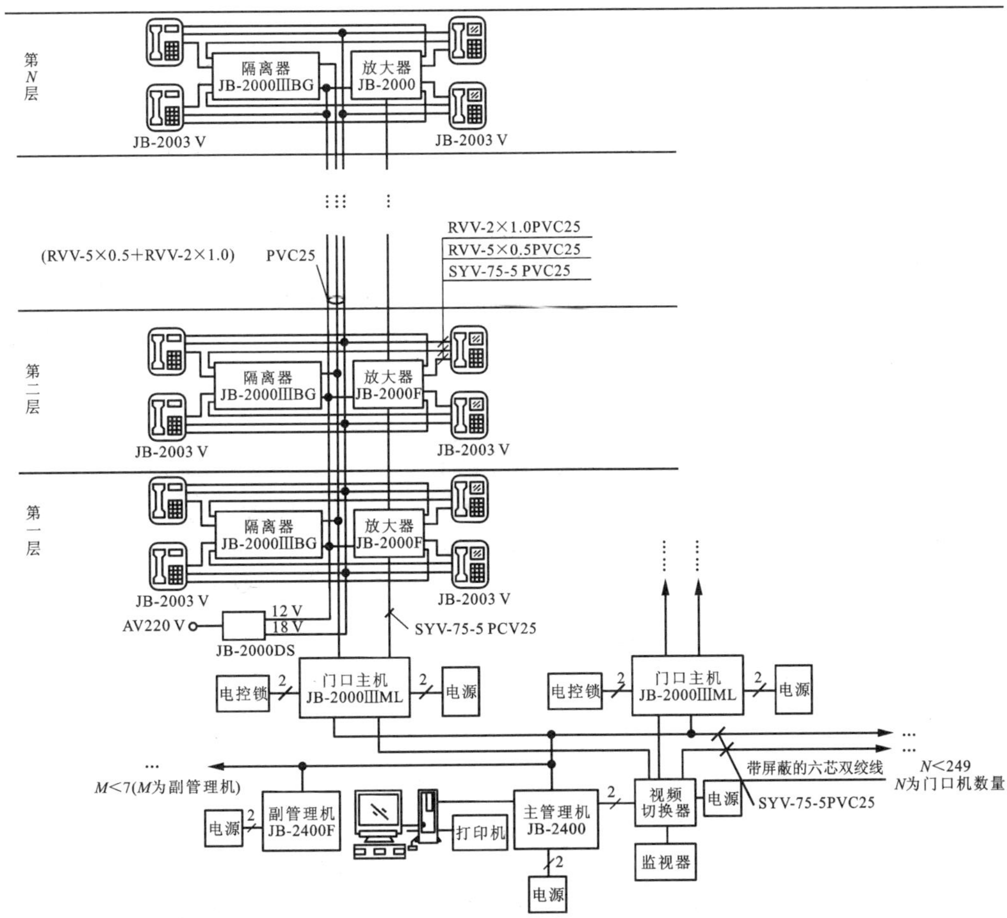

图 4.15　某小区采用 JB-2000 型可视对讲系统

保安巡更管理系统可以指定保安人员巡更小区各区域及重要部位的巡更路线，并设置巡更点。保安巡更人员携带巡更记录机按照指定的路线和时间到达巡更点并进行记录，将记录信息传送到物业管理中心。管理人员可以调阅、打印各保安人员的工作情况，加强对保安人员的管理，从而实现人防和技防的结合。

(2) 保安巡更系统组成及有关要求

巡更系统一般由巡更仪和巡更卡或巡更仪用智能钥匙组成。巡更仪一般安装在小区四周的重要巡更确认点，当保安人员巡视到巡更确认点时，对于卡式巡更仪，巡更人员只需将卡刷过或接近感应巡更仪即可；对于使用钥匙的巡更仪，巡更人员只需将智能钥匙插入巡更仪即可。巡更系统如图 4.16 所示。

小区应实行至少三组保安巡逻队昼夜 24 小时巡逻，每个保安巡逻队一般由 2 人组成。

巡逻路线是根据小区各个巡更点的重要程度、实际路线、距离以及每一个巡更点所需要的巡更人员两次到达该处的时间间隔等情况，经计算机优化组合而形成的若干条巡更路线，并保存在巡更管理计算机数据库中。在巡更过程中，巡更管理计算机动态显示整个小区内各组保安巡更队的巡逻情况，记录巡更队到达每一巡更点的时间，并指示将要到达的下一个巡更点。当小区发生紧急情况时，物业管理监控中心可以通过对讲机通知离事发地点最近的保安人员前往出事地点。

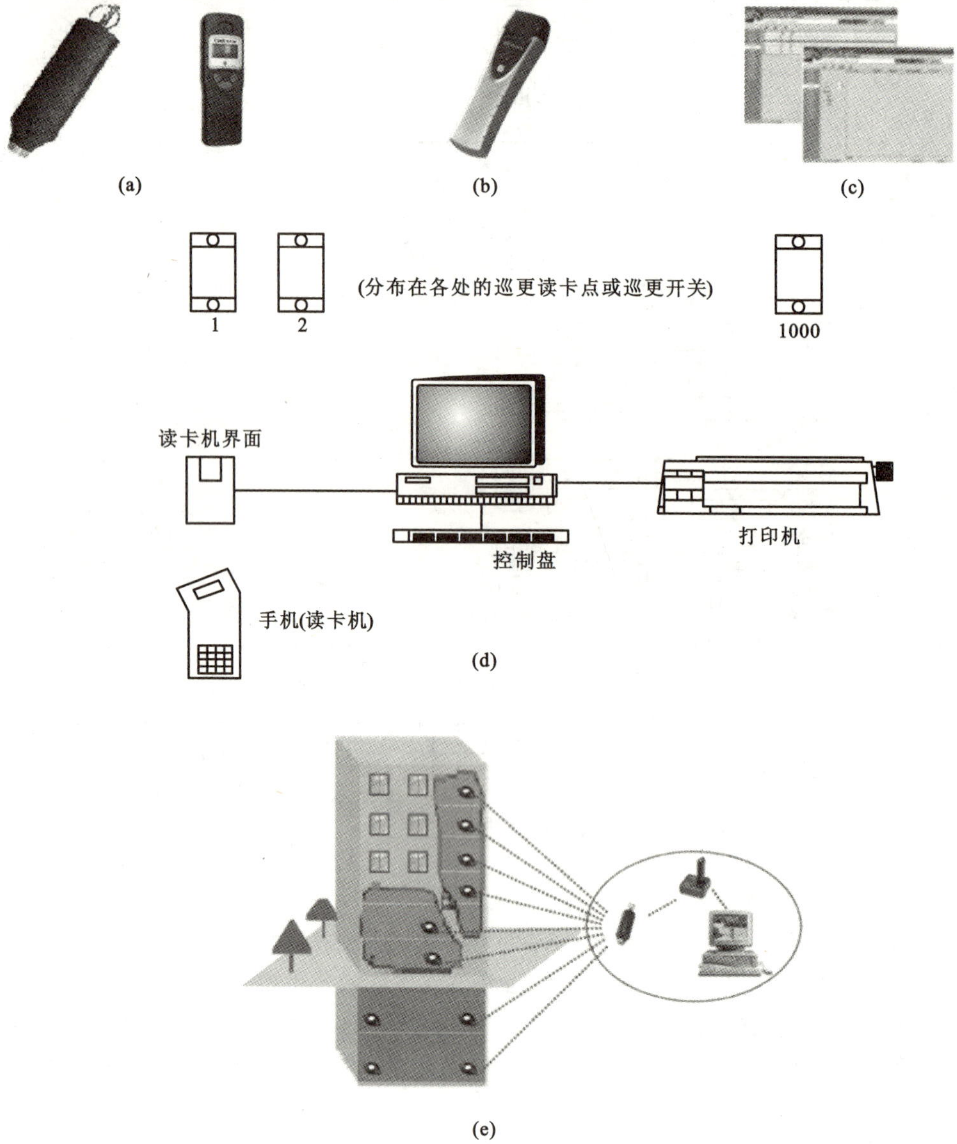

图 4.16　巡更系统

(a) 巡更器；(b) 巡更仪；(c) 巡更卡；(d) 巡更系统；(e) 巡更系统应用

如果保安人员在规定的时间内没有到达指定的巡更点时，系统便认为有异常情况发生，将提醒物业管理监控中心及时核实处理。

当保安人员巡更过程中发现异常情况时，可以通过对讲机报告物业管理监控中心，也可以通过就近的巡更仪与物业管理监控中心联络。

4.1.2.4　闭路电视监视系统

系统在重要的场所安装摄像机，提供了直接监视建筑内外情况的手段，使保安人员在控制中心可以监视整个大楼内外的情况，从而大大加强了保安的效果。监视系统除了起到正常的监视作用外，在接到报警系统和出入口控制系统的示警信号后，可进行实时录像，录下报警时的现场情况，以供事后重放分析。

1. 闭路电视监控系统的组成及原理

闭路电视监控系统一般由摄像部分、传输部分、控制部分以及显示和记录部分组成，如图4.17所示。

(1) 单头单尾式：头指摄像机，尾指监视器，如图4.17(a)所示。这种方式适用于连续监视一个固定目标的场所。

图4.17(b)属于增加了功能的单头单尾式。因为多了控制器，使得摄像机镜头焦距的长短、光圈的大小、远近聚焦均可调整，还可以遥控电动云台的上下左右运动和接通摄像机的电源。摄像机加上专用外罩便可在特殊的环境条件下工作。

(2) 多头单尾式：如图4.17(c)所示，它是由一台摄像机经过分配器向许多监视点输送图像信号，由各个点上的监视器同看图像，适合在多处监视同一个固定目标的场所。

(3) 多头单尾式：如图4.17(d)所示，这种方式适合在一处集中监视多个目标的场所。除了控制功能外，它还具有切换信号的功能。

(4) 多头多尾式：如图4.17(e)所示，它是多头多尾任意切换方式的系统，适用于多处监视多个目标的场所。此时宜结合对摄像机功能遥控的要求，设置多个视频分配切换装置或矩阵网络。每个监视器都可以选择各自需要的图像。

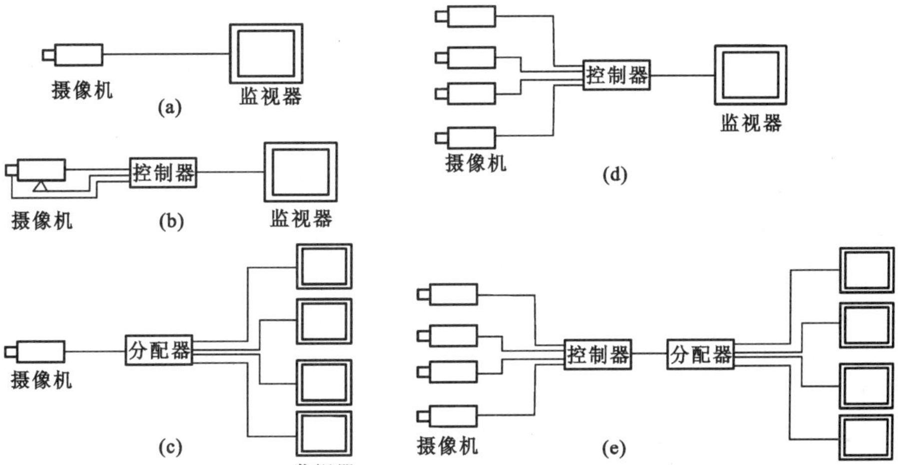

图4.17　闭路电视监控系统的组成形式

摄像部分包括摄像机、镜头、防护罩、云台等，需要时还可以包括麦克风。装有电动可变焦距镜头的摄像机，可以通过遥控使摄像机能观察的距离更远、更清楚；装有云台的摄像机，可以使摄像机沿水平和垂直方向转动，通过遥控使摄像机覆盖的角度和面积更大；防护罩不仅使摄像机能在恶劣天气工作，有时还起到隐蔽的作用。在高层住宅电梯内监视时，可以选择一体化摄像机。

传输部分是系统图像信号和控制信号的通道。传输部分除了需要传输图像信号外，有些系统还需要传输声音信号，同时控制中心需要对摄像机、镜头、云台等进行控制，因此还需要传输控制信号。

控制部分是整个系统的指挥枢纽。一般住宅小区主要由总控制台组成；构成复杂或庞大的住宅小区，必要时可设副控制台或将总控制台联网。总控制台可以通过键盘对摄像机、镜头、云台、防护罩等进行遥控：通过长延时录像机，用一盘60 min带长的录像带记录长达几天的

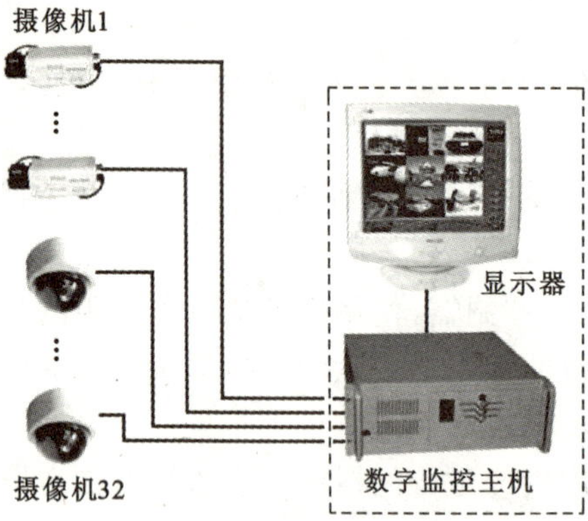

图 4.18　典型的电视监控系统结构组成图

图像信号；通过使用画面分割器，如将显示屏画面分割成四画面、九画面、十六画面等，实现一台监视器上同时显示四个、九个、十六个摄像机送来的画面。此外，通过视频切换器，可以控制多台摄像机传送内容轮流在一台监视器上显示，例如四比一、八比一、十六比一视频切换器。典型的电视监控系统结构组成如图 4.18 所示。

2. 闭路电视监控系统功能

闭路电视监控系统是在小区主要通道、重要公共建筑及周界设置前端摄像机，将图像传送到小区物业管理中心。中心对整个小区进行实时监控和记录，使中心管理人员充分了解小区的动态。

其主要功能如下：

(1) 对视频信号进行时序、定点切换和编程；

(2) 接收安全防范系统各子系统信号，根据需要实现控制联动或系统集成；

(3) 查看和记录图像，应有字符区分并作时间(年、月、日)的显示；

(4) 监视电视系统与安全报警系统联动时，应能自动切换、显示、记录报警部位的图像信号及报警时间；

(5) 输出各种遥控信号，如对云台、镜头、防护罩等的控制；

(6) 内外通信联系。

智能小区要求闭路电视系统具有一定的联动控制功能。在控制台上，要设有周界防越及其他紧急情况的联动接口。在接到联动控制报警信号时，启动录像机，自动对有警情的被监视区域进行录像。同时，物业管理接警中心工作人员根据警报来操纵控制台，进行跟踪监视，并可采取相应处理措施。通常，可视对讲与闭路电视监控系统结合使用，如图 4.19 所示。

3. 应用案例

在安全防范系统设计前，首先必须针对具体项目弄清安全防范系统的目的和重点所在，按照不同建筑物的功能特点参照相应的国家标准进行设计。目前国家有关方面制定的针对不同行业的安全防范标准还不太多，主要有《民用闭路电视监控系统工程技术规范》(GB 50198—94)、《文物系统博物馆安全防范》(GB 16571—1996)、《银行营业场所安全防范工程设计规范》(GB/T 16676—1996)，此外还有各省、市地方标准。对于某些特别用途的建筑，如政府机关办公楼、新闻出版单位大楼等，国家虽然没有明确的标准规范，但各地公安机关都有一些较明确的要求。无论针对何种应用，都应按照这些标准和要求来设计。

【案例 1】 文物博物馆系统。

按照国家标准，首先针对特定博物馆的具体情况与业主一起要按《文物系统博物馆风险等级和安全防护级别的规定》(GA 27—92)对其技术防范的风险等级进行确定，然后根据不同的风险等级确定技防设计的系统要求，根据当地的气象条件应用场合来选择所用设备。这两点确定后才可进行正式的方案设计。设计时针对不同的应用场地和建筑结构，确定纵深防护体的防范区域划分及各区域的防护级别，并对图像、声音所能覆盖的范围进行精确的计算。在设计方案中要明确说明整个系统的设计参数，如报警探测器要求保护面积、实际保护面积、交叉

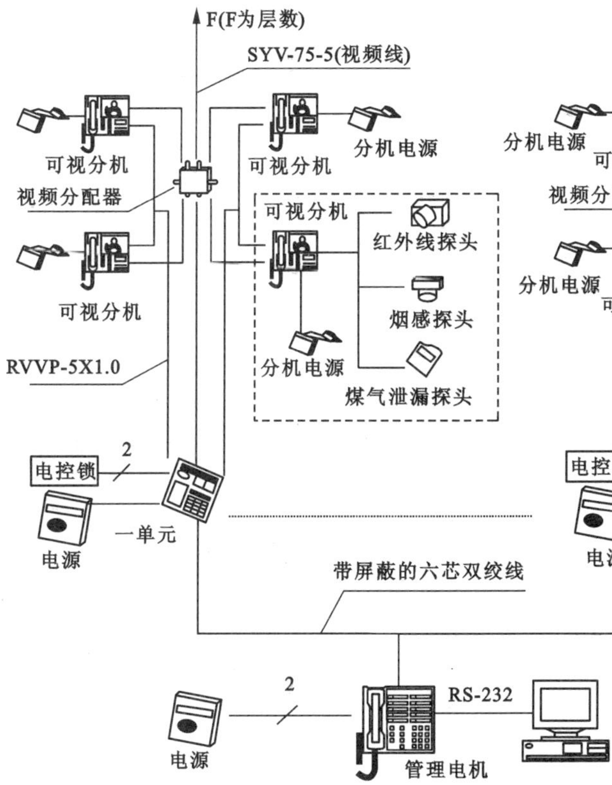

图 4.19　可视对讲与闭路电视监控系统典型组成

覆盖率、声音覆盖范围、系统的反应时间、联动影响时间、备用电源指标、系统平均无故障工作时间等。最后的验收是按这个指标来进行的。总之，系统应主次分明，重点突出，指标明确，尤其要明确系统不能有漏报警，尽量减少误报警，使系统达到防内盗、防抢劫、防潜伏作案的功能。

【案例2】 银行安防系统。

先与业主一起按《银行营业场所风险等级和防护级别的规定》(GA/T 38—92)确定工程的防护级别，再通过对现场的勘察和各区域的功能用途确定区域类别，再根据各区的要求进行方案设计。例如，一般区域监控用摄像机和柜员制摄像机的录像方式的区别，报警启动方式的区别等，总之，设计要满足银行的特殊要求。如图 4.20 所示。

4.1.2.5　停车场车辆管理系统

机动车是现代社会的重要交通运输工具，随着人们生活水平的提高，私人拥有车辆是普遍现象，停车管理已经成为小区物业管理不可缺少的内容。国家明确规定，智能小区必须为小区住户车辆和外来车辆提供基本的停车服务。

1. 系统功能

通过对小区停车场出入口的控制，完成对小区住户车辆及外来车辆进出及收费的有效管理。该系统的功能主要包括：

(1) 车辆进出及存放时间的记录、查询；

(2) 外来车辆收费的管理：

(3) 小区内车辆存放管理；

(4) 车库内车位空额显示。

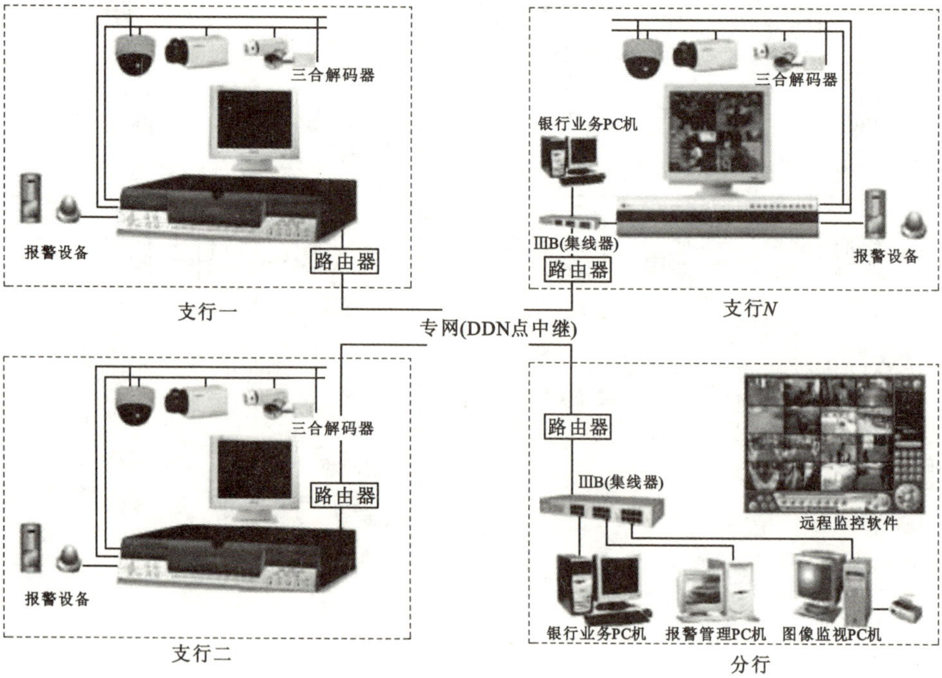

图 4.20 银行安防系统

2. 停车场管理系统案例

(1) 停车场管理系统组成

一般由入口站、出口站、栅栏机/闸门机、车位显示屏等设备组成，即由出入口票据验读器、电动栏杆、自动计价收银机、车牌图像识别器及管理中心组成。如图 4.21 所示。

(2) 停车场管理系统工作过程

图 4.21(a)中，IC 卡智能停车场收费管理系统是现代化停车场车辆收费及设备自动化管理的统称，该系统将计算机技术、自控技术及智能 IC 卡技术有机地结合起来，通过对车辆 IC 卡的管理，实现对车辆出入、停放和收费的自动化管理。该系统具有图像对比、自动收费、自动存储数据等多种功能，可实现脱机运行，在电脑出现故障的情况下仍可保证车辆的正常进出。与传统的停车场人工管理方式相比，该系统高效、安全、科学，彻底杜绝了传统收费管理混乱的情况，是现代化物业管理的理想设施。

车辆收费系统能有效地堵塞收费漏洞，杜绝工作人员贪污，降低操作成本，提高经济效益和减轻劳动强度。由于系统采用非接触 IC 卡识别技术，配合高速道闸的使用，可大幅提高停车场管理效率，同时，有效避免不法分子进入车场偷车、损车等事件。实际使用时，驾驶员只需将智能卡在出、入口的票箱读卡器前晃一下，即可进出停车场，完成自动统计缴费功能。

图 4.21(b)的工作过程是：当车辆驶入停车场入口时，无停车卡的车辆需先在入口站根据需要购买不同形式的停车卡或停车票；购买停车票的车辆，需要工作人员控制栅栏机/闸门机开启放行；持有有效停车卡的车辆，通过打卡，栅栏机/闸门机自动开启放行。

当车辆驶入进口车道时，车辆探测器监测到车辆进入的状态信号，管理系统记录车辆入场信息，车位显示屏的记录显示减一个车位，系统记录车辆入场时间。

当车辆离开时，管理系统确认时间并收费。

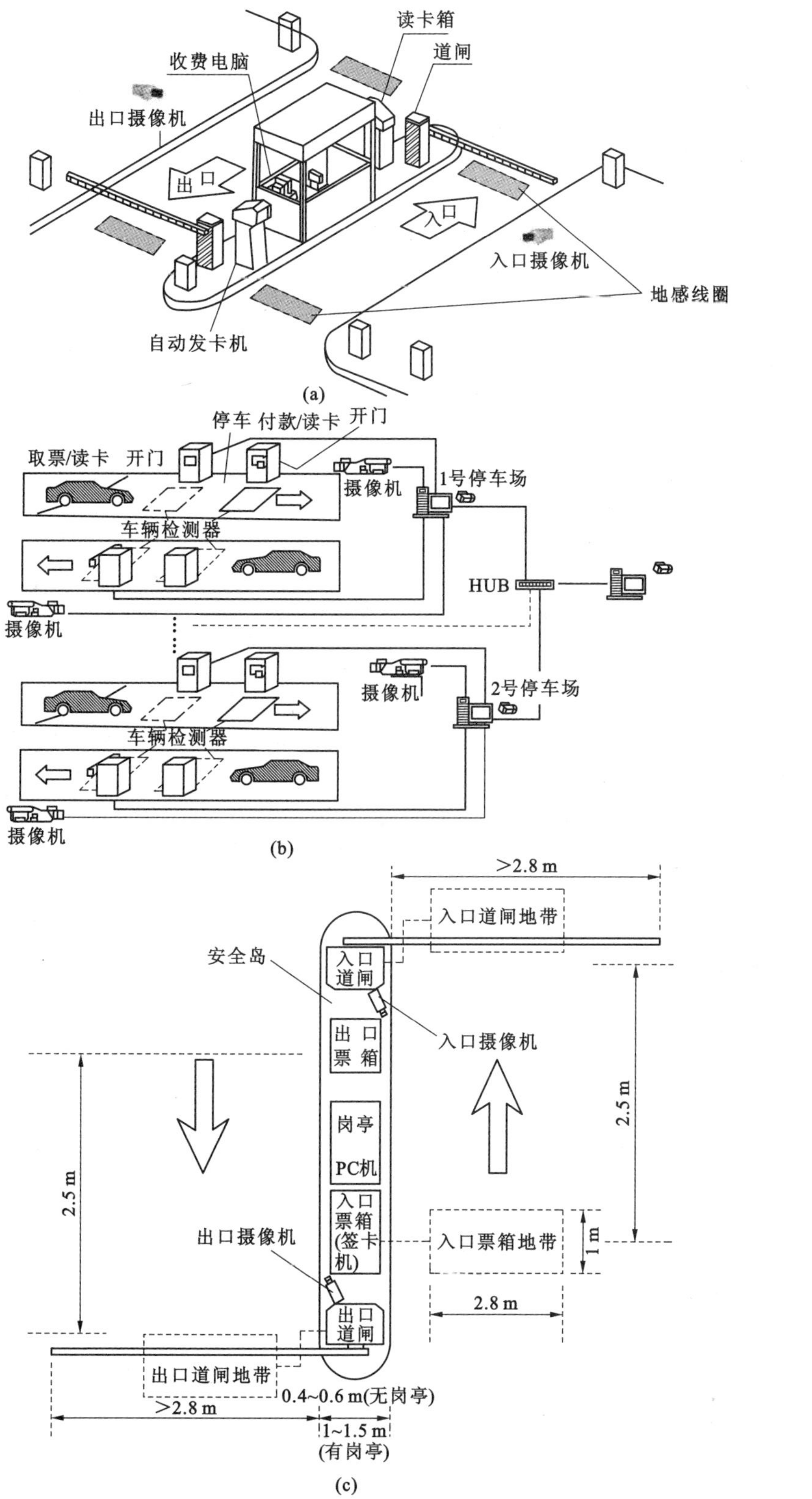

图 4.21　停车场智能卡管理系统

(a) IC 卡智能停车场收费管理系统案例；(b) 一般停车场智能卡管理系统；(c) 单进单出标准道闸系统安装图

4.1.2.6　三表远传系统

抄表管理系统采用集中抄表的方式采集用户数据，它可以通过 PSTN 方式实时抄表、自动采集用户数据。通过分析处理采集来的数据，系统可以自动生成各种用量统计分析、交费单据，使水、电、气的营业管理步入了自动控制程序。

1. 三表远传系统简介

M-BUS 系统是欧洲专为家用仪表数据传输而设计的总线系统，RS-485 是一种符合工业通信标准的数据传输总线，两种数据传输系统都被广泛地用于远传数据抄表系统中。M-BUS 以其安装方便和独特的远传供电而更显优势，上述两种模式都适用于远传预付费系统。

(1) 系统组成框架

系统由小区抄表系统、小区与三表营运公司的通信以及银行自动收费系统三部分组成。

(2) 系统的特点

采用简单的双绞线电缆，与极性和拓扑结构无关；实现异步通信，速率为 300～9600 bps；半双工模式传输数据；从远程供电；安装、维护方便。

2. 小区抄表系统案例

小区抄表系统由小区中继器、楼宇中继器和三表组成。三表数据信息通过 M-BUS 统一集中到楼宇中继器上，再经过楼宇中继器传输到小区中继器。每个小区中继器可以带 256 个楼宇中继器，每个楼宇中继器可以带 256 个用户表，所以一套抄表系统最多可以达到 65535 个表，可以满足目前中国最大小区的安装数量。如图 4.22 所示。本系统是遵循建设部《中华人民共和国城镇建设行业标准》而设计的，整个系统成本较低，安全性和可靠性较高。所有用户表都采用简单的双线并联，水表、气表、热表、电表甚至其他具有 M-BUS 接口的装置都可以在一条 M-BUS 上进行数据通信，管理系统能自动寻找到 M-BUS 总线上的用户表。

3. 小区与三表营运公司的通信

小区中继根据需要可选无线 MODEM(GPRS、CDMA)或者有线 MODEM(电话拨号方式)与水、煤气、暖气、电业公司营业厅进行信息数据交换，以便进行远程管理。营业厅通过有线或无线 MODEM 同各个小区中继进行数据交换，读取小区各个用户的运行情况，如水、热、气、电的使用量及剩余量以及表本身的状态(阀门开关状态、表是否受到破坏)；可通过营业厅直接给小区用户表进行充值；同时还可以控制用户的阀门开关，使用户上交欠费。

4. 银行自动收费系统

银行参与收费，营运公司通过 DDN 数据专线连接银行网络收费系统，用户可以直接到银行开户交费。

5. 安防系统事件联动

安防系统事件联动示意总图如图 4.23 所示。当夜间 11:45 有人非法闯入办公区时，安防系统的联动过程是：安防探测器报警，报给报警控制器，主机显示相应编号。随后紧急广播、系统网络控制器发生以下动作：自动拨打报警电话报警，灯光控制器打开报警区域照明，门禁控制器联动相关门控动作，闭路电视监控主机调用报警区域摄像机监视报警区域图像并录制现场图像。服务器中央数据库工作内容包括安防工作记录表、报警处理报表、记录报警区域、记录报警点、报警历史、报警分析等。

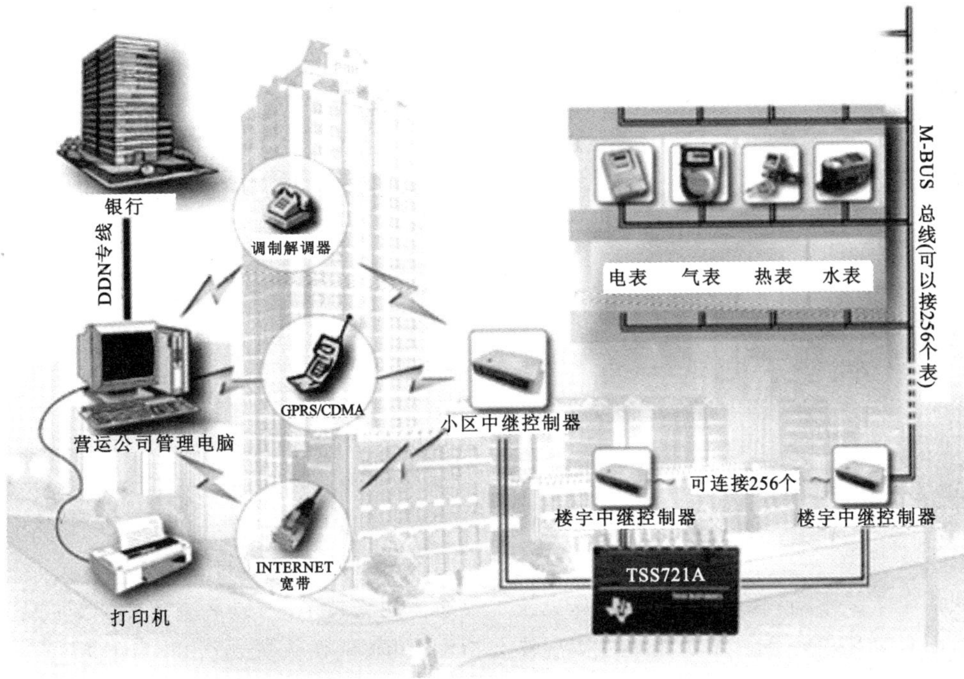

图 4.22　小区抄表系统案例

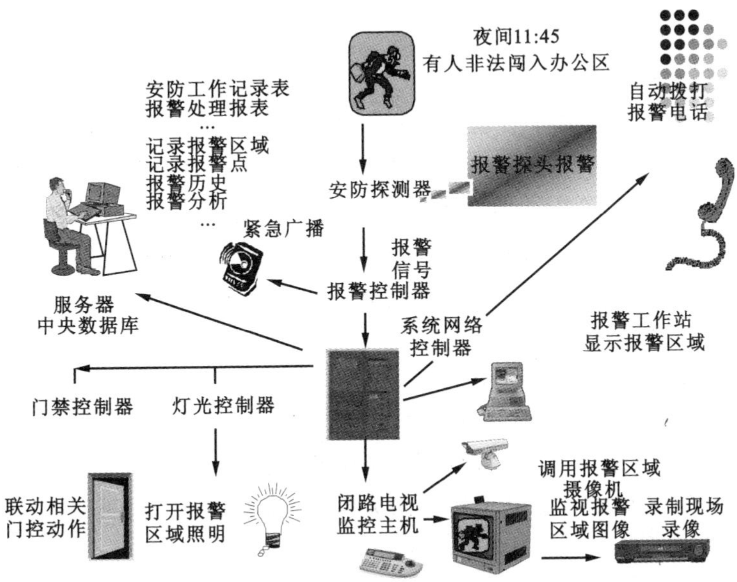

图 4.23　安防系统事件联动示意总图

任务 2　消防系统相关知识与技能训练

任务描述

消防系统作为智能建筑的子系统之一，既有独立运行的功能，又能同其他系统联网进行系统集成。通过联网，可以达到集中监控的目的，因此，主要任务是了解消防系统的组成，在此基础上学会系统的联网，并掌握监控内容。

任务分析

从各系统的基本构成入手，分析应用原理，最后通过案例学习达到学会系统的联网，并掌握监控内容的目的。

方法与步骤

4.2.1　消防系统认知

智能建筑多以高层建筑为主体，具备高层次、高技术、大型化和多功能的特点，因此，为了确保人民生命财产安全，防火成为重要课题之一。

智能建筑中高层建筑及其群体的出现，展示了高科技的巨大威力。消防系统仅为智能大厦中的子系统之一，必须与建筑业同步发展，因而要求从事消防工作的工程技术人员要更好地运用现代电子技术、自动控制技术、计算机技术及通信网络技术等，以适应智能建筑的发展。

目前自动化消防系统在功能上可实现自动检测现场、确认火灾，发出声光报警信号，启动灭火设备自动灭火、排烟、封闭火区等。此外还能实现向城市或地区消防队发出救灾请求，进行通信联络。

4.2.1.1　消防系统的组成

消防系统主要由三大部分构成：一为感应机构，即火灾自动报警系统；二为执行机构，即灭火自动控制系统；三为避难诱导系统。其中后两部分也可称为消防联动系统。

现场消防设备种类繁多，从功能上可分为三大类：第一类是灭火系统，包括各种介质如液体、气体、干粉的喷洒装置，是直接用于扑火的；第二类是灭火辅助系统，是用于限制火势、防止灾害扩大的各种设备；第三类是信号指示系统，是用于报警并通过灯光与声响来指挥现场人员的各种设备。对应于这些现场消防设备，需要有关的消防联动控制装置，主要包括：

(1) 室内消火栓系统的控制装置；

(2) 自动喷水灭火系统的控制装置；

(3) 卤代烷、二氧化碳等气体灭火系统的控制装置；

(4) 电动防火门、防火卷帘等防火分割设备的控制装置；

(5) 通风、空调、防烟、排烟设备及电动防火阀的控制装置；

(6) 电梯的控制装置、断电控制装置；

(7) 备用发电控制装置；

(8) 火灾事故广播系统及其设备的控制装置；

(9) 消防通信系统，火警电铃、火警灯等现场声光报警控制装备；

(10) 事故照明装置等。

在建筑物防火工程中，消防联动系统可由上述部分或全部控制装置组成，如表 4.1～表 4.4及图 4.24～图 4.27 所示。

表4.1 火灾自动报警系统设计说明

一、火灾自动报警系统组成

该楼内所设火灾自动报警系统形式为控制中心报警系统。在下列部位设置感烟探测器：营业厅，办公室，配电室，前室，电梯机房，防火卷帘门两侧及疏散通道等场所。在地下停车库、柴油发电机房及防火卷帘门两侧设感温探测器。

二、火灾自动报警系统控制方式

1.消防泵控制系统

当该楼发生火灾，任一消火栓手动报警按钮被敲击后，信号送至消防中心，由消防中心发出指令启动消防泵，消防泵的运行及故障信号返至消防中心，当喷淋系统中所设水流指示器及压力开关均动作后，自动启动喷淋泵，喷淋泵的工作及故障状态信号通过报警总线送至消防中心。

消防泵及喷淋泵除自动控制外，在消防中心可实现手动控制。

2.加压送风及排烟系统

发生火灾时，根据探测器的报警信号，失火层及相邻上下层的窗室内所设正压送风闸自动打开，同时联动加压送风机运行，当设在机房内送风管道上的防火闸动作后，加压送风机停止工作，加压送风机可在消防中心内通过手动控制台实现手动控制。

根据火灾发生的楼层，自动打开走廊排烟闸，同时联动走廊排烟机运行，当设在排烟管道上的排烟闸(280 ℃)动作后，排烟机停止工作。

地下停车库内按防烟分区设置了若干个排烟口，发生火灾时根据探测器的报警信号，自动打开相应防烟分区内的排烟闸，同时联动该排烟系统所设排烟机。当设在排烟管道上的排烟闸(280 ℃)动作后，排烟机停止工作。

排烟机均可在消防中心实现手动控制。

3.电梯控制系统

火灾确认后，通过控制模块将所有电梯降至首层(客梯及货梯在降至首层后切断电源)，消防电梯供消防队员使用。

4.防火卷帘控制系统

作为防火分隔的封闭二至四层自动扶梯的防火卷帘，当火灾探测器报警后，卷帘门立即下降至本层地面。

作为疏散通道上的防火卷帘(前室所设防火帘)，当设在防火卷帘门两侧的感烟探测器报警后，防火卷帘自动下降，在降至地面1.8 m处中限位，当感温探测器报警后该卷帘门继续下降至地面，防火卷帘下降至地面后其下限位信号送至消防中心。

在疏散通道上的防火卷帘两侧设有报警装置，当防火卷帘开始下降时，接通报警装置。

5.火警通信系统

在消防中心内设119专用防火警电话，在手动报警按钮设对讲电话插孔，插上对讲电话可与消防中心通信，在配电室，柴油发电机房、消防泵房、加压送风机房及电梯机房内设固定式对讲电话。

6.火灾应急广播系统

当二层及以上的楼层发生火灾，自动接通失火层及相邻上下层应急广播或警报装置，当首层发生火灾，接通首层、二层及地下层广播，当地下层发生火灾，接通地下层及首层应急广播（要求应急广播系统设备用扩音机，容量详见火灾自动报警及控制系统图）。

7.其他

火灾确认后，按防火分区投入事故照明系统，在配电室内可自动或手动切除有关部位的非消防回路电源。

三、管线选择及敷设方式

ZD+D—直流电源管线（ZD为直流电源线，D为消防泵运行信号线）,垂直段BV-3×2.5 SC20,水平段BV-3×1.5 SC20 (与报警回路线共管)。

BJ—火灾自动报警回路管线，除平面图中标注外，均为BV-2×1.0 SC20。

DJ火警通信管线，管线型号为RVS-12[2(2×1.0)] SC20。

在平面图中当线条标注为四根时，管线为BV-2×1.5+BV-2×1.0 SC20 ,线条标注为五根时，管线为BV-3×1.5+BV-2×1.0 SC20,以上管线除在电管井内为明敷设外，余者均暗敷设在非燃烧体结构内，要求其保护层厚度不小于3 cm，由管井内引至各楼层的管路在穿出管井处应采用防火堵料进行封堵。

四、接地

消防控制室采用联合接地，要求接地电阻不大于1Ω，由消防控制室内接地接线盒引至各消防设备的接地线选用截面为4 mm^{2}的铜芯绝缘软线。

五、本设计未尽事宜依照国家有关标准及相应施工验收规范实施。

表4.2　图例符号

序号	图例符号	名称	型号	安装高度	备注
1		消防系统接线箱	XFX	底边距地0.5 m	管井内明装
2		消防控制台	详见火灾报警系统图	落地安装	消防控制中心内
3		消防动力配电箱	详见动力配电系统图		
4		事故照明配电箱	详见事故照明系统图		
5		消防电梯控制装置	设备自带		
6		客梯及货梯控制装置	设备自带		
7		防火卷帘控制箱	详见防火卷帘配电系统图	顶板下安装	
8		短路隔离器	ZA7152	吸顶安装	每层在XFX内均设一个
9		模块箱	详见火灾报警系统图	中心距顶棚 0.5 m	
10		输出输入模块	ZA7221	中心距顶棚 0.5 m	
11		输入模块	ZA7132	中心距顶棚 0.5 m	
12		感烟探测器	ZA7051	——	
13		感温探测器	ZA7031	——	
14		手动报警按钮	ZA7121	底边距地1.5 m	
15		消火栓报警按钮	ZA7122	底边距地1.5 m	
16		对讲电话插孔	ZA5713	底边距地1.5 m	
17		固定式对讲电话	ZA5712A	底边距地1.5 m	
18		扬声器	3 W	——	
19		高音扬声器	10 W	中心距顶板 0.8 m	地下停车库内安装
20		警报装置	ZA2112A	墙上安装:距地2.2 m 卷帘两侧，吸顶	
21		水流指示器	详见给排水施工图		
22		压力开关	详见给排水施工图		
23		送风阀(排烟阀)	详见暖通施工图		
24		防火阀	详见暖通施工图		
25					

表4.3　图纸目录

序号	图　号	图　名	备　注
1	电消施　10-1	设计说明、图例符号、图纸目录	
2	电消施　10-2	火灾自动报警及控制系统图	
3	电消施　10-3	地下一层电消防平面图	
4	电消施　10-4	一层电消防平面图	
5	电消施　10-5	二层电消防平面图	
6	电消施　10-6	三层电消防平面图	
7	电消施　10-7	四层电消防平面图	
8	电消施　10-8	17.1 m标高层电消防平面图	
9	电消施　10-9	标准层电消防平面图	五层至十九层
10	电消施　10-10	顶层机房电消防平面图	

表4.4　平面图中管线图例

管线图例	管线名称
————————	火灾自动报警管线
——·——·——·——	火灾应急广播系统管线
——··——··——··——	消防通讯系统管线

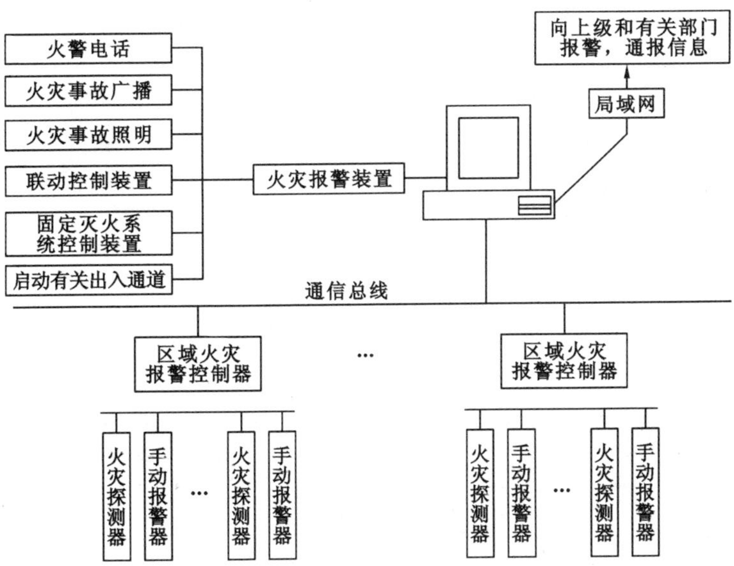

图 4.24　消防联动系统组成

综上所述，消防系统的主要功能是：自动捕捉火灾探测区域内火灾发生时的烟雾或热气，从而发出声光报警并控制自动灭火系统，同时联动其他设备的输出接点，控制事故照明及疏散标记、事故广播及通信、消防给水和排烟设施，以实现监测、报警和灭火的自动化。

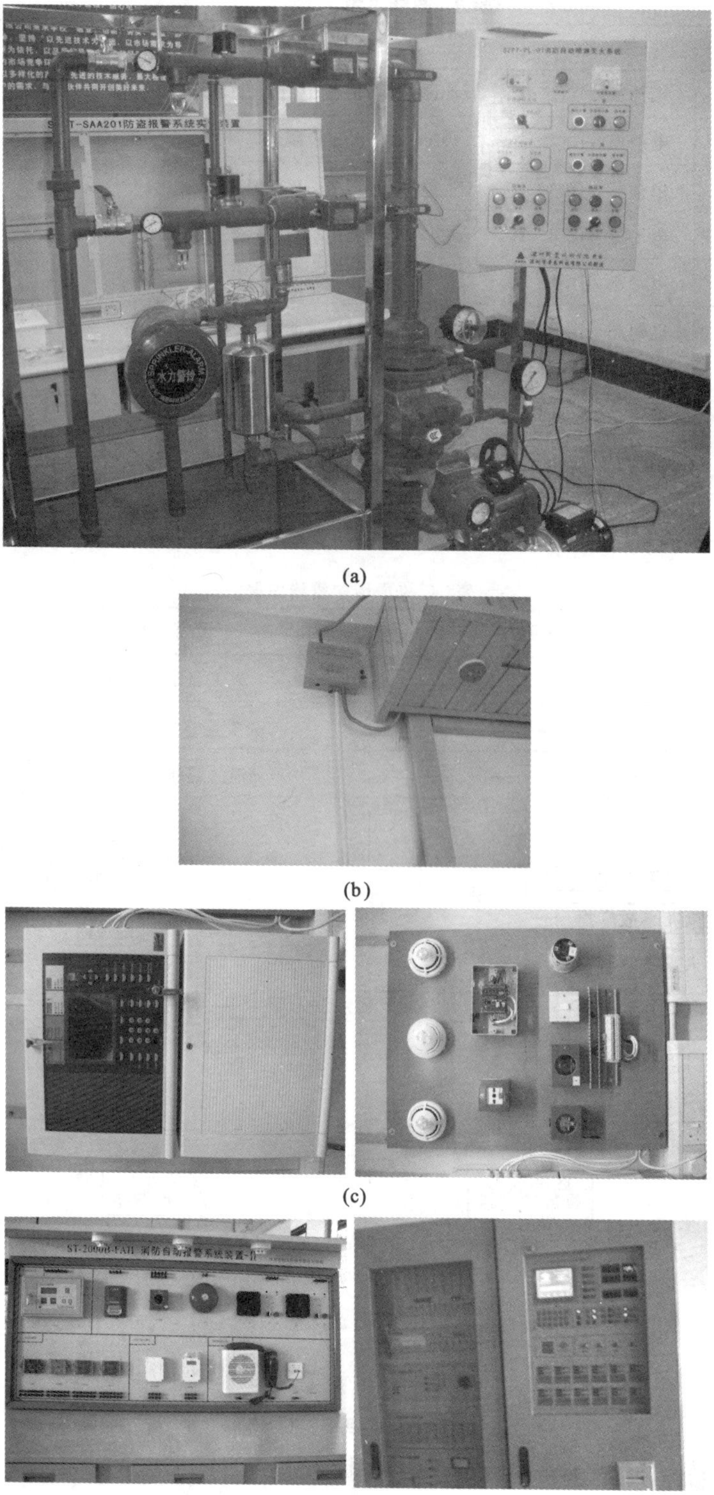

图 4.25　消防联动系统外形图

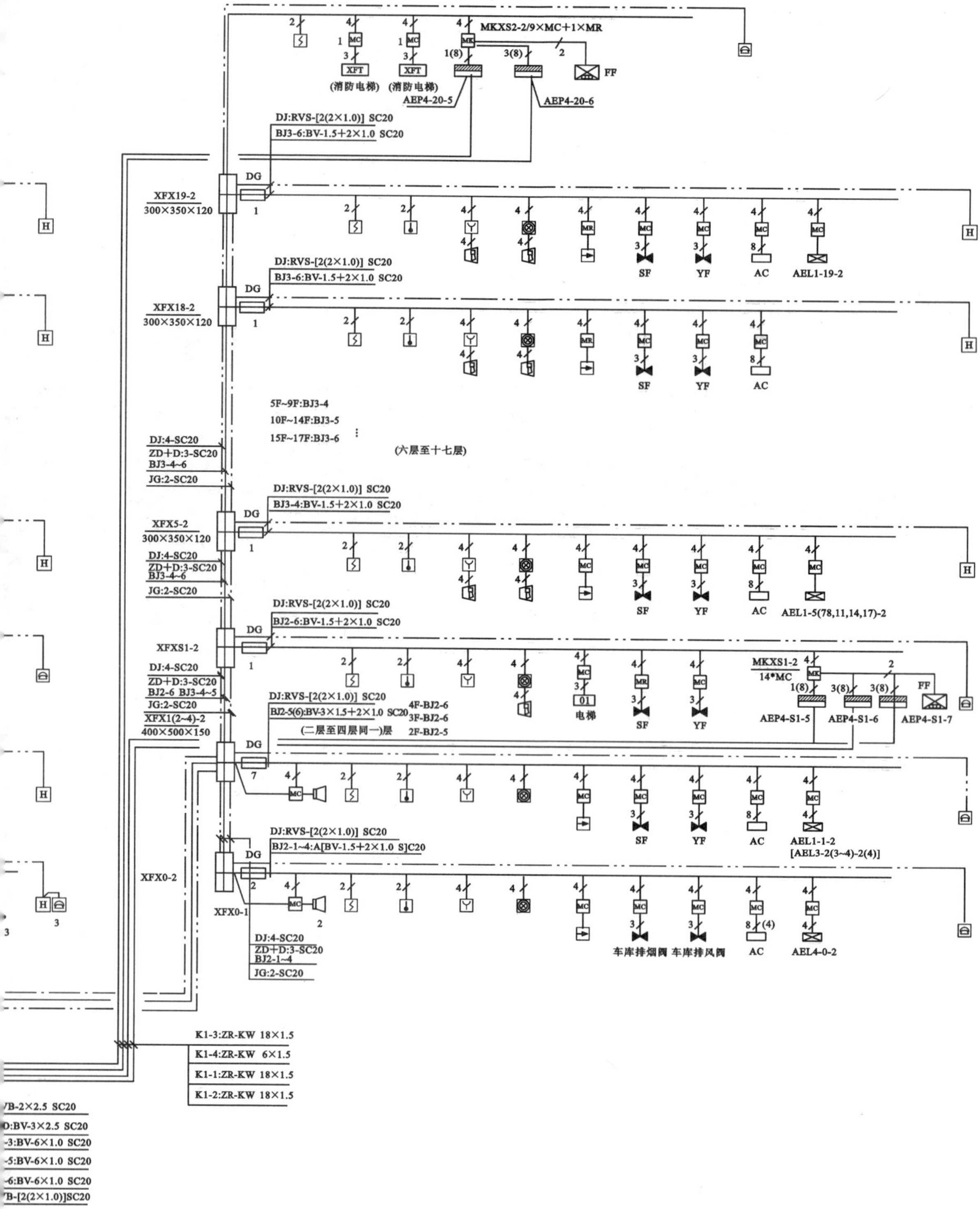
MKXS2-2/9×MC+1×MR
XFT
(消防电梯)
FF
AEP4-20-5
AEP4-20-6
DJ:RVS-[2(2×1.0)] SC20
BJ3-6:BV-1.5+2×1.0 SC20
DG
XFX19-2
300×350×120
SF
YF
AC
AEL1-19-2
XFX18-2
300×350×120
5F~9F:BJ3-4
10F~14F:BJ3-5
15F~17F:BJ3-6
(六层至十七层)
DJ:4-SC20
ZD+D:3-SC20
BJ3-4~6
JG:2-SC20
BJ3-4:BV-1.5+2×1.0 SC20
XFX5-2
300×350×120
AEL1-5(78,11,14,17)-2
BJ2-6:BV-1.5+2×1.0 SC20
XFXS1-2
MKXS1-2
14*MC
电梯
AEP4-S1-5
AEP4-S1-6
AEP4-S1-7
ZD+D:3-SC20
BJ2-6 BJ3-4~5
JG:2-SC20
XFX1(2~4)-2
400×500×150
BJ2-5(6):BV-3×1.5+2×1.0 SC20
4F-BJ2-6
3F-BJ2-6
2F-BJ2-5
(二层至四层同一)层
AEL1-1-2
[AEL3-2(3~4)-2(4)]
BJ2-1~4:A[BV-1.5+2×1.0 S]C20
XFX0-2
XFX0-1
BJ2-1~4
车库排烟阀
车库排风阀
AEL4-0-2
K1-3:ZR-KW 18×1.5
K1-4:ZR-KW 6×1.5
K1-1:ZR-KW 18×1.5
K1-2:ZR-KW 18×1.5
/B-2×2.5 SC20
D:BV-3×2.5 SC20
-3:BV-6×1.0 SC20
-5:BV-6×1.0 SC20
-6:BV-6×1.0 SC20
/B-[2(2×1.0)]SC20

动报警及控制系统图

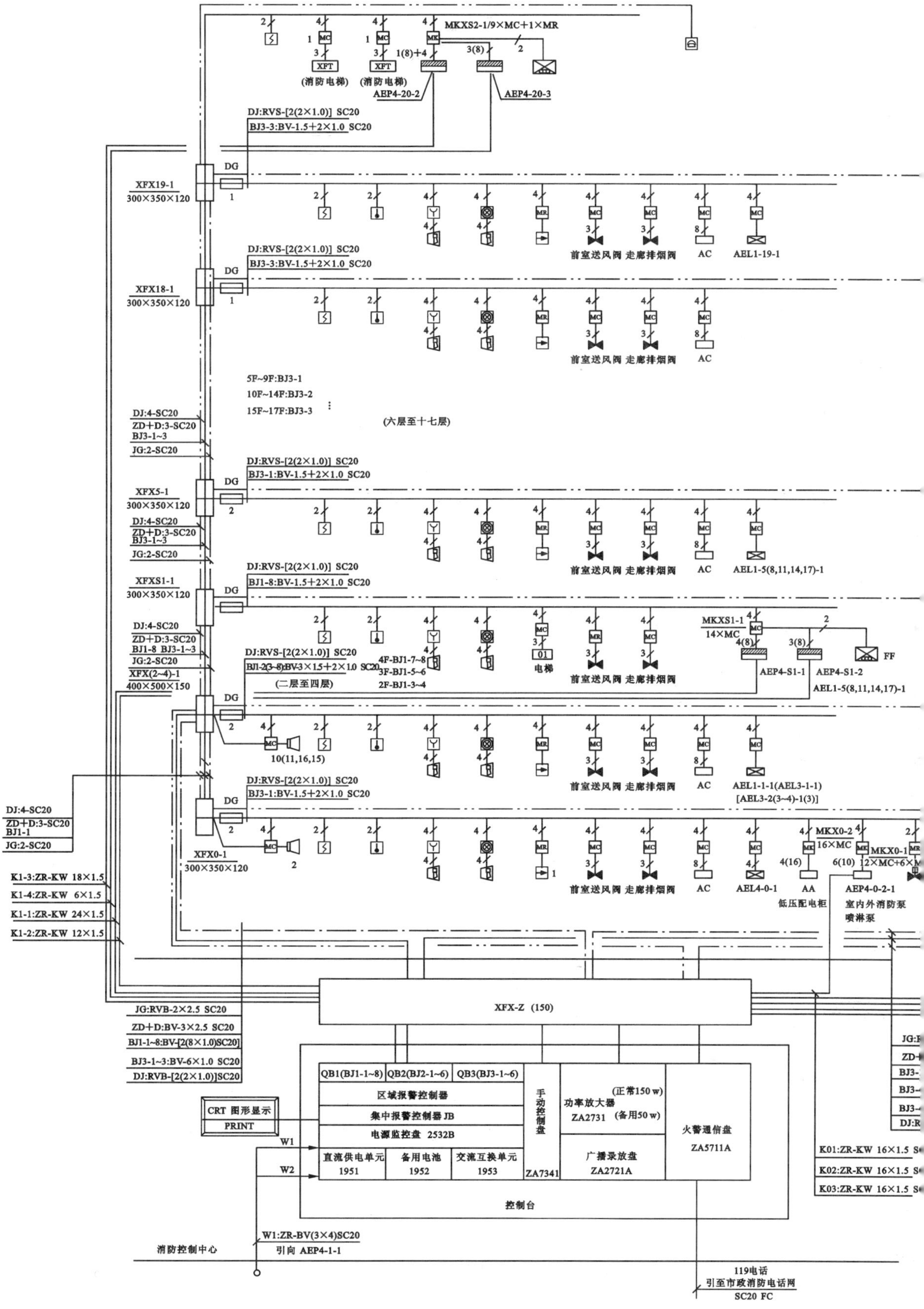

MKXS2-1/9×MC+1×MR
XFT
(消防电梯)
(消防电梯)
AEP4-20-2
AEP4-20-3
DJ:RVS-[2(2×1.0)] SC20
BJ3-3:BV-1.5+2×1.0 SC20
XFX19-1
300×350×120
DG
前室送风阀
走廊排烟阀
AC
AEL1-19-1
XFX18-1
300×350×120
5F~9F:BJ3-1
10F~14F:BJ3-2
15F~17F:BJ3-3
(六层至十七层)
DJ:4-SC20
ZD+D:3-SC20
BJ3-1~3
JG:2-SC20
XFX5-1
300×350×120
BJ3-1:BV-1.5+2×1.0 SC20
AEL1-5(8,11,14,17)-1
XFXS1-1
300×350×120
BJ1-8:BV-1.5+2×1.0 SC20
MKXS1-1
14×MC
电梯
FF
AEP4-S1-1
AEP4-S1-2
AEL1-5(8,11,14,17)-1
BJ1-8 BJ3-1~3
XFX(2~4)-1
400×500×150
BJ1-2(3~8):BV-3×1.5+2×1.0 SC20
(二层至四层)
4F-BJ1-7~8
3F-BJ1-5~6
2F-BJ1-3~4
10(11,16,15)
AEL1-1-1(AEL3-1-1)
[AEL3-2(3~4)-1(3)]
BJ1-1
XFX0-1
300×350×120
AEL4-0-1
AA
低压配电柜
MKX0-2
16×MC
MKX0-1
12×MC+6×M
AEP4-0-2-1
室内外消防泵
喷淋泵
K1-3:ZR-KW 18×1.5
K1-4:ZR-KW 6×1.5
K1-1:ZR-KW 24×1.5
K1-2:ZR-KW 12×1.5
XFX-Z (150)
JG:RVB-2×2.5 SC20
ZD+D:BV-3×2.5 SC20
BJ1-1~8:BV-[2(8×1.0)SC20]
BJ3-1~3:BV-6×1.0 SC20
DJ:RVB-[2(2×1.0)]SC20
QB1(BJ1-1~8)
QB2(BJ2-1~6)
QB3(BJ3-1~6)
区域报警控制器
集中报警控制器 JB
电源监控盘 2532B
直流供电单元 1951
备用电池 1952
交流互换单元 1953
手动控制盘
ZA7341
功率放大器 ZA2731
(正常150 w)
(备用50 w)
广播录放盘 ZA2721A
火警通信盘 ZA5711A
控制台
CRT 图形显示
PRINT
W1
W2
K01:ZR-KW 16×1.5
K02:ZR-KW 16×1.5
K03:ZR-KW 16×1.5
W1:ZR-BV(3×4)SC20
引向 AEP4-1-1
消防控制中心
119电话
引至市政消防电话网
SC20 FC

图4.26 火灾自

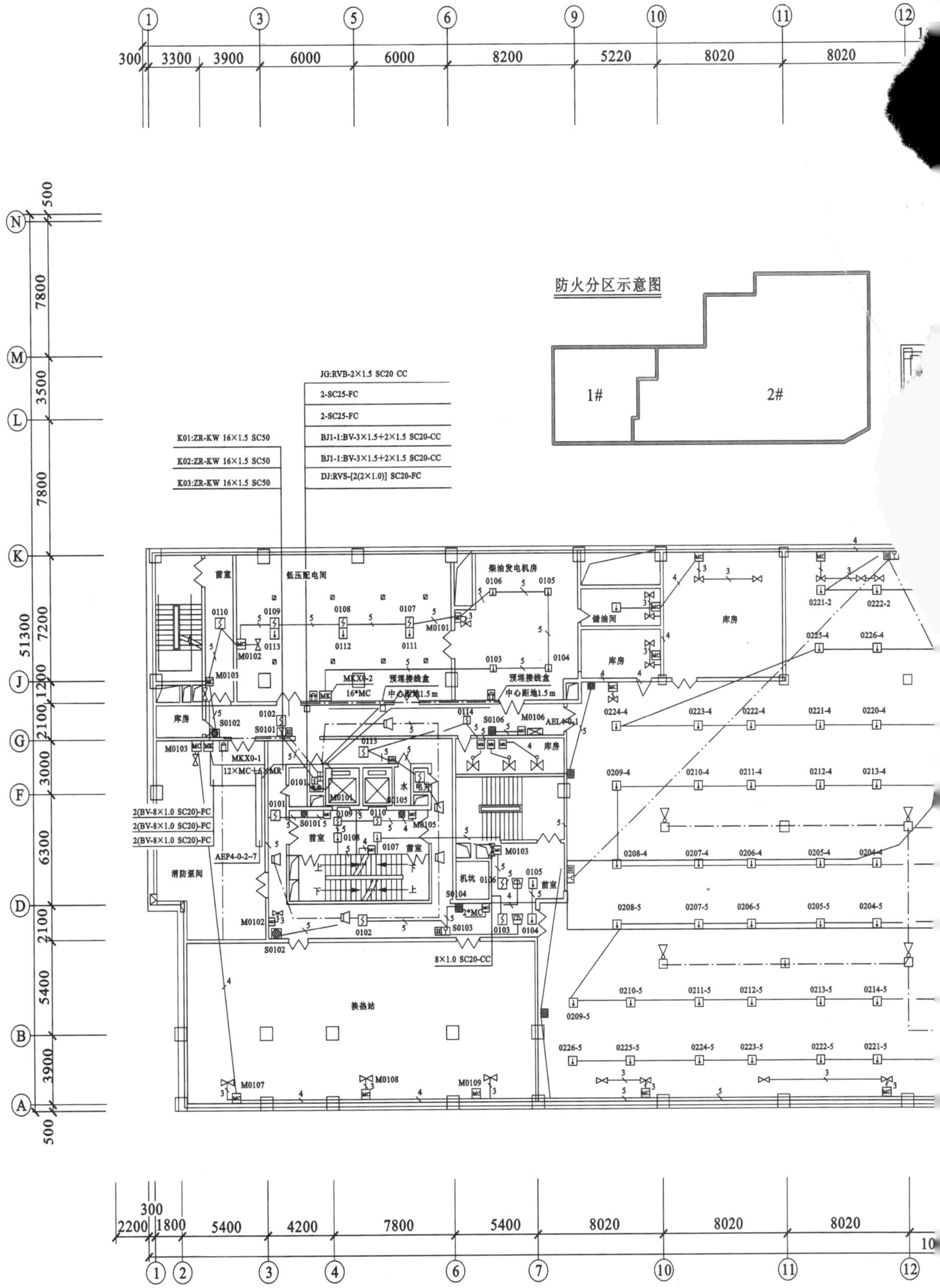
防火分区示意图
1#
2#
JG:RVB-2×1.5 SC20 CC
2-SC25-FC
2-SC25-FC
BJ1-1:BV-3×1.5+2×1.5 SC20-CC
BJ1-1:BV-3×1.5+2×1.5 SC20-CC
DJ:RVS-[2(2×1.0)] SC20-FC
K01:ZR-KW 16×1.5 SC50
K02:ZR-KW 16×1.5 SC50
K03:ZR-KW 16×1.5 SC50
前室
低压配电间
柴油发电机房
储油间
库房
预埋接线盒
中心距地1.5 m
MKX0-2
16*MC
MKX0-1
12×MC+6×MR
ABL4-0-1
AEP4-0-2~7
2(BV-8×1.0 SC20)-FC
2(BV-8×1.0 SC20)-FC
2(BV-8×1.0 SC20)-FC
消防泵间
机坑
换热站
8×1.0 SC20-CC
2*MC
51300
图4.27 地下一层电

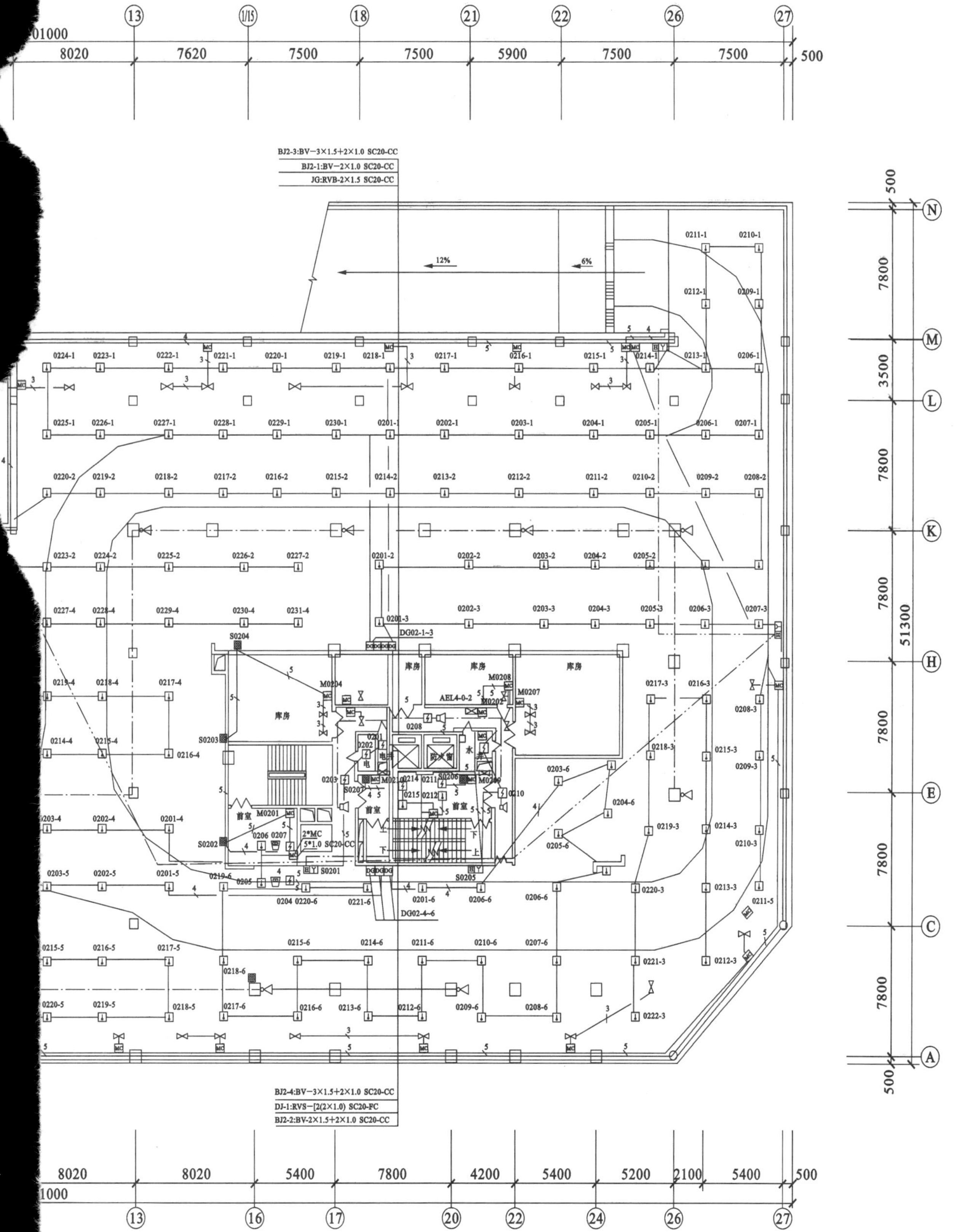

消防平面图(1：150)

4.2.1.2 消防系统的类型

消防系统的类型分为以下两种：

(1) 自动报警、人工消防

中等规模的旅馆在客房等处设置火灾探测器，当火灾发生时，在本层服务台处的火灾报警器发出信号，同时在总服务台显示出某一层发生火灾，即采取人工灭火。

(2) 自动报警、自动消防

在火灾发生时自动喷洒水，进行消防，而且在消防中心的报警器附近设有直接通往消防部门的电话。消防中心在接到火灾报警信号后，立即发出疏散通知（利用紧急广播系统）并开动消防泵和电动防火门等消防设备，实现自动报警、自动消防。

4.2.2 火灾自动报警系统

4.2.2.1 火灾自动报警系统的组成及类型

1. 火灾自动报警系统的组成

火灾自动报警系统由触发器件（探测器、手动报警按钮）、火灾报警装置（火灾报警控制器）、火灾警报装置（声光报警器）、控制装置（包括各种控制模块、火灾报警联动一体机，自动灭火系统的控制装置，室内消火栓的控制装置，防烟排烟控制系统及空调通风系统的控制装置，常开防火门、防火卷帘的控制装置，电梯迫降控制装置以及火灾应急广播、火灾警报装置、消防通信设备、火灾应急照明及疏散指示标志的控制装置等）、电源等组成。其各部分的作用分别是：

火灾探测器：它是火灾自动探测系统的传感部分，能在现场发出火灾报警信号或向控制和指示设备发出现场火灾状态信号，可被形象地称为“消防哨兵”，俗称“电鼻子”。

手动报警按钮：它也是向报警器报告所发生火情的设备，只不过探测器是自动报警，而它是手动报警，其准确性更高。

警报器：当发生火情时，能发出区别环境声光的声或光报警信号。

控制装置：在火灾自动报警系统中，当接收到来自触发器件的火灾信号或火灾报警控制器的控制信号后，能通过模块自动或手动启动相关消防设备并显示其工作状态。

电源：火灾自动报警系统属于消防用电设备，其主电源应当采用消防电源，备用电源一般采用蓄电池组。系统电源除为火灾报警控制器供电外，还为与系统相关的消防控制设备等供电。

2. 火灾自动报警系统的分类

(1) 区域报警系统　由火灾报警控制器或区域火灾报警控制器和火灾探测器等组成，是功能简单的火灾自动报警系统。

(2) 集中报警系统　由集中火灾报警控制器、区域火灾报警控制器和火灾探测器等组成，或由火灾报警控制器、区域显示器和火灾探测器等组成的功能较复杂的火灾自动报警系统。

(3) 控制中心报警系统　由消防控制室的消防设备、集中火灾报警控制器、区域火灾报警控制器和火灾探测器等组成，或由消防控制室的消防控制设备、火灾报警控制器、区域显示器和火灾探测器等组成的功能复杂的火灾自动报警系统。

综上所述，火灾自动报警系统的作用是：能自动（手动）发现火情并及时报警，以不失时机地控制火情的发展，将火灾的损失减到最低限度。可见，火灾自动报警系统是消防系统的核心部分。

4.2.2.2　探测器

1. 探测器的分类及符号

(1) 探测器分类

火灾探测器在火灾报警系统中用量最大，同时又是整个系统中最早发现火情的设备，因此其地位非常重要，而且种类多，科技含量高。根据对可燃固体、可燃液体、可燃气体及电气火灾等的燃烧试验，为了准确无误地对不同物体的火灾进行探测，目前研制出来的常用探测器有感烟、感温、感光、复合及可燃气体探测器五种系列。另外，根据探测器警戒范围的不同又分为点型和线型两种形式。

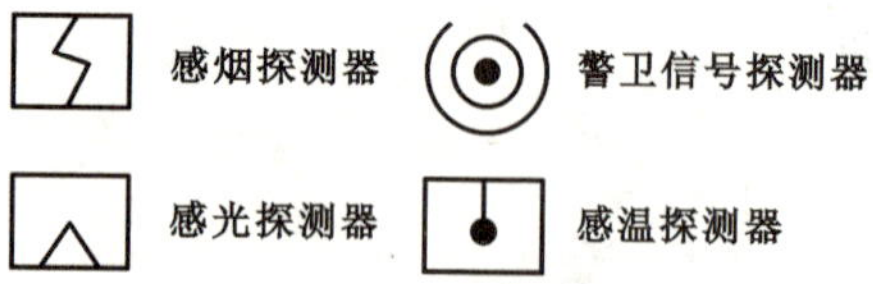

图 4.28　探测器的图形符号

(2) 探测器的图形符号

在国家标准中消防产品图形符号不全，目前在设计中图形符号的绘制有两种选择，一种是按国家标准《消防技术文件用消防设备图形符号》(GB/T 4327—93)绘制，另一种是根据所选厂家产品样本绘制。这里仅给出几种常用探测器的国家标准画法供参考，如图 4.28 所示。

2. 探测器的工作原理

(1) 感烟探测器

感烟探测器有双源双室和单源双室之分。双源双室探测器是由一个电离室开孔(称采样电离室或外电离室)和另一个电离室封闭(称参考电离室或内电离室)组成；单源双室探测器与双源双室探测器类似，只是两电离室共用一块放射源，如图 4.29 所示。

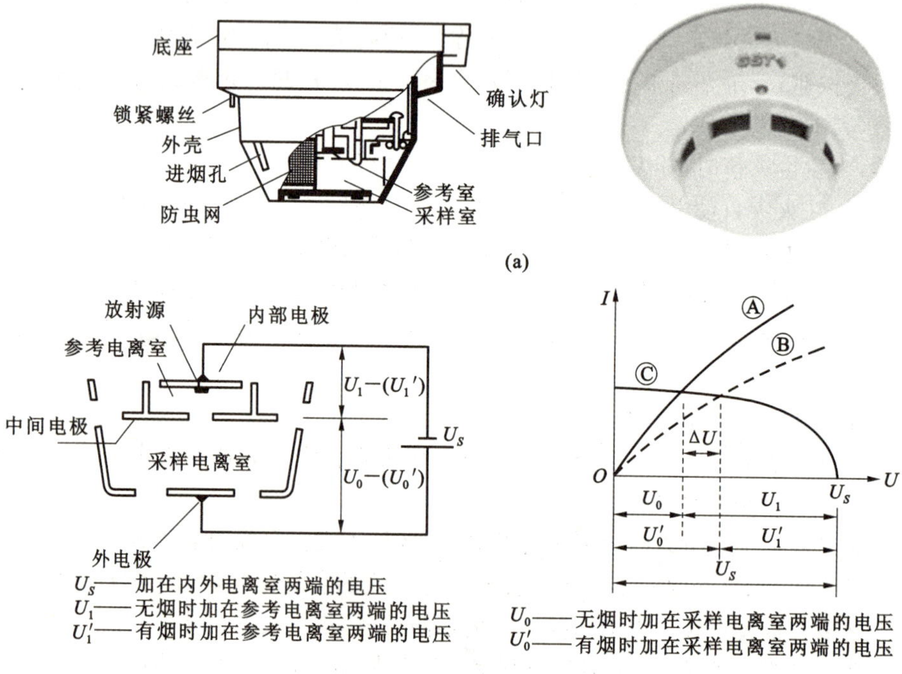

图 4.29　感烟探测器

(a) 单源双室探测器的构造及外形；(b) 单源双室探测器的内部构造及 I-U 特性曲线

感烟探测器对烟参数敏感，火灾产生烟雾时发出报警信号。

(2) 火焰探测器

点型火焰探测器是一种对火焰中特定波段中的电磁辐射敏感（红外、可见光和紫外谱带）的火灾探测器，又称感光探测器。因为电磁辐射的传播速度极快，因此，这种探测器对快速发生的火灾（如易燃、可燃液体火灾）或爆炸能够及时响应，是对这类火灾早期通报火警的理想探测器。响应波长低于 400 nm 辐射能通量的探测器称为紫外火焰探测器，响应波长高于 700 nm辐射能通量的探测器称为红外火焰探测器。

(3) 感温探测器

感温探测器是响应异常温度、温升速率和温差等参数的探测器。

感温式火灾探测器按其结构可分为电子式和机械式两种。按原理又分为定温式、差温式和差定温组合式三种。

① 定温式探测器　指随着环境温度的升高，达到或超过预定值时响应的探测器。

② 差温探测器　当火灾发生时，室内温度升高速率达到预定值时响应的探测器。按其工作原理又分为机械式、电子式和空气管线型几种。

③ 差定温组合式探测器　这种探测器是将差温式、定温式两种感温探测元件组合在一起，同时兼有两种功能，其中某一种功能失效时，另一种功能仍能起作用，因而大大提高了可靠性。这种探测器分为机械式和电子式两种。

下面介绍机械式差定温探测器的原理。图 4.30 为 JW-JC 型差定温探测器的结构示意图，它的差温探测部分与膜盒形基本相同，而定温探测部分与易熔金属定温探测器相同。其工作原理是：差温部分，当发生火情时，环境温升速率达到某一数值，波纹片在受热膨胀的气体作用下压迫固定在其上的弹性接触片，使其向上移动与固定触头接触，发出报警信号；定温部分，当环境温度达到一定值时，易熔金属熔化，弹簧片弹回，也迫使弹性接触片和固定触点接触，发出报警信号。

电子式差定温探测器原理说明：由感温电阻将现场的温度信号传至探测器内部的单片机，再由单片机根据其内部的火灾特征曲线判断现场是否着火，并将结果通过总线传至火灾报警主机。这也是现在普遍使用的一种差定温探测器，其接线方式与感烟探测器相同。

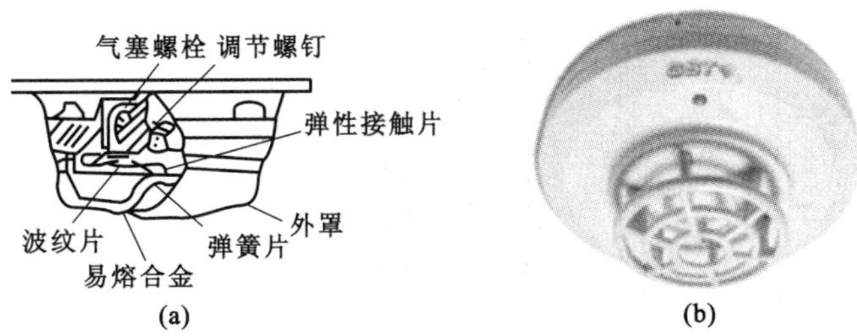

图 4.30　JW-JC **型差定温探测器**

(a) 结构图；(b) 实物图

3. 探测器的线制

在消防业快速发展的今天，探测器的接线形式变化很快，即从多线向少线至总线发展，给施工、调试和维护带来了极大的方便。我国采用的线制有四线制、三线制、两线制及四总线制、二总线制等几种。对于不同厂家生产的不同型号的探测器，其线制各异，从探测器到区域报警器的线数也有很大差别。

总线制系统采用地址编码技术，整个系统只用几根总线，在建筑物内布线极其简单，给设计、施工及维护带来了极大的方便，因此被广泛采用。

(a)　　(b)

图 4.31　编码手动报警按钮外形图

(a) 不带电话插孔；(b) 带电话插孔

4.2.2.3　报警按钮及配套设备

1. 编码手动报警按钮(亦称手动报警开关)

编码手动报警按钮分为两种，一种不带电话插孔，另一种带电话插孔，如图 4.31 所示。

手动报警按钮安装在公共场所，当人工确认为火灾发生时，按下按钮上的有机玻璃片，可向控制器发出火灾报警信号。控制器接收到报警信号后，显示出报警按钮的编号或位置，并发出报警信号。手动报警按钮和前面介绍的各类编码探测器一样，可直接接到控制器总线上。

每个防火分区应至少设置一只手动火灾报警按钮。从一个防火分区内任何位置到最邻近的一只手动火灾报警按钮的距离不应大于 30 m。手动报警按钮宜设置在公共活动场所的出入口处，安装在明显且便于操作的部位。当安装在墙上时，其底边距地高度宜为 1.3～1.5 m，且应有明显标志。安装时应牢固，不应倾斜，外接导线应留不小于 10 cm 的余量。

J-SAP-8401 型不带插孔智能编码手动报警按钮具有以下特点：

(1) 采用无极性信号二总线，其地址编码可由手持电子编码器在 1～242 之间任意设定。

(2) 采用拔插式结构设计，安装简单方便。按钮上的有机玻璃片在按下后可用专用工具复位。

(3) 按下手动报警按钮玻璃片，可由按钮提供额定 DC60V/100 mA 无源输出触点信号，可直接控制其他外部设备。

2. 消火栓按钮

消火栓按钮作为火灾时启动消防水泵的设备在消防水系统控制中起重要作用。过去大部分采用小锤(称敲击按钮)，现在一般为有机玻璃片(常简称为消报)。其外形图与前述手动报警按钮相类似，如图 4.32 所示。

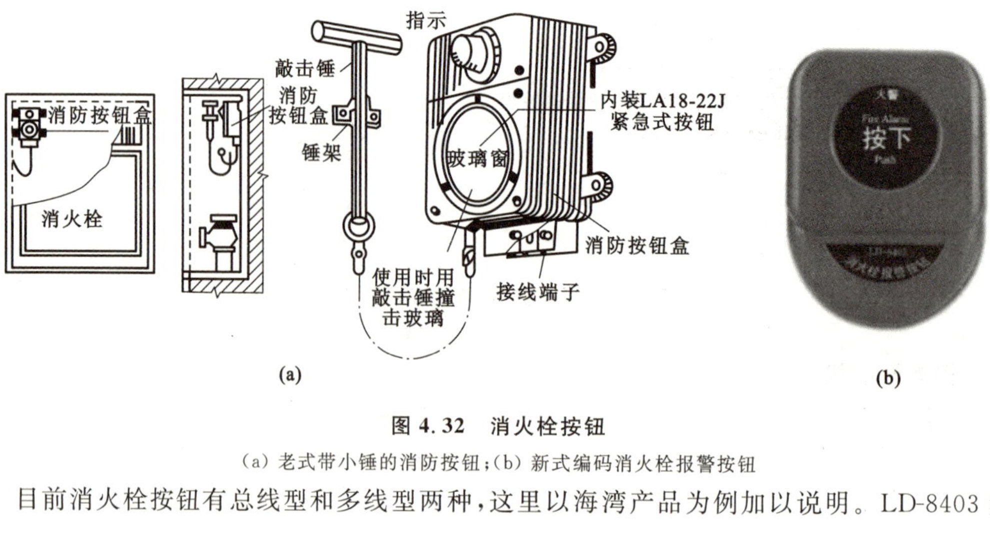

(a)　　(b)

图 4.32　消火栓按钮

(a) 老式带小锤的消防按钮；(b) 新式编码消火栓报警按钮

目前消火栓按钮有总线型和多线型两种，这里以海湾产品为例加以说明。LD-8403 型智能型消火栓按钮为编码型,可直接接入控制器总线,占一个地址编码。按钮表面装有一有机玻璃片,当启用消火栓时,可直接按下玻璃片,此时按钮的红色指示灯亮,表明已向消防控制室外发出了报警信息,控制器在确认了消防水泵已启动运行后,就向消火栓报警按钮发出命令信号,点亮泵运行指示灯。消火栓报警按钮上的泵运行指示灯既可由控制器点亮,也可由泵控制箱引来的指示泵运行状态的开关信号点亮,可根据具体设计要求来选用。

3. 现场模块

模块可分为各种不同形式,下面仅以输入模块为例阐述。

(1) 输入模块(亦称监视模块)的作用及适用范围

输入模块的作用是接收现场装置的报警信号,实现信号向火灾报警控制器的传输。

输入模块适用于老式消火栓按钮、水流指示器、压力开关、700C 或 2800C 防火阀等。模块可采用电子编码器完成编码设置。

(2) 结构、安装与布线

LD-8300 型输入模块如图 4.33 所示,其应用如图 4.34 所示。

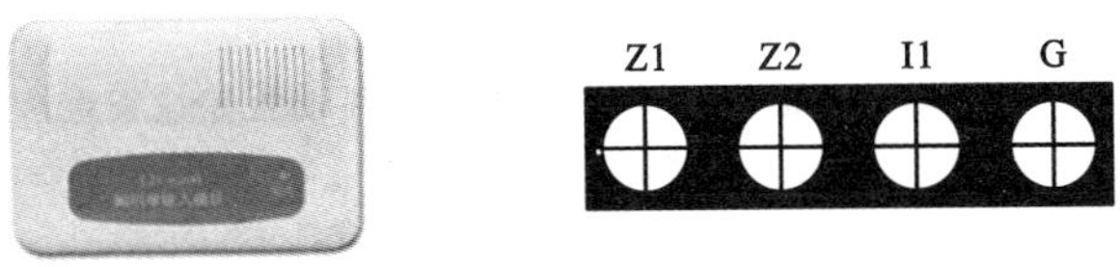

(a)　(b)

图 4.33　输入模块

(a) 外形示意;(b) 接线端子示意

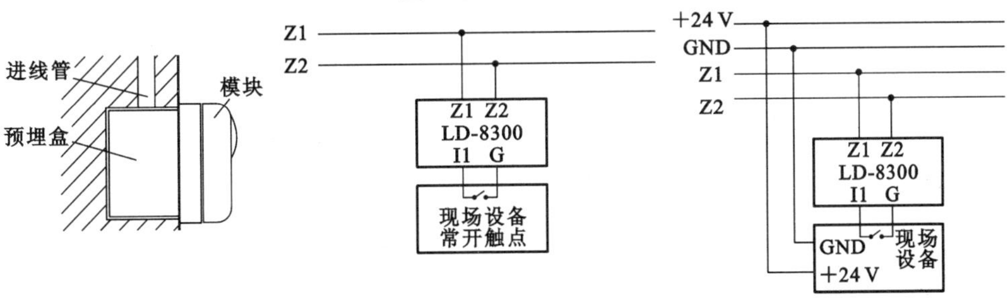

(a)　(b)　(c)

图 4.34　单输入模块应用实例

(a) LD-8300 型模块安装示意图;(b) 单输入模块与无需供电设备连接;(c) 单输入模块与需供电设备的连接

其中:

Z1、Z2:与控制器信号二总线连接的端子;

I1、G:与设备的无源常开触点(设备动作闭合报警型)连接的端子,也可通过电子编码器设置常闭输入。

模块对不同厂家来说型号各异,但其共同点是具有信号传递功能及主动控制功能,是所有联动设备与报警主机的桥梁。在实际工程设计中一定要注意模块的正确使用。

4. 火灾声光警报器

(1) 声光讯响器的分类及作用

声光讯响器一般分为非编码型和编码型两种。编码型可直接接入报警控制器的信号二总线(需由电源系统提供两根 DC24V 电源线),非编码型可直接由有源 24V 常开触点进行控制,例如用手动报警按钮的输出触点控制等，如图 4.35 所示。

声光讯响器的作用是：当现场发生火灾并被确认后，安装在现场的声光讯响器可由消防控制中心的火灾报警控制器启动，发出强烈的声光信号，以达到提醒人员注意的目的。

(2) 声光讯响器的应用案例

声光讯响器在使用中可直接与手动报警按钮的无源常开触点连接，如图 4.36 所示。当发生火灾时，手动报警按钮可直接启动讯响器。

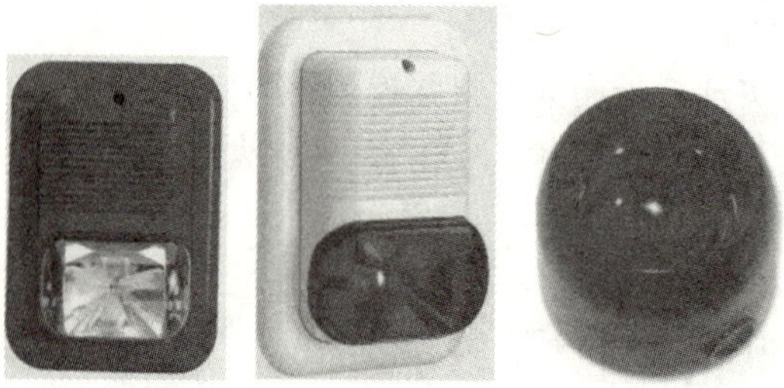

图 4.35　HX-100B 型声光讯响器

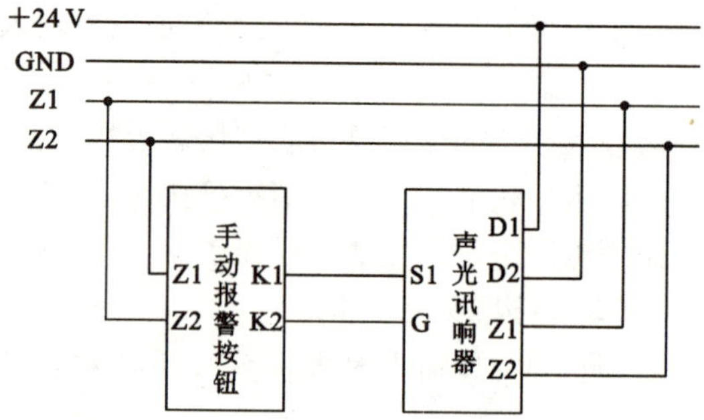

图 4.36　手动报警按钮直接控制编码声光讯响器示意

5. 总线中继器

(1) 中继器的作用

中继器可作为总线信号输入与输出间的电气隔离，完成探测器总线的信号隔离传输，可增强整个系统的抗干扰能力，并且具有扩展探测器总线通信距离的功能。其外形如图 4.37 所示。

图 4.37　LD-8321 总线中继器外形

(2) 安装与布线

中继器应在防护现场墙上安装，采用 M3 螺钉固定。

6. 总线隔离器

(1) 总线隔离器的作用

总线隔离器用在传输总线上，对各分支线起短路时的隔离作用。它能自动使短路部分两端呈高阻态或开路状态，使之不损坏控制器，也不影响总线上其他部件的正常工作。当这部分短路故障消除时，能自动恢复这部分回路的正常工作，这种装置又称短路隔离器。

(2) 总线隔离器应用案例

总线隔离器应接在各分支回路中，以起到短路保护作用，如图 4.38 所示。

7. 总线驱动器

(1) 总线驱动器的作用

总线驱动器能增强线路的驱动能力。

(2) 使用场所

① 当一台报警控制器监控的部件超过 200 件以上，每 200 件左右用一只；

② 所监控设备电流超过 200 mA，每 200 mA 左右用一只；

③ 当总线传输距离太长、太密，超长（500 m）时安装一只（也有厂家超过 1000 m 安装一只，应结合厂家产品而定）。

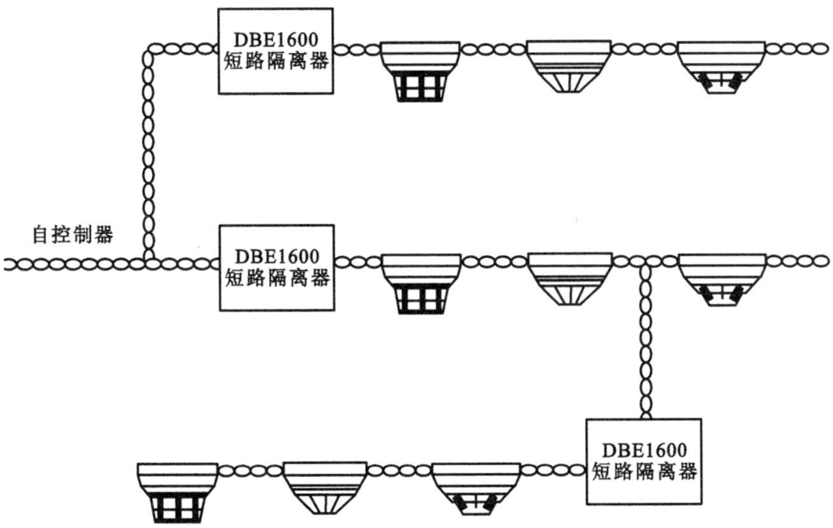

图 4.38　短路隔离器的应用示例

8. 火灾显示盘

(1) 火灾显示盘的作用

当一个系统中不安装区域报警控制器时，应在各报警区域安装区域显示器，其作用是显示来自消防中心报警器的火警信息。如图 4.39 所示。

(2) 适用范围

火灾报警显示盘适用于各防火监视分区或楼层。

9. CRT 彩色显示系统

在大型消防系统的控制中必须采用微机显示系统(即 CRT 系统)，它包括系统的接口板、计算机、彩色监视器、打印机，是一种高智能化的显示系统。该系统采用现代化手段、现代化工具和现代化技术代替以往庞大的模拟显示屏，其先进性对造型复杂的建筑群体更加突出，其外形如图 4.40 所示。

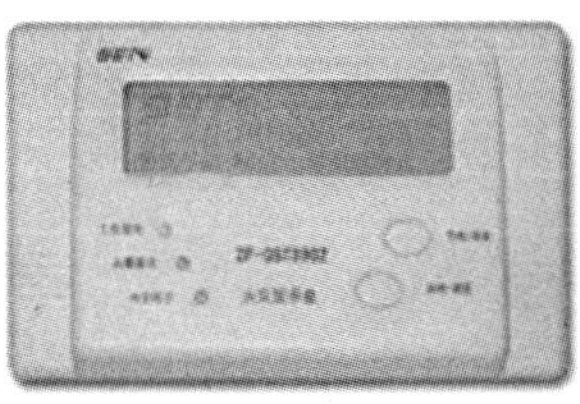

图 4.39　火灾报警显示盘

图 4.40　GSTCRT2001 彩色 CRT 显示系统示意

4.2.2.4　火灾报警控制器

火灾报警控制器是火灾自动报警系统的心脏，是消防系统的指挥中心。控制器可为火灾探测器供电，接收、处理和传递探测点的故障及火警信号，并能发出声、光报警信号，同时显示及记录火灾发生的部位和时间，并能向联动控制器发出联动通知信号。

1. 火灾报警控制器的分类和功能

(1) 火灾报警控制器的分类

火灾报警控制器种类繁多，并应满足《火灾报警控制器》(GB 4717—2005)的要求。从不同角度有不同分类，具体分类及外形如图 4.41 所示。

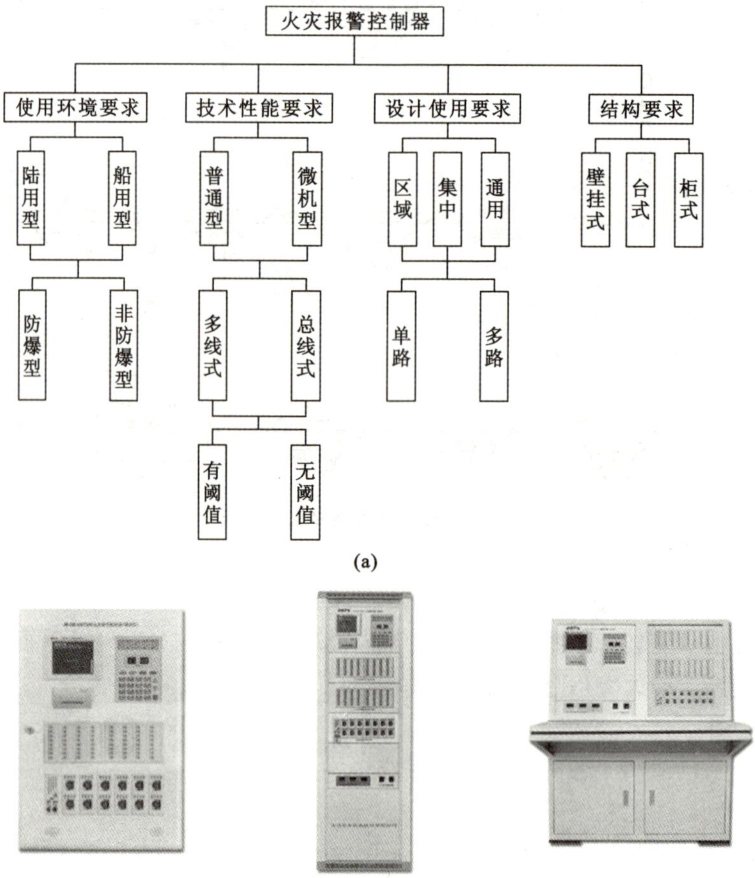

(b)　(c)　(d)

图 4.41　火灾报警控制器分类及外形图

(a) 分类；(b) 壁挂式；(c) 立柜式；(d) 台式

(2) 火灾报警控制器的基本功能

① 火灾报警功能　控制器应能直接或间接地接收来自火灾探测器及其他火灾报警触发器件的火灾报警信号，发出火灾报警声、光信号，指示火灾发生部位，记录火灾报警时间，并予以保持，直至手动复位。

② 火灾报警控制功能　控制器在火灾报警状态下应有火灾声/光警报器控制输出。

③ 故障报警功能　控制器应设专用故障总指示灯(器)，无论控制器处于何种状态，只要有故障信号存在，该故障总指示灯(器)应点亮。当控制器内部或控制器与其连接的部件间发生故障时，控制器应在 100 s 内发出与火灾报警信号有明显区别的故障声、光信号，故障声信号应能手动消除，再有故障信号输入时，应能再启动，故障光信号应保持至故障排除。

④ 屏蔽功能(仅适于具有此项功能的控制器)。

⑤ 监管功能(仅适于具有此项功能的控制器)。

⑥ 自检功能　控制器应能检查本机的火灾报警功能(以下称自检)，控制器在执行自检功能期间，受其控制的外接设备和输出接点均不应动作。控制器自检时间超过 1 min 或其不能自动停止自检功能时，控制器的自检功能应不影响非自检部位、探测区和控制器本身的火灾报

警功能。

⑦ 信息显示与查询功能　控制器信息显示按火灾报警、监管报警及其他状态顺序由高至低排列信息显示等级，高等级的状态信息应优先显示，低等级状态信息显示不应影响高等级状态信息显示，显示的信息应与对应的状态一致且易于辨识。当控制器处于某一高等级状态显示时，应能通过手动操作查询其他低等级状态信息，各状态信息不应交替显示。

⑧ 系统兼容功能（仅适用于集中、区域和集中区域兼容型控制器）。

⑨ 电源功能　控制器的电源部分应具有主电源和备用电源转换装置。当主电源断电时，能自动转换到备用电源；主电源恢复时，能自动转换到主电源；应有主、备电源工作状态指示，主电源应有过流保护措施。主、备电源的转换不应使控制器产生误动作。

⑩ 软件控制功能（仅适用于以软件实现控制功能的控制器）。

2. 火灾报警控制器的构造及工作原理

(1) 火灾报警控制器的构造

火灾报警控制器已完成了模拟化向数字化的转变，下面以二总线火灾报警控制器为例介绍其构造。

二总线火灾报警控制器集先进的微电子技术、微处理技术于一体，性能完善，控制方便、灵活。硬件结构包括微处理机(CPU)、电源、只读存储器(ROM)、随机存储器(RAM)及显示、音响、打印机、总线、扩展槽等接口电路。JB-QT-GST5000 型汉字液晶显示火灾报警控制器的外形结构为琴台式，如图 4.42 所示。

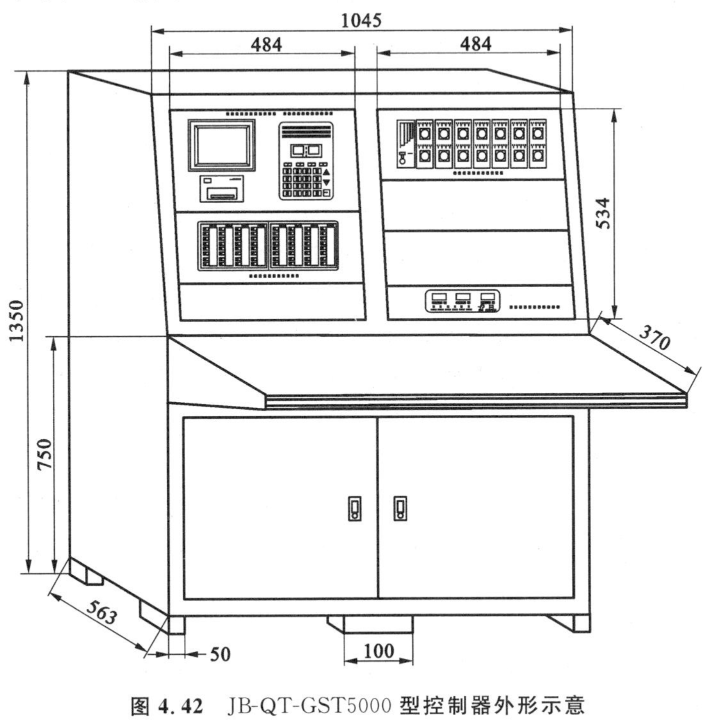

图 4.42　JB-QT-GST5000 **型控制器外形示意**

(2) 火灾报警控制器的工作原理

正常无火灾状态下，液晶显示 CPU 内部软件电子时钟的时间，控制器为探测器供 24V 直流电。探测器二线并联是通过输出接口控制探测器的电源电路发出探测器编码信号和接收探测器回答信号而实现的。

发生火灾时，控制器接收到探测器发来的火警信号后，液晶显示火灾部位，电子钟停在首次火灾发生的时刻，同时控制器发出声、光报警信号，打印机打印出火灾发生的时间和部位。当探测器编码电路发生故障，例如线路短路、断路、探头脱落等，控制器发出故障声、光报警，显示故障部位并打印。

4.2.3　消防广播与通信系统

由于火灾发生后现场非常混乱，为了便于组织人员快速安全地疏散以及广播通知有关救灾的事项，同时提高消防系统广播功能的可靠性，对特级、一级保护对象宜设置火灾消防广播系统。

1. 消防广播系统的组成

消防广播系统分为多线制和总线制两种。一般由音源(如录放机卡座、CD 机等)、播音话筒、功率放大器、音箱(分壁挂和吸顶两种)、多线制广播分配盘(多线制专用)、广播模块(总线制专用)等组成。部分设备的外形如图 4.43 所示。

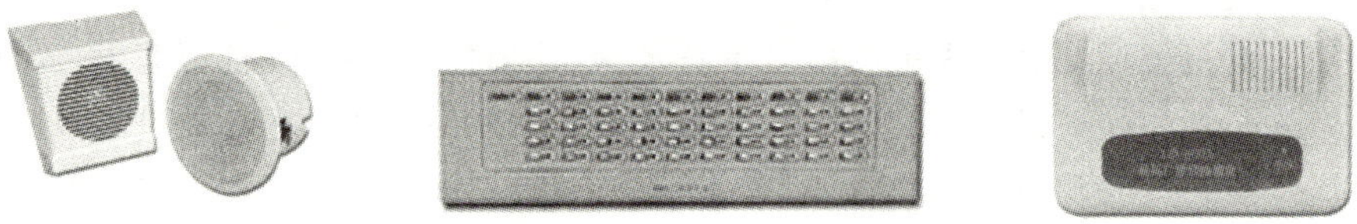

(a)　(b)　(c)

图 4.43　消防广播系统部分设备的外形示意

(a) 音箱；(b) LD-GBFP-100 多线制广播分配盘；(c) LD-8305 编码消防广播模块

2. 消防广播系统的线制

(1) 多线制消防广播系统

对外输出的广播线路按广播分区来设计，每一广播分区有两条独立的广播线路与现场放音设备连接，各广播分区的切换控制由消防控制中心专用的多线制消防广播分配盘来完成。多线制消防广播系统中心的核心设备为多线制广播分配盘，通过此切换盘可完成手动对各广播分区进行正常或消防广播的切换。但是，因为多线制消防广播系统的 N 个防火(或广播)分区需敷设 $2N$ 条广播线路，导致施工难度大、工程造价高，所以在实际中已很少使用了。如图 4.44所示。

(2) 总线制消防广播系统

总线制消防广播系统取消了广播分路盘，主要由总线制广播主机、功率放大器、广播模块、扬声器组成。该系统使用和设计灵活，与正常广播配合协调，同时成本相对较低，所以应用相当广泛。如图 4.45 所示。

3. 控制火灾广播的顺序

(1) 2 层及 2 层以上的楼层发生火灾，可先接通火灾层及其相邻的上、下两层。

(2) 首层发生火灾，可先接通首层、2 层及地下各层。

(3) 地下室发生火灾，可先接通地下各层及首层，若首层与 2 层有跳空的共享空间时，也应包括 2 层。

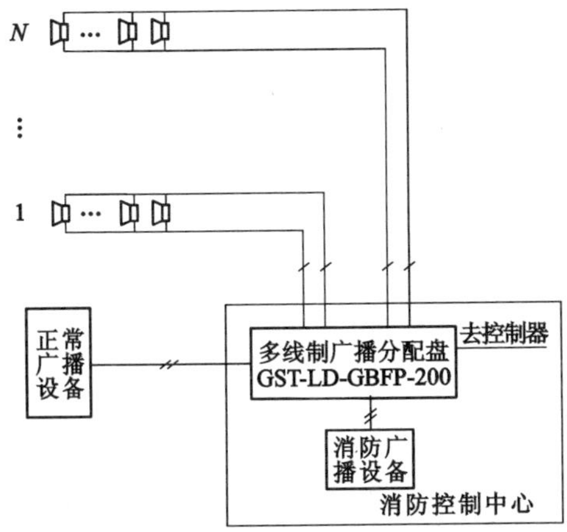

图 4.44　多线制消防广播系统示意图

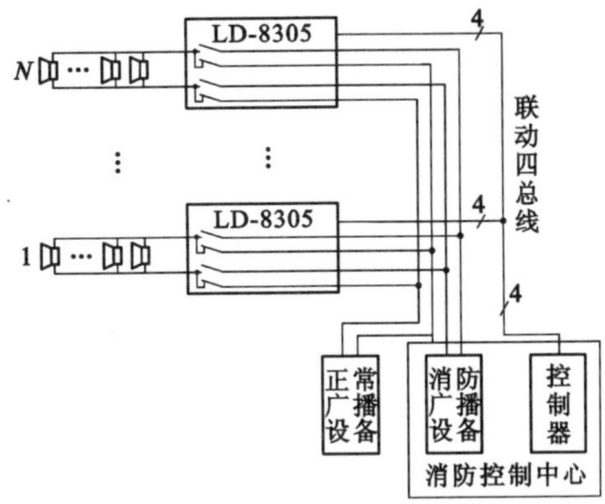

图 4.45　总线制消防广播系统框图

4.2.4　疏散指示和应急照明

1. 安全疏散诱导的作用

安全疏散是指人们(或物资)在建筑物发生火灾后能够迅速安全地退出其所在的场所。在正常情况下,建筑物中的人员疏散可分为零散疏散(如商场)和集中疏散(如影剧院)两种。当发生紧急事故时,都变成集中而紧急的疏散。安全疏散设计是确保人员生命财产安全的有效措施,是建筑防火的一项重要内容。

2. 应急照明

(1) 应急照明的设置部位

为了便于在夜间或在烟气很大的情况下紧急疏散,应在建筑物内的下列部位设置火灾应急照明:

① 封闭楼梯间、防烟楼梯间及其前室,消防电梯及其前室。

② 配电室、消防控制室、自动发电机房、消防水泵房、防烟排烟机房、供消防用电的蓄电池室、电话总机房、监控(BMS)中央控制室以及在发生火灾时仍需坚持工作的其他房间。

③ 观众厅,每层面积超过 1500 m^2 的展览厅、营业厅,建筑面积超过 200 m^2 的演播室,人员密集且建筑面积超过 300 m^2 的地下室及汽车库。

④ 公共建筑内的疏散走道和长度超过 20 m 的内走道。

(2) 应急照明的设置要求

应急照明设置通常有两种方式:一种是设独立照明回路作为应急照明,该回路灯具平时处于关闭状态,只有当发生火灾时,通过末级应急照明切换控制箱使该回路通电,使应急照明灯具点燃。另一种是利用正常照明的一部分灯具作为应急照明,这部分灯具既连接在正常照明的回路中,同时也被连接在专门的应急照明回路中。平时该部分灯具由于接在正常照明回路中,所以被点亮;当发生火灾时,虽然正常电源被切断但由于该部分灯具又接在专门的应急照明回路中,所以灯具依然处于点亮状态,当然要通过末级应急照明切换控制箱才能实现正常照明和应急照明的切换。

(3) 供电要求

应急照明要采用双电源供电,除正常电源之外,还要设置备用电源,并能够在末级应急照明配电箱实现备电自投。

3. 疏散指示照明

(1) 疏散指示照明设置部位

① 消火栓处；

② 防排烟控制箱、手动报警器、手动灭火装置处；

③ 电梯入口处；

④ 疏散楼梯的休息平台、疏散走道、居住建筑内长度超过 20 m 的内走道及公共出口处。

(2) 疏散指示照明设置要求

疏散指示照明应设在安全出口的顶部嵌墙安装，或在安全出口门边墙上距地 2.2～2.5 m 处明装；疏散走道及转角处、楼梯休息平台处在距地 1 m 以下嵌墙安装；大面积的商场、展厅等安全通道上采用顶棚下吊装。疏散指示照明只需提供足够的照度，一般取 0.5 lx，维持时间按楼层高度及疏散距离计算，一般为 20～60 min。

疏散指示照明器按防火规范要求，采用白底绿字或绿底白字，并用箭头或图形指示疏散方向，以达到醒目，使光的距离传播较远。常见的疏散指示照明器包括疏散指示灯，如图 4.46 所示。

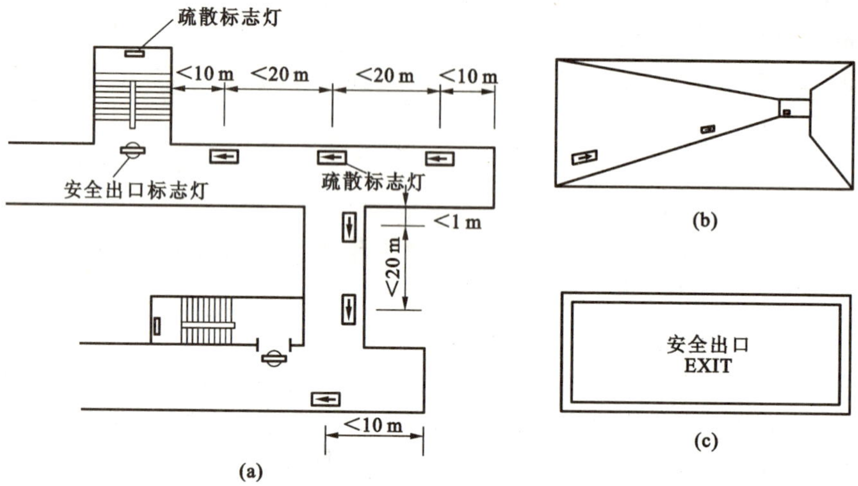

图 4.46 疏散指示灯及安全出口

(a) 疏散指示灯设置示例；(b) 疏散指示灯外形示意图；(c) 安全出口示意图

(3) 供电要求

疏散指示照明的供电要求同应急照明。

4.2.5 消防灭火系统

4.2.5.1 消防系统分类

消防系统分类如下：

- 消防系统
  - 自动喷水灭火系统
    - 闭式自动喷水灭火系统
      - 湿式自动喷水灭火系统
      - 干式自动喷水灭火系统
      - 预作用自动喷水灭火系统
      - 循环启闭自动喷水灭火系统
    - 开式自动喷水灭火系统
      - 雨淋灭火系统
      - 水幕灭火系统
      - 水喷雾灭火系统
  - 固定式喷洒灭火剂系统
    - 泡沫灭火系统
    - 干粉灭火系统
    - 二氧化碳灭火系统
    - 卤代烷灭火系统
    - 气溶胶灭火系统

4.2.5.2　灭火的基本方法

1. 化学抑制法

将灭火剂二氧化碳、卤代烷等施放到燃烧区上，就可以起到中断燃烧的化学连锁反应，达到灭火的目的。

2. 冷却法

将水喷到燃烧物上，通过吸热使温度降低到燃点以下，火随之熄灭。

3. 窒息法

窒息法是阻止空气流入燃烧区域，即将泡沫喷射到燃烧液体上，将火窒息；或用不燃物质进行隔离，如用石棉布、浸水棉被覆盖在燃烧物上。

4.2.5.3　室内消火栓灭火系统

1. 系统简介

室内消火栓灭火系统是由蓄水池、加压送水装置（水泵）及室内消火栓、消防按钮等主要设备构成的移动式灭火设施，如图 4.47 所示。

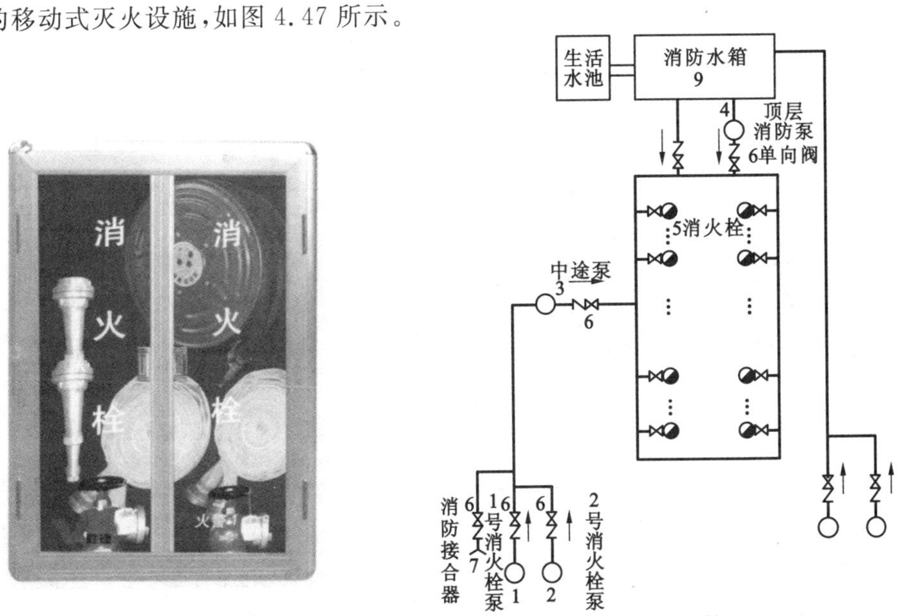

(a)　　(b)

图 4.47　室内消火栓灭火系统

(a) 消火栓实物图；(b) 消火栓灭火过程简图

2. 室内消防水泵的电气控制

① 对室内消防水泵的控制要求

对消防水泵的控制方法有三种：

- 由消防按钮控制消防水泵的启停；
- 水流报警启动器控制消防水泵启停；
- 中心发出主令信号控制消防泵启停。

② 对消火栓灭火系统的要求

- 选用打碎玻璃启动的按钮；
- 消防按钮启动后，消火栓泵应自动投入运行；
- 防止消防泵误启使水压过高而导致管网爆裂，需加设管网压力监视保护；
- 消火栓工作泵发生故障需要强投时，备用泵自动投入运行，也可以手动强投；
- 泵房应设有检修用开关和启动/停止按钮，检修时将检修开关接通，切断消火栓泵的控制回路以确保维修安全，并设有开关信号灯。

4.2.6　自动喷洒水灭火系统

4.2.6.1　基本功能

(1) 火灾发生后，自动地进行喷水灭火；

(2) 能在喷水灭火的同时发出警报。

4.2.6.2　湿式自动喷水灭火系统

它属于固定式灭火系统，是最安全可靠的灭火装置，适用于温度不低于 4 ℃(低于 4 ℃时受冻)和不高于 70 ℃的场所。

1. 系统的组成

湿式自动喷水灭火系统由喷头、报警止回阀、延迟器、水力警铃、压力开关(安在干管上)、水流指示器、管道系统、供水设施、报警装置及控制盘等组成。部分设备如图 4.48 所示。

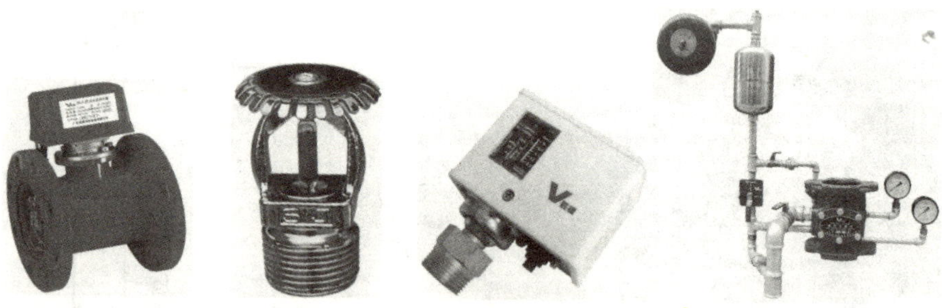

水流指示器　　喷头　　压力开关　　报警止回阀

图 4.48　湿式自动喷水灭火系统部分设备

2. 工作过程简介

当发生火灾时，温度达到动作值时，喷头内玻璃球式温敏元件炸裂，密封垫脱开，喷头喷水，报警阀自动开启后，流动的消防水使水流指示器桨片摆动，带动其电接点动作，火灾报警器接到该信号后，发出指令启动报警系统或启动消防水泵等电气设备，并可显示火灾发生区域。通过消防控制室启动水泵供水灭火，保证喷头有水喷出。

4.2.7　智能消防系统的集成与联网

4.2.7.1　智能消防系统的集成

1. 智能消防系统集成的概念

智能建筑应满足高可靠性、高安全性、舒适性强、反应灵敏的要求，因此消防自动化（FA）系统与楼宇自动化（BA）系统各子系统有机地联系在一起并发挥作用。FA 系统是 BA 系统的子系统，是智能建筑安全的关键。因此，消防系统的集成就是通过中央监控系统和智能消防系统，使建筑物配电、照明、灯光、音响与广播、电梯及装置实现联动控制，进一步与整个建筑物的通信、办公和保安系统联网，实现建筑物的综合自动化。

2. 智能消防系统集成能力的评价依据

(1) 为了实现火灾参数动态监测，提高综合消防管理能力，消防系统与中央信息管理子系统联网；

(2) 消防系统作为 BA 系统一个子系统，实现自动报警、灭火、消防联动等各项功能；

(3) 为了使其与 BA 系统联网，应留有接口。

4.2.7.2　智能消防系统的联网

消防系统作为楼宇自动化系统的一部分，可以受控于主系统，也能独立工作，还可与通信、办公及保安等其他子系统联网，实现整个建筑的综合智能化，并能向上级管理系统报警和传递信息，为城市消防调度指挥系统、城市消防管理系统与城市综合信息管理网络的联网运行提供火灾及楼宇消防系统状况的有效信息，与城市其他管理中心共享数据和信息，为智能建筑提供了重要的安全保证。

智能楼宇中的智能消防系统可通过配置丰富的计算机界面、楼宇火灾模拟软件及相应的消防专家系统，为楼宇消防管理人员的培训、设备监测管理和各种假想条件下初期火灾扑救方案的设计服务。另外，专业消防监督管理人员可以通过计算机网络系统查阅重点建筑和重点防火单位的防火资料及设备运行状态记录，交流、分析各个建筑和各个单位的火灾特点和灭火预设方案，改变以往仅靠现场走访和检查的防火管理方式，构成高效的防火监督管理系统。由此可见，系统集成和联网是消防系统提升功能的途径。FA 系统与 BA 系统集成与联网框图如图 4.49 所示。

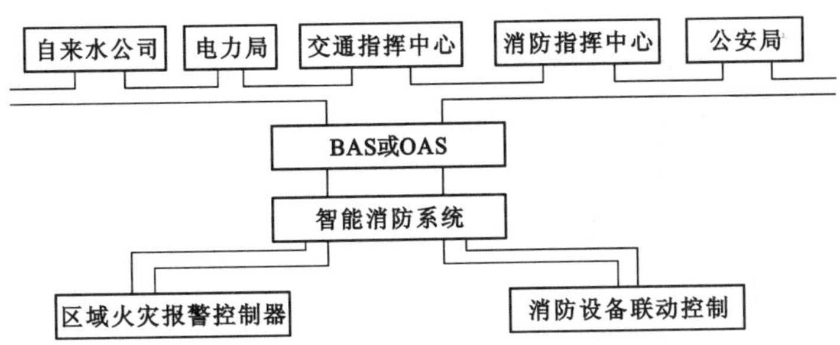

图 4.49　FA 系统与 BA 系统集成与联网框图示意

4.2.7.3　消防控制中心功能

指挥中心是人们对消防中心（消防值班室及消防控制室）的恰当描述。消防控制室首先应该是防火管理中心。在现代智能建筑中，往往将防火管理中心和保安管理、设备管理、信息情报管理结合在一起，形成防灾中心或监控中心。

1. 消防中心的设置

每座建筑的使用性质和功能存在一定程度的差异，其消防控制设备所包括的控制装置也不尽相同。其共同点是：该建筑内的火灾报警及其他联动控制装置都集中于消防控制室中，即使控制设备分散在其他房间，各种设备的操作信号也应反馈到消防控制室。为实现集中监控，消防控制室设备的组成可根据需要由下列部分或全部控制装置组成：火灾报警控制器，自动灭火系统的控制装置（包括自动喷水灭火系统、泡沫灭火系统、干粉灭火系统、有管网的二氧化碳和卤代烷灭火系统等），室内消火栓系统的控制装置，防烟、排烟系统及空调通风系统的控制装置，常开防火门、防火卷帘的控制装置，电梯回降控制装置，火灾应急广播的控制装置，火灾警报装置的控制装置，火灾应急照明与疏散指示标志的控制装置，消防通信设备的控制装置等。

2. 消防中心控制及显示功能

（1）消防控制室的控制及显示功能

① 控制消防设备的启/停，并应显示其工作状态；

② 消防水泵及防烟、排烟风机的启/停，除自动控制外，应有手动直接控制；

③ 显示火灾报警和故障报警部位；

④ 显示保护对象的重点部位、疏散通道及消防设备所在位置的平面图或模拟图；

⑤ 显示系统供电电源的工作状态。

（2）消防控制设备的控制与显示功能

① 室内消火栓设备的启动显示；

② 自动喷水灭火装置的启动显示；

③ 水喷雾灭火设备的启动显示；

④ 泡沫灭火设备的启动显示；

⑤ 二氧化碳灭火设备的启动显示；

⑥ 卤代烷灭火设备的启动显示；

⑦ 干粉灭火设备的启动显示；

⑧ 室外灭火设备的启动显示；

⑨ 火灾自动报警设备的动作显示；

⑩ 漏电报警设备的动作显示；

⑪ 向消防机关通报设备的操作及动作显示；

⑫ 火灾警铃、警笛等音响设备的操作显示；

⑬ 可燃气体漏气报警设备的动作显示；

⑭ 气体灭火放气设备的操作及动作显示；

⑮ 排烟口的开启显示及操作；

⑯ 排烟风机的动作显示及操作；

⑰ 防火卷帘的动作显示；

⑱ 防火门的动作显示；

⑲ 各种空调的停止操作及显示；

⑳ 消防电梯轿厢的呼回及联动操作显示；

㉑ 可燃气体紧急关断设备的动作显示。

4.2.7.4　消防事件联动案例

消防事件联动案例如图 4.50 所示。

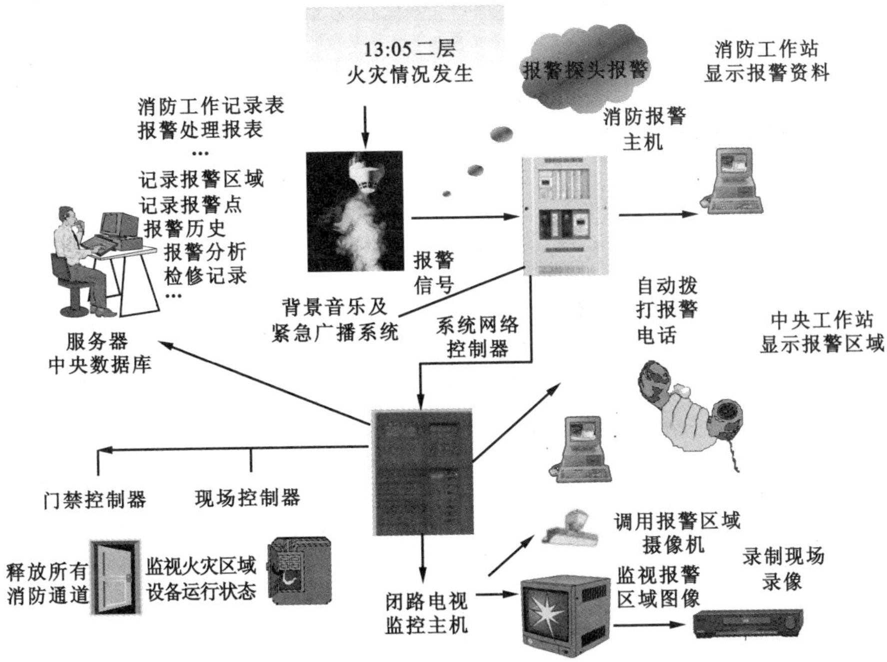

图 4.50　消防事件联动案例

当 13:05 二层发生火灾时，消防事件联动过程是：火灾区域探测器报警，报给消防中心的报警主机，主机显示相应编号，自动拨打报警电话报警，消防工作站显示报警资料，背景音乐及紧急广播系统指挥疏散，系统网络控制器使闭路电视监控系统工作；调用报警区域摄像机、监视报警区域图像、录制现场录像；现场控制器监视火灾区域设备运行状态；门禁控制器释放所有消防通道。服务器中央数据库工作内容包括消防工作记录表、报警处理报表、记录报警区域、记录报警点、报警历史、报警分析、检修记录等。

情境小结

本情境分为安全防范和消防系统。现代建筑的高层化、大型化以及功能的多样化，向消防及安全防范系统提出了更新、更高的安全可靠要求，即具有较高的自动化水平及完善的功能。为了保障人民生命和财产的安全，必须根据国家有关消防与安防规范设置消防系统及安防系统设备，因此智能建筑的建设安全是首位的。主要介绍了防灾系统中消防系统和安防系统的构成，阐述了安全防范和消防系统的基本作用与功能，说明了消防系统和安防系统在智能建筑中的应用。应着重掌握如下内容：

(1) 掌握安防系统的组成及各系统的控制功能；

(2) 熟悉常用安防系统的组成设备；

(3) 了解安防系统在智能楼宇内的集成与联网；

(4) 掌握消防系统的组成、火灾自动报警与联动控制系统功能；
(5) 了解消防系统在智能楼宇内的集成与联网；
(6) 能看懂工程图纸并为防灾系统的施工打下基础。

【习题与训练项目】

习　题

1. 描述各巡更点分布位置图与有关状态。
2. 简述停车场管理系统的组成及原理。
3. 简述智能建筑对保安系统的要求。
4. 概述闭路电视监视系统的组成与主要功能。
5. 安防系统对物业保安人员有哪些要求？
6. 叙述火灾自动报警系统的组成及其作用。
7. 消防系统联网的意义是什么？
8. 叙述不同探测器的作用。

训 练 项 目

题目一:安全防范系统

(一) 实训目的

1. 掌握安防系统的组成；
2. 掌握安防各子系统的组成及工作特点。

(二) 实训设备

各种型号监控摄像机、视频矩阵主机、画面分割器、硬盘录像机、停车场道闸设备、主动红外发射器、可视对讲机等。

(三) 实训步骤

1. 教师讲解系统的基本内容；
2. 分系统参观；
3. 写参观记录；
4. 编写参观报告。

(四) 问题讨论

1. 门禁控制系统常用设备有哪些？
2. 闭路电视监控系统的信号传输部分都可以采用哪些传输介质？
3. 一般设计中周界防范系统和哪种设备联动？这样设计有什么优点？
4. 电子巡更系统有哪两种安装方式？各有什么优缺点？

技能考核

1. 对各个系统的认知度；
2. 参观态度。

成绩评定

优______良______中______及格______不及格______

题目二:办公室的智能楼宇系统方案

（一）实训目的

1. 熟悉识图方法；

2. 具有选择设备的能力。

（二）实训内容与设备

1. 实训内容

（1）看图识别设备；

（2）选择设备型号。

2. 实训设备

根据图 4.51 识图。

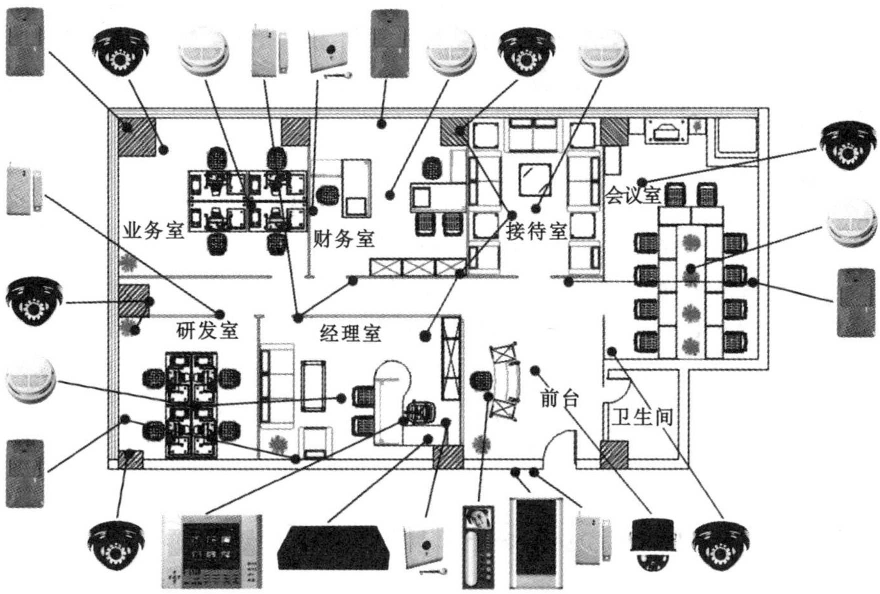

图 4.51 办公室的智能楼宇系统方案

（三）实训步骤

1. 编写实训计划书；

2. 准备实训产品说明书或相关手册；

3. 熟悉图中的核心内容；

4. 进行识读和设备选择训练。

（四）实训报告

1. 实训计划书；

2. 识图与设备选择过程报告。

（五）实训记录与分析

办公室的智能楼宇系统方案中设备识读与选型

序号	品 名	型 号	单 位	数 量	主要功能

学习情境5　通信自动化系统

通信是人类社会传递信息、交流文化、传播知识的有效手段。随着社会的进步和科学技术的发展，人们对通信的需求日益增长，特别是进入以信息为资源的信息化社会，随着信息量的增加和信息形式的多样化，人们对通信的需求更大、要求更高，通信已成为社会组成的主要部分，通信业务已深入到社会的各个方面，渗透到人们的工作和生活之中。

通信网络是指将多个通信系统以一定的拓扑结构和组织结构组合而成的完整体系，是传递信息所需要的一切技术设备的总和。它用于将信息从一方传递给另一方，一般由信息源（简称信源）、发送设备、传输介质、接收设备和信息接收者（又称信宿）组成。更确切地说，由用户终端设备、转接交换设备和传输链路共同构成通信网络。

【能力目标】

◆ 了解卫星与有线电视网络系统的组成、传输方式及应用；

◆ 了解计算机网络中的宽、窄带接入，ADSL技术，双向HFC网络的电缆调制解调器接入，无线宽带网接入（LMDS），三网融合的宽带接入技术；

◆ 掌握综合布线的组成和作用；

◆ 学会现场总线技术及多媒体技术的应用；

◆ 通过案例对建筑通信网络有全面的了解。

任务1　卫星通信及有线电视系统知识与案例

任务描述

初步了解卫星电视接收系统的组成情况及特点、有线电视系统的基本概念和组成，熟悉有线电视的传输技术等，掌握有线电视系统主要设备的使用位置和使用方法，通过设计实例增强对卫星和有线电视系统的认识。

任务分析

从实例入手，了解卫星和有线电视系统的各个方面，接着回到案例设计中来熟悉系统，最后通过动手组装一部分系统来达到掌握的目的。

方法与步骤

5.1.1　卫星通信

卫星通信是宇宙无线电通信的形式之一，是地球上（包括地面和低层大气中）的无线电通信站间利用卫星作为中继而进行的通信。

卫星通信系统由卫星和地球站两部分组成,如图 5.1 所示。卫星在空中起中继站的作用,即把地球站发来的电磁波放大后再返送回另一地球站。地球站则是卫星系统与地面公众网的接口,地面用户通过地球站出入卫星系统形成链路。

卫星通信的优点是:(1) 通信范围大,只要卫星发射的波束覆盖的范围均可进行通信;(2) 不易受陆地灾害影响;(3) 建设速度快;(4) 易于实现广播和多址通信;(5) 电路和话务量可灵活调整;(6) 同一信道可用于不同方向和不同区域。其缺点是:(1) 由于两地球站间电磁波传播距离有 72000 km,信号到达有延迟;(2) 10 GHz 以上频带受降雨雪的影响;(3) 天线受太阳噪声的影响。

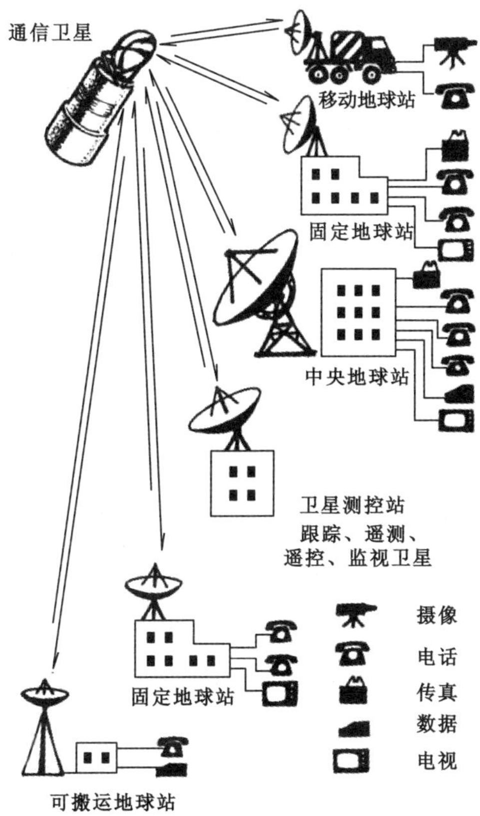

图 5.1　卫星通信系统组成

5.1.2　卫星电视接收系统

卫星电视接收系统是利用地球同步卫星来转发电视信号的系统。

卫星电视接收系统是由抛物面天线、馈源、高频头、卫星接收机组成的一套完整的卫星地面接收站,如图 5.2 所示。

抛物面天线是把来自空中的卫星信号能量反射汇聚成一点(焦点)。馈源是在抛物面天线的焦点处设置一个卫星信号的喇叭,称为馈源,意思是馈送能量的源,要求将会聚到焦点的能量全部收集起来。前馈式卫星接收天线基本上用大张角波纹馈源。高频头(LNB 亦称降频器)是将馈源送来的卫星信号进行降频和信号放大,然后传送至卫星接收机。高频头的噪声度数越低越好。卫星接收机是将高频头输送来的卫星信号进行解调,解调出卫星电视图像信号和伴音信号。

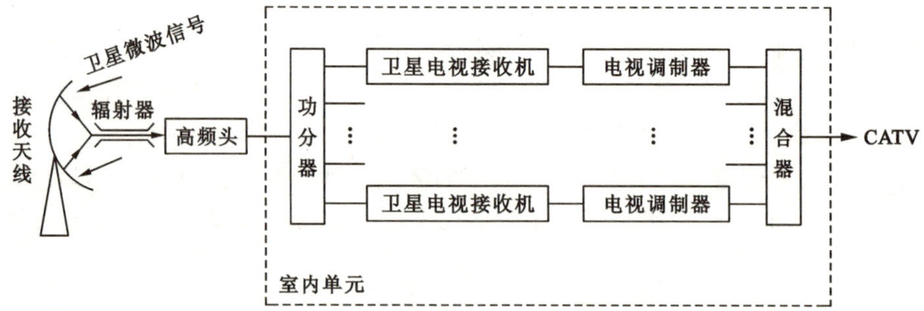

图 5.2　卫星电视接收系统组成

1. 接收天线

卫星电视接收天线的作用是接收卫星转发的电磁波信号。卫星电视接收天线按馈电方式分主要有前馈式和后馈式(卡塞格伦天线)两种,按反射面又可分为板状天线和网状天线,但不论是何种天线,其主反射面都是抛物面。

(1) 前馈式抛物面天线　如图 5.3 所示,这种抛物面天线由辐射器(也称馈源)和抛物面反射器组成。辐射器相位中心位于抛物面反射器的焦点上,反射器将接收到的卫星发射来的平行平面电磁波聚焦,校正为球面波送给辐射器,再通过波导送给高频头。

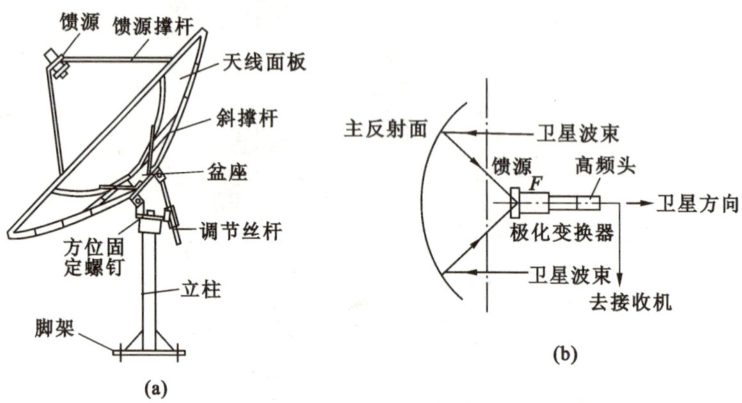

图 5.3　前馈式接收天线结构图

(a) 结构图;(b) 剖面图

(2) 后馈式(卡塞格伦)天线　如图 5.4 所示,这种天线主反射面仍为抛物面,副反射面为一旋转双曲面,设计时使副反射面的虚焦点和主反射面的焦点相重合于 F 点。主反射器将接收到的卫星电视信号聚焦反射到副反射面,经副反射面再反射到馈源,通过波导送给高频头。后馈板状式天线质量高,但价格贵。

2. 高频头

高频头紧接在天线输出端,一般兼有放大和变频的功能。它的作用是将卫星天线收到的微弱信号进行放大,并且变频到 940～1450 MHz 频段后放大输出,通过同轴电缆传送到卫星接收机。

3. 功率分配器

功率分配器是将信号功率分成相等或不相等的几路信号功率输出的一种多端口的微波网路。

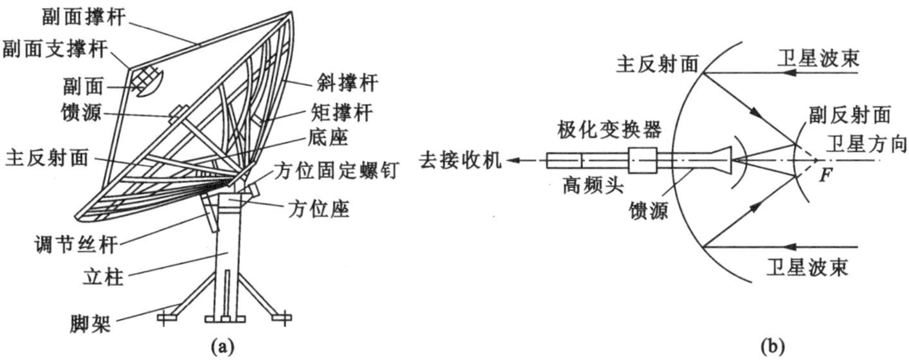

图 5.4　卡塞格伦接收天线结构图

(a) 结构图;(b) 剖面图

4. 卫星接收机

卫星电视接收机的主要功能是将来自高频头输出的第一中频信号(950～1450 MHz) 经变频放大后送到第二混频器混频,转换成 136.24 MHz 的第二中频,然后由带通滤波器对邻近频道信号进行衰减,并由限幅放大器抑制调幅杂波,再由视频解调器解调出视频信号,由伴音解调器解调出伴音信号。

天线的安装步骤: 卧式脚架装在已准备好的基座上,校正水平,然后紧固脚架铁丝及焊接固定(卧式脚架须先调好方位角后方可固定脚架)。装上方位托盘和仰角调节螺杆。依顺序将反射板的加强支架和反射板装在反射板托盘上,在反射板与反射板相连接时稍微固定但暂不紧固,等全部装上后,调整板面平整再将全部螺丝紧固。装上馈源支架和馈源固定盘。

馈源、高频头的安装与调整:馈源和高频头及与其连接的矩形波导口必须对准、对齐,波导口内则要平整,两波导口之间加密封圈,拧紧螺丝防止渗水,将连接好的馈源和高频头装在馈源固定盘上,对准抛物面天线中心位置聚焦。

5.1.3　有线电视系统

5.1.3.1　有线电视的概念

有线电视系统是采用缆线(电缆或光缆)等作为传输媒质来传送电视节目的一种闭路电视系统 CCTV(Closed-circuit Television)[国内常常使用 CATV 这个词(共用天线系统/有线电视 Community Antenna Television)],它以有线的方式在电视中心和用户终端之间传递声、像信息。所谓闭路,是指不向自由空间辐射,可供电视接收机通过无线接收方式直接接收的电磁波。

有线电视是在采用开路接收方式的共用天线电视系统的基础上发展起来的。与共用天线电视系统相比,有线电视系统图像质量好,没有开路发射的重影和空间杂波干扰,而且节目源丰富,不仅可转播当地开路电视节目,还可自办节目和转发卫星电视节目。另外,在有线电视系统启用增补频道和采用邻频传输技术,可增加频道数目和电视信号容量,有线电视还能传输数字化信息,使电视系统向着双向交互、多功能、多媒体信息通信网络的方向发展。

5.1.3.2　有线电视系统的基本组成

有线电视系统由接收部分、前端部分、干线传输系统(如干线放大器 AGC、ASC 和干线电缆或光缆)、用户分配网络 、用户终端、电视接收、调频广播 、线缆调制解调器 (Cable Modem，PC 机、IP 电话）等组成，如图 5.5 所示。

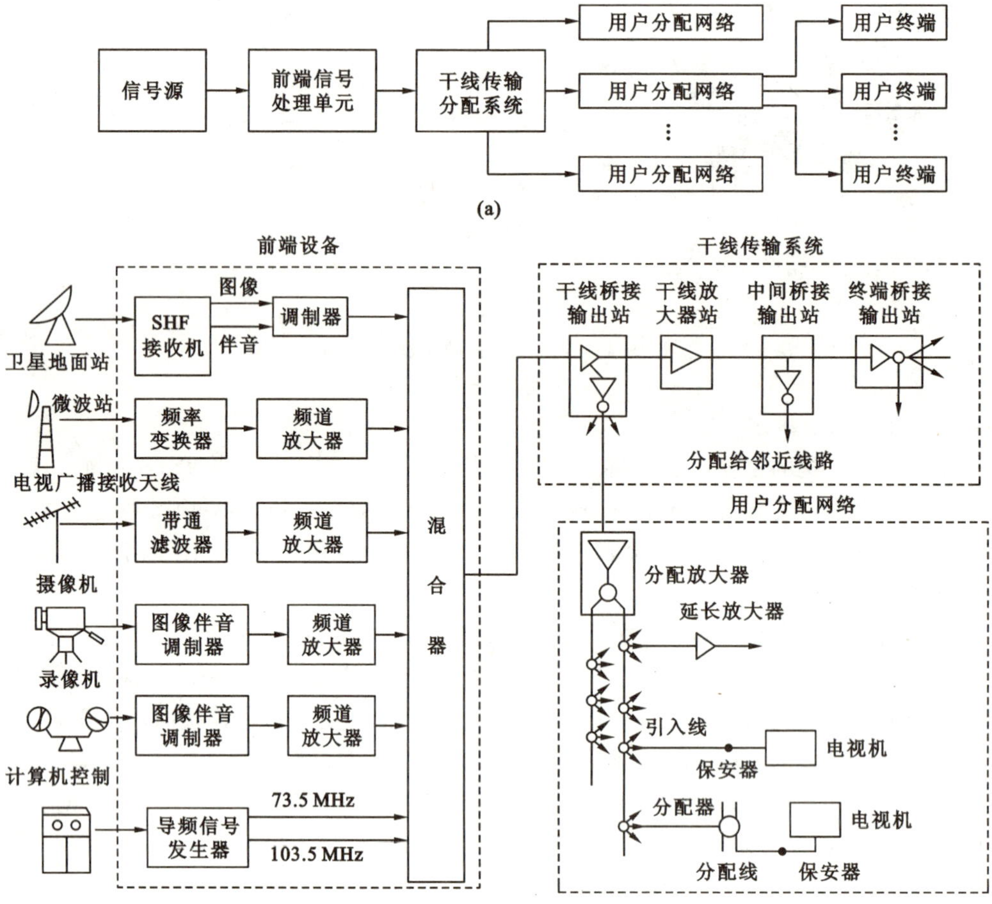

图 5.5 有线电视系统的基本组成

(a) 组成框图；(b) 实例

1. 接收部分

接收部分接收各种电视信号，包括：通过高增益多单元定向天线接收 VHF/UHF 频段的电视信号；通过各种口径的抛物面天线接收卫星微波信号，经高频头放大、变频后输出频率为 950～1450 MHz 的卫星电视信号；通过抛物面天线接收微波中继信号和无线电缆电视系统所发出的微波电视信号，经变频输出的高频电视信号；通过演播室内的摄像机、录像机、影碟机、电影电视转播机等视频和音频设备送出的电视信号。

2. 前端部分

CATV 系统前端部分的功能就是将来自接收部分的各种电视信号进行技术处理，使它们变成符合系统传输要求的高频电视信号，输出一个复合信号，输送至系统的干线传输网中。

前端部分的设备包括放大微弱高频电视信号的天线放大器、衰减强信号的衰减器、滤除带外成分的滤波器、将信号放大的频道放大器和宽带功率放大器、将视频和音频信号变成高频电视信号的电视调制器、对卫星电视信号进行解调放大的卫星接收机、用于变换频道的频道转换器、对高频电视信号进行处理的信号处理器、将多路高频电视信号混合成一种的混合器等。

3. 干线传输

CATV 系统干线传输部分的功能是将前端部分输出的高频电视信号不失真地、稳定地传送到系统的分配网络输入端口，且其信号电源应满足系统分配网络的要求。

在 CATV 系统中，用作系统干线传输的传输媒体包括同轴电缆、光纤和无线电缆电视(MMDS)系统等。

(1) 同轴电缆传输

目前大多数 CATV 系统的干线传输媒体均采用同轴电缆，因而同轴电缆的结构和材料对信号的传输质量有着密切的关系。由于电视信号的频率较高，在同轴电缆中传输时必然会产生衰减，且频率越高衰减量越大，这样，当高频电视信号在电缆中传输一段距离后，信号电平会下降，距离越远下降值越大，且会使不同频率电平产生差值，影响系统分配网络的正常工作。为了克服这些不利因素，除了采用优质低耗的同轴电缆外，还要采用具有自动电平控制(ALC)和自动斜率控制(ASC)的干线放大器。此外，在主干线上应尽可能减少分支，使干线中串接的干线放大器数量尽量少，因为放大器的使用必然导致噪声的增大及频率特性变差和非线性失真的产生。就目前的技术水平而言，采用同轴电缆作为干线传输媒体，所能串接的干线放大器理论上不能超过 25 级，这样，系统干线传输的最长距离也就在 10 km 左右。而目前的 CATV 系统正朝着城市和地区大范围联网方向发展，仅仅采用同轴电缆作为主干线已无法满足大系统联网的要求。为了解决这个问题，目前 CATV 系统中采用光纤来替代干线传输媒体的同轴电缆，形成“光纤＋同轴电缆”的传输方式，很好地解决了宽带长距离传输的问题，而且保持了较好的信号质量。

(2) 光纤传输

光纤传输系统主要由光发送机、光纤和光接收机等组成。光发送机接收 CATV 系统前端部分输出的高频电视信号，将信号调制成波长为 1310 nm 的激光信号，经光纤传送后，由光接收机接收并还原高频电视信号，通过同轴电缆馈送给系统的分配网络，如图 5.6 所示。

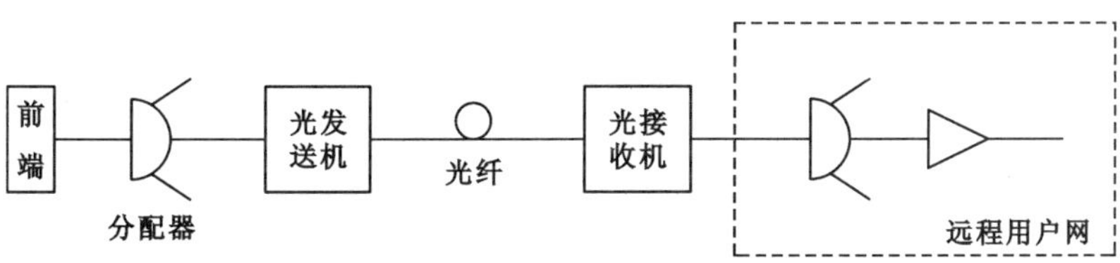

图 5.6　有线电视系统光纤传输示意图

使用光纤传输除了能远距离高质量传输信号外，还具有容量大、带宽特性平滑、绝缘性能良好，并能双向传输，不受电磁感应和大气干扰等特点。其缺点是建网投资大，周期长。

在有些场合如远离城市的边远地区，因人口密度小，线缆敷设较为困难，用光纤传输系统传送电视信号，从经济角度考虑显得不太恰当了，而采用近年来技术上得到飞速发展的 MMDS 系统作为 CATV 系统的干线传输媒体则能较好地解决这一难题。

(3) 无线电缆电视系统

无线电缆电视系统亦称为微波传输系统(MMDS)，它是一种独立的电视信号传输分配系统，既可以代替 CATV 系统中的超干线和干线与有线电视同轴电缆系统的级连电路，构成大型传输网络，也可以直接将电视信号和 FM 信号分配给用户。

4. 分配网络

分配网络就是将由前端提供、干线传输过来的高频电视信号通过电缆分配到每个用户终端，而且要保证每个用户终端得到的电平值都符合系统的要求。因此，分配网络实际上除了同轴电缆作为分支传输网外，还包括各种分配器、分支器、分支串接单元、用户终端等无源部件，以及各种用于对信号电平再次进行放大，以满足继续分配需要的放大器。

分配网络的最基本形式有分配-分配、分支-分支、分配-分支和分支-分配，如图 5.7 所示。至于采取哪一种形式，要根据用户终端分布情况来确定，然后按每个用户终端的信号电平为(70±5) dB的要求来确定所用器件的规格和数量。

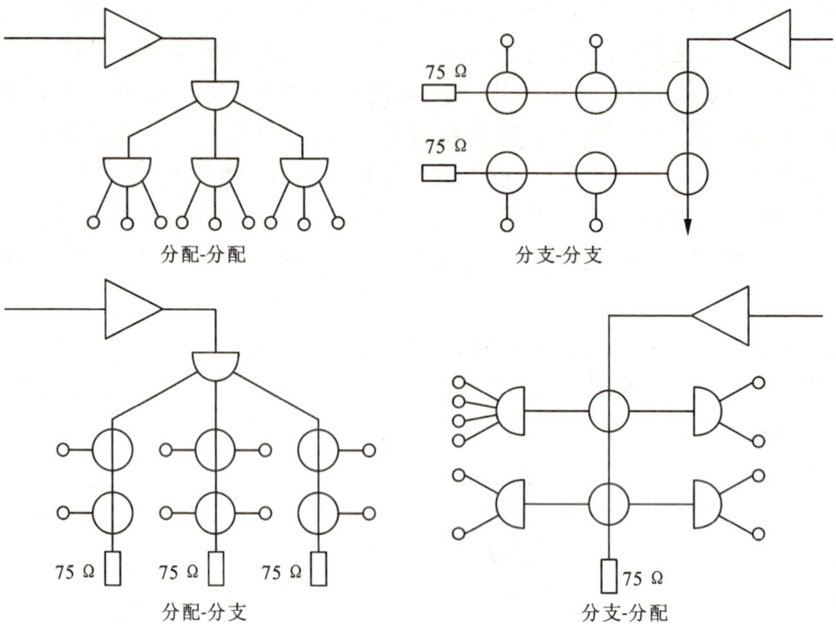

图 5.7　分配网络的基本形式

5. 用户终端

用户终端主要包括电视机、调频广播 、线缆调制解调器（Cable Modem，PC 机、IP 电话等）等设备。

5.1.3.3　有线电视传输技术

1. 全频道传输

全频道(VHF/UHF)传输是将电视信号直接放大混合后传送到用户终端，其传输系统如图 5.8 所示。全频道传输方式频道不需变换，技术简单，对中小系统图像质量好，系统造价低，但不适宜大系统使用。全频道传输方式对边带及外带信号的抑制能力不够，相邻频道间有干扰，因而相邻频道和镜像频道都不能使用，而采用间隔频道的传输方式，使频道利用率大大降低。

2. 邻频传输

邻频传输方式依靠前端的频道处理器和调制器对信号进行处理，一方面抑制带外成分，消除邻频道干扰；另一方面使副载波电平可调，即图像伴音功能比可调，以减小伴音载波对相邻频道图像的干扰，从而克服邻频干扰和镜像干扰，解决了全频道传输方式传送电视频道少的问题。邻频传输系统原理如图 5.9 所示。

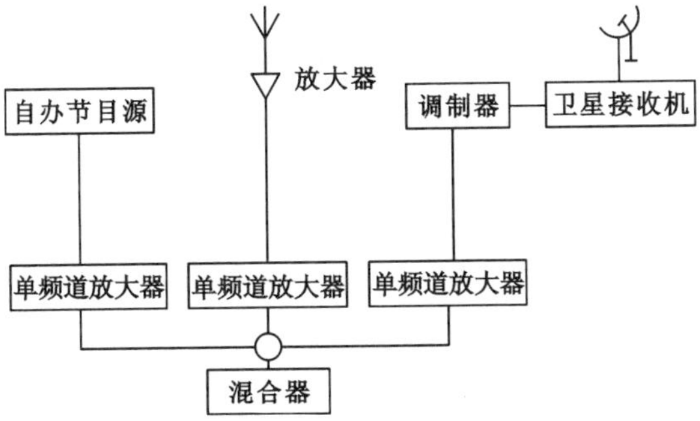

图 5.8　全频道传输方式

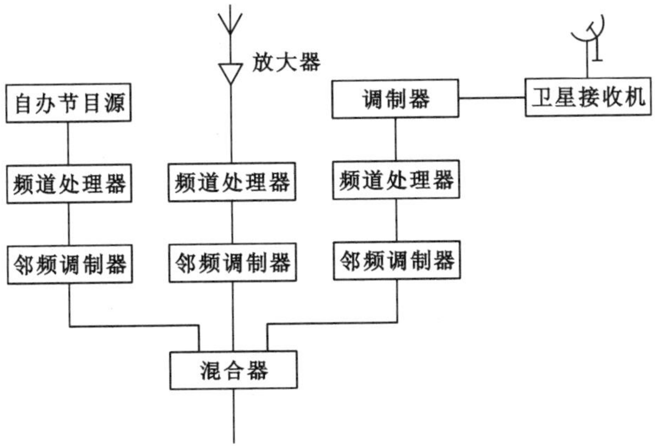

图 5.9　邻频传输方式

3. 双向传输

目前国内 CATV 基本上都是单向传输，即从前端送出电视信号、用户端接收电视信号，用户端并没有信号传送至前端。而双向电视传输系统不仅用户可以接收前端发来的电视信号，而且用户还可以将信息反送至前端控制中心，实现信息的双向交流。通常把前端传向用户的信号叫下行信号，用户端传向前端的信号叫上行信号。

双向传输一般有三种方式：

(1) 空间分割方式　由两个单方向系统组合而成。

(2) 时间分割方式　在一个系统内通过时间的错开，得到双向传输信号。

(3) 频率分割方式　在一个系统中将传输频率划分出上行和下行频段，分别用于传输上、下行信号。

5.1.3.4　有线电视系统的主要设备

1. 接收天线

接收天线接收载有图像和伴音信号的空中高频电磁波，使之变为感应电压和电流，并经过电缆传输到系统。天线的增益越高，其输出的电平就越高，系统的信噪比就越好。在信号场强较弱或干扰较大的地区，应选用高增益、抗干扰能力强的天线。天线结构应牢靠并有足够的机械强度，以承受高空风力负载。

按天线的接收频率划分，接收天线大致可分为甚高频接收天线、超高频接收天线和甚高频超高频全频道接收天线三类。

2. 放大器

放大器的作用是放大电视信号，用于因电视电缆太长而需补偿分配器或分支器的损耗。放大器有天线放大器、频道放大器、线路放大器、分配放大器等数种。

(1) 天线放大器

天线放大器在距电视发射台远、磁场弱时使用，目的在于提高接收的信号电平，减少杂波干扰。一般规定现场的磁场信号场强不得低于 50 dBμV/m，场强在 50～80 dBμV/m 范围内被视为低、中场强区。当信号场强小于 80 dBμV/m 时，应加天线放大器。天线放大器的输入电平通常为 50～60 dBμV，噪声系数较低，通常为 3～6 dB。它是用密封的防雨铁盒保护，宜装在天线杆上，一般安装在距天线 1～1.5 m 处。天线放大器由前端箱中的馈电盒供给18 V 或 24 V 直流电压，用同轴电缆兼作电源线。

天线放大器内的二极管可以对雷电等强浪涌电压起削波作用，以保护放大器不被损坏。里面还有若干个晶体管，起放大信号的作用。

(2) 频道放大器

频道放大器又分为单频道放大器和宽频道放大器。

单频道放大器是用来放大某一频道的全电视信号，所以它的带宽只要求满足电视频道带宽 8 MHz 就可以了。它在系统的前端，增益较高，其自动增益控制一般是将输出信号的一部分由定向耦合器耦合起来，经过适当的处理后送到放大器去提高增益。

宽频道放大器是把几个天线接收到的各频道信号经过混合器后一同放大。其特点是频道范围宽，节省了放大器的个数，但是要求输入的各频道信号强度相差不宜太大。当用户很多、范围较大时，线路损耗较大，可用线路放大器提高增益。宽频带放大器的增益用最高频道的增益来表示。增益一般在 35 dBμV，最高为 110 dBμV 以上。

优良的放大器还有自动增益控制功能。常用简单的平均值式 ACC 电路，即从末级经过定向耦合器取出一部分信号，经过高放、检波，滤除高频成分，得到平均值，然后通过直流放大后去控制放大器，通常是控制放大器的第二级。这种控制可以得到比较大的增益调整量，而又不会因自动增益影响放大器的各项指标。

(3) 干线放大器

干线上的能量损耗需要放大器予以补偿，这种放大器称为干线放大器或线路放大器，如图 5.10 所示。它的最高频道增益一般为 22～25 dB。有时在干线上用多个放大器与电缆串接，所以干线放大器应该具有自动增益控制的性能。

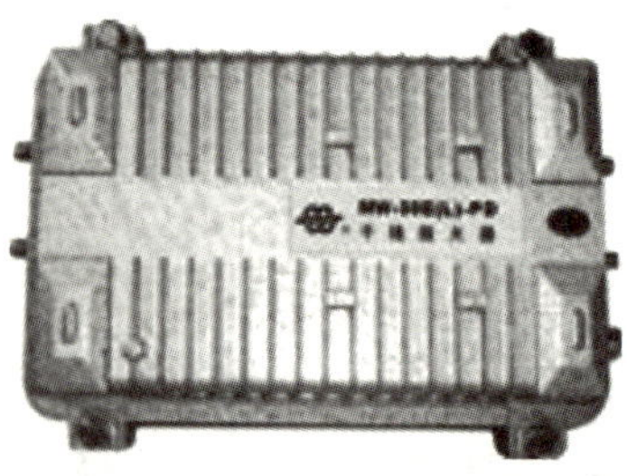

图 5.10　干线放大器

(4) 分配放大器

为了提高信号电平以满足分配器及分支器的需要而设置分配放大器。它是宽频带高电平输出的一种前置放大器，其输出电平约为 100 dBμV。分配放大器的增益是指在任何一个输出端的输出电平和输入电平之差。

(5) 线路延长放大器

它是补偿支干线上分支器的插入损耗及电缆损耗的放大器。它只有一个输入端和一个输出端，常常安装在支干线上，其输出端不再有分配器，所以它的输出电平只有 103～105 dBμV。

3. 混合器与分波器

在CATV系统中，常常需要把天线接收到的若干个不同频道的电视信号合并为一个信号，再送到宽频带放大器进行放大，混合器的作用就是把几个信号合并为一路而又不产生相互影响，而且能阻止其他信号通过的滤波型混合器。它也可以把多个单频道放大器输出的不同频道的电视信号合为一路再传输到各电视用户供选用。实际应用中，混合器有VHF/UHF混合、VHF/VHF混合、UHF/UHF混合和专用频道混合四种组合形式。多路邻频混合器如图5.11所示。

图5.11　多路邻频混合器

分波器与混合器相反，它是将一个输入端的多个频道信号分解成多路输出，每一个输出端覆盖其中某一个频段的器件。把混合器的输入及输出端反过来使用就成了分波器。

4. 分配器

分配器是分配高频信号电能的装置，其作用是把混合器或放大器送来的信号平均分成若干份，送给几条干线，向不同的用户区提供电视信号，并能保证各部分得到良好的匹配，同时保持各传输干线及各输出端之间的隔离度（电视机本身振荡辐射波或发生故障产生的高频自激振荡对其他输出接收机没有影响，要求隔离度在20 dB以上）。分配器本身的分配损耗约为3.5 dB，频率越高，损耗越大，在UHF频段约为4 dB。分配器按端数可分为二分配器、三分配器、四分配器及六分配器等。最基本的是二、三分配器，其他分配器是它们的组合。例如四分配器可以由3个二分配器组成，六分配器可以由1个二分配器和2个三分配器组成。

（1）二分配器

其组成及工作原理如图5.12所示。要求分配器的输入及输出阻抗都是75 Ω。T_1是匹配变压器，它构成阻抗匹配电路，分配变压器T_2和R组成分配电路。电视信号从A点输入，经过变压器T_1之后到Q点，再经分配变压器T_2平均地将信号能量分配给两个输出端B和C。

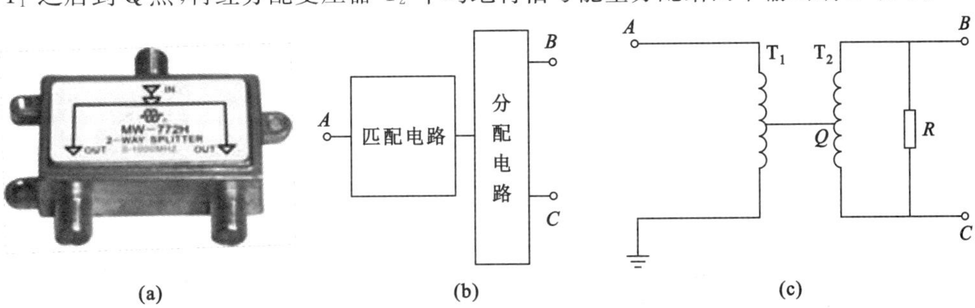

图5.12　二分配器组成及原理

(a) 实物图；(b) 组成框图；(c) 原理图

（2）三分配器

三分配器的工作原理如图5.13所示。T_1是匹配变压器，T_2、T_3、T_4是分配变压器，把信号均等地分配给B、C、D三个输出端。

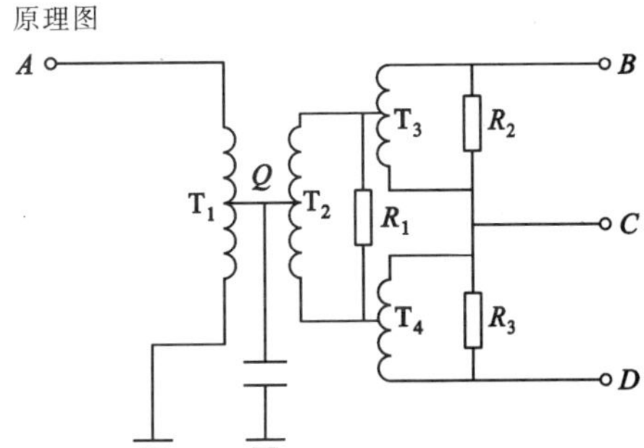

图5.13　三分配器的工作原理

分配器按其频率划分为VHF频段分配器和UHF频段分配器。按安装场所可分为户内型和户外型。任何一种分配器都可以当作宽频带混合器使用（但是选择性差，抗干扰能力比带通滤波器弱），只要把它的输入与输出端互调即可，而且可以在 VHF 或 UHF 频段工作，在其输入端对频率不限制。

理想二分配器的衰减约为 3 dB，实际是 3.5～4 dB。理想四分配器的衰减为 6 dB，实际是 7～8 dB。分配器的频率范围应包含 1～68 频道和调频广播(FM)的频段，即 4.8～223 MHz 及 470～958 MHz。

5. 分支器

分支器的功能是在高电平馈电线路传输中以较小的插入损耗从干线上取出部分信号分送给各用户终端。分支器实物如图 5.14(a)所示，常用二分支器和四分支器，其工作原理如图 5.14(b)所示。分支器通常由变压器型定向耦合器和分配器组成。变压器型定向耦合器的功能是以较小的插入损耗从干线上取出部分信号功率，经过衰减以后由分配器分配输出。二分支器的损耗有 8 dB、12 dB、16 dB、20 dB、25 dB、30 dB，四分支器的损耗有 10 dB、13 dB、16 dB、20 dB、25 dB、30 dB 等，其作用是通过设计各楼层用不同的分支损耗，以达到使各楼层的电视机都得到理想的电平信号。分支器本身的插入损耗很小，通常为 0.5～2 dB。

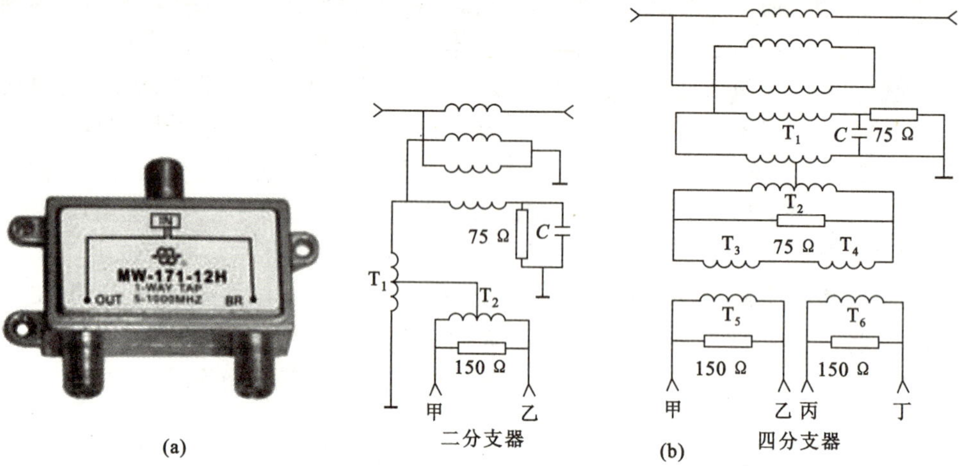

图 5.14　分支器的工作原理

(a) 实物图；(b) 原理图

6. 用户插座

电视机从这个插座得到电视信号，对用户电平一般设计为(70±5) dBμV，安装高度一般距地 0.3 m 或 1.8 m，与电源插座相距不要太远。它是用户唯一能看得见的器件，颜色要和墙壁相协调。在用户插座面板上有的还安装一个接收调频广播的插座。

7. 串接单元

串接单元又称一分支器或分支终端器，和用户插座合为一体。它在系统分配网络中是一个一个串入支线中的，故称为一分支器。它的特点是价格低廉、安装方便，但维修比较困难，系统的可靠性往往不如分支器系统。

串接单元有两种，还有一种称作二分支串接单元，也称为二分支终端器。它本身带一个插座，还能分出一路接一个用户插座。实际应用中应注意：一分支器不宜串联很多；它的输出、输入端不能接反。

8. 射频同轴电缆

射频同轴电缆的结构如图5.15所示，其作用是在电视系统中传输电视信号。它是由同轴的内外两个导体组成，内导体是单股实心导线，外导体为金属编织网，内外导体之间充有高频绝缘介质，外面有塑料保护层。

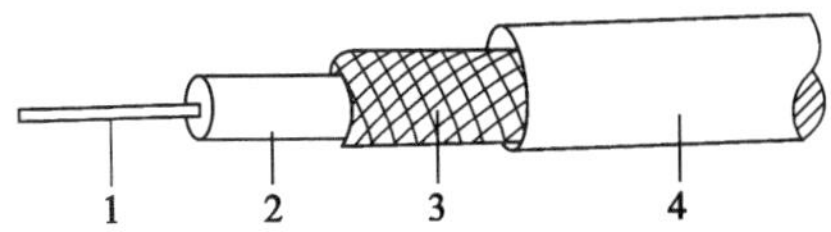

图5.15　射频同轴电缆结构图

1—单芯(多芯)铜线；2—聚乙烯绝缘层；3—铜线编织(外导体屏蔽层)；4—绝缘护层

目前常用型号有SYV-75-9和SYV-75-5，前者用于干线，后者用于支线。

射频同轴电缆的优点是电视信号衰减少、温度系数较小、抗干扰性能好，即尽可能不接收杂散的干扰信号，机械弯曲特性好，价格低廉。对射频同轴电缆的基本要求是损耗要低，即对系统内的电视信号衰减要少，传输效率要高。

5.1.3.5　*有线电视的发展方向*

在智能建筑中，有线电视网正在全面升级，CATV系统的发展方向已从专业网络向多功能综合网络发展，由过去的单向传播广播电视节目信息网升级为宽带、高速、双向多功能的综合信息网络。网络结构由同轴电缆网升级为HFC光纤同轴电缆网。通过光纤同轴电缆混合网(HFC)，将话音、数据、电视信号综合在一起，成为多媒体信息。主干线采用光缆传输到小区，分支线采用同轴电缆传输到用户。

CATV双向传输技术能使电视信号控制中心与用户以及用户与用户之间实现双向信息的传输。用户使用手中的通信工具可以进行话音、传真等项通信，使用计算机就可以进行电子邮件、远程教学、家庭办公、信息资料查询、股票交易等数据通信，还可以享受电视机的视频点播(VOD)服务、观看文艺或娱乐收费节目、商业信息检索及购物、互动式电视服务和远程医疗等项内容服务。

5.1.4　卫星及有线电视系统应用举例

1. 工程概况

某单位综合办公楼及住宅小区，总建筑面积约为50000 m^2。综合办公楼是集办公、娱乐和酒店为一体的综合性大楼，小区为职工住宅。设置卫星及有线电视系统。

2. 系统方案

按HFC的双向传输有线电视系统设计。考虑到使用性质，在综合办公楼内自建卫星地面接收站，一方面能够为用户提供卫星转发的电视节目，一方面能接入当地有线电视。住宅小区距离综合办公大楼较远，终端点数较多，为了保证信号传输的质量和足够的带宽，住宅小区设计为HFC的双向传输有线电视网。

从综合办公大楼到住宅小区的传输主干采用光纤模拟调幅光传输模式，光波长为1310 nm，传输带宽为5～750 MHz，光纤网络拓扑结构为星形。支干均采用－7的四屏蔽支持双向传输的同轴线，户内均采用－5的四屏蔽支持双向传输的同轴线。

3. 系统功能

(1) 可接收境外卫星电视节目11套。

(2) 既可接收数字信号，也可接收模拟信号。

(3) 可播放本地有线电视台的数十套节目。

(4) 可播放单位自选自编的音像节目。

(5) 网络备份。由于综合办公楼及住宅小区卫星和有线电视系统从网络结构设计、传输设备配置和用户终端选择均以双向网络标准进行建设，因此，除能使用有线电视台在今后所提供的双向服务，如视频点播(VOD)、高速上网等增值业务外，在紧急状态下配以相应的网络设备即能作为整幢办公楼计算机网络的备用网络。各计算机终端通过电缆调制解调器(Cable Modem)和大楼的有线电视网络，就可组成一个内部计算机局域网。

4. 系统构成

卫星和有线电视系统图如图 5.16 所示。系统主要由以下几个部分构成：

(1) 接收单元

设置两座卫星地面接收站，分别接收“亚洲 3 号”和“亚洲 2 号”卫星电视信号，并设置与有线电视台光纤信号的接口和回传视频接口。

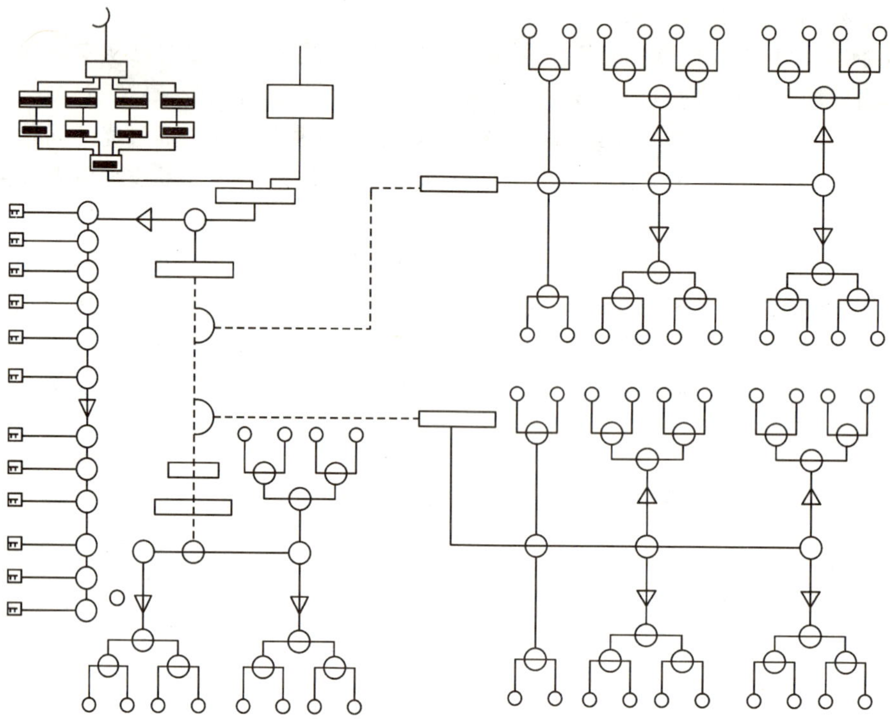

图 5.16　某单位卫星和有线电视系统图

(2) 前端单元

卫星接收部分：由模拟卫星接收机和数字卫星接收机组成。

邻频调制部分：将卫星信号调制在所需的频道上，避开有线电视信号所用的频道。

混合输出部分：将调制器输出信号与有线台信号混合后放大输出。

信息发布部分：由视频分配放大器组成，为有线电视台提供视频信号，经有线台回传光纤送至有线台前端机房处理后播出。

信号监视部分：由多台彩色监视器组成。其中 1 台监视有线电视台输入信号，1 台监视卫星调制输出信号，1 台监视混合输出信号，1 台监视信息发布视频信号。

电源部分：由稳压电源和电源供电器组成。

(3) 传输分配单元

干线传输部分:采用750 MHz双向网络系统。该系统能传输60套模拟电视节目和200套数字节目,并可以通过有线电视台正在建立的ATM网络实现Internet网的高速接入和视频点播(VOD)。频率分割下行为85~750 MHz,上行为5~65 MHz。

用户分配部分:用户分配系统按照树形集中分配原则,并充分考虑频率均衡问题。采用5~1000 MHz高屏蔽高隔离低交调分支分配器,将用户电缆不超出30 m的用户集中分配,这将减少用户端口的回传噪声,为今后多功能业务开展奠定网络基础。

5.1.5 有线电视系统常用的检修方法

1. 直观检查法

指用眼看、手摸、耳听、鼻闻等手段检查和判断故障部位。直观检查又分冷检和热检两种。冷检是设备不通电检查,打开机壳,观看保险丝及其他元件有无明显损坏现象,接插件有无脱落、脱焊等。热检是通电检查,打开设备的电源开关(此时手最好不要离开电源按钮,以便及时关断电源),仔细观察机内是否有打火、冒烟,闻一闻是否有焦味,听一听有无不正常的声音,摸一摸变压器等元件有无发热烫手。这种方法特别适宜检查设备主供电部分故障。

2. 旋钮、按键检查法

操作设备本身旋钮、按键,可大致判断故障发生的部位。任何设备的旋钮或按键都与内部电路相连,操作设备本身的旋钮和按键能反映内部电路的工作状态,如按卫星接收机频道选择按键可判断电视节目是否正常,操作调制器的射频旋钮可判断调制器射频输出是否正常。

3. 电压测量法

用万用表电压挡检查供电电压和各有关元件的电压,特别是关键点的电压。此法是有线电视设备维修、网络维护最常用的一种检查方法,如检查内馈供电放大器电缆供电是否正常,检查前端设备直流工作电压是否正常等。直流电压的测量有静态和动态之分,其中静态直流的测量可以判断直流供电回路是否正常,各晶体管导通与否,而动态直流电压的测量一般可以判断交流信号回路是否工作正常,如测振荡电路中输出点的直流电压可判断电路是否起振。

4. 电阻测量法

通过测量元件的电阻值或关键点的对地电阻,或者测量同轴电缆的回路值来判断故障的部位。如集成块的损坏与否,绝大部分能够由其引脚之间或对地之间的阻值反映出来。

5. 电流测量法

用万用表的电流挡测量设备总电流或晶体管的工作电流,以迅速判断故障部位。如测(或观测)机房供电器总电流的大小可判断馈电干线放大器的工作情况。如果总电流比正常值小则说明有放大器没有工作,总电流比正常值大则说明电缆接头有短路现象。如果烧断保险丝,可能故障就在前面一、二级干线放大器。

6. 电平测量法

对网络无信号、信号弱、交互调干扰等故障,均可用电平测量法检查。用场强仪测量有线电视信号的电平高低来判断故障的部位,这是有线电视网络排除故障的常用方法。在维护检修中要善于抓住关键点进行电平测量,如干线放大器输入、输出电平,用户终端电平。如果放大器输出电平低,应测试其输入电平,以确定故障在本级放大器还是在前一级放大器;如果放大器输入电平出现“低频端低,高频端高”的怪现象,则前级分支、分配器或放大器或中间电缆肯定出了问题。

7. 短路法

指交流信号短路法。当设备出现交流声干扰时，可用 0.1 μF 的电容逐级将信号的输入端对地短路，短路到某一级交流声消失，则可断定故障就在前一级。用短路法还可以判断振荡电路是否起振，此时利用万用表测振荡电路的关键点电压，然后测短路振荡线圈或振荡电容，观察电压变化，如果有变化表明振荡电路正常，否则表示停振。

8. 断路法

割断某一电路或焊开某一元件或连线来压缩故障范围。如检修设备电流过大出现故障时，可断开一些供电负载来观察电流或电压的变化；在排除网络外部干扰时，也可断开某些支路来判断外部干扰源的方向。

9. 用一个好的器件或放大器替换认为有故障的器件或放大器

此方法简单易行，是网络维护中常用的方法。有时为了证实一些疑难故障，可反复采用替换法判断故障产生的真正原因。

10. 信号注入法

用信号发生器或其他正常的视、音频或射频信号注入有故障的电路或设备中，寻找故障的发生部位。如采用调制器输出的射频信号送入电视机的射频输入接口可判断调制器的好坏。

11. 对比检查法

通过相同型号正常设备的支流电压、在路电阻、波形等参数与有故障的设备进行逐一对比，找到不同之处，然后推断故障的部位。此方法对一些没有电气原理图的设备最适用。

12. 局部加温法

对一些可疑元件或电路进行加温，使故障及早出现或使电路恢复正常工作。如有的设备开机正常，随着工作时间的延长，某些元件开始发热，发热到一定程度就不能正常工作，关机冷却后，再开机又正常。检修时拿电烙铁靠近发热元件，对其加温，若故障出现或故障出现的速度快于加温前，或者故障程度加剧，即可断定被加温元件有问题。

13. 敲击、摇晃法

用小起子柄或木槌轻轻敲击设备的电路板或摇晃电缆连线，观察是否出现故障，此法尤其适合检查虚假焊和电缆接触不良的故障。如摇晃某一根电缆，放大器输出电平升高，则说明该电缆连线接触不良。

14. 干扰法

拿起子或镊子的金属部分碰触有关电路的输入点，看屏幕上有无杂波反应，听喇叭“咯咯”声，用以判断故障部位，此法常用来检查设备无图像、无伴音故障。

15. 优先法

优先法即“0.618”法。此方法特别适用于维修主干线路，如主干线上出现各种干扰现象或无信号，检修时先用干线的总长度或干线上总放大器数乘以 0.618，得出一个数，排除故障就从这里开始。例如，某一条干线共有 12 个放大器，在末端出现网纹干扰，因 $12\times0.618=7.369$，则检修先从第 7 级开始。如果有干扰现象，则是前 7 级出现故障；如无干扰现象，则是后 5 级出现故障。

16. 声东击西法

根据用户投诉的位置，先不直接检测该户，而是先观察该户前面的有关用户（即信号经过区）情况，以便迅速判断故障部位。

17. 顺藤摸瓜法

根据用户投诉的位置，直接到该户查找，然后顺着网络往回查，最终找到故障点。此方法效率低，只适用于个别用户或少数用户有故障的情况。

18. 综合法

综合使用以上方法，检查一些较为复杂的故障。

任务 2 计算机网络系统

任务描述

了解计算机网络系统中的各种接入技术，明确各自的工作范围，熟悉它们的特性，并通过图例掌握当前应用较为广泛的接入设备。

任务分析

从大家熟悉的宽带网入手，再具体分析智能建筑中各种不同接入技术的发展情况，最后归纳出三网融合技术。

方法与步骤

计算机网络是指将地理位置不同的具有独立功能的多台计算机及其外部设备通过通信线路连接起来，在网络操作系统、网络管理软件及网络通信协议的管理和协调下，实现资源共享和信息传递的计算机系统。

5.2.1 计算机网络的组成及分类

通俗地讲，计算机网络是由多台计算机(或其他计算机网络设备)通过传输介质和软件物理(或逻辑)连接在一起组成的。总的来说，计算机网络是由计算机、网络操作系统、传输介质以及相应的应用软件四部分组成的。

一般可以把网络划分为局域网、城域网、广域网和互联网四种类型。

1. 局域网(Local Area Network，LAN)

所谓局域网，就是在局部地区范围内的网络，它所覆盖的地区范围较小。局域网在计算机数量配置上没有太多的限制，少的可以只有两台，多的可达几百台。这种网络的特点是连接范围窄、用户数少、配置容易、连接速率高。

2. 城域网(Metropolitan Area Network，MAN)

这种网络一般来说是在一个城市，但不在同一地理小区范围内的计算机互联。这种网络的连接距离可以在 10～100 km，它采用的是 IEEE802.6 标准。MAN 与 LAN 相比扩展的距离更长，连接的计算机数量更多，在地理范围上可以说是 LAN 网络的延伸。

3. 广域网(Wide Area Network，WAN)

这种网络也称为远程网，所覆盖的范围比城域网(MAN)更广，它一般是将不同城市之间的 LAN 或者 MAN 网络互联，地理范围可从几百千米到几千千米。

4. 互联网(Internet)

互联网因其英文单词“Internet”的谐音又称为“因特网”。在互联网应用如此广泛的今天，它已是我们每天都要与之打交道的一种网络，无论从地理范围还是从网络规模来讲，它都是最大的一种网络，就是我们常说的“Web”、“WWW”和“万维网”等。

5.2.2 接入技术

1. ADSL技术

非对称数字用户线系统(ADSL)是充分利用现有电话网络的双绞线资源，实现高速、高带宽的数据接入的一种技术。

采用ADSL技术可以利用现有的电话网络用户铜线，不需要对网络进行大规模改造，通过专门的调制解调方式，实现短距离的高速数据通信。这是一种有效的宽带接入方式。ADSL的特点如下：

(1) 可在现有任意双绞线(铜线)上传输；

(2) 误码率低；

(3) 下行数字信道可传送6～8 Mbps，上行数字信道可传送256～640 kbps；

(4) 模拟用户路独享；

(5) 不需拨号，专线上网。

ADSL的接入如图5.17所示，其设备安装如图5.18所示。安装分为两个方面：在局端方面，服务商应将用户原来的电话线串联接入到ADSL局端设备；在用户端的ADSL安装是：将电话线与滤波器连接，滤波器与ADSL Modem由一条两芯电话线连上，ADSL Modem与计算机的网卡之间用一条交叉网线连通即可完成硬件安装，再将TCP/IP协议中的IP、DNS和网关参数项设置好即可。

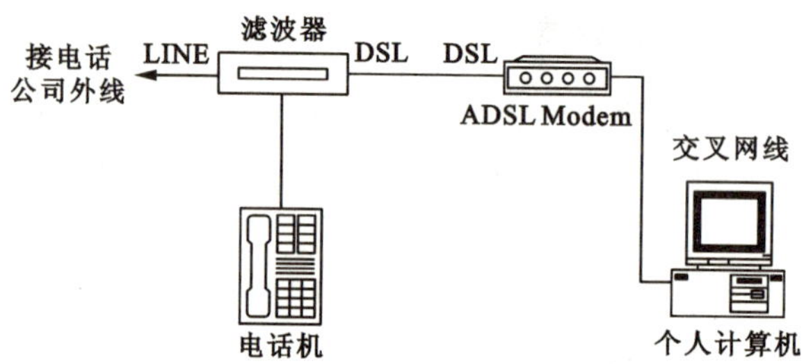

图5.17 ADSL接入

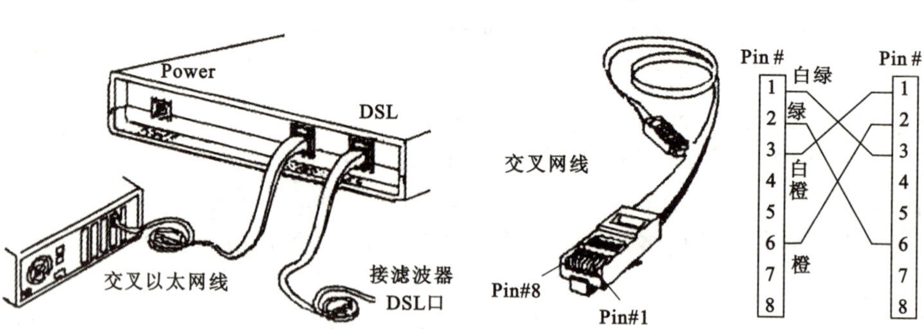

图5.18 ADSL的安装

2. ISDN 拨号接入

它是由电话综合业务数字网(ISDN)发展起来的一个网络，它提供端到端的数字连接以支持广泛的服务，包括声音的和非声音的。ISDN 是数字交换和数字传输的结合，它以迅速、有效、准确及经济的方式提供各种通信网络中现有的业务，而且将通信和数据处理结合起来，开创了许多前所未有的新业务。

其特点是：(1) 高速数据传输；(2) 传输质量高；(3) 使用方便灵活。

应用业务范围有：(1) 数字业务；(2) 数字电话；(3) 传真；(4) 智能用户电报；(5) 可视图文；(6) 会议电视和可视电话。

总而言之，ISDN 技术很成熟，它以平民化的价格和优质的服务让用户进入一个数字时代。然而，ISDN 技术无法满足高速数据传输的需求，它的接入需拨号，常会因线路忙而无法接入，且易掉线，迫使通信中断；它只能完成一般的文字信息处理、浏览，图片需要等待很长时间，几乎无法传递图像。但是，其建设成本低，且开通费用也低，用户容易接受。

3. 光纤接入技术

光纤通信具有通信容量大、质量高、性能稳定、防电磁干扰、保密性强等优点。在干线通信中，光纤扮演着重要角色，在接入网中，光纤接入也将成为发展的重点。光纤接入网是指接入网中的传输媒质为光纤的接入网。光纤接入网从技术上可分为两大类，即有源光网络(AON)和无源光网络(PON)。

光纤接入技术与其他接入技术(如铜双绞线、同轴电缆、五类线、无线等)相比，最大优势在于可用带宽大，而且还有巨大潜力可以开发，在这方面其他接入技术根本无法与其相比。光纤接入网还有传输质量好、传输距离长、抗干扰能力强、网络可靠性高、节约管道资源等特点。

当然，与其他接入技术相比，光纤接入网也存在一定的劣势。最大的问题是成本还比较高，尤其是光节点离用户越近，每个用户分摊的接入设备成本就越高。另外，与无线接入相比，光纤接入网还需要管道资源。这也是很多新兴运营商看好光纤接入技术，但又不得不选择无线接入技术的原因。

根据光网络单元的位置，光纤接入方式可分为如下几种：

(1) FTTR(光纤到远端接点)；

(2) FTTB(光纤到大楼)；

(3) FTTC(光纤到路边)；

(4) FTTZ(光纤到小区)；

(5) FTTH(光纤到用户)。

4. 无线宽带接入(LMDS)

LMDS 称为本地多点配送服务，是利用无线电超高频波段(26～28 GHz)在城市内部发送电视节目的业务，它能够将多路电视节目、高速数据、电话等多种业务直接送到小区甚至各个家庭。系统的覆盖范围为 3～10 km。

5. 三网融合的宽带接入技术

三网是指有线电视网、电话网和计算机网络。目前常用的三网合一技术是利用有线电视网和电话网传送电视、电话及数据，充分利用网络资源，避免了网络的重复建设，有效地解决了网络布线的困难，降低了小区整体投资的成本。

具体接入方式有：

(1) 基于电信基础设施的小区信息通信系统接入；

(2) 基于广电基础设施的小区信息通信系统接入；

(3) 基于局域网技术的小区信息通信系统接入。

三网合一网络系统的功能为：

(1) 提供高质量的有线广播电视 CATV 系统；

(2) 提供高性能的电话通信系统；

(3) 提供高速的宽带数据通信服务，可实现高速 INTERNET 接入；

(4) 为今后可能的增值业务，如 VOD 点播、远程教学、远程医疗、网上购物、网上娱乐等提供传输和接入平台。

任务 3 综合布线系统知识与技能

任务描述

了解综合布线系统的组成及特点，并通过实物熟悉系统中各主要构成部件，掌握综合布线系统常用的拓扑结构、各器件的位置和接口情况等。

任务分析

从综合布线的基本含义入手，到系统的整体组成和主要构件、系统架构，最后通过实例和实训来加深了解综合布线系统在智能建筑中的应用。

方法与步骤

智能建筑需要综合布线作为神经系统，需要信息技术的支持。综合布线系统是智能建筑内部各系统之间、内部系统与外界进行信息交换的硬件基础。楼宇综合布线系统是现代化大楼内部的“信息高速公路”，是信息高速公路在现代化大楼内的延伸。

5.3.1 综合布线概述

1. 综合布线的定义

建筑物综合布线系统 PDS(Premises Distribution System)又称为开放式布线系统(Open Cabling System，OCS)，是一种在建筑物和建筑群中综合数据传输的网络系统。它把建筑物内的语音交换、智能数据处理设备及其他广义的数据通信设施相互连接起来，并通过必要的网络通信设备与建筑物外部公用数据网络或电话网络相连。其系统组成包括所有建筑物及建筑群内部用以相互连接以上设备的线缆和相关的布线器件及连接器件。

智能建筑中的 CAS、BAS 和 OAS 三大子系统以综合布线系统和公共通信网络为桥梁，通过协调各类系统和局域网之间的接口和协议，在子系统之间建立有机的联系，把原来相对独立的资源、功能和信息等集合到一个相互关联、协调和统一的完整系统中，从而实现系统集成。

2. 综合布线系统的特点

综合布线系统是一个全新的概念，与传统布线系统相比较，它具有许多突出的优点，主要表现为综合性、先进性、开放性、灵活性、可靠性和经济性。

(1) 综合性和兼容性

传统的专业布线方式需要使用不同的电缆、电线、接续设备和其他器材，技术性能差别极大，难以互相通用，彼此不能兼容。综合布线系统通过统一的规划和设计，采用统一的传输介质、信息插座、交连设备、适配器等将语音信号、数据信号与监控设备的图像信号综合到一套标准的布线系统中，使得布线系统的设计、安装、调试、维护十分方便。

(2) 先进性和可靠性

综合布线系统采用极富弹性的布线概念，以光纤与双绞线混合布线方式极为合理地组成一套完整的布线系统，所有布线均采用世界上最新通信标准，信息通道均按宽带综合业务数字网的设计标准，按8芯双绞线配置，通过五类双绞线，数据最大速率可达到155 Mbps。对于某些特殊用户需求，可将光纤铺到桌面。干线光缆的高宽带特性为将来的发展提供了足够的裕量，通过主干通道可同时传输多路实时多媒体信息，同时物理星形的布线方式为将来发展交换网络奠定了坚实的基础。应用系统布线全部采用点到点端接，任何一条链路故障均不影响其他链路的运行，保证了可靠性。

(3) 开放性

综合布线系统采用开放式体系结构，符合多种国际上现行的标准，它几乎对所有著名厂商的产品都是开放的，并支持所有的通信协议。这种开放性的特点使得设备的更换或网络结构的变化都不会导致综合布线系统的重新铺设，只需进行简单的跳线管理即可。

(4) 灵活性

灵活性主要表现在灵活组网、灵活变位和应用类型的灵活变化三个方面。

综合布线系统采用星形物理拓扑结构，为了适应不同的网络结构，可以在综合布线系统管理中进行跳线管理，使系统连接成为星形、环形、总线形等不同的逻辑结构，灵活地实现不同拓扑结构网络的组网。当终端设备位置需要改变时，除了进行跳线管理外，不需要进行更多的布线改变，使工位移动变得十分灵活。同时，综合布线系统还能够满足多种应用的要求，如数据终端、模拟或数字式电话机、个人计算机、工作站、打印机和主机等，使系统能灵活地连接不同应用类型的设备。

(5) 经济性

衡量一个建筑产品的经济性应从两个方面考虑，即初投资与性能价格比，在满足应用要求的基础上，尽可能降低造价。综合布线就是一种既具有良好的初投资特性又具有很高的性能价格比的高科技产品。

5.3.2　综合布线的组成

综合布线是开放式结构，综合布线系统采用模块化设计方式，便于配线上的扩充和重新组建。综合布线系统由6个独立的子系统组成，为使任何一个系统独立进入布线系统中，采用星形拓扑结构。6个子系统分别称为工作区子系统(Work Location)、水平子系统(Horizontal)、干线子系统(Back-bone)、设备间子系统(Equipment)、管理子系统 (Administration)和建筑群子系统(Campus)。如图5.19所示。

1. 工作区子系统

工作区即最终用户的办公区域，它由终端设备及其连接到信息插座之间的部件组成，包括信息插座、插座盒(或面板)、连接软线、适配器等。根据标准的综合布线系统设计，在每个信息

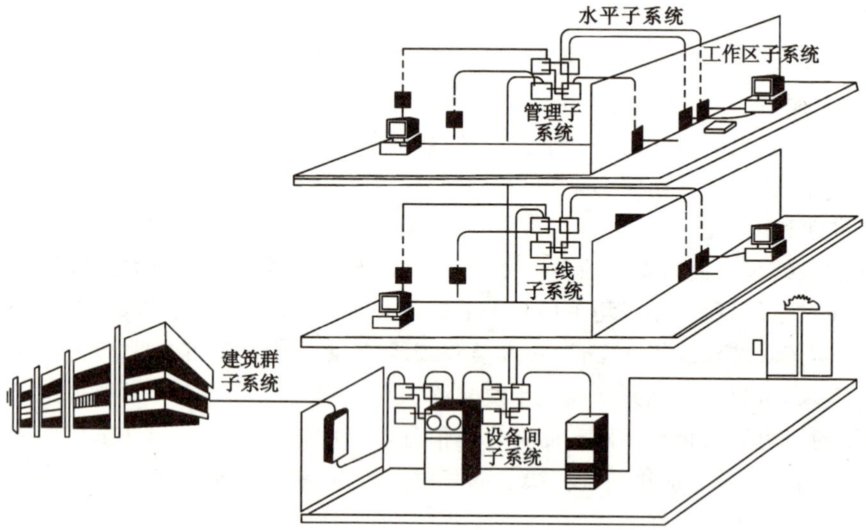

图 5.19　综合布线系统组成

插座旁边要求留有 1～2 个单相电源插座，以供计算机或其他终端设备使用。信息插座与电源插座间距不得小于 10 cm，亦不得大于 30 cm。

2. 水平子系统

水平子系统的功能是将干线子系统线路延伸到用户工作区。水平子系统布置在同一楼层上，其一端接在工作区的信息插座上，另一端接在楼层配线间的跳线架上。水平子系统多数采用 4 对非屏蔽双绞线(UTP)，它能支持大多数现代通信设备。对于某些要求宽带传输的终端设备，可采用"光纤到桌面"的解决方案。当水平区间工作面积较大时，在该区间内可设置一个或多个卫星接线间，水平线除了端接到楼层配线间外，还要通过卫星接线间，最后再端接到信息插座。单根线缆的最大水平距离为 90 m。

3. 干线子系统

干线子系统又称为垂直主干子系统，是建筑物内垂直方向上的主馈线缆，它将备用楼层配线架的接线端连接到主配线间的配线架上，再与设备间系统连接起来。干线子系统通常采用大对数的电缆馈线或光缆，可以实现高速和大容量的传输。

4. 设备间子系统

设备间是在每幢大楼适当地点设置的安装进线设备、主配线架及其他相关设备，并进行布线系统管理维护的场所。可根据建筑物的实际情况设置一个或多个设备间。设备间子系统由设备间中的线缆、连接器、主配线架、相关支持硬件及防雷保护装置等组成，其功能是将公共设备(如计算机主机、数字程控交换机、各种控制系统、网络互联设备等)与主配线架连接起来。

5. 管理子系统

管理子系统设置在每层的楼层配线间内，其组成包括电缆配线架、光缆配线设备及电缆跳线和光缆跳线等。它是干线子系统和水平子系统的桥梁，同时又可为同层组网提供条件，当终端设备位置或局域网结构发生变化时，有时只要改变跳线方式即可解决，而无须重新布线。

6. 建筑群子系统

建筑群子系统是将多个建筑物的布线系统连接在一起的布线系统，提供楼群之间通信所需的硬件。它由架空安装或地下电缆管道敷设或直埋敷设的电缆和光缆以及防止入楼处线缆上的过流、过压进入建筑物内的电气保护装置等组成。

5.3.3　综合布线的主要构成部件

综合布线系统的组成部件包括建筑群之间或建筑物内部的传输介质、连接器、信息插座、插头、适配器、线路管理硬件、传输电子设备、电气保护设备和各种支持硬件。概括地说，主要构成部件分为传输介质和接续设备两类。

1. 主要传输介质

常用的传输介质有非屏蔽双绞线(UTP)、屏蔽双绞线(FTP 或 STP/SCTP 等)、同轴电缆和光缆四种。

非屏蔽双绞线(UTP)：在这种电缆的同一外壳中包含了 4 对或大于 4 对的双绞线。电缆中的每对双绞线采用反时针扭绞，其扭绞长度及相邻双绞线长度差都有特殊规定。互绞可以消除来自相邻双绞线或其他电气设备的电子噪音。UTP 中这种特殊的绞制方法可使串扰减至最小甚至消除，而且降低了非平衡型互电容。

与其他传输介质相比，UTP 传输速度快，每个节点的平均费用低，而且由于其外形尺寸小，要求与其相配的接插件尺寸也小，故安装比较方便。其缺点是 UTP 的最大电缆长度短。

2. 主要接续设备

接续设备是综合布线系统中的重要组成部分，是综合布线系统中配线架(柜)和连接硬件等的统称。连接硬件包括主机的连接器(又称适配器)、成对连接器及接插软线。

根据接续设备在综合布线系统中的功能、用途、装置位置及设备结构的不同，其分类如下：

(1) 按接续设备在综合布线系统中的位置可划分为终端接续设备和中间接续设备。

终端接续设备有总配线架(箱、柜)、终端安装的分线设备(如电缆分线盒、光纤分线盒等)以及各种信息插座等。

中间接续设备有中间配线架、配线盘和中间的分线设备等。

(2) 按接续设备在综合布线系统中的使用功能可划分为配线设备、交接设备和分线设备。

配线设备　如配线架(箱、柜)等。

交接设备　如配线盘(设在交接间的交接设备)和交接箱(设在室外的交接设备)等。

分线设备　有电缆分线盒、光纤分线盒以及各种信息插座等。

(3) 按接续设备的设备结构和安装方式可划分为有架式和柜式及信息插座。

有架式和柜式包括配线架(柜)壁挂安装方式和机架(柜)落地安装方式。

信息插座有明装方式和暗装方式，且有墙上、地板和桌面安装等不同方式。

(4) 按接续设备采用外壳材料或组装结构可划分为金属壳体(如钢板、铝合金等)和非金属壳体(例如塑料或其他合成材料等)。

(5) 按接续设备组装结构可划分为铁架式、箱柜式和盒体式。

(6) 按接续设备装设位置可划分为建筑群配线架(CD)、建筑物配线架(BD)和楼层配线架(FD)等。

另外，有时还按接续设备的特殊要求划分，这里不再叙述。

5.3.4　综合布线系统的结构

综合布线系统中有两类节点，即转接节点和访问节点。建筑物配线架、楼层配线架及其有源设备等属于转接节点，它们在布线系统中只是转接和交换传送信息。设备间的系统集成设备和信息插座所连接的终端设备是访问节点，它们是信息传送的源节点和目标节点。一个信息点既可以连接一台数据或语音设备，也可以连接一台图像设备，还可以连接一个传感器。

1. 综合布线系统中的拓扑结构

(1) 综合布线系统中常用的拓扑结构

综合布线系统的拓扑结构主要是指建筑群主干布线系统、建筑物主干布线系统及水平布线系统各节点之间的逻辑连接关系。综合布线系统拓扑结构主要包括星形结构、环形结构、总线形结构、网状结构、树形结构等。拓扑结构的选择与建筑物的结构及系统的速度要求、可靠性、经济性和访问控制方式密切相关。综合布线系统的常见拓扑结构如图 5.20 所示。

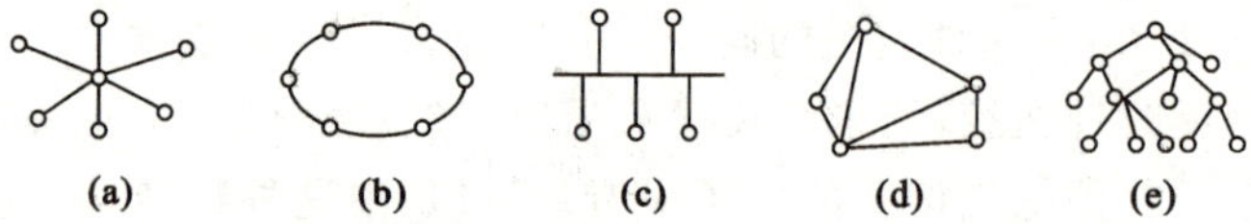

图 5.20　综合布线系统常见的拓扑结构

(a) 星形拓扑结构；(b) 环形拓扑结构；(c) 总线形拓扑结构；(d) 网状拓扑结构；(e) 树形拓扑结构

星形拓扑结构是综合布线系统中最为常用的网络拓扑结构。对于由多个建筑物构成的大规模综合布线系统来说，系统存在建筑群配线架、建筑物配线架和楼层配线架。为实现系统的灵活布线和满足系统通信速度发展要求，通常采用星形拓扑结构。星形拓扑结构由一个中心主节点(主配线架)向外辐射到各从节点(楼层配线架)。由于每一条从中心节点到从节点的线路均与其他线路相对独立，所以布线系统设计是一种模块化设计，主节点采用集中式访问控制策略。图 5.21 是一种改进的星形拓扑结构，该拓扑结构实际上是一种网状星形拓扑结构，它在两个建筑物配线架之间(BD_1 与 BD_2 之间的 L_1，BD_2 与 BD_3 之间的 L_2)、楼层配线架之间(FD_1 与 FD_2 之间的 l_1，FD_3 与 FD_4 之间的 l_2)用电缆或光纤连接，构成分级的星形拓扑结构，提高了系统的可靠性，同时也提高了系统的造价和维护难度。

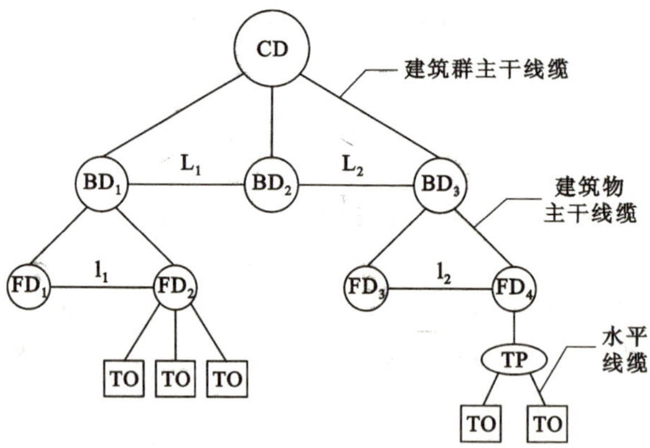

图 5.21　分级星形拓扑结构

(2) 拓扑结构的选择原则

总体而言，拓扑结构的选择应综合考虑系统吞吐量、响应时间、可靠性、接口特性、软件开销、建筑结构以及经济性要求。具体选择时应注意以下基本原则：

① 可靠性。要保障系统中一个节点出现故障时不能使整个布线系统瘫痪，并保障故障容易检测和隔离。

② 灵活性。要保障系统可以方便地移动、增加或删除与水平布线相连接的信息点。

③ 可扩充性。要保障系统未来扩充发展的需要，路由要短，同时要保障安全，应便于扩充与安装。

(3) 综合布线系统功能结构

① 通用电缆的功能元件

主要包括建筑群交接器件(CD)，建筑群主干电缆和主干光缆，建筑物交接器件(BD)，建筑物主干电缆和主干光缆，楼层交接器件(FD)，水平电缆和水平光缆，转接点(任选)(TP)，信息插座或通信出口(TO)。这些功能元件连接在一起，形成子系统。

② 电缆子系统

综合布线有三个子系统，即建筑群主干线、建筑物主干线和水平电缆线。电缆子系统连接在一起，形成图 5.22 所示的综合布线结构。分配器将提供电缆的配置方法，以便形成总线形、星形和环形等不同的布局。

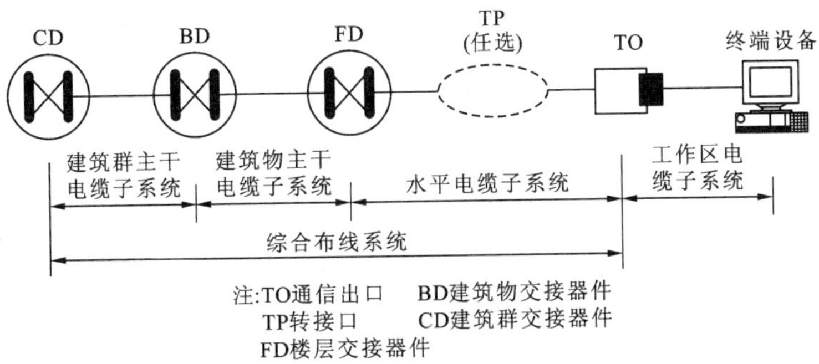

图 5.22　综合布线的结构

a. 建筑群主干电缆子系统

建筑群主干电缆子系统由 CD 延伸到单独建筑物中布置的 BD。它包括建筑群主干电缆、建筑物主干电缆的机械终接端(在 CD 和 BD 及 CD 的交叉接线点，建筑群主干电缆还可以连接 BD)。

b. 建筑物主干电缆子系统

建筑物主干电缆子系统由 BD 延伸到 FD。该子系统包括建筑物主干电缆、建筑物主干电缆的机械终接端(在 BD 和 FD 处)以及 BD 处的交叉接线。建筑物主干电缆没有 TP，铜主干电缆也应没有接头。

c. 水平电缆子系统

水平电缆子系统由 FD 延伸到 TO。该子系统包括有水平电缆、FD 处的水平电缆的终接端、FD 和 TO 处的交叉接线。从 FD 到 TO 的水平电缆应是连续的。如果需要的话，在 FD 和任一 TO 之间允许有一个 TP。应保持水平电缆的传输特性曲线。TP 处的进线和出线对与光纤应保持 1∶1 对应连接。TP 处的所有电缆元件应以机械方法进行终接。TP 不得用作管理点(即不得用作交叉接线)，并且此处不得布置专门的应用设备。TP 只含有无源连接硬件。

③ 工作区电缆

工作区电缆将 TP 连接到终端设备。它是非永久性的、专用的，因此不属于国际标准范围。

2. 综合布线系统的总体结构

通用电缆为分层星形结构，可采用图5.23所示的结构。通用电缆敷设实施中包括的子系统数目及其类型取决于用户的需要。比如在只有一座小建筑物的居住区主干电缆子系统中可只有一个BD，而一座大型建筑物可看做一个居住区，具有居住区主干子系统和若干BD。

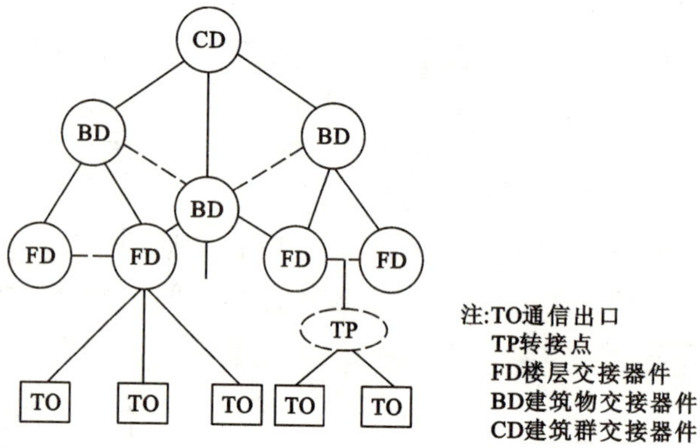

图5.23 功能元件之间的相互关系

电缆应安装在建筑物结构中相邻的楼层之间，构成图5.23所示的分层星形结构，并且为适应各种用途提供高度的灵活性。分层星形布局范围内，各种网络布局是通过交叉接线和专用设备处的连接电缆元件实现的。对于某些应用来说，需要并且也允许在FD或BD之间附加直接接线，建筑物主干电缆也可以连接FD，然而，这样的接线应是基本分层星形布局所需接线之外的，这样可以将多重交接器件组合在一起。图5.24是通用电缆系统敷设的例子，建筑物有分别安装的各个交接器件，后面的建筑物中表示有BD的各种功能，并且FD已经组合在单独的分交接器件中。

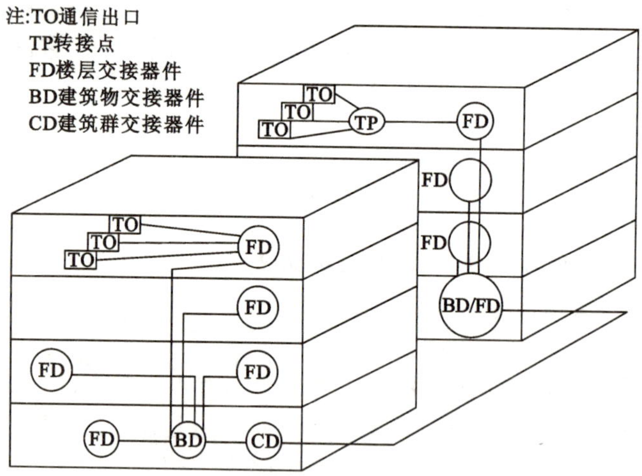

图5.24 通用电缆系统图例

3. 交接器件的位置

交接器件布置在设备室(FR)或通信室(TC)之中。各功能元件在建筑物中的配置方式如图5.25所示。电缆布置在具有各种形式的、合适的通路之中，包括管道、隧道、电缆架等。

4. 综合布线系统的接口

通用电缆接口设置在每个子系统的端部，专用设备也可接在此处。交接器件和通信出口

TO处可能出现的接口如图5.26所示。任一交接器件均有一个外部用户电缆的接口，并且可以使用内部接线或交叉接线。从外部用户到CD的距离是足够的，各点之间的电缆性能应满足初始设计和用户应用的要求。

公用通信用户的公用网络接在公用网络接口。如果公用网络接口不能直接连接到通用电缆接口，应考虑接入中间电缆。交叉接线和中间电缆的类型可按国家条例来选择，在规划通用电缆时应考虑这些条例的规定。

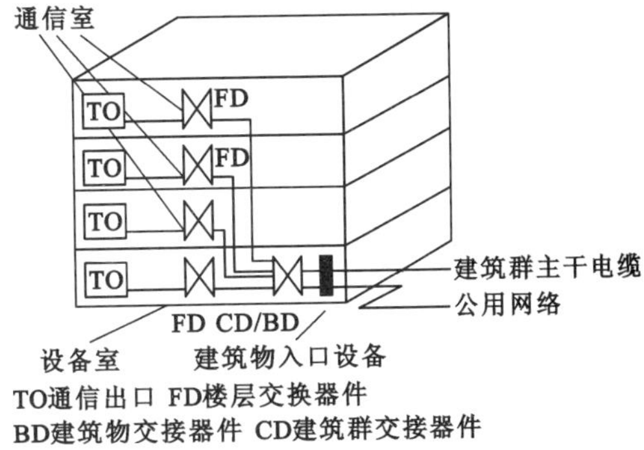

图 5.25　各功能元件的配置

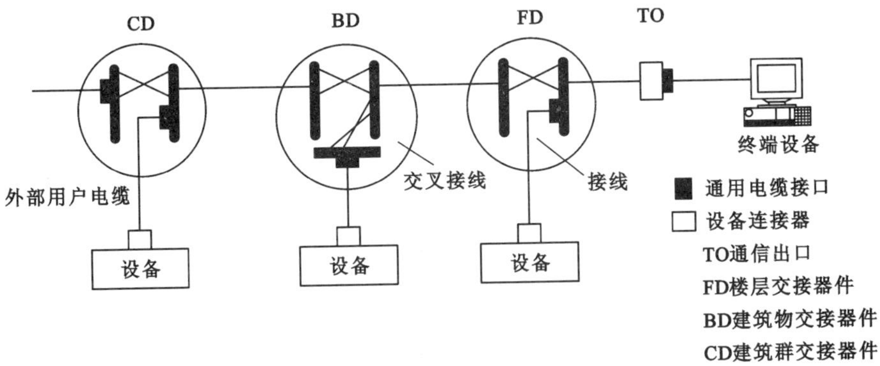

图 5.26　通用电缆的可能接口

5. 尺寸的确定和配置

(1) 水平子系统和干线子系统的线缆长度如图5.27所示。楼层分配器应保证为办公室每1000 m^2 楼层空间至少留有一个FD，每个楼层应最少提供一个FD。如果楼层人员稀少(例如信息室)，可以由相邻楼层布置的FD为此楼层服务。

(2) 综合布线所用电缆、光缆应符合有关产品标准要求；布线用连接件除应符合各自的产品标准外，还应使构成的通道符合设计指标的有关要求。

(3) 工作区光缆、设备光缆的传输特性应符合水平光缆的传输特性。工作区电缆、接插线、设备电缆应符合设计指标的有关要求，这些电缆的衰减允许比水平电缆的衰减大50%。

(4) 通信引出口(TO)

建筑物设计TO可布置在墙上、地坪上或工作区的任何地方。通用电缆的设计可用于将TO安装在整个可利用的地坪空间可接近的位置。高密度的TO将提高电缆敷设的灵活性，以适应各种变化。可使用两个TO来为最多10 m^2 的楼层服务。TO可单独或成组布置，但是每个工作区至少使用两个。

(5) 通信室(TC)及设备室(ER)

TC将为其范围内的无源部件、有源装置以及公用网络接口提供所有设备(空间、电源、环境控制等)，主干线应直接接进每个TC室。ER为安装有通信设备及可能有(或设有)交接器件的建筑物中的设备室。由于设备的特点或复杂性(例如：PBS或扩充的计算机设备)，ER完全不同于TC，在ER中可以布置不止一个分配器。如果通信室(TC)安装有一个以上的交接器件，则此 TC 可考虑改为 ER。

(6) 建筑物入口设备

只要建筑群的主干线、公用和专用网络电缆（包括天线）进入建筑物并且转接到内部电缆时，都需要设建筑物入口设备，包括建筑物墙壁处的入口点和引到建筑群或建筑物交接器件的通路。当地的条例可能要求设终接外部电缆的专用设备。在此终接点，可将外部电缆转换到内部电缆。

6. 电磁兼容性

在可行时，应考虑采用电磁兼容性（EMC）国际标准（比如 CISPR22）以及当地的条例。用户电缆如果是无源系统，则可不单独测试其电磁兼容性。为了满足介质的相关 EMC 标准，需要设计一种使用专门介质的有效设备。

7. 接地及加固

接地应满足有关部门提出的要求。在与所需要的电气规范兼容时，还应执行设备制造厂家的接地规程和要求。

8. 实施

本节规定了电缆设计要求，在安装电缆时，应符合国际标准的要求。该设计应适用于大多数设备。为了确定水平和主干电缆子系统，规定了电缆的最大长度，如图 5.27 所示。

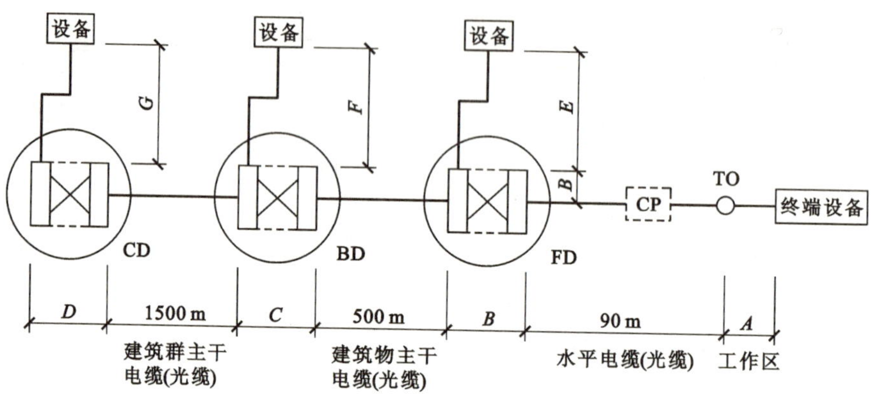

图 5.27　综合布线系统最大电缆长度的限值

5.3.5　综合布线系统安装工艺流程

安装工艺流程如下：

器材检验→管路敷设→盒、箱稳固→设备安装→线缆敷设→线缆终端安装→系统调试→竣工核验。

1. 器材检验

施工前应对所用器材进行外观检验，检查其型号规格、数量、标志、标签、产品合格证和产品技术文件资料，有关器材的电气性能、机械性能、使用功能及有关特殊要求应符合设计规定，电缆电气性能抽样测试应符合产品出厂检验要求及相关规范规定，光纤特性测试应符合产品出厂检验要求及相关规范规定。

2. 管路敷设

(1) 金属管或阻燃型硬质塑料(PVC)管暗敷设要求

暗配管宜采用金属管或阻燃型硬质塑料(PVC)管，预埋在墙体中间的暗管内径不宜超过50 mm，楼板中的暗管内径应为15～25 mm。直线布管30 m处应设置拉线盒或接线箱。暗配管的转弯角度应大于90°，在路径上每根暗管的转弯角度不得多于两个，且不应有S弯出现。在弯曲布管时，每间隔15 m应设置暗拉线盒或接线箱。暗配管转弯的弯曲半径不应小于该管外径的6倍；如暗管外径大于50 mm时，弯曲半径不应小于其10倍。

(2) 金属线槽地面暗敷设要求

在建筑物中预埋线槽时，可根据其尺寸不同，按一层或两层设置，应至少预埋两根以上，线槽截面高度不宜超过25 mm。线槽直埋长度超过6 m或在线槽路由交叉、转弯时，宜设置拉线盒，以便于布放缆线和维修。拉线盒应能开启，并与地面平齐，盒盖处应采取防水措施。线槽宜采用金属管引入分线盒内。

(3) 格形楼板下暗敷设格形线槽和沟槽要求

沟槽和格形线槽必须沟通。沟槽盖板可开启，并与地面平齐，盖板和信息插座出口处应采取防水措施。沟槽的宽度宜小于600 mm。

(4) 桥架敷设要求

桥架水平敷设时，吊(支)架间距一般为1.5～3 m，垂直敷设时固定在建筑物构体上的间距应小于2 m。桥架及槽道的安装位置应符合设计规定，左右偏差不应超过50 mm。桥架及槽道水平度每米偏差不应超过2 mm。垂直桥架及槽道应与地面保持垂直，不得有倾斜现象，垂直度偏差不应超过3 mm。两槽道拼接处水平度偏差不应超过2mm。吊(支)架安装应保持垂直平整，排列整齐，固定牢固，无歪斜现象。金属桥架及槽道节与节间应接触良好，安装牢固。

3. 盒、箱稳固要求

信息插座应安装在活动地板或地面上，且固定在接线盒内，插座面板有直立和水平等形式，接线盒盖可开启，并应严密防水、防尘。接线盒盖面应与地面平齐。安装在墙体上，宜高出地面300 mm，如地面采用活动地板时，应加上活动地板内净高尺寸。信息插座底座的固定方法以施工现场条件而定，宜采用扩张螺钉、射钉等方式。固定螺丝需拧紧，不应产生松动现象。信息插座应有标签，以颜色、图形、文字表示所接终端设备类型。安装位置应符合设计要求。

交接箱或暗线井宜暗设在墙体内，预留墙洞安装，箱底高出地面宜为500～1000 mm。

4. 设备安装

(1) 机架安装要求

机架安装完毕后，水平、垂直度应符合厂家规定。如厂家无规定时，垂直度偏差不应大于3 mm。机架上的各种零件不得脱落或碰坏。漆面如有脱落应予以补漆，各种标志应完整清晰。机架的安装应牢固，并按设计图的防震要求进行加固。安装机架面板时，架前应留有1.5 m空间，机架背面离墙距离应大于0.8 m，以便于安装和施工。壁挂式机框底距地面宜为300～800 mm。

(2) 配线设备机架安装要求

采用下走线方式，架底位置应与电缆上线孔相对应。各直列垂直倾斜误差不应大于3 mm，底座水平误差每平方米不应大于2 mm。接线端子各种标志应齐全。

(3) 各类接线模块安装要求

模块设备应完整无损,安装就位,标志齐全。安装螺丝应拧牢固,面板应保持在一个水平面上。

(4) 接地要求

安装机架、配线设备及金属钢管、槽道、接地体,保护接地导线截面及颜色应符合设计要求,并保持良好的电气连接,压接处牢固可靠。

5. 缆线敷设

(1) 缆线敷设一般应符合下列要求:

缆线布放前应核对型号规格、程式、路由及位置与设计规定相符。缆线的布放应平直,不得产生扭绞或打圈等现象,不应受到外力的挤压和损伤。缆线在布放前两端应贴有标签,以表明起始和终端位置,标签书写应清晰、端正和正确。电源线、信号电缆、对绞电缆、光缆及建筑物内其他弱电系统的缆线应分开布放,各缆线间的最小净距应符合设计要求。缆线布放时应有冗余。在交接间、设备间对绞电缆预留长度一般为 3~6 m,工作区为 0.3~0.6 m;光缆在设备端预留长度一般为 5~10 m,有特殊要求的应按设计要求预留。

(2) 缆线的弯曲半径应符合下列规定:

非屏蔽 4 对对绞电缆的弯曲半径应至少为电缆外径的 4 倍,在施工过程中应至少为 8 倍。屏蔽对绞电缆的弯曲半径应至少为电缆外径的 6~10 倍。主干对绞电缆的弯曲半径应至少为电缆外径的 10 倍。光缆的弯曲半径应至少为光缆外径的 1.5 倍,在施工过程中应至少为 20 倍。

缆线布放时,在牵引过程中吊挂缆线的支点相隔间距不应大于 1.5 m。布放缆线的牵引力应小于缆线允许张力的 80%,对光缆瞬间最大牵引力不应超过光缆允许的张力。在以牵引方式敷设光缆时,主要牵引力应加在光缆的加强芯上。缆线布放过程中为避免受力和扭曲,应制作合格的牵引端头。如果用机械牵引时,应根据缆线牵引的长度、布放环境、牵引张力等因素选用集中牵引或分散牵引等方式。布放光缆时,光缆盘转动应与光缆布放同步,光缆牵引的速度一般为 15m /s。光缆出盘处要保持松弛的弧度,并留有缓冲的余量,又不宜过多,避免光缆出现背扣。

(3) 预埋线槽和暗管敷设缆线应符合下列规定:

敷设管道的两端应有标志,标示出房号、序号和长度。管道内应无阻挡,管口应无毛刺,并安置牵引线或拉线。敷设暗管应采用钢管或阻燃硬质塑料(PVC)管。布放双护套缆线和主干缆线时,直线管道的管径利用率应为 50%~60%,弯管道为 40%~50%,暗管布放 4 对对绞电缆时,管道的截面利用率应为 25%~30%。预埋线槽宜采用金属线槽,线槽的截面利用率不应超过 40%。光缆与电缆同管敷设时,应在暗管内预置塑料子管,将光缆设在子管内,使光缆和电缆分开布放,子管的内径应为光缆外径的 1.5 倍。

(4) 设置电缆桥架和线槽敷设缆线应符合下列规定:

电缆桥架应高出地面 2.2 m 以上,桥架顶部距顶棚或其他障碍物不应小于 300 mm。桥架宽度不宜小于 100 mm,桥架内横断面的填充率不应超过 50%。电缆桥架内缆线垂直敷设时,在缆线的上端和每间隔 1.5 m 处应固定在桥架的支架上;水平敷设时,直线部分间距 3~5 m处设固定点。在缆线首端、尾端、转弯中心点 300~500 mm 处设置固定点。电缆线槽宜高出地面 2.2 m。在吊顶内设置时,槽盖开启面应保持 80 mm 的垂直净空,线槽截面利用率不应超过 50%。在线槽中布放缆线时可以不绑扎,槽内缆线应顺直,尽量不交叉,缆线不应溢出线槽,在缆线进出线槽部位和转弯处应绑扎固定。垂直线槽布放缆线应每间隔 1.5 m 固定在缆线支架上。在水平、垂直桥架和垂直线槽中敷设缆线时，应对缆线进行绑扎。4对对绞电缆以24根为束，25对或以上主干对绞电缆、光缆及其他电缆应根据缆线的类型、缆径、缆线芯数分束绑扎，绑扎间距不宜大于1.5m，扣间距应均匀，松紧适度。

顶棚内敷设缆线时，应考虑防火要求。缆线敷设应单独设置吊架，不得布放在顶棚吊架上，宜在金属线槽内布线。缆线护套应阻燃，缆线截面应符合设计要求。

在竖井内采用明配管、桥架、金属线槽等方式敷设缆线时，应符合以上有关条款要求。竖井内楼板孔洞周边应设置50 mm的防水台，洞口用防火材料封堵严实。

建筑群子系统采用架空管道、直埋、墙壁明配管（槽）或暗配管（槽）敷设电缆、光缆时，施工技术要求应参照原邮电部《市内电话线路工程施工及验收技术规范》、《电信网光纤数字传输系统工程施工及验收暂行技术规定》的相关规定执行。

6. 缆线终端安装

(1) 缆线终端的一般要求

缆线在终端前，必须检查标签颜色和数字含义，并按顺序终端。缆线中间不得产生接头现象。缆线终端处必须卡接牢固，接触良好。缆线终端应符合设计和厂家安装手册要求。对绞电缆与插接件连接应认准线号、线位色标，不得颠倒和错接。

(2) 对绞电缆芯线终端的要求

终端时，每对对绞线缆应尽量保持扭绞状态，五类线非扭绞长度不应大于13 mm，4类线非扭绞长度不大于25 mm。剥除护套均不得刮伤绝缘层，应使用专用工具剥除。对绞线缆在信息插座（RJ-45）相连时，必须按色标和线对顺序进行卡接。插座类型、色标和编号应符合相关规定。对绞电缆与RJ-45信息插座的卡接端子连接时，应按先近后远、先下后上的顺序进行卡接。对绞电缆与接线模块（IDC，RJ-45）卡接时，应按设计和厂家规定进行操作。屏蔽对绞电缆的屏蔽层与接插件终端处屏蔽罩可靠接触，缆线屏蔽层应与接插件屏蔽罩360°圆周接触，接触长度不宜小于100 mm。

(3) 光缆芯线终端的要求

采用光纤连接盒对光缆芯线接续、保护，光纤连接盒有固定式和抽屉式两种。在连接盒中光纤应能得到足够的弯曲半径。光纤融接或机械连接处应加以保护和固定，使用连接器以便于光纤的跳接。连接盒面板应有标志。跳线软纤的活动连接器在插入适配器之前应进行清洁，所插位置应符合设计要求。

(4) 各类跳线的要求

各类跳线缆线和插件间接触应良好，接线无误，标志齐全。跳线选用类型应符合系统设计要求。各类跳线长度应符合设计要求，一般对绞电缆不应超过5 m，光缆不应超过10 m。

7. 综合布线系统调试

综合布线系统工程系统调试包括缆线、信息插座及接线模块的测试。各项测试应有详细记录，以作为竣工资料的一部分。

测试仪表应能测试三、四、五类对绞电缆。测试仪表对于一个信息插座的电气性能测试时间宜为20～50 s。测试仪表应有输出端口，以将所有测试数据加以存贮，并随时输出至计算机和打印机进行维护管理。电缆、光缆测试仪表应经过计量部门校验，并取得合格证后方可在工程中使用。

调试程序：由数据终端、语音终端开始检查，全面检查信息出口、水平缆线、楼层配线架、主配线架、垂直缆线、电脑机房和电话交换机房，确认无误时，然后对子系统逐一进行调试，各子系统经过调试检测符合规定允许开通时，再进行系统综合调试，经测试后传输速率等技术参数符合规定时便可交付使用。

8. 竣工核验

综合布线系统工程验收按规定项目和内容进行。

5.3.6　智能建筑中几种典型结构实例

综合布线在智能建筑中应根据建筑物或建筑群的建设规模、工程的大小及用户分布等综合考虑。以下是几种典型的案例。

1. 单幢中小型智能建筑

如图 5.28 所示。这类智能建筑的综合布线系统仅包括建筑物主干线子系统和水平布线子系统，需设置建筑物配线架和楼层配线架。由于布线简单，其应用很广泛。图 5.29 为单一典型家居综合布线系统拓扑结构。

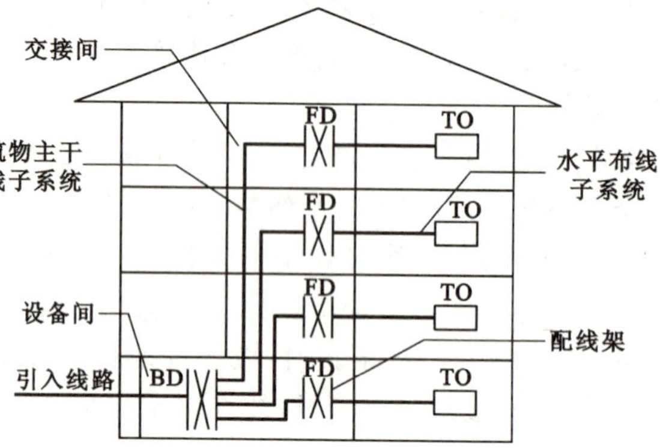

图 5.28　单幢中、小型智能建筑综合布线系统

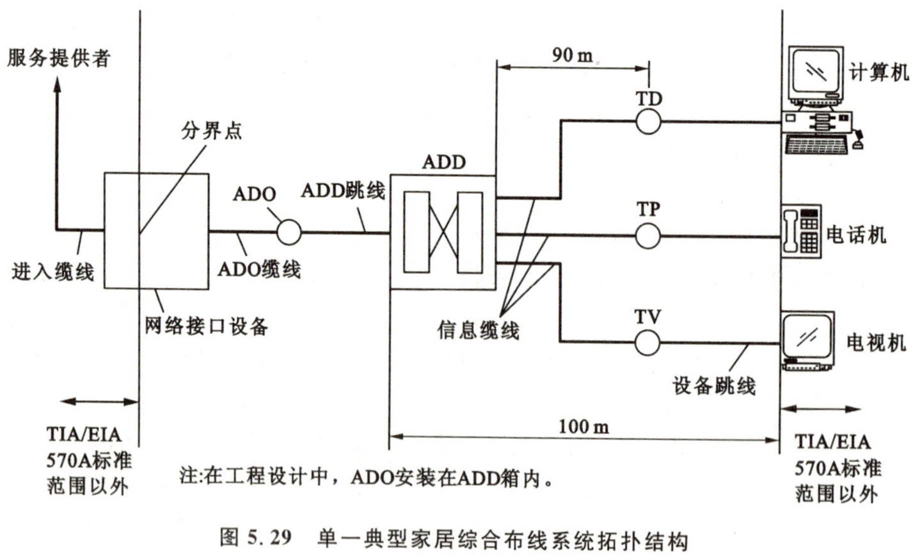

图 5.29　单一典型家居综合布线系统拓扑结构

2. 单幢大型智能建筑

如图 5.30 所示。对于单幢大型智能建筑，考虑发展变化要求，可视为建筑群。根据具体情况，将建筑物分为几个部分（图中分为 A、B、C 三部分），再将每个部分视为一个独立的建筑物，然后把建筑群配线架设在整个建筑物的核心部位。每部分均包含建筑物主干布线子系统和水平布线子系统。

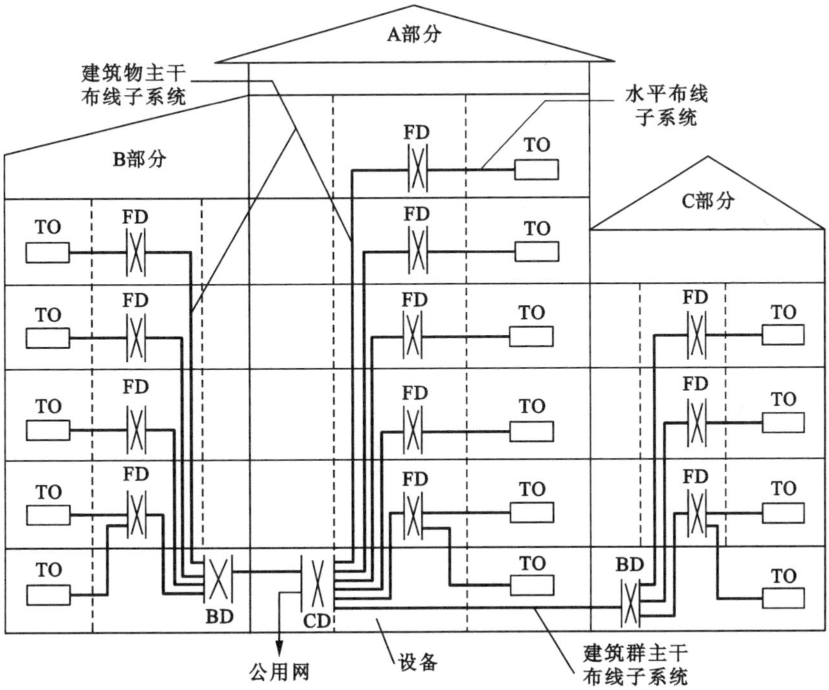

图 5.30　单幢大型智能建筑综合布线系统

3. 多幢智能建筑群

如图 5.31 所示。把建筑群配线架设在整个建筑物的中心楼宇处，并将各楼宇的通信接口汇接于此，以减少建筑物主干布线子系统的长度，从而降低成本。图 5.32 为多层、高层住宅家居综合布线系统拓扑结构。

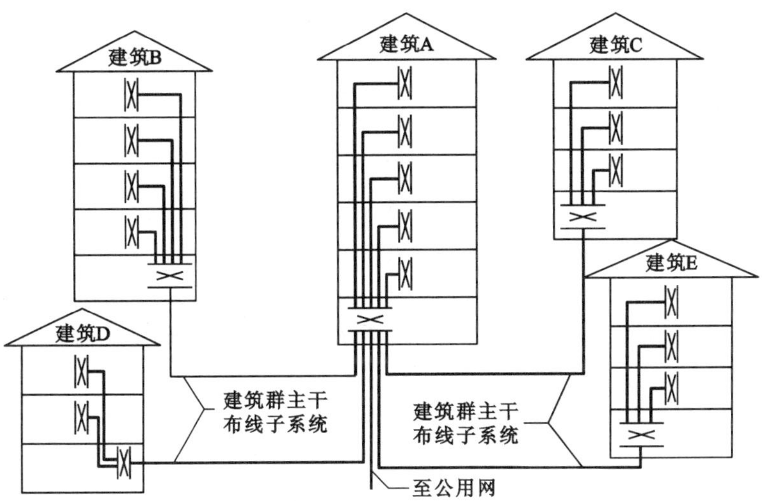

图 5.31　多幢智能建筑群综合布线系统

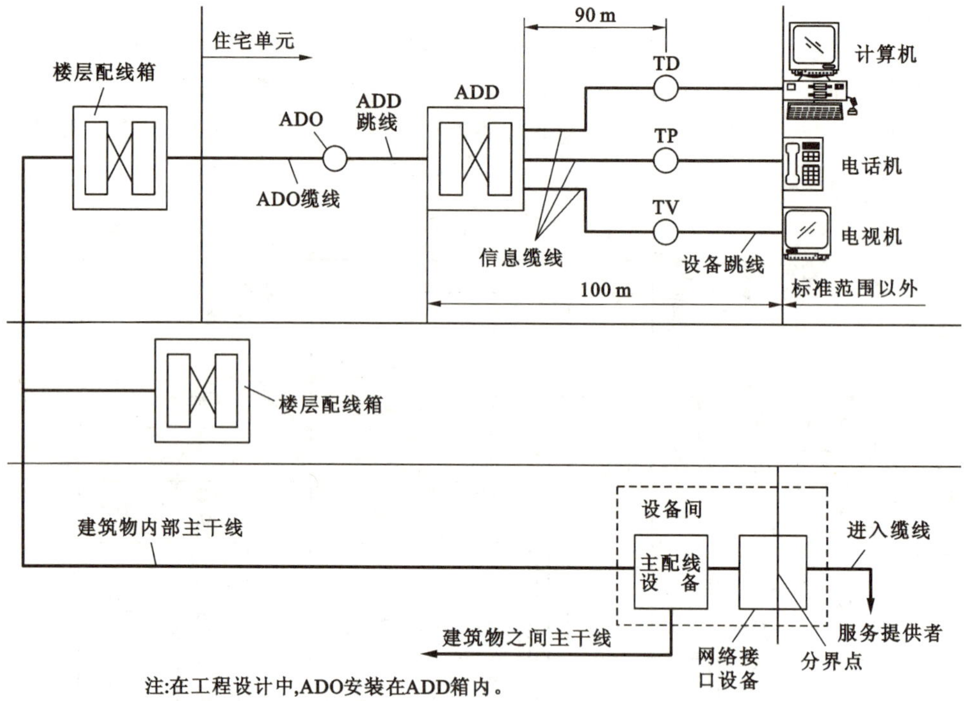

图 5.32　多层、高层住宅家居综合布线系统拓扑结构

对于超大规模建筑群，仅设一个建筑群配线架不便管理，应将建筑群分为两个或多个建筑子群，将建筑群配线架分别设在建筑子群中，再通过主干电缆或光纤把这些建筑群配线架连接起来。如图 5.33 所示。

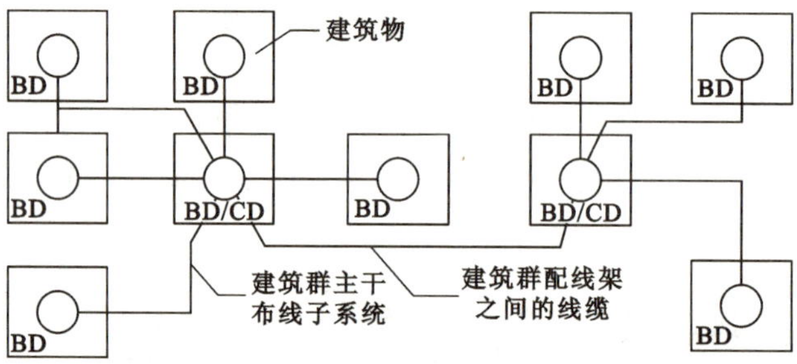

图 5.33　超大规模建筑群综合布线系统

4. 分散、范围广且信息点少的建筑群

随着人们生活水平日益提高，别墅群式建筑越来越多，智能化是其一项重要内容。这类建筑在地理分布上范围大且分散，层数少、信息点少，因此可不设建筑群配线架，只在别墅群中央地带设置建筑群配线架/楼层配线架即可。考虑配线架到各个别墅区的实际距离较长，最好采用全光纤布线。为了满足家庭多种信息传输的需求，应在每一别墅住宅内设立家庭配线箱，以实现灵活配线的需要。

5. 工程实例

综合布线在智能大厦、智能化住宅小区中均有广泛的应用，起着重要的神经网络作用。这里仅以 IBS 智能大厦为例，给出其综合布线的结构图，如图 5.34 所示。

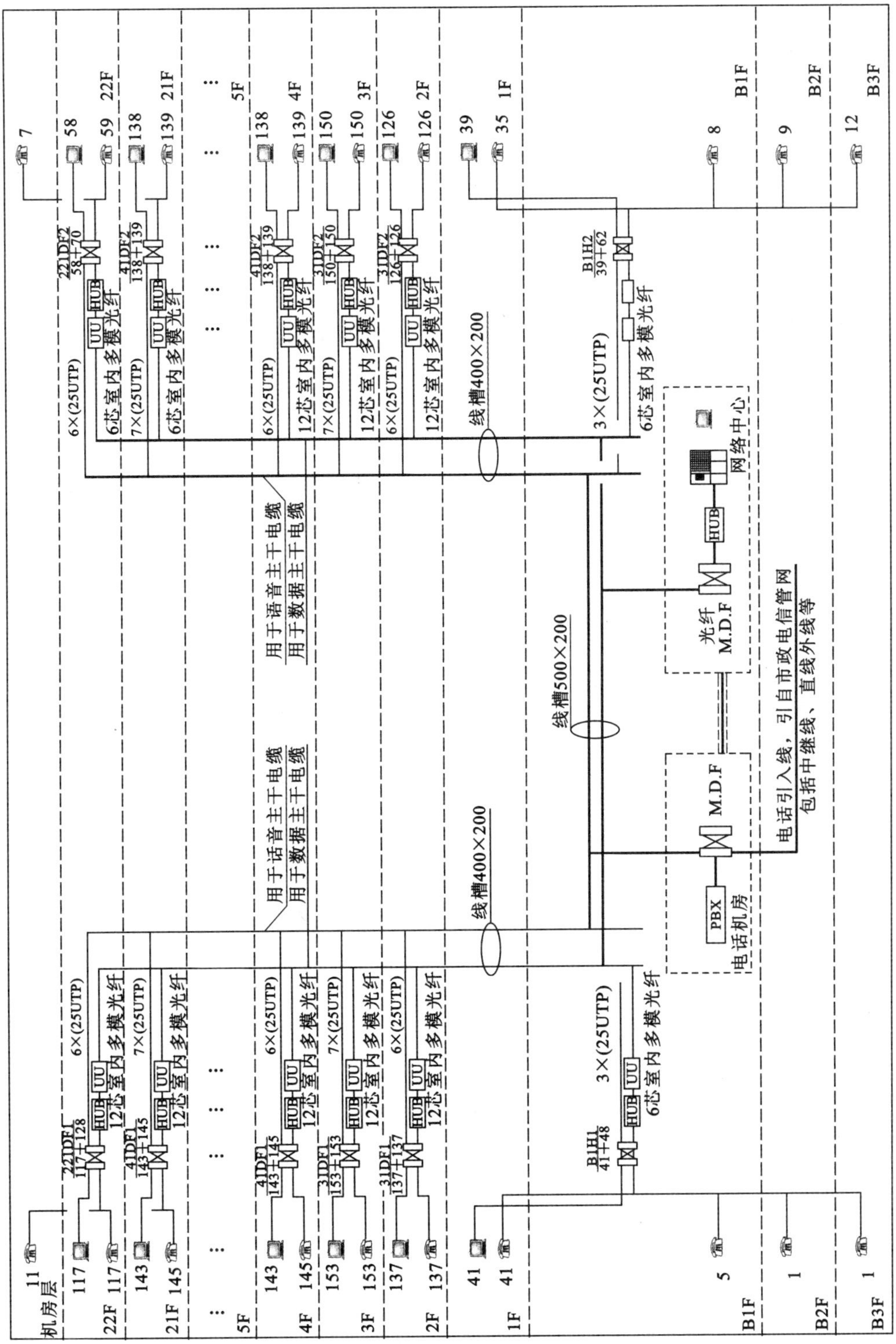

图5.34　某IBS智能写字楼综合布线系统

关于设计情况简介如下：

(1) 综合布线系统是将语音信号、数字信号的配线经过统一的规范设计，综合在一套标准的配线系统上，此系统为开放式网络平台，方便用户在需要时形成各自独立的子系统。综合布线系统可以实现世界范围资源共享，如综合信息数据库管理、电子邮件、个人数据库、报表处理、财务管理、电话会议、电视会议等。

(2) 电话引入线的方向为本建筑北侧。由市政管网引来外线电缆及中继电缆，进入地下一层模块站。模块站由电信部门设计，本设计仅负责总配线架以下的配线系统。

(3) 本工程模块站设在地下一层，其内部设计由电信部门负责。

(4) 由市政电信管网引入线，待与业主协商后确定。

(5) 本工程综合布线系统的五个子系统

① 工作区子系统　办公区域平均按 10 m^2 为一工作区，每个工作区接一部电话及一个计算机终端设备。每个工作区选用双孔五类 RJ-45 标准信息模块插座，在地面或墙上安装。

② 水平配线子系统　在办公区域设置若干集合点插件，由层配线架至集合点插件及由集合点插件至信息插座水平配线子系统均选用超五类电缆。

③ 垂直干线子系统　楼内干线选择光缆及铜缆，通过楼层配线将分配线架与主配线架用星形结构连接。光缆干线主要用于通信速率较高的计算机网络，铜缆主要用于低速语音通信。

④ 设备间子系统　本设计综合布线系统数据部分的设备间设在一层信息网络中心，内设光缆主配线架等数据部分建筑配线设备。

⑤ 管理子系统　每层设置两个弱电竖井，内设光缆配线架、铜缆配线架等楼层配线设备，管理各层水平布线，连接相应的网络设备。

(6) 由于信息网络中心主机等设备待定，本工程综合布线系统的形成需经业主和网络设备厂方等部门协商后确定。

(7) 由于办公、商场功能尚未确定，本工程在办公、商场均匀布置地面信息插座。待建筑功能确定后，再另行委托设计单位进行设计。图中其他信息插座均采用暗装，安装高度为底边距地 0.3 m。

(8) 本工程信息网络系统分支导线待定，其配用管径分别为：1、2 根 RC20；3、4 根 RC25；5、6 根 RC32。除图中注明外，其他均穿镀锌钢管暗敷。

任务 4　现场总线技术

任务描述

现场总线技术在智能建筑中应用极其广泛，因此要了解现场总线的含义及技术特点，熟悉网络集成式全分布控制系统，掌握常见的现场总线类型。

任务分析

从实例入手，介绍现场总线技术对当前智能建筑的重要性，然后分析现场总线的特点及类型，最后通过一个小区的网络解决方案阐述现场总线在智能建筑中的应用。

方法与步骤

现场总线是应用在生产现场、微机化测量控制设备之间实现双向串行多点数字通信的系统，也称为开放式、数字化、多点通信的底层控制网络，是智能建筑中的重要应用技术之一。

5.4.1　现场总线的定义及特点

1. 现场总线的定义

现场总线是连接智能现场设备和自动控制系统的数字式、双向传输、多分支结构的通信网络，主要用于制造业、流程工业、交通、楼宇、电力等方面的自动化系统中。现场总线的基本内容包括：以串行通信方式取代传统的1～20 mA模拟信号，一条现场总线可为众多的可寻址现场设备实现多点连接，支持底层的现场智能设备与高层的系统利用共用传输介质交换信息。

2. 现场总线的特点

(1) 现场总线系统的技术特点

① 系统的开放性　开放性是指对相关标准的一致性、公开性，强调对标准的共同认识与遵从。用户可按自己的需要，用不同供应商的产品组成自己需要的系统，通过现场总线构筑各种自动化领域的开放互联系统。

② 可互操作性与互用性　可互操作性是指实现互联设备及系统之间的信息传送与沟通，互用性是指不同生产厂家性能类似的设备可以实现相互替换。

③ 现场设备的自治性　它将传感测量、补偿计算、工程量处理与控制等功能分散到现场设备中，仅靠现场设备即可完成自动控制等基本功能，并可以随时诊断设备的运行状态。

④ 系统结构的高度分散性　以一种新的全分散性控制系统的体系结构，从根本上改变了现有的DCS集中与分散相结合的集散控制系统体系。

⑤ 对环境的适应性　它可以支持双绞线、同轴电缆、光纤、射频、红外线和电力线等，具有对现场环境的适应性。

(2) 现场总线系统的结构特点

现场总线系统打破了传统控制系统的结构形式，由于采用了智能现场设备，能够把原先DCS系统中处于控制室内的控制器模块、各输入输出模块置入现场设备，加上现场设备具有通信能力，现场的测量变送仪表可以与阀门等执行机构直接传送信号，因而控制系统的功能可以不依赖控制室的计算机或控制仪表，直接在现场完成控制，实现了彻底的分散控制。

由于采用数字信号代替模拟信号，因而可以实现一对电线上传输多个信号，包括多个运行参数值、多个设备状态以及各种故障信息，同时又为多个设备提供了电源。

(3) 现场总线的优点

由于现场总线设备的智能化、数字化、标准化、功能的模块化，现场总线在系统设计、安装、运行以及维护等方面都显示出特有的优越性。其主要优势表现为：

① 经济性能好，因硬件数量少，减轻投资，减少安装费用，节省维护费用。

② 兼容性好，提高了用户系统集成主动权。

③ 准确性与可靠性高。

④ 调整方便。

现场总线技术自20世纪80年代诞生至今，由于它适应了工业控制系统向分散化、网络化、智能化发展的方向，并且具有减少系统线缆、简化系统安装、便于维护和管理、降低系统投资和运行成本、增强系统性能等优越性，一经产生便成为全球工业自动化技术的热点，由此形成的网络集成式全分布控制系统(FCS)导致了传统控制系统体系结构的变革。

5.4.2 FCS网络集成式全分布控制系统

1. FCS系统组成及结构

传统的过程控制系统中，仪器设备与控制器之间是点对点的连接。FCS中现场设备多点共享总线，不仅节约了连线，而且实现了通信链路的多信息传输。从物理结构上来说，FCS主要由现场设备(智能化设备或仪表、现场CPU、外围电路等)及传输介质(双绞线、光纤等)组成。

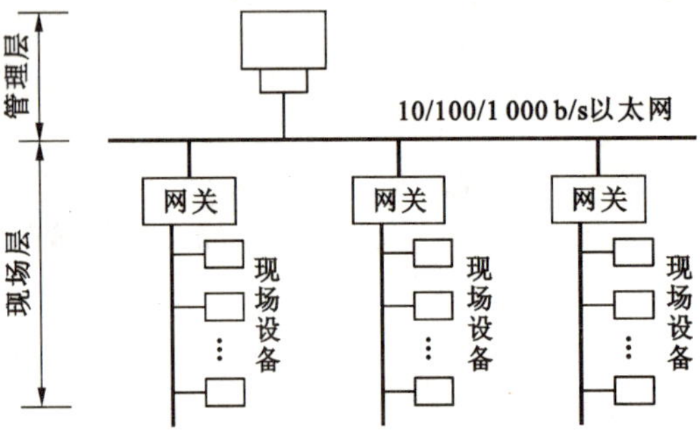

图5.35 现场总线控制系统结构形式

FCS代表了一种新的控制观念——现场控制。它具有采用数字信号后的一系列优点。基于现场总线技术的基本思想，FCS采用总线拓扑结构，它的结构模式为“控制站—现场智能仪表”二层结构。FCS用二层结构完成了DCS中的三层结构，降低了成本。现场总线控制系统结构如图5.35所示。

FCS系统结构主要功能如下：

(1) 位于管理层的上位机或手持编程器对系统进行组态，确定回路构成及参数值。

(2) 上位机还可承担先进的控制运算或优化任务。

(3) 现场控制器除输出控制操作量外，还向上位机传送状态、报警、设定参数变更及各种需要保存的数据信息。

(4) 上位机可监视总线上各站运行情况，并保存历史数据。

2. FCS的特点

同传统的DCS比较，其特点如下：

(1) 互操作性

互操作性的含义是：来自不同制造厂的现场设备可以异构，组成统一的系统，可以相互操作，统一组态，共同实现控制策略。

(2) 通信线供电

现场总线的常用传输线是双绞线，通信线供电方式允许现场仪表直接从通信线上摄取能量，这种低功耗现场仪表可以用于安全环境。

(3) 开放式互联网络

现场总线为开放式互联网络，所有技术和标准全是公开的，面向所有的制造商和用户。这样，用户可以自由集成不同制造商的通信网络，既可与同类网络互联，也可与不同类网络互联，极其方便地共享网络数据库。

(4) 现场通信网络

传统的DCS通信网络截止于控制站或输入输出单元，现场仪表仍然是一对一的4～20 mA模拟信号传输，如图5.36所示。而现场总线把通信线一直延伸到生产现场中的生产设备，构成现场设备或现场仪表互联的现场通信网络，如图 5.37 所示。图中现场设备或现场仪表是指传感器、变送器或执行器等，它的信号传输全数字化，抗干扰强，精度高。在网络通信中采用了许多防止碰撞和检查纠错的技术措施，实现了高速、双向、多变量、多站点之间的可靠通信。

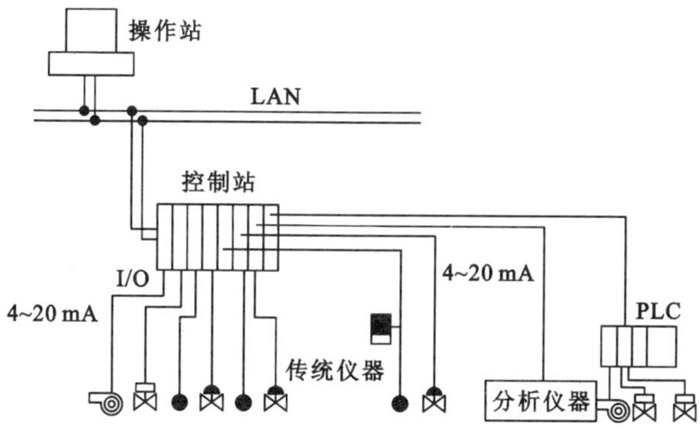

图 5.36　DCS 的控制层

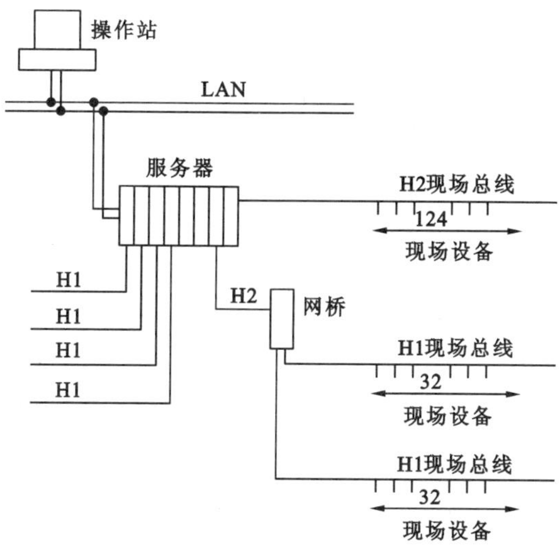

图 5.37　FCS 的控制层

(5) 分散的系统结构

FCS 废弃了 DCS 中采用"工程师站—操作站—I/O 控制站"的三层主从结构性模式，把输入/输出单元和控制站的功能块分散给现场仪表，从而构成虚拟控制站。每个现场仪表作为一个智能节点，都有 CPU 单元，既能独立实现检测、变换和补偿功能，又有控制和运算功能。系统通过网络协议把它们连接在一起统筹工作，任何一个节点出现故障只影响本身而不会危及全局，这种彻底的分散型控制体系结构提高了系统的可靠性、自治性和灵活性。

(6) 多种传输介质和拓扑结构

FCS 由于采用数字通信方式，因此可采用多种传输介质进行通信。根据控制系统中节点的空间分布情况，可采用多种网络拓扑结构。这种传输介质和网络拓扑结构的多样性给自动化系统的施工带来了极大的方便。

FCS 的出现将使传统的自控系统产生革命性的变革，它改变了传统的信息交换方式、信号制式和系统结构，改变了传统的自动化仪表功能概念和结构形式，也改变了系统的设计和调试方法。

5.4.3 常见的现场总线类型

1. Lon Works 总线

Lon Works 总线是一种具有强大功能的现场总线技术，它采用了 ISO/OSI 模型的全部七层通信协议和面向对象的设计方法，通过网络变量把网络通信设计简化为参数设置，支持双绞线、同轴电缆、光纤、射频、红外线和电力线等多种通信介质，并开发了相应的安全防爆产品，被誉为通用控制网络。

美国 Echelon 公司于 1991 年推出了 LON(Local Operating Network)局部操作网络，在此基础上开发的 Lon Works 技术是用于开发监控网络系统的一个完整的技术平台，是目前最先进的现场总线技术之一。作为局域网技术在控制领域的延伸和应用，Lon Works 技术自推出后立即引起轰动。在 Lon Works 的支持下，诞生了新一代智能化低成本的现场测控产品。目前，Lon Works 技术的产品广泛地应用在工业、楼宇、家庭等自动化领域，特别是楼宇自动化系统更是其最大的应用领域。

(1) Lon Works 技术组成内容

① Lon Works 节点和路由器；

② Lon Talk 协议；

③ Lon Works 收发器；

④ Lon Works 网络和节点开发工具。

Lon Works 网络结构如图 5.38 所示。

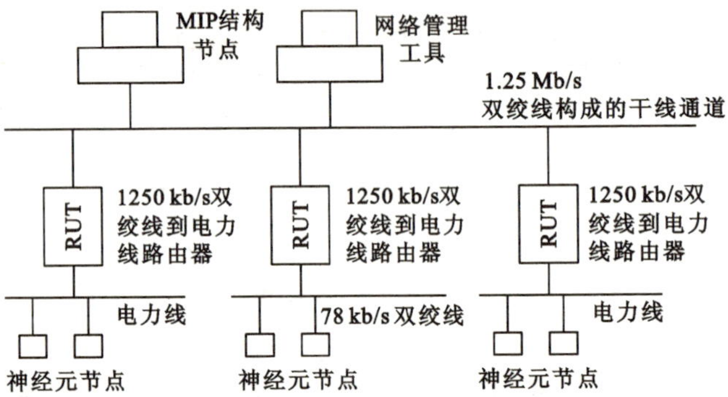

图 5.38 Lon Works 网络结构

(2) Lon Works 技术的特点

① Lon Works 技术是一套开放式技术，Lon Talk 通信协议符合 ISO/OSI 模型，任何制造商的产品都可以实现互操作。

② Lon Works 技术支持多种通信介质，包括双绞线、电力线、光纤、同轴电缆、无线电波、红外线等，甚至多种介质也可在同一网络中混合使用。

③ 网络结构灵活，可以是主从式、对等式或客户机/服务器式结构。

④ 可采用各种典型的网络拓扑，如星形、总线形、环形以及自由形等。

⑤ 网络通信采用面向对象的设计方法。Lon Works 技术称之为“网络变量”，它使网络通信的设计简化成为参数设置，增加了通信的可靠性。

⑥ 通信速率可由 300 b/s 到 1.25 Mb/s。

⑦ Lon Works 在一个测控网上的节点数可达 32000 个。

⑧ 提供强有力的开发工具平台——Lon Builder 与 Nodebuilder。

⑨ Lon Works 技术核心元件——Neuron 芯片具备通信和控制功能。内部装有 RAM、ROM、EEPROM、I/O 接口和定时器/计数器以及 3 个 8 位微处理器等硬件设备，并装有 Lon Talk 通信协议。

2. CAN 总线

CAN 是控制局域网络(Control Area Network)的简称，CAN 协议也是建立在国际标准化组织开放系统互联模型的基础上，不过其模型结构只有三层，即只取 ISO 底层的物理层、数据链路层和顶层的应用层，其信号传输介质为双绞线。CAN 的信号传输采用短帧结构，每一帧的有效字节数为 8 个，因而传输时间短，受干扰的概率低。CAN 总线技术已被广泛应用于楼宇自控系统、生产过程自动化系统等领域。

3. FF 总线

基金会现场总线 FF(Foundation Fieldbus)是在过程自动化领域得到广泛支持和具有良好应用前景的技术，它以 ISO/OSI 开放系统互联模型为基础，取其物理层、数据链路层、应用层为 FF 通信模型的相应层次，并在应用层上增加用户层。基金会现场总线的主要技术内容包括 FF 通信协议，用于完成开放互联模型中第 2～7 层通信协议的通信栈(Communication Stack)，用于描述设备特征、参数、属性及操作接口的 DDL 设备描述语言、设备描述字典，用于实现测量、控制、工程量转换等应用功能的块，实现系统组态、调度、管理等功能的系统软件以及构筑集成自动化系统、网络系统的系统集成技术。

4. PROFIBUS 总线

PROFIBUS 是德国国家标准 DIN19245 和欧洲标准 EN50170 的现场总线标准，PROFIBUS-DP、PROFIBUS-FMS、PROFIBUS-PA 组成了 PROFIBUS 系列。DP 型用于分散外设间的高速数据传输，适合于加工自动化领域的应用；FMS 意为现场信息规范，适用于楼宇自动化、可编程控制器、低压开关等；PA 型则是用于过程自动化的总线类型，它遵从 IBC1158-2 标准，可实现总线供电与安全防爆。

5. HART 总线

HART 是 High Addressable Remote Transducer 的缩写。这种被称为可寻址远程传感器高速通道的开放通信协议，其特点是在现有的模拟信号传输线上实现数字信号通信，属于模拟系统向数字系统转变过程中的过渡产品，因而在当前的过渡时期具有较强的市场竞争能力，并得到了较快的发展。HART 能利用总线供电，可满足安全防爆要求，并可以组成由手持编程器与管理系统主机作为主设备的双主设备系统。

5.4.4　现场总线在智能建筑中的应用

在智能建筑中广泛应用两类现场总线，即 Lon Works 总线和 CAN 总线。它们主要用于家庭智能节点和建筑物内其他智能节点。智能小区 Lon Works 网解决方案如图 5.39 所示。

通过 Lon Works 总线使小区的管理中心与小区的各系统如照明控制系统、给排水控制系统、电梯间控制系统、停车管理系统、周边防范系统及家庭控制器所控制的设备经路由器连接，可实现自动化的监控与管理，从而达到智能小区的目标和要求。

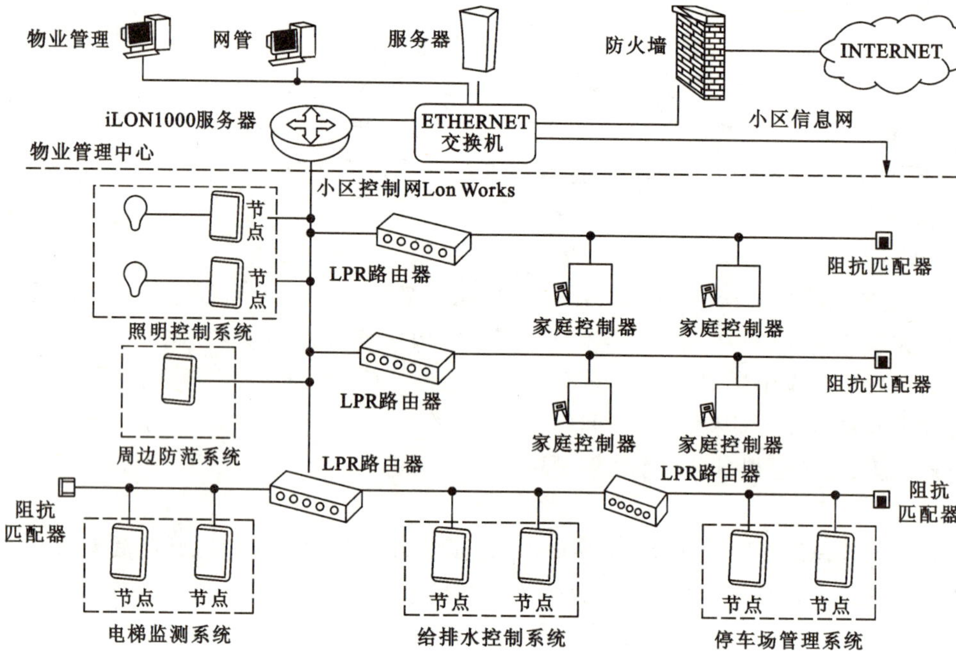

图 5.39　智能小区 Lon Works 网解决方案

情境小结

本情境主要介绍了智能建筑中的通信自动化，首先从我们经常接触的卫星通信和有线电视入手，主要对智能建筑中有线电视系统的组成和检修方法进行了说明，接着对智能建筑的计算机网络及各种接入技术进行了阐述，对智能建筑中的重点——综合布线系统进行了全面的展示，并详细介绍了综合布线系统安装的工艺流程，最后对现场总线技术进行了说明。

【习题与训练项目】

习　题

1. 卫星电视接收系统有哪些主要设备？有何作用？
2. 有线电视系统的传输技术有几种？简述每种传输方式的原理。
3. 有线电视系统的分配网络有几种形式？
4. 三网包括什么网？具体接入方式有几种？叙述三网合一的网络系统功能。
5. 综合布线的主要构成部件有几种？接续设备包括哪些内容？
6. 综合布线的常用系统结构有哪几种？分别画出图形，并举例说明所见所闻项目属于哪种。
7. 现场总线有几种类型？智能建筑中常用哪种？

训练项目

题目一:卫星有线电视系统设备及功能认识和部分设备的安装调试

(一) 实训目的

了解卫星有线电视系统的功能和特点;认识卫星有线电视系统的各个设备;了解前端设备的安装要求;掌握前端设备的调试方法;会进行前端设备器材的连接及调试;掌握用户放大器输入、输出电平的调整;熟练掌握用户分配网络的设计、安装;了解用户电平的范围;掌握供电器的安装与使用。

(二) 实训要求

仔细阅读产品介绍,认识设备的同时,掌握一些设备的技术参数,查阅相关资料了解更多的此品牌设备的资料;并仔细阅读相关的实训指导书。

(三) 实训内容及过程

1. 认识设备,了解设备功能。

2. 前端设备的安装

按照系统实验台设备平面布置图进行设备安装,把线缆与设备之间连接正确、可靠,防止脱落。安装时应注意以下几点:

① 前端设备安装前,应先仔细检查其外观是否有破损、内部有无短路等,并进行带电检查。

② 每一频道的解调器和调制器、卫星接收机和调制器尽可能排列在一起,避免互相干扰。

③ 各设备之间要有一定的间距,以利于散热。

④ 输出、输入线缆要排列整齐,不互相缠绕,便于识别。

3. 前端设备的调试实验

前端设备的调试主要是测量和调整各个部位、各个频道的信号电平。设备的技术指标一般在出厂前已经仔细调试过,不需要调整。

调试调制器的输出电平时,应送入标准信号和伴音信号,通过调整其高频增益控制器来调整其输出电平。

前端的调试主要在前端至主干线的输出口进行。将选频电平表接在前端总输出口,改变电平表的频率,使之与待测频道的图像载频和伴音载频一致,分别测出其图像电平和伴音电平。

电平表调试完毕后,还应把信号由前端总输出口经衰减器送至电视机,观察图形质量,应无重影、彩色失真、雪花干扰等失真现象。否则,还应检查混合器、天线输入纤毫等,采取相应的措施加以解决。

4. 线路放大器的调试

干线放大器要按照从前端到用户顺序逐台进行调试,主要是调整其输出电平和输入电平。先应将场强仪接在干线放大器的输入端,测量最高频道信号输入电平,看其是否与设计值一致,不一致则需调整放大器输入端的衰减器或均衡器,或检查线路是否连接牢靠以及有无短路现象,直至输入电平与设计值一致为止。

(四) 实训报告

根据实训过程中观察和实际操作设备的情况,撰写实训报告。

1. 写出系统组成及设备功能。

2. 绘出前端部分的系统原理图(包括信号源)。

3. 写出前端设备调试的基本操作步骤。

序 号	步　　骤
1	
2	
3	
4	

4. 调整邻频调制器的输出电平，用场强仪或电视机观察现象，分析原因。

实验现象	原　　因

5. 绘出所设计的用户分配网络原理图。

6. 放大器输入电平与设计值不一样，其原因是什么？

(1) ____________________

(2) ____________________

(3) ____________________

(4) ____________________

(五) 实训评价

通过本次实训，学生能够清楚地了解整个卫星有线电视系统的组成状况，以及一些主要设备的功能和具体使用方法。

题目二：综合布线系统设备认识和各种模块及RJ-45安装制作

(一) 实训目的

1. 了解综合布线系统的各种产品及其技术参数和安装工具。

2. 掌握综合布线系统各个设备的安装、系统配置和调试技术。

(二) 实训要求

1. 课前搜集综合布线系统的各种产品说明，并整理衡量产品优劣的主要技术参数；

2. 在规定的时间内完成各种模块及水晶头的安装制作；

3. 熟记线路的连接方式和线的排序。

(三) 实训内容及过程

1. 设备及功能认识(见图5.40)

双孔信息插座面板

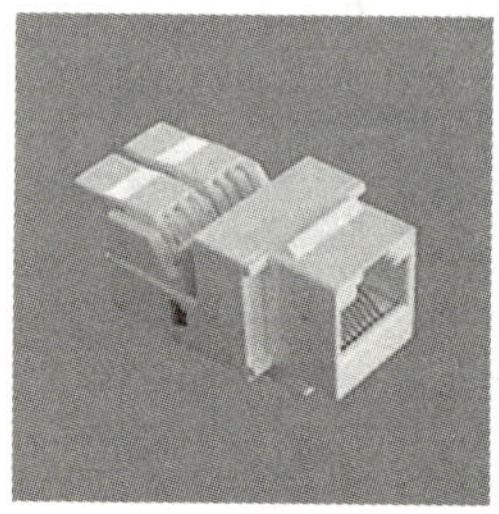

超五类模块

超五类水平电缆

模块防尘盖

图5.40　布线系统常用设备

2. 信息模块的压接技术

一般采用打线工具进行压接模块。

对信息模块压接时应注意的要点：

(1) 双绞线是成对相互拧在一处的，按一定距离拧起的导线可提高抗干扰的能力，减小信号的衰减，压接时一对一对拧开放入与信息模块相对的端口上。

(2) 在双绞线压接处不能拧开、撕开，并防止有断线的伤痕。

(3) 使用压线工具压接时，要压实，不能有松动的地方。

(4) 双绞线开绞不能超过要求。

3. 双绞线与 RJ-45 头的连接技术

(1) 首先将双绞线电缆套管自端头剥去大于 20 mm，露出 4 对线。

(2) 定位电缆线，以使它们的顺序号是 1&2，3&6，4&5，7&8，如图 5.41(a)所示。为防止插头弯曲时对套管内的线对造成损伤，导线应并排排列至套管内至少有 8 mm 形成一个平整部分，平整部分之后的交叉部分呈椭圆形状态。

(3) 为绝缘导线解扭，使其按正确的顺序平行排列，导线 6 是跨过导线 4 和 5 在套管内不应有未扭绞的导线。

(4)导线经修整后(导线端面应平整，避免毛刺影响性能)距套管的长度为 14 mm，从线头(见图 5.41)至少(10±1) mm 之内导线之间不应有交叉，导线 6 应在距套管 4 mm 之内跨过导线 4 和 5。

(5) 将导线插入 RJ-45 头，导线在 RJ-45 头部能够见到铜芯，套管内的平坦部分应从插塞后端延伸直至初张力消除，套管伸出插塞后端至少 6 mm。

(6) 用压线工具压实 RJ-45。

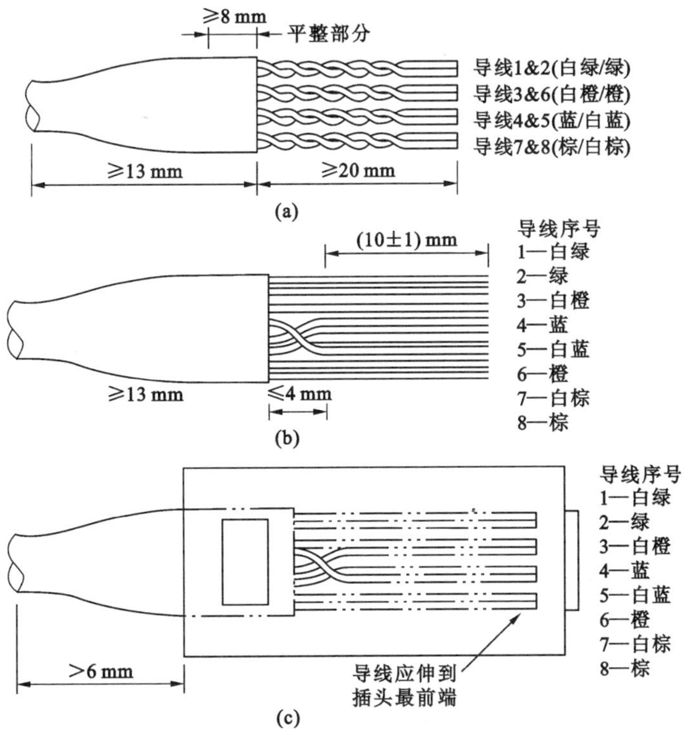

图 5.41 双绞线与 RJ-45 头的连接

(a) RJ-45 连接剥线示意图；(b) 双绞线排列方式和必要的长度；(c) RJ-45 压线的要求

（四）实训报告

1. 详细记录各种设备的性能参数。

设 备 名 称	性 能 参 数

2. 写出双绞线与 RJ-45 头的连接步骤。

序 号	步　　骤
1	
2	
3	
4	

（五）实训评价

通过本次实训，熟悉各种综合布线的设备，掌握双绞线与 RJ-45 头的连接。

学习情境6　智能建筑办公自动化系统

办公自动化系统是智能建筑的重要组成部分之一。现代化的办公自动化系统中，利用计算机和网络技术使信息以数字化的形式在系统中存储和流动，软件系统管理各种设备自动地按照协议配合工作，使人们能够高效率地进行信息处理、传输和利用。办公自动化技术的发展将使办公活动向着数字化的方向发展，改善办公条件，减轻劳动强度，实现管理和决策的科学化，防止或减少人为的差错和失误。

【能力目标】

▲ 了解办公自动化系统的基本功能；

▲ 学会使用办公自动化信息处理软件；

▲ 具有使用办公自动化系统解决智能化工程的能力。

任务描述

通过办公自动化的定义、功能及办公自动化软硬件的学习，了解办公自动化系统的设计过程，学会各类办公自动化系统的应用。

任务分析

从办公自动化组成入手，逐步对办公自动化软硬件进行认知，再学习办公自动化系统的设计过程，然后通过案例使学生学会办公自动化系统的应用。

方法与步骤

任务1　智能建筑办公自动化系统的认知

6.1.1　办公自动化与办公自动化系统

1. 办公自动化的定义

办公自动化是一门综合性的跨学科的技术，是一个人机信息的交互系统，是以提高办公效率为其目标，包括语音、数据、图像、图形、视频、文字等信息的一体化处理等。

2. 我国办公自动化的发展过程

我国的办公自动化从20世纪80年代初进入启蒙阶段，80年代中期制定了办公自动化的发展目标及远景规划。

20世纪80年代末，我国开始大力发展办公自动化，到现在已经有二十年左右的历史。这个阶段我国建立了一批能体现国家实力的国家级OA系统。

20世纪90年代中期后，随着网络技术（如100 M以太网）、群件系统（特别是Microsoft

Exchange Server和 Louts Notes)、数据库技术(成熟的关系数据库管理系统)和各种面向对象的开发工具(如 Microsoft Visual Studio)等技术和产品日渐成熟而被广泛应用,同时由于国内经济的飞速发展引发市场竞争的逐渐激烈,以及政府管理职能的扩大和优化,这一切导致政府和企业对办公自动化产品的需求快速增长。这时,办公自动化开始进入一个快速的发展阶段。

我国办公自动化发展已经经历了三个阶段,各个单位办公自动化程度有所不同,大致可以分为四种情况:

(1) 起步较慢,还停留在使用没有联网的计算机阶段,使用 MS Office 系列、WPS 系列应用软件以提高个人办公效率。

(2) 已经建立了自己的 Intranet 网络,但没有好的应用系统支持协同工作,仍然是个人办公。网络处在闲置状态,单位的投资没有产生应有的效益。

(3) 已经建立了自己的 Intranet 网络,单位内部员工通过电子邮件交流信息,实现了有限的协同工作,但产生的效益不明显。

(4) 已经建立了自己的 Intranet 网络;使用经二次开发的通用办公自动化系统;能较好地支持信息共享和协同工作,与外界联系的信息渠道畅通;通过 Internet 发布、宣传单位的有关情况;Intranet 网已经对单位的管理产生了明显的效益。现在正着手开发或已经在使用针对业务定制的综合办公自动化系统,实现科学的管理和决策,增强单位的竞争能力,使企业不断发展壮大。

3. 办公自动化系统(OAS)

办公自动化系统是办公信息处理的自动化。它利用先进的技术,使各种办公业务活动逐步由各种设备、各种人机信息系统来协助完成,达到充分利用信息,提高工作效率和工作质量,提高生产率的目的。

办公自动化系统由支持办公活动的多种技术综合而成。办公自动化系统使办公人员能迅速而准确地获取、加工信息,减少或避免各种差错和弊端的出现,提高办公活动的效率,也改善了办公环境和条件,还能为领导人的决策提供有力的支持,提高管理和决策的水平。

办公自动化系统一般具有如下特征:

(1) 交互性

一般的数据处理是单一的控制流,有事先确定的输入输出,无需人的干预。而办公自动化系统则往往需要根据不同的输入调动不同的控制,因而人机对话、人的干预是必不可少的。

(2) 协同性

办公活动通常是有组织的分层次的群体活动,因此,办公自动化系统应支持一个组织机构内的所有工作人员能够进行协同工作,以完成一项共同的任务。

(3) 多学科交叉

办公自动化系统的建立和发展是相关的现代科学技术交叉融合的结果,是以计算机科学、信息科学、地理空间科学、行为科学、管理科学、系统工程学和现代通信技术等作为支撑平台的。

(4) 网络化

现代办公自动化系统是基于计算机网络的,包括局域网(LAN)、因特网(Internet)、内联网(Intranet)和外联网(Extranet)等。

(5) 对象的多样性

从操作人员来看,智能建筑办公自动化系统分为文员、计算机管理员、维护员和安全管理员等。从系统完成工作来说，办公自动化系统处理的事务繁杂，包括文档管理、信息管理等，涉及智能建筑的各个方面。

4. 办公自动化系统的六要素

在一个办公自动化系统中，包含办公人员、办公环境、组织机构、办公设备、办公信息和工作流程六种要素。办公人员是办公活动的最重要的因素，也是办公自动化系统的使用者；办公环境是指完成和管理办公活动的场所，有时也是一个基本管理单位；组织机构决定了办公人员的责任及人员之间的关系；办公设备是支持办公人员进行工作的工具；办公信息是办公自动化系统处理的对象；工作流程是办公人员的工作规则。

5. 智能建筑办公自动化系统的类型与功能

按照国家标准《智能建筑设计标准》(GB/T 50314—2000)，在智能建筑中，根据各类建筑物的使用功能需求，可建立两类办公自动化系统，即通用办公自动化系统和专用办公自动化系统。

(1) 通用办公自动化系统

通用办公自动化系统指建筑物的物业管理营运信息、电子账务、电子邮件、信息发布、信息检索、导引、电子会议以及文字处理、文档等的管理，如建筑设备管理系统 BMS、物业管理系统、建筑物 Intranet、一卡通系统、综合信息服务系统等。通用办公自动化系统应实现的主要功能包括：

① 应能对建筑物内各类设备的运行状况、统计信息及维护进行管理；

② 应具有进行文字处理、文档管理、各类公共服务的计费管理、电子账务、人员管理等功能；

③ 应具有共用信息库，向建筑物内公众提供信息采集、装库、检索、查询、发布、导引等功能；

④ 智能卡管理子系统应能识别身份、钥匙、信息系统密码钥匙等，并进行各类计算。

(2) 专用办公自动化系统

对于专业型办公建筑，其办公自动化系统除具有通用办公自动化系统的功能外，还应按其特定的业务需求，建立专用办公自动化系统，如银行业务系统、商场 POS 系统、酒店管理系统、政府机关办公系统、各类企业管理系统等。

另外，根据办公自动化系统的功能层次，可分为事务处理型、信息管理型和决策支持型办公自动化系统。三种办公自动化系统的关系如图6.1所示。

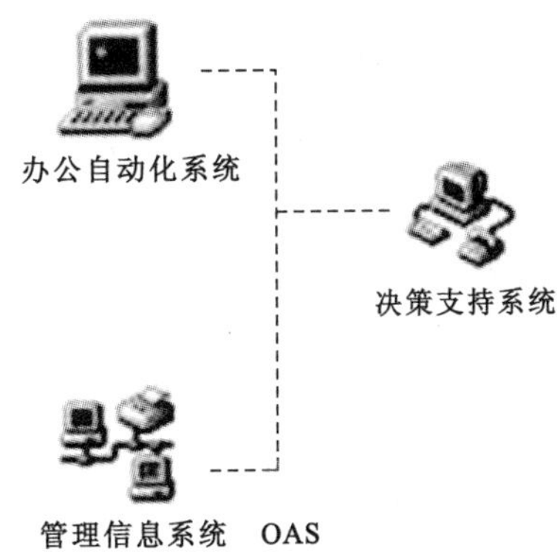

图6.1　三种办公自动化系统的关系图

(3) 事务型办公自动化系统

这种系统大体上可分为办公事务处理(如文字处理、电子表格、电子邮件等)和行政事务处理(如公文流转等)两大部分，如图6.2所示。

办公事务处理的主要内容是大量基础性的日常办公事务，具体包括：

① 文字处理　指各类文件的起草、编辑、存储和输出功能。

② 电子表格处理　应根据实际的需要，生成不同种类的表格。

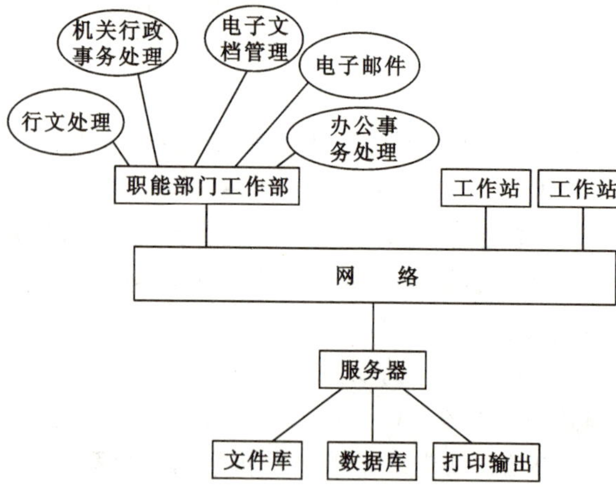

图 6.2　事务型办公系统

③ 文档管理　对准备归档的公文或者各类合同、协议、文件、指示、资料等的一个合理存储与查阅功能。

④ 文件收发　完成普通的邮件、公文、材料、信件的收发，也包括对网上电子邮件的收发与处理。

⑤ 办公日程管理　日程管理可分为个人日程和部门日程等，应具有对日程的基本存储和信息提示功能。

⑥ 公共信息管理　公共信息包含新闻、文档、员工论坛、资料下载等功能。

这些常用的办公事务处理的应用可做成应用软件包，包内的不同应用程序之间可以互相调用或共享数据，以便提高办公事务处理的效率。这种办公事务处理软件包应具有通用性，以便扩大应用范围，提高其利用价值。此外，在办公事务处理级上可以使用多种办公自动化子系统（如电子文档管理系统），以提高办公效率，改进办公质量。

(4) 信息管理型办公自动化系统

信息管理型办公自动化系统即管理信息系统，是办公自动化系统的第二个层次。随着企业对信息需求的不断深入，在办公系统中对和本单位的运营目标关系密切的综合信息的需求日益增加。信息管理型办公系统是把事务型（或业务型）办公系统和综合信息（数据库）紧密结合的一种一体化的办公信息处理系统，包括日常事务处理和信息管理两部分。日常事务处理系统的作用主要是替代人的手工劳动，把人们从大量的繁琐事务中解脱出来；信息管理是指对本办公业务领域内及相关的各类信息（社会信息、经济信息及监控信息）进行控制与利用。

(5) 决策支持型办公自动化系统

决策是人们对出现的问题和要求去寻求解决和实现的对策或方法，是普遍存在的一种思维活动。通常是将该问题所具有的数据、资料、模型、案例和经验等作为综合分析和逻辑推理的基础，该问题的具体要求作为综合或选择的条件，去得出解决问题的对策或办法。

决策支持型办公自动化系统是第三个层次。它建立在信息管理级办公自动化系统的基础上，使用由综合数据库系统所提供的信息，针对所需要做出决策的课题，构造或选用决策数字模型，结合有关内部和外部的条件，由计算机执行决策程序，做出相应的决策。

决策支持型办公自动化系统可以使用计算机技术中的决策支持系统（Decision Support System，简称 DSS）进行决策。决策支持系统是一门新兴的迅速发展的学科，是用以辅助各级管理者进行正确决策的系统。这个系统充分运用可供利用的、合适的计算机技术，针对半结构化或结构化问题，通过人机交互方式帮助和改善管理决策制定的有效性的系统。

决策支持系统一般由三个库组成：模型库——为决策提供数字模型集合；数据库——为决策提供信息；方法库——为决策提供常用的方法。其中模型库是决策支持系统的核心，包括计划模型、预测模型、评估模型、投入/产出模型、反馈模型、结构优化模型、经济控制模型、仿真模型和综合平衡模型等。依靠模型库技术和数据库技术，以更有效的方式帮助高层管理人员解决一些决策问题。

事务级办公自动化系统、信息管理级办公自动化系统和决策支持级办公自动化系统是广义的或完整的办公自动化系统构成中的三个功能层次，它们之间的相互联系可以由程序模块的调用和计算机数据网络通信手段做出。一体化的办公自动化系统的含义是利用现代化的计算机网络通信系统把三个层次的办公自动化系统集成为一个完整的办公自动化系统，使办公信息的流通更为合理，减少许多不必要的重复输入信息的环节，以期提高整个办公系统的效率。一体化、网络化的办公自动化系统的优点是，不仅在本单位内可以使办公信息的运转更为紧凑有效，而且也有利于同外界的信息沟通，使信息通信的范围更广，能更方便、快捷地建立远距离的办公机构间的信息通信，并且有可能融入世界范围内的信息资源共享。

6. 办公自动化的环境支持

办公自动化是一门综合性学科，其直接支持技术主要是计算机技术和网络通信技术。

(1) 计算机技术

计算机技术的迅速发展，使得计算机本身具备了高速的信息处理能力和巨大的存储空间，高性能的联网能力以及多媒体的支持等。同时，支持计算机处理的系统软件技术也日新月异，例如数据库技术、图形图像处理技术、文字处理技术等。计算机是办公自动化系统的主要设备。在办公自动化系统中使用的计算机可以是大型机，也可以是中、小型机或微机。要求计算机有较大的存储容量与较快的处理速度。由于微机具有性价比高、易于操作和维护等特点，所以目前是办公自动化系统中主要使用的计算机设备。微机硬件组成宏观上分为主机箱、显示器、键盘、鼠标和打印机等部分。主机箱内部装有电源、系统主板、软盘驱动器、光盘驱动器和硬盘等。系统主板上插有 CPU、内存条和各种适配器。影响计算机系统性能的指标主要有字长、速度、内存容量、外存容量和外部设备等因素。

(2) 网络通信技术

办公自动化系统的应用离不开网络技术，通过网络可实现资源共享、信息交流和得到很多服务。处理现代企业中的许多问题都是通过网络来实现的，尤其是 Internet 的发展，使得用户对网络的依赖程度越来越高。

计算机网络在办公自动化系统中主要负责通信任务，地位十分重要。网络将计算机相连，构成一个完整的可以进行信息交流、资源共享、高可靠性、安全的和多媒体的办公系统。计算机网络可分为两种：一种是局域网(LAN)，在一座大楼或一群建筑物之间的较近距离的计算机之间的连接；另一种是广域网(WAN)，主要用于远距离的计算机之间的连接。

在智能建筑系统中，办公自动化系统具有分散性高、自动化要求高、要求系统速度快和容量大等特点。要实现智能建筑的功能，计算机网络(LAN，WAN)是基础设施。一般来说，一座建筑应有一个高速主干通信网，各个楼层应设置一个或多个局域网，并连至高速主干网上。建筑物与外界的通信可以通过高速主干网来实现，一般采用局域网方式进行连接，实现远程通信、多媒体信息传输等功能。

办公自动化系统利用先进的科学技术(计算机科学、管理科学、系统工程学、人-机工程学等),为智能建筑中的办公人员创造良好的办公环境,提高办公效率,是智能建筑不可缺少的组成部分。

6.1.2　办公自动化系统中的软、硬件设备

像计算机、电话、传真机、复印机等现代化设备,可被称为办公设备,而不能被称为办公自动化系统。一个办公自动化系统不仅包括硬件部分,而且还包括软件部分。

6.1.2.1　办公自动化硬件设备

办公自动化硬件设备是指办公自动化系统中使用的物理设备。常用的办公设备包括:

(1) 办公信息的输入、输出设备　如打印机、扫描仪、麦克风、音箱、手写笔等,如图 6.3 所示。

打印机

扫描仪

麦克风

音箱

手写笔

图 6.3　办公自动化系统硬件(1)

(2) 信息处理设备　指各种计算机、工作站或服务器等,如图 6.4 所示。

计算机

工作站或服务器

图 6.4　办公自动化系统硬件(2)

(3) 信息复制设备　指复印机、磁盘、光盘刻录机等,如图 6.5 所示。

复印机

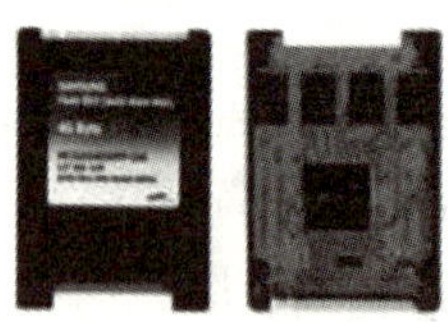
磁盘、光盘

刻录机

图 6.5　办公自动化系统硬件(3)

(4) 信息传输设备　如电话、传真机、计算机局域网、广域网等,如图 6.6 所示。

(5) 信息存储设备　如硬盘、可移动硬盘、U 盘等,如图 6.7 所示。

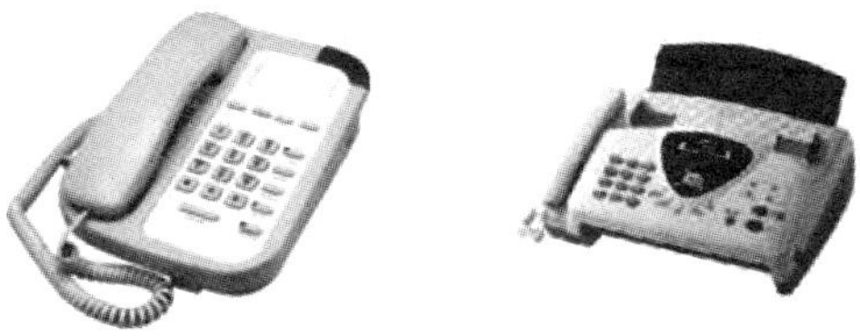

电话　　　　传真机

图 6.6　办公自动化系统硬件(4)

硬盘　　　　可移动硬盘　　　　U盘

图 6.7　办公自动化系统硬件(5)

(6) 其他辅助设备　如空调、不间断电源、碎纸机等，如图 6.8 所示。

空调　　　　不间断电源　　　　碎纸机

图 6.8　办公自动化系统硬件设备(6)

科技发展日新月异，各种功能强大的新的办公设备层出不穷，办公自动化系统的硬件水平也随之提高，为办公自动化系统的发展和进步提供了必要的物质基础。

6.1.2.2　办公自动化系统的软件

随着计算机技术的发展，办公软件已由文字输入、处理、排版、编辑、查询、检索等单机应用软件发展成为现代化网络办公系统。未来的办公自动化软件除了可以完成现有的功能外，将更有效地使用各种先进技术帮助用户完成更多任务，实现办公效率的进一步提高。

办公自动化系统软件按照层次化的观点可以分为基本软件层和应用软件层。各层软件都支持办公室网络环境。

1. 基本软件

基本软件是计算机本身的运行及提供开发管理和应用所必需的软件，包括操作系统、软件工具、数据库管理系统等。另外还需要有构成计算机网络通信环境所需的软件，如网络操作系统和网络管理软件等。

(1) 操作系统

操作系统是用户与计算机之间的接口。有了操作系统，用户可以方便地使用计算机。操作系统的功能是管理和控制计算机系统中的全部硬件和软件资源，合理组织计算机工作流程，为用户提供一个良好的工作环境和友好的接口。

(2) 数据库管理系统

数据库是对各种办公信息进行有条理、有组织、合理的存储的“数据仓库”，用于对大量原始数据进行排序、检索、分类、统计等操作，以得到所需的结果数据。根据存储办公信息的规模，可以选用不同种类的数据库。目前常用的数据库有 Foxpro、DBase、Access、SQL Server、Oracle、Sybase、Informix、DB2 等。

数据库管理系统对数据库资源进行统一管理和控制，数据与应用程序隔离，数据具有独立性。数据库管理系统使数据结构及数据存储具有一定的规范性，减少了数据的冗余，有利于数据共享。它提供了安全性和保密性措施，使数据不被窃用。

2. 应用软件层

应用软件是包括各种办公事务处理的应用程序和实用程序，可分为具有一定通用功能的应用软件和专用的应用软件。应用软件在办公自动化系统中起着重要的作用，因为办公自动化系统的效能最终体现在所有应用软件的效能上，所以应用软件的数量和质量决定了办公自动化的使用价值。

(1) 通用的应用软件

较为通用的应用软件大多是一些工具型软件，使用这些软件可以处理办公自动化系统中的一定应用领域的各种业务。通用应用软件主要包括以下功能：

① 文字处理

主要进行文本的输入、编辑、排版、打印等工作，可进行书信、公文、报告、论文、商业合同、写作排版等工作。常用的文字处理软件有微软公司的 Word 软件、金山公司的 WPS 软件及 PageMaker 软件等。

② 电子表格处理

电子表格处理主要完成对表格的输入、处理、输出等工作，实现表格处理自动化。除了具有生成表格速度快、准确性高等优点外，电子表格处理软件还提供计算公式、数据统计与汇总等功能，大大简化办公人员的工作。常用的电子表格处理软件有微软公司的 Excel 软件。

③ 电子邮件收发

电子邮件(E-mail)是现代通信技术和计算机网络综合发展的产物，它是指利用计算机网络、通信线路快速传递电子信件的通信系统。每个 E-mail 用户都有电子邮箱来存放所收到的邮件。用户通过邮箱名和密码访问电子邮箱。每个电子邮箱都有唯一的地址。Internet 上的电子邮箱地址格式为：＜用户名＞@＜主机的 IP 地址或域名＞，比如 WANGYUN@163.COM。

④ 日程管理

用电子技术进行日程安排，给办公人员提供个人时间管理、会议安排、约会安排等功能。

⑤ 图形、图像处理

和文字相比，图形、图像是以更加直观形象的方式来记录大量信息，更加容易为人们所理解和记忆。图形处理指在计算机上进行图形设计处理，按设计者的要求生成各种图形。比如计算机辅助设计与制造等，在办公过程中也经常会将相关数据生成图形，进行分析处理。图像处理是指计算机输入并处理图像的过程，已经广泛应用于办公自动化系统中，比如视频会议、传真信息等。

要实现计算机的图形、图像处理，必须有相应的硬件和软件支持。硬件方面需要有键盘、扫描仪、光笔、坐标数字化仪、数字摄像机、图形显示器、绘图仪等；软件方面要有支持处理图形和图像的软件。

⑥ 语音处理

在办公活动中，除了使用计算机可以交流信息，语音也能起到此项作用。如果能使计算机和人之间通过声音进行对话，人机信息交流方式将会发生根本的改观，办公效率将会显著提高。

语音处理主要由语音合成技术和语音识别技术组成。能使计算机识别和合成出不同的声音，在文字输入、保密等方面将起到重要作用。目前已有一些语音处理系统的应用，比如语音信箱。

(2) 专用应用软件

专用应用软件是为一种或多种具体办公业务和其他业务使用的软件，种类十分广泛，比如：办公用品管理软件、出退勤管理软件、会议室管理软件等；医院管理系统、商店管理系统、旅馆管理系统等。

6.1.3　办公自动化系统的特点及发展趋势

6.1.3.1　办公自动化系统的特点

随着网络通信技术、计算机技术和数据库技术的成熟，世界上的办公自动化技术已进入新的层次，在这一层次中办公自动化系统出现了以下四个新的特点：

1. 集成化

软硬件及网络产品的集成、人与系统的集成以及单一办公系统与社会公众信息系统的集成，组成了"无缝集成"的开放式系统。

2. 智能化

面向日常事务处理，辅助人们完成智能性劳动，如汉字识别、对公文内容的理解和深层处理、辅助决策及处理意外等。

3. 多媒体化

包括对数字、文字、图像、声音和动画的综合处理。

4. 运用电子数据交换(EDI)

通过数据通信网，在计算机间进行交换和自动化处理。这个层次包括信息管理型办公自动化系统和决策型办公自动化系统。

6.1.3.2　办公自动化系统的发展趋势

办公自动化的发展是一个不断进化的过程，随着电脑和网络技术的发展而不断进步，未来办公自动化系统的发展将体现如下趋势：

1. 办公环境网络化

互联网的使用，使得办公人员能够在全球范围内查询所需的各种信息，增加了获取信息的数量，提高了信息获取的速度；能够为决策人员提供全面的信息，提高了决策的准确性；通过互联网传递各种文件，接收和发送电子邮件，进行实时对话和交谈，召开视频电子会议等，加快了信息的流动，提高了办公自动化的效率。企业内部网的使用，使企业的管理能力和竞争能力得到了进一步的增强。

2. 办公操作无纸化

办公自动化系统的使用，使各类信息在计算机上存储或在计算机之间交换使用，大大加快了信息的传递速度，节省了人力资源，减少了纸张的使用，提高了工作效率，也能显著降低成本，同时也会加强环保。

3. 办公服务无人化

随着计算机技术的不断进步和计算机能力的不断增强，各种信息处理和信息交换将由计算机自动完成，办公自动化系统会代替人完成部分办公事务，从而减少办公人员配备，并最终实现办公服务无人化。

4. 办公设备移动化

计算机硬件的快速发展，使得办公设备向着智能化、移动化、便携化的方向发展，办公设备的移动性也会不断得到改进。

5. 办公思想协同化

随着办公自动化技术的进步，人们的办公思想也会趋于协同合作、和谐统一。

6. 办公信息多媒体化

在办公自动化系统中使用多媒体技术，使系统具有处理文字、声音、图形图像等多种类型信息的能力，使信息以更加直观生动的方式来表达，进一步提高办公效率。

任务 2 办公自动化系统的设计过程与应用案例

6.2.1 办公自动化系统的实施过程

办公自动化系统涉及单位各个部门，实施起来有一定的难度，可将实施过程分为以下几个阶段，每个阶段的工作分重点逐步开展。

1. 系统需求调研阶段

办公自动化系统虽然开发周期短、成效显著，但仍建议不要急于进行实施，在推广前要进行细致的需求调研工作，这对系统使用的安全性、稳定性、易用性以及完善性将大有帮助。对办公自动化系统涉及的各相关部门进行需求调研，要去企业进行实地调研，在调研过程中仔细听取和记录各部门提出的需求、建议和意见，了解不同类型的办公人员对系统的要求，确定系统需要的主要功能模块，落实功能模块使用部门及使用人员的情况，调研结束后，将调研结果仔细整理归档，并提交给用户确认，如果用户提出意见，就对其进行修改，最终要得到用户以及相关负责人的认可。同时，调研过程中把办公系统的主要功能做简单介绍，使各部门对办公自动化有一定的了解，在系统开始推广前得到各部门的初步认可，充分调动办公人员对系统的兴趣和使用系统的积极性。

2. 系统开发阶段

调研结束后，开始进入系统的开发阶段，主要工作包括：

(1) 基于调研结果，估算出各功能模块的工作量，制定总体开发实施方案，将一些主要模块如个人办公系统、公务系统、信息管理系统等作为首要的开发模块，并制定相关的培训和工程实施方案，为工作的进一步开展奠定基础。

(2) 根据开发实施方案，对各主要模块进行认真的开发工作，开发完毕后，先由开发人员进行测试，修改和完善测试中发现的问题，然后组织企业人员进行全面的测试，对个人办公系统中的主要模块如邮件系统、日程安排、通讯录和论坛等进行反复的测试，再次进行修改和完善，直到用户满意为止。

(3) 在对个人办公、公务系统的基本功能实现以后，可以组织几次培训工作，针对各模块的主要使用部门对人员进行培训，使企业使用此系统的人员进一步了解模块的操作要求以及功能等，对他们提出的意见进行整理，再对各相关模块进行进一步完善。

3. 系统试运行阶段

系统开发完毕，经过测试之后，可以交付企业进行一段时间的试运行。在系统的试运行阶段，正常情况下，电子邮件、信息发布等模块运行情况良好，使用人员越来越多，范围越来越广泛。在此基础上，可征集各部门在使用中出现的新的使用需求，增加部分功能模块的深化应用。本阶段可以组织进行系统的进一步推广使用培训，组织和协调整个企业范围内的职工参加培训，详细介绍系统各功能模块的操作方法和使用规范，为系统的正式运行奠定基础。

4. 系统正式运行阶段和完善阶段

系统进入正式运行阶段，各模块的功能已基本实现，且运行情况良好，大多数系统已正式启用，各模块基本都落实到具体的人员。办公自动化系统整体运行情况越来越好，各功能模块基本能够正常发挥在系统中各自的作用。

有些具有一定应用难度的模块，如公文流转、部门业务流转，可视各部门接受的情况，把一部分工作流程正式转移到系统中来，并通过制度、规定的配合明确模块的功能和在系统中应用的程度。

办公自动化系统的应用是不断深入的，随着人员应用水平的不断提高，对系统的要求会越来越高，可随着应用逐步扩展新的功能。

6.2.2　办公自动化系统分析

1. 系统概述

办公自动化系统(简称 OA 系统)是智能建筑的管理者以及建筑物内办公人员使用各种现代化办公设备进行信息采集和信息处理，从而方便快捷地共享信息，高效地协同工作。办公自动化系统应建立在局域网基础上，实现信息资源的共享，同时应具有广域网的连接能力，具有良好的安全防范措施，确保信息安全。

(1) 办公自动化系统应注重以下几点：

① 办公自动化系统是建立在建筑物内通信网络系统环境基础之上的，因此，建立良好的通信网络系统的基本设施是建立办公自动化系统的根本前提。

② 办公自动化系统应能对来自建筑物内外的各种信息予以收集、处理、存储、检索等综合处理，并能提供人们进行办公事务决策和支持的功能。

(2) 办公自动化系统可分为通用和专用两类。

① 通用办公自动化系统：主要面向物业管理信息、电子账务、电子邮件、文档等的管理。

② 专用办公自动化系统：是某用户所专用的系统，该系统不属于基本建设范围，应加做专项工程实施。但是，在通信网络系统环境设计时，应为其创造良好的基础条件，并做充分的预留。

(3) 办公自动化系统的工程范围

① 确定了 OA 系统施工、验收的内容和要求，验收方法和验收结论判定。

② 确定了各种系统施工、验收的项目及指标，适用于智能建筑物内为办公、管理和业务运作而配置的建立在计算机局域网上的信息处理设备及系统。

2. 计算机网络系统的安装和测试

(1) 网络系统安装环境的检查

网络系统安装前，必须对其安装环境进行检查，包括供电、接地、温湿度、安全、洁净度、综合布线等。

(2) 网络协议及操作系统的选择

① TCP/IP 协议

由于 TCP/IP 协议具有较强的异种机互联的功能，是一个高效的、易于扩充的协议。其主要特点是能够连接广域网中被空间距离和低速连接隔开的不同或相似的网络系统。它是当前最受支持、设计最好的互联网协议。根据智能建筑设计中有多种机型和多种操作系统的状况，选用 TCP/IP 作为其整个网络的一种通信协议。

② NetBEUI 协议

NetBEUI 协议可以看成是 NT 的"母语"协议。它是局域网的首选协议，在局域网中是各种协议中最快的，并且它可以支持点对点的网络。

③ Windows NT 网络操作系统

Microsoft 公司的 Windows NT 网络操作系统是近几年发展较快的网络操作系统，它与目前微机的操作系统 Windows95/98，Windows2000 的使用方法十分相似。对于一般的用户来说，容易掌握且操作方便，所以很受广大计算机用户的青睐。Windows NT 网络操作系统支持前述两种网络协议即 TCP/IP 和 NetBEUI 协议，并且在数据库应用方面优于 Netware。当然，也可以根据实际情况选择 Windows2000 或 Windows2003 Server 等作为网络操作系统。

总之，无论选择何种网络硬件和软件，其系统性能指标应符合 IEEE、ISO、ATM 论坛和国际公认的其他协议标准，以保证整个系统的兼容性、稳定性、安全性和共享性。

(3) 网络结构的设计

① 设计原则

网络系统设计应遵循以下原则：

a. 采用统一的网络协议和接口标准，选用当前流行的 TCP/IP 和 NetBEUI 作为标准协议。

b. 设计的网络系统要统一规划，分步实施，方便扩充。第一期建成主干网和局域网，使一些重要设备实现共享，主要用户通过 DDN 专线可以访问 Internet。

c. 能够集中管理和监视网络上的各种设备，为网络的正常运行提供可靠的保障。

d. 充分考虑系统的科学性、先进性、实用性和经济性。

在硬件投资上，要以合理的投资建立代表当前先进水平的网络系统，并保证若干年内不被淘汰，一方面能保证系统质量，保证运行良好，另一方面也能节约成本，使计算机网络系统能够真正发挥作用。

② 设计方案

A. 主干网

主干网是网络的中枢，考虑到网络系统的可靠性、安全性、带宽、长度限制、技术发展的继承性等因素，一般可以使用光纤作为主干网的传输介质。网络的拓扑结构可以采用总线形或星形方式，使用主交换机(三层交换机)，可运用主交换机的管理功能实现网络结构的集中管理。

B. 子网

子网以一幢楼或一个单元为单位，通过主干网主交换机的端口划分，建立相对独立的虚拟网，这样不但信息相对独立，而且可以防止广播风暴。考虑到网络系统的可靠性、可扩充性、通用性及网络的整体性能等因素，采用目前广为流行的双绞线作为子网的传输介质。由于子网以一幢楼或一个单元为单位，可根据实际情况来计算二级交换机和三级交换机的数量，从而完成由堆叠式交换机、配线架和若干条双绞线组成的子网。

③ 广域网连接

考虑到计算机通信的方便，可以采用异步 MODEM 和电话线两种方式进行广域网连接，使小区外的办公人员以及网络线路难以到达的地方与小区内进行通信及文件传输等。

6.2.3 办公自动化系统深化设计模块

办公自动化系统是对来自建筑物内外的各类信息予以收集、处理、存储和检索等综合处理，它为管理者和使用者提供良好的信息环境、快捷有效的办公信息服务。

办公自动化系统主要包括应用软件系统和计算机网络系统两个子系统。

网络设计的基本内容包括：

(1) 确定企业网建设目标和原则

每个企业网建设都有自己的目标和任务，在目标和任务的指导下实现网络的基本建设。一般企业网的建设要实现信息共享和特殊信息处理的目标。

(2) 确定企业网的构成

企业网主要包括企业内部网(Intranet)和扩展企业网(Extranet)两大部分。企业内部网目前是客户机/服务器结构，以高速以太网为物理介质来实现企业内部的联网。另外，还可以考虑与 Internet 的连接问题，实现与外部的信息交流。

(3) 应用软件系统和数据库

应用软件系统和数据库建设是企业网的重要组成部分。应用软件系统分为专业应用软件系统和公共应用软件系统两部分。其中，专业应用软件系统是指主要以解决各专业需求为主要目标的应用软件系统，包括决策控制层应用软件系统、经营管理层应用软件系统、生产执行层应用软件系统；公共应用软件系统更侧重于解决带有全局性的需求，如办公自动化、电子邮件等。数据库分为专业数据库和共享数据库两部分，专业数据库是基础，共享数据库由专业数据库派生出来的数据和局外共享信息组成。

(4) 企业网安全

在实现企业网目标的过程中，必须保证企业网在具有足够开放性的前提下提供信息资源的保密、完整和可靠。

采用的方法包括严格的用户授权体系、网络系统安全、操作系统安全、数据库系统安全、Web 系统安全、物理实体安全和计算机病毒防范。

6.2.4 办公自动化系统的应用案例

下面以某大学的 OA 系统为例，说明办公自动化系统在实际中的应用情况。办公自动化系统总界面如图 6.9 所示。办公自动化作为数字化校务管理系统的一个子系统，将提供网络化的办公框架，以学校办公室的应用为基础，并逐步扩展到各职能部(处)、院系、所、中心等下属单位，最终为教工、学生提供全面的电子化办公服务。

OA 系统主要包括信息浏览、信息发布、日常办公、公文处理、档案管理、督察督办、信访工作、人力资源管理和统计报表等多个模块。

个人事务包括个人通讯录、个人日程安排、个人消息、电子邮件、个人考勤、个人财务、休假申请、培训申请、留言簿和便笺。办公自动化系统个人日程如图 6.10 示。

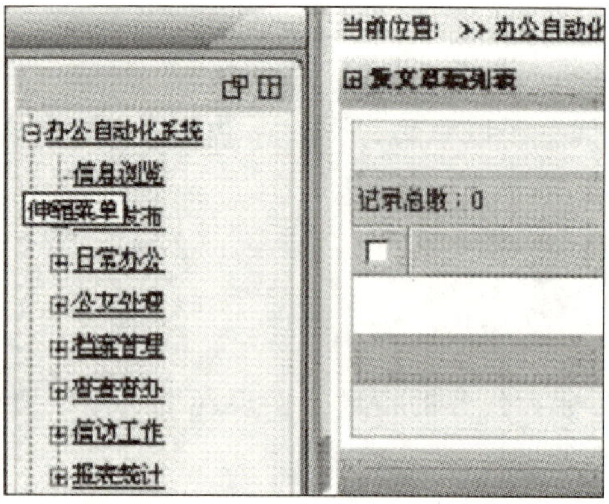

图 6.9　办公自动化系统总界面

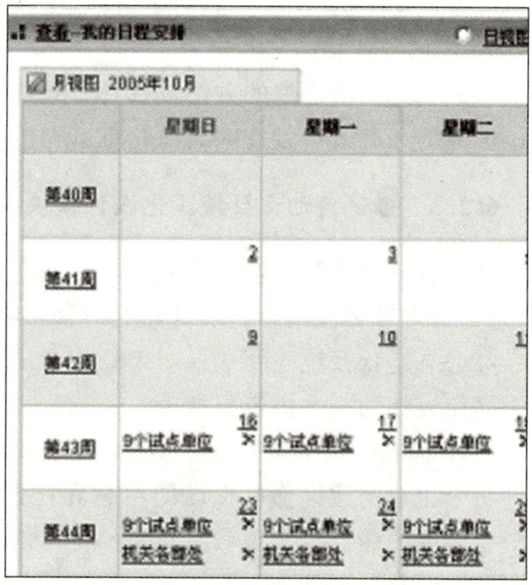

图 6.10　办公自动化系统个人日程

公共信息包括公共通讯录、企业黄页、部门日程安排和文件传阅。办公自动化日常办公系统如图 6.11 所示。

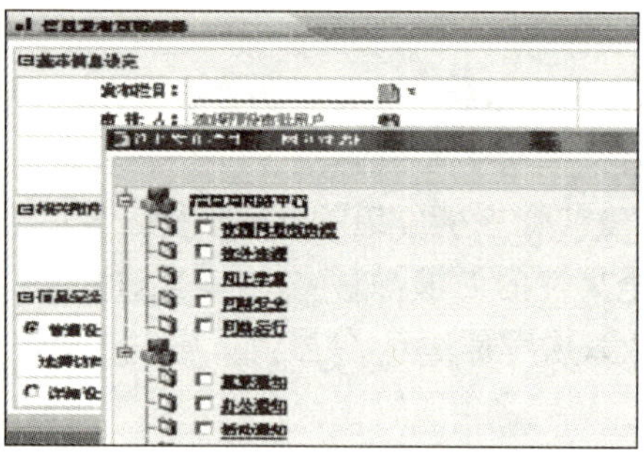

图 6.11　办公自动化日常办公系统

公文管理包括:行政收文、行政发文、信访、督查、呈批件、提案、公章管理、重要电话管理,党口收文与发文、呈批件、信访、公示、组织机构、廉政信箱,工会呈批件、工会发文、工会通知、工会组织机构和档案管理。

人力资源管理包括休假审批、培训审批、考勤管理、工资管理、用工管理、劳动合同、奖惩考核管理和部门人员考核。

统计报表包括设备管理、会议室管理、车辆管理、办公用品管理、集体用房和计量管理。

信访工作包括信访信箱、处理意见和处理结果。

办公自动化系统功能如图 6.12 所示。

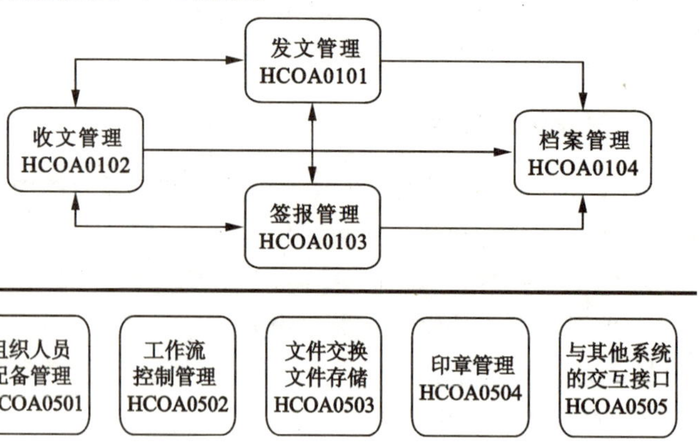

图 6.12　办公自动化系统功能图

办公自动化系统的优点有：

(1) 新任务主动通知处理更及时、更方便。新任务主动通知是业务能够得到及时办理的最重要保证。所有新信息都能够在几秒内主动通知到桌面，包括新的公告、消息、公文、审批报表等。

(2) 操作特别简单，与 OFFICE 完美结合，用户只要会简单操作电脑，无需培训即可熟练使用。

(3) 短信提醒，确保主动联系。短信提醒模块让主动通知无处不在，重要信息不会错过，业务处理更及时。

(4) 审批状态可追踪。能够追踪所有已处理和待处理的事务，并根据其状态决定审批的走向。不仅如此，所有信息都可以追踪其阅读或处理状态，跟踪业务处理的最新状态和所有审批人的处理时间、意见，甚至每个人修改的痕迹。

(5) 强大的工作流程处理

① 流程可以自由定义，可以根据发展需要随时修改。

② 流程能及时处理，允许查看审批人在线状态，主动通知到桌面或短信提醒，特殊情况下还可以“撤办”，让业务及时办理。

③ 流程可以追踪状态和保留痕迹，每个人在流程中所作的改动都被作为原始单据保留，以备追查。

④ 多种流程审批模式可以满足用户的各种业务审批要求。

⑤ 流程中能够同时处理文档和数据，OA 网络办公自动化系统允许业务数据以审批方式经过多人协同处理，数据更新时能够主动通知到指定人，因此在协同工作和适用范围上更强。

(6) 科学严密的考核体系。OA 网络办公自动化系统中对处理的每一笔业务实现了计算机的自动考核，在事务处理的每一个环节都可设置相应的考核项目，按照考核细则量化的分值由计算机逐条比对考核。对于文字、材料性的考核，计算机给出提示性的考核方案，通过人机结合方式予以考核，从而完成目标责任制考核办法。

(7) 功能丰富。OA 网络办公自动化系统中提供了通知公告、邮件、短信、业务咨询、考勤、精神文明建设、法律法规库、人事信息、工作部署、工作日志等众多功能，使系统的功能更加强大。

情境小结

办公自动化系统(Office Automation System，OAS)是信息化社会最重要的标志之一，它将人、计算机和信息三者结合为一个办公体系，构成一个服务于办公业务的人机信息处理系统。通过提高办公效率，使用先进的机器设备和技术，办公人员可以充分利用各种办公信息资源，从而提高办公效率，使办公业务从事务层次进入管理层，甚至辅助决策层，将办公和管理提高到一个崭新的水平。办公自动化系统已经成为企业适应瞬息万变、竞争激烈的时代要求的主要手段。本情境应重点掌握以下内容：

1. 了解办公自动化及办公自动化系统的定义；

2. 熟悉办公自动化系统的组成及功能；

3. 熟悉办公自动化的软、硬件环境；

4. 了解办公自动化的开发流程。

【习题与训练项目】

习 题

1. 简述办公自动化系统的定义和特点。
2. 简述办公自动化系统的类型和功能。
3. 简述办公自动化工程要素、系统开发步骤。
4. 办公自动化系统中的硬件和软件各包括哪些?
5. 结合当前办公自动化的现状和发展,论述开展办公自动化的意义。

训 练 项 目

题目:办公自动化系统

(一) 实训目的

1. 掌握办公自动化系统硬件和软件的组成;
2. 掌握办公自动化系统的日常使用过程。

(二) 实训设备

计算机、打印机、复印机、扫描仪、办公自动化系统常用软件等。

(三) 实训步骤

1. 教师讲解系统的基本内容;
2. 熟悉系统的软硬件组成;
3. 写参观记录;
4. 写参观报告。

(四) 问题讨论

1. 办公自动化系统常用的设备有哪些?
2. 办公自动化系统一般使用什么软件?
3. 办公自动化系统从哪些方面提高了系统的效率?
4. 办公自动化系统和智能建筑其他系统有什么关系?

技能考核

1. 对参观的办公自动化系统的熟悉程度;
2. 参观态度。

成绩评定

优________良________中________及格________不及格________

学习情境 7　住宅小区智能化系统

【能力目标】

▲ 熟悉智能住宅小区的概念、主要系统构成和基本功能；
▲ 掌握家庭智能化系统、小区安全防范系统、物业管理系统的构成和功能要求；
▲ 了解智能住宅小区设计目标、一般原则、设计规范和技术要求。

任务 1　智能小区的基本概况

任务描述

本学习情境的任务是：熟悉智能住宅小区的概念、住宅小区智能化系统的构成、智能住宅小区的主要系统及基本功能，对智能住宅小区形成初步认识，为学好本领域的相关内容打下基础。

任务分析

从认识智能住宅小区入手，描述智能住宅小区的含义、主要系统构成和各系统的基本功能。

方法与步骤

智能建筑(Intelligent Building，简称 IB)是以建筑为平台，兼备建筑设备、办公自动化及通信网络系统，集结构、系统、服务、管理及它们之间的最优化组合，向人们提供一个安全、高效、舒适、便利的建筑环境。智能建筑是现代高新技术与建筑艺术相结合的产物，是一门多学科交叉且具有高科技含量的新领域技术。

智能建筑是一个大的动态概念，包括智能大厦和智能小区。智能建筑、智能大厦和智能小区的关系如图 7.1 所示。

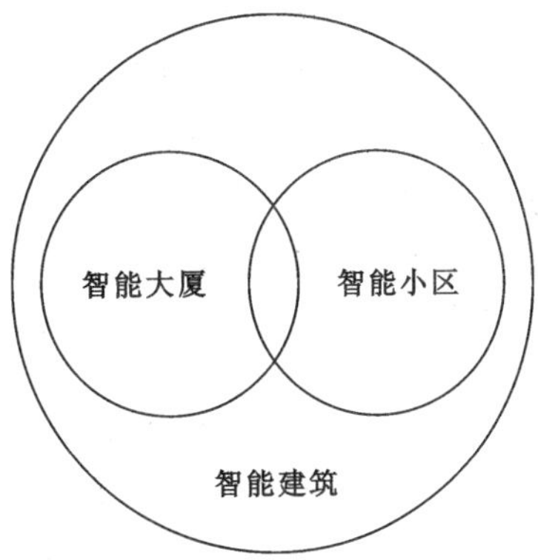

图 7.1　智能建筑、智能大厦和智能小区的关系

7.1.1　智能住宅小区概述

智能住宅小区(Intelligent Home)(以下简称智能小区)是智能建筑的一种。在城市内一个相对独立的区域实行统一管理且由特征相似的住宅楼群构成的住宅小区实施的建筑智能化，称为小区智能化(Residential District Intelligence)，具有住宅小区智能化系统(Intelligent Systems for House，ISH)的小区为智能小区。与公共建筑中的智能建筑相比较，智能小区强调住宅单元个体，侧重物业管理功能。

智能小区的概念是建筑智能化技术与现代居住小区相结合而衍生出来的。就住宅而言，先后出现了智能住宅、智能小区、智能社区的概念。随着现代通信技术、计算机网络技术、自动控制技术等高科技技术的发展及其在建筑领域的日益广泛的应用，家庭的智能化设备从无到有，小区的智能化系统从简单的楼宇对讲系统逐步发展到综合布线、计算机网络、小区公共安防系统、小区设备管理自动化系统以及物业管理系统，从单一的系统发展到多个智能化系统，并且要求各个系统要形成有机的整体，进行系统集成。智能住宅是由美国首先提出，在欧洲、北美、日本、新加坡等地得到迅速发展，但在我国起步较晚，由于目前房地产的迅速发展和国家产业政策的调整以及集成商的推动，智能小区得到飞速发展。

住宅小区智能化是利用 4C(计算机、通信与网络、自控、IC 卡)技术与建筑艺术、环境艺术有机地结合在一起，通过有效的传输网络，将远程信息服务与管理、物业管理与安防、住宅智能化系统集成，为住宅小区的服务与管理提供高技术的智能化手段，以期实现快捷高效的超值服务管理，提供安全舒适的家居环境。小区智能化系统一般包括以下子系统：

(1) 安全防范子系统(Security System，SS)；

(2) 信息管理子系统(Information Management System，IMS)；

(3) 信息网络子系统(Information Network System，INS)。

真正意义的智能小区中的单元——单个住宅应该安装智能家居(Smart Home)，这样智能小区的功能才得以有效运用。对大型社区来说，智能小区是智能家居运行的基础平台。

智能住宅将是人们生活、工作和学习的开放空间，它提供了生活舒适化、社会信息化、经济全球化以及环境绿色化的高度科学化和人性化的境界。

7.1.2 智能住宅小区的内涵与特征

7.1.2.1 智能住宅小区的内涵

智能小区要满足住宅规划设计的要求，应符合建设文明居住环境的总体目标，满足住宅性能认定要求，其物业管理要满足良好运行的要求。

智能小区是一项系统工程。合理的建构设计、优良的施工质量以及完善的基础设施是智能小区建设的基本前提和基础；智能设备和良好的系统集成是实现智能小区的手段和途径，是住宅小区智能化程度的集中体现，也是衡量住宅小区智能化程度的关键，这两者构成了智能小区的“硬件”。而配套完善的物业管理和优质的服务是住宅小区智能化系统良好运行的根本保证，是整个住宅小区必不可少的组成部分，它是智能小区的“软件”。只有将软、硬件紧密结合起来，才是真正的智能小区。这三者有机结合，缺一不可。智能小区的内涵如图 7.2 所示。

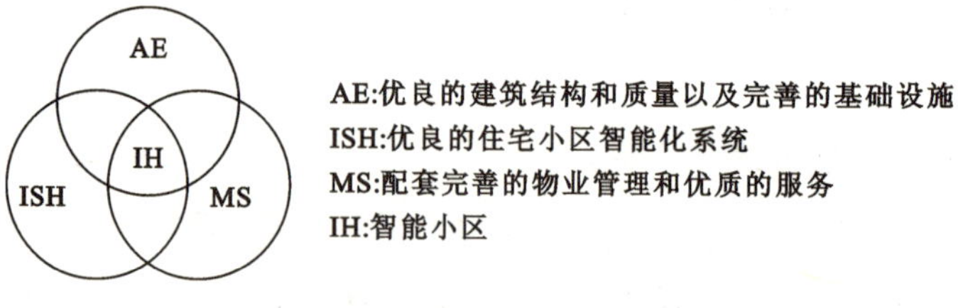

图 7.2 智能小区的内涵

7.1.2.2 智能小区的特征

智能小区除了具有一般住宅小区具有的优良的建筑结构和质量、完善的基础设施以及良好的使用性能外，还具有以下基本特征：

(1) 舒适、开放的人性化居住环境；

(2) 高度的安全性；

(3) 便捷的数字化通信方式；

(4) 便利的综合社区信息服务；

(5) 家居智能化；

(6) 物业管理智能化。

智能小区的特征可用图 7.3 描述。

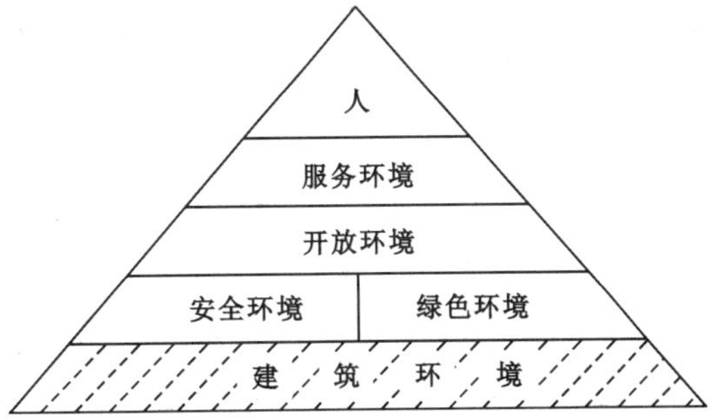

图 7.3　智能小区特征

7.1.2.3　小区智能化系统的组成

小区智能化系统的组成如图 7.4 所示。

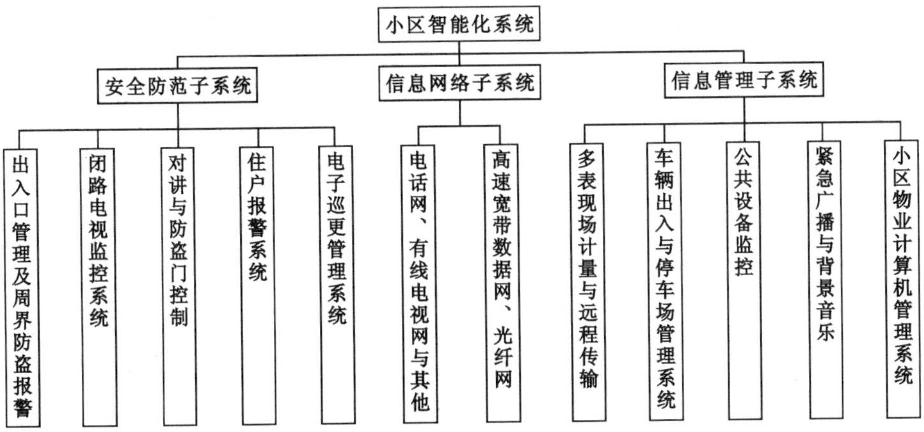

图 7.4　小区智能化系统组成

7.1.3　智能小区的主要系统及基本功能

智能小区是一项跨行业、多学科的高新科技系统工程，目前在国内处于发展阶段，尚需经历不断探索、继续开发、逐步拓展和总结提高的过程。智能小区的使用对象是一般居民，因此，智能小区的基本功能应坚持以人为本、物为人用的原则，从实际需要出发，必须考虑居民的实际经济承受能力和对功能的实际需要程度。各主要功能系统的基本功能如表 7.1 所示。

表 7.1　智能小区主要功能系统的基本功能

功能系统名称		基　本　功　能
一、安全防范系统	出入口管理及周界防越报警系统	建立封闭式的小区，加强出入口管理，防范区外闲杂人员进入，同时防范非法翻越围墙或栅栏
	闭路电视监控系统	在小区主要通道、重要公共建筑及周界设置前端摄像机，将图像传送到管理中心。中心对整个小区进行实时监控和记录，使中心管理人员充分了解小区的动态
	门禁对讲系统	在各单元入口安装防盗门和对讲装置，以实现访客与住户对讲/可视对讲。住户可遥控开启防盗门，有效地防止闲杂人员进入住宅楼内

续表 7.1

功能系统名称		基 本 功 能
一、安全防范系统	住户报警系统	通过各种探测器进行昼夜监控，保证住户在住宅内的人身财产安全。住户可以通过固定式紧急呼救报警系统或便携式报警装置，在住宅内发生抢劫案件或病人突发疾病时向智能化管理中心呼救报警，中心可根据情况迅速出警
	保安巡更管理系统	通过在小区各区域及重要部位制定保安人员巡更路线，并安装巡更站点，加强保安人员的管理，从而实现人防和技防的结合
二、信息管理子系统	自动抄表系统	水、电、气、热等表具远程抄收计量系统是通过采集抄收各表数据传送到智能化物业管理中心，实现各户各表数据的录入、费用计算并打印收费账单，将相关数据传送到相应的职能部门，避免入户抄表扰民和人为读数误差
	设备监控管理系统	对小区内给排水、变配电系统以及电梯等进行工作状态的实时监测和控制，从而实现公共设备的最优化管理并降低故障率。同时，利用传感器技术和网络通信控制技术，根据自然光亮度和使用要求，采用智能开关方式和定时自动控制方式实现公共照明及环境灯光的自动控制，从而达到优化整个小区灯光照明、延长灯具寿命和节约能源的目的
	自动停车管理系统	通过对小区停车场出入口的控制，完成对车辆进出及收费的有效管理
	紧急广播与背景音乐	在节假日、每日早晚及特定时间播放音乐，播放一些公共通知、科普知识、娱乐节目等。同时，在发生火灾或其他紧急事件时可作为紧急广播强制切入使用
	物业计算机管理系统	协调小区居民、物业管理人员、物业服务人员三者之间的关系。对物业管理中的房产、住户、服务、公共设施、工程档案、各项费用及维修信息资料进行数据采集、传递、加工、存储、计算等操作，反映物业管理的各种运行状况。以网络为基础，实现信息共享，方便物业公司和住户信息沟通
三、信息网络子系统	电话网、有线电视网、宽带接入网、控制网	提供小区的信息传输通道

任务 2　智能小区的实现

任务描述

掌握智能住宅小区智能家居和安全防范系统的构成和功能要求；掌握智能住宅小区信息管理系统的基本构成和功能要求；掌握智能住宅小区物业管理系统的组成和基本功能要求。

任务分析

分析智能住宅小区智能家居、安全防范系统、信息管理系统和物业管理系统的构成和基本功能，描述智能小区实现的基本内容。

方法与步骤

智能小区是通过包括安全防范、信息管理和信息网络三个功能子系统在内的多功能技术系统，采用多种网络拓扑结构（如树形结构、星形结构或混合型结构）来实现的，如图 7.5 所示。

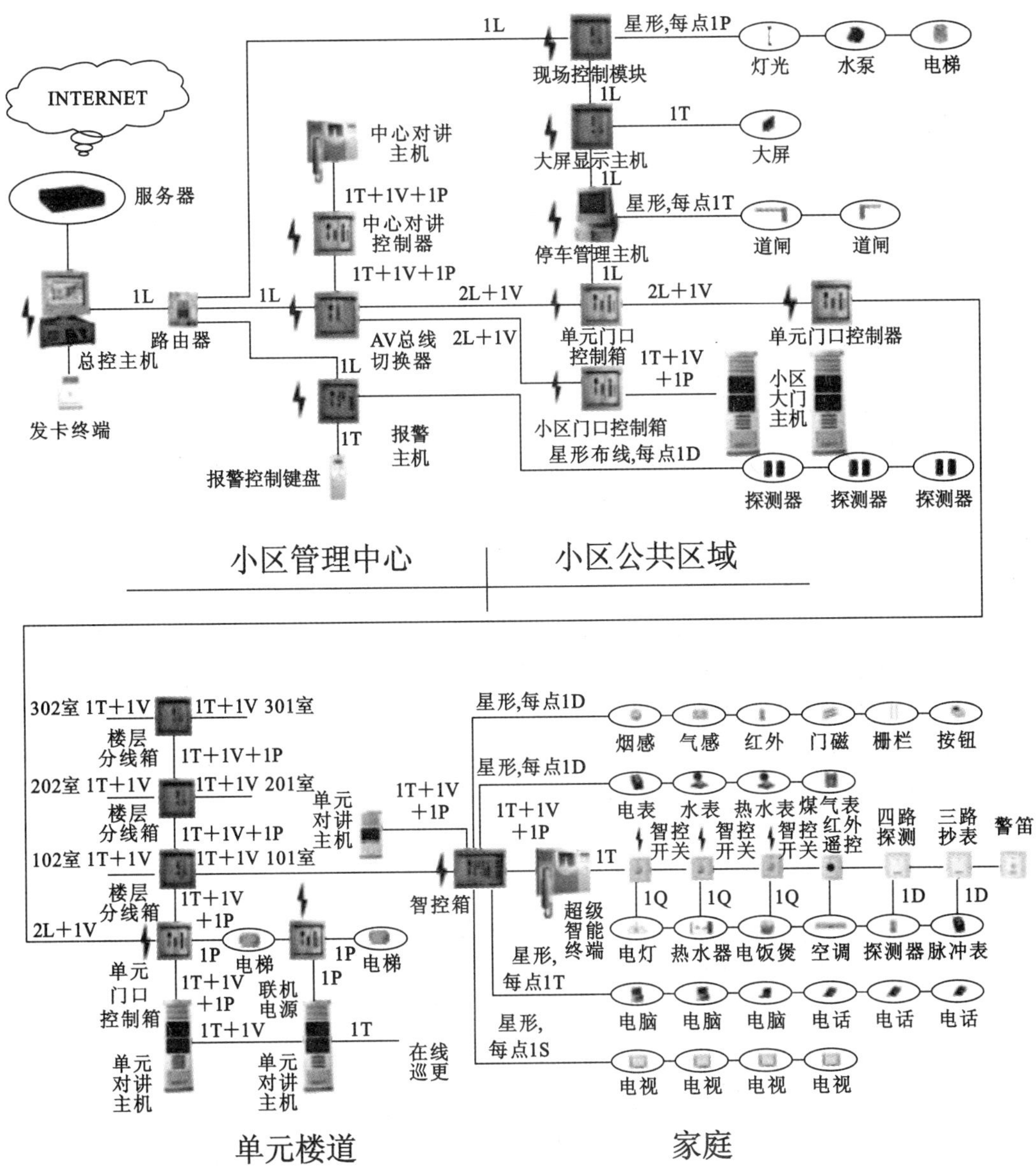

图 7.5　智能小区网络结构整体解决方案

7.2.1　智能小区的系统

7.2.1.1　家庭智能化系统

1. 智能家居的概念

智能家居是以住宅为平台，集系统、结构、服务、管理、控制于一体，综合采用先进的计算机技术、网络通信技术和控制技术（3C），将与居家生活有关的各种设备有机地结合起来，通过网络化综合管理家中设备，从而实现全面的安全防护、便利的通信网络以及舒适、环保的居住环境的家庭住宅。

智能家居是一个多功能的技术系统，它包括可视对讲、家庭内部的安全防范、家居综合布线系统、照明控制、家电控制、远程的视频监控、声音监听、家庭影音系统等。家居智能化包含的内容比较多，目前国内的产品有总线制、电力线载波、无线等方式，在网络连接方面基本上采用总线制联网、电话联网或者通过以太网方式来实现。

从功能上，智能家居在保持了传统居住功能的基础上，优化了人们的生活方式和居住环境，帮助人们有效地安排时间、节约能源，实现了家电（如空调、热水器等）控制、照明控制、室内外遥控、窗帘自控、防盗报警、定时控制及电话远程控制、计算机控制等，提供了全方位的信息交换功能。

从操作上，智能化家居就是给住户创造一个简便的生活方式、舒适的生活环境、经济实用的家居控制手段这样一个智能化家庭生活平台。智能化家庭生活平台采用智能家居网络技术，操作非常简便，用一个手持无线遥控器、墙上开关、定时器甚至任何一个电话及计算机就能控制家中所有的灯、家电，调节室内温度，设置不同时间的窗帘开关控制。甚至在外出的汽车上、在遥远的外地都能通过这个系统实施对家中上述系统的控制。

从结构上，智能家居控制系统可采用先进的通信总线方式或电力线载波通信技术，其产品部件安装时无需对住宅内已有的居住环境进行大幅度的改造，无需复杂的布线及添置新的设备材料，只要将产品模块接入通信总线或 220 V 电力线网络即可形成控制系统。系统一般采用模块化设计，使用简单的编码指令就可轻松进行扩展。可先以低廉的价格安装基本系统，再根据需要扩展更多的功能，进行系统功能添加。

2. 家居智能化系统的组成

家居智能化系统由以下三个方面组成。

(1) 家庭安全防范(HS)　包括楼宇对讲、紧急求助、烟雾检测报警、燃气泄漏报警、碎玻探测报警、红外微波探测报警等，如图 7.6 所示。

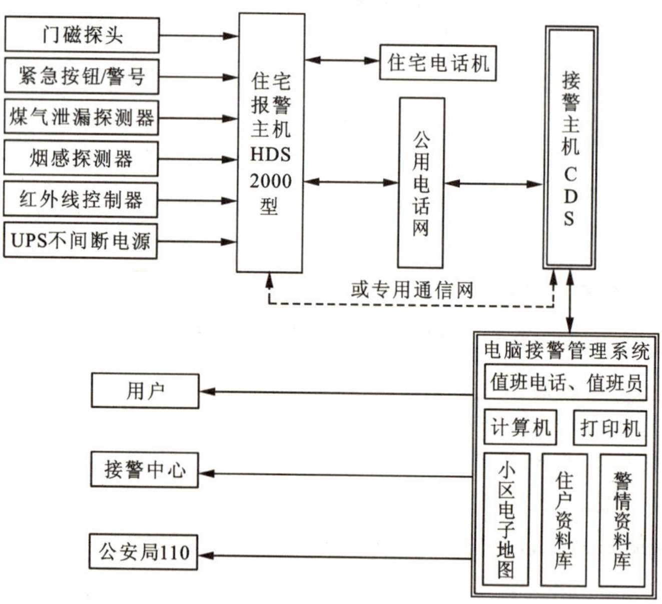

图 7.6　家庭安全防范系统示意图

(2) 家庭设备自动化(HA)　包括家电（如空调、热水器、电饭煲等）控制、照明控制、室内外遥控、窗帘自控、定时控制及电话远程控制、计算机控制等。

（3）家庭通信（HC）　家庭宽带信息通信可实现家庭办公（SOHO）、家庭娱乐（VOD 点播、网上游戏）、家庭上网、网上教育、网上购物、远程医疗等功能。

3. 家居智能化建设要求

在建设家居智能化系统时，依据我国有关标准，具体提出了如下基本要求：

（1）应在卧室、客厅等房间设置有线电视插座；

（2）应在卧室、书房、客厅等房间设置信息插座；

（3）应设置访客对讲和大楼出入口门锁控制装置；

（4）应在厨房内设置燃气报警装置；

（5）宜设置紧急呼叫求救按钮；

（6）宜设置水表、电表、燃气表、暖气表（有采暖地区）的自动计量远传装置。

4. 家庭智能化系统的实现方式

（1）按处理方式划分

① 集中处理实现方式　将信息采集、输入、处理、显示、记录所有功能全部集中在家庭智能控制器中，集中统一管理。

② 分布式处理方式　以家庭智能控制器为核心，以家庭总线（Home Bus）为基础，以各种家庭功能控制模块为节点，组成家庭网，以先进的网络分布方式取代传统的集中式处理。

（2）按组网方式划分

① 采用普通电话公网组网　电话线联网通信是一项传统的利用电信公网组网的方式。

② 采用现场总线组网　现场总线（Field Bus）是一种广泛应用于工业生产现场的微处理机智能化测量控制系统，其直接面对的对象是大量的传感器、控制器和执行器，单个节点所面向的采集、控制信息量不大，信息传输的任务相对也比较简单，但实时性、快速性的要求较高。目前，以 Lon Works 现场总线技术应用最为广泛。

③ 采用小区局域网组网　利用智能化小区内部已经建成的以太网来组网具有住户费用少、通信速度快等显著优点。

7.2.1.2　智能小区安全防范系统

安全的居住环境是智能住宅小区的基础，为保证住宅小区的安全，必须由技防、人防相结合进行综合防范，形成立体化、多层次、全方位、科学的防范犯罪的网络体系，从而减少安全防范中的人为因素造成的盲区及漏洞。小区安全防范报警系统是智能小区实现安全管理的重要系统，智能小区安全防范系统的组成如图 7.7 所示。

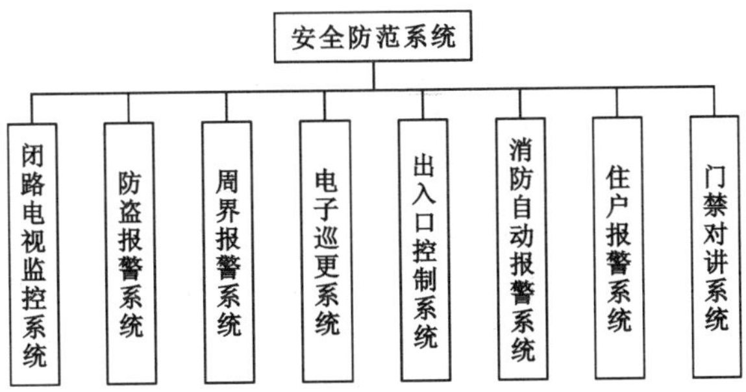

图 7.7　智能小区安全防范系统组成

(1) 闭路电视监控系统　闭路电视监控系统是在小区主要通道、重要公共建筑及周界设置前端摄像机，将图像传送到管理中心。中心对整个小区进行实时监控和记录，使中心管理人员充分了解小区的动态，如图7.8所示。

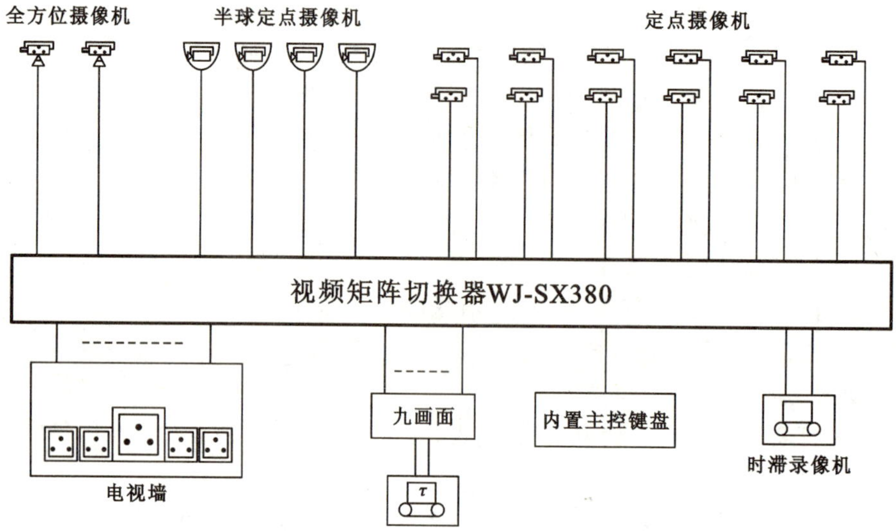

图7.8　闭路电视监控系统示意图

(2) 防盗报警系统　在小区每一住户内安装防盗报警装置。住户家中无人时，可把家庭内的防盗报警系统设置为布防状态。当窃贼闯入时，报警系统自动发出警报并向小区安保中心报警。

(3) 周界报警系统　在小区的围墙上设置主动红外对射式探测器，防止违法分子由围墙翻入小区作案，保证小区内居民的生活安全。

(4) 电子巡更系统　在小区内设置电子巡更系统，让保安人员定时定路线对小区内进行巡视，以弥补其他技防手段的不足，及时发现可疑情况，防患于未然。

(5) 出入口控制系统　对小区的车辆出入口、楼宇出入口进行监视与控制，小区住户与物业管理人员及保安人员配备不同级别的IC智能卡，对社区住户出入小区进行身份鉴别、确认及出入信息登记，提供住户出入小区信息的登记与查询功能。

(6) 消防自动报警系统　在小区的各个楼栋内安装消火栓启动按钮，当有火灾发生时，住户可按下此按钮，通知物业管理中心，同时系统自动启动背景音响系统中的紧急程序，停止播放背景音乐，插播告警信息。

(7) 住户报警系统　为了保证住户在住宅内的人身财产安全，通过在住宅内门窗及室内其他部位安装各种探测器进行昼夜监控。当监测到警情时通过住宅内的报警主机传输至智能化管理中心的报警接收计算机，接收机将准确显示警情发生的住户名称、地址和所遭受的入侵方式等，提示保安人员迅速确认警情，及时赶赴现场，以确保住户人身和财产安全。同时，住户也可通过固定式紧急呼救报警系统或便携式报警装置，在住宅内发生抢劫案件或病人突发疾病时向智能化管理中心呼救报警，中心可根据情况迅速出警。

(8) 门禁对讲系统　门禁对讲系统是小区管理中心或来访者与用户直接通话的一种快捷通信方式。该对讲系统可以在户内、户外、控制中心装上摄像机，实现可视对讲。系统安全可靠，不占用住户的电话线路，同时住户可将自家的对讲系统设成“免打扰”，这样可以不接受来自中心的询问，紧急情况时可按下紧急按钮，对讲自动开启，恢复与中心的联系。

7.2.2　智能小区信息平台

7.2.2.1　智能小区信息平台的组成

智能小区信息平台由语音信号传输系统、数据图像传输系统、视频信号传输系统和控制信号传输系统组成。

(1) 语音信号传输系统　在小区内主机房设置配线架，将市话网络直接引入机房，再通过小区内部局域网分配到每户。

(2) 数据传输系统　在小区内部建立高速局域网，并与公网进行宽带连接后，为小区住户进行数据传输、Internet 连接、对内对外信息发布和提供其他数据传输应用服务。小区Internet和 IC 卡系统、车库管理系统及语音传输系统可使用该系统的传输线路进行数据(语音)传输。

(3) 视频信号传输系统　小区内视频传输系统传输电视信号及闭路电视监控信号，传输介质采用同轴电缆。其中电视信号通过 860 M 分配网络分配到户，闭路电视采用星形网络方式将各摄像点的图像传输到监控管理机房。

(4) 控制信号传输系统　指为专用信号(如机电管理系统的检测信号和控制信号、闭路电视监控系统控制信号等)进行信号传输的系统。

7.2.2.2　智能小区信息管理主要系统

1. 水、电、气、热等表具远程抄收系统

通过采集抄收各表数据传送到智能化物业管理中心，实现各户各表数据的录入、费用计算并打印收费账单，将相关数据传送到相应的职能部门，避免入户抄表扰民和人为读数误差。IC 卡计量系统是通过使用 IC 卡表具，实现住户买卡后的水、电、气表具自动计量并能扣除卡中金额，从而达到计量和收费的目的。功能要求如下：

(1) 水、电、气、热等表具采用 IC 卡电子计量，必须计量准确，管理可靠；

(2) 水、电、气、热等表具远传自动抄收的各种数据，应能随时查询、统计、打印整个小区各表读数并计费。远传抄收系统中心可实时检测系统运行状况，并进行故障报警。

2. 供电设备、公共照明、电梯、供水等主要设备监控管理系统

对小区内给排水、变配电系统以及电梯等进行工作状态的实时监测和控制，从而实现公共设备的最优化管理并降低故障率。同时，利用传感器技术和网络通信控制技术，根据自然光亮度和使用要求，采用智能开关方式和定时自动控制方式实现公共照明及环境灯光的自动控制，从而达到优化整个小区灯光照明、延长灯具寿命和节约能源的目的。功能要求如下：

(1) 给排水设备(水泵、电控阀等相关设备)运行状态显示、控制、查询、故障报警；

(2) 蓄水池(含消防水池)、污水池的水位高低检测；

(3) 饮用蓄水池过滤、杀菌设备控制监视；

(4) 变配电设备状态显示、控制、查询、故障报警；

(5) 电梯运行状态显示、控制、查询、故障报警及停电时的紧急状况处理；

(6) 公共照明开启、关闭时间的设定；

(7) 公共照明控制回路的开启设定；

(8) 灯光场景的设定及照度的调整。

3. 车辆出入/停车管理系统

通过对小区停车场出入口的控制，完成对车辆进出及收费的有效管理。功能要求如下：

(1) 车辆进出及存放时间的记录、查询；

(2) 外来车辆收费的管理；

(3) 小区内车辆存放的管理。

4. 紧急广播与背景音乐系统

在小区广场、中心绿地、道路交汇等处设置音箱、音柱等放音设备，由管理中心集中控制，可在节假日、每日早晚及特定时间播放音乐，也可通过遍布于小区内的音箱播放一些公共通知、科普知识、娱乐节目等。同时，在发生紧急事件时可作为紧急广播强制切入使用。功能要求如下：

(1) 平时播放音乐节目，在特定分区可插入业务广播、会议广播和通知等；

(2) 当火灾及其他紧急事件发生时，可切换至火灾报警广播或紧急广播。

7.2.2.3 智能小区信息服务

智能小区信息服务主要内容如表 7.2 所示。

表 7.2 智能小区信息服务的主要内容

项目名称	服务内容
Internet 访问服务以及相应计费服务	小区居民能够直接访问 Internet，发布信息到 Internet，小区内连接到 Internet 的服务器拥有独立、公开的 IP 地址和域名，物业管理公司能够根据一定的规则向小区居民收取一定的服务费用
传送和下载文件	实现小区居民在自己的计算机和服务器之间传送文件或下载文件
视频点播、网络游戏	对小区用户提供视频点播和网络游戏等服务
个人主页	允许小区居民在小区的 Web 服务器上发布个人主页。小区居民可以设计、制作并发布表现自己个性和水平的网页，并通过小区的 Web 服务器发布到小区的 Intranet 以及 Internet 上
网络聊天	在小区 Internet 上实现网上聊天服务。小区居民可以和其他的小区居民通过网络聊天
网上论坛	提供主题讨论服务。小区居民就某一想法或问题发表意见，其他小区居民对此可以自由发表自己的见解
电子邮件	提供E-mail服务。小区居民和物业管理人员拥有一个在小区内外都可以使用的E-mail信箱，小区居民和物业管理公司都可以用它来交流信息。
用户咨询	通过此服务来收集小区居民的意见，小区物业管理公司也可以通过此服务来解答小区居民的疑难问题
公共信息	把小区居民关心、需要的信息及时放在小区 Web 页面上，让小区居民可以及时获得自己想要的信息，安排生活和活动
用户调查	提供针对小区居民的意见反馈和小区居民调查活动，及时收集小区居民的相关信息，对小区的建设和服务进行相应改进，或者收集并统计小区居民对某些问题、现象的态度和认识
代办业务	物业管理公司提供代购物品和车、船、飞机票等
远程医疗	通信网和 HDW 传递高清晰度医疗多媒体信息，异地查询医疗信息库，实现远程医疗诊断或多处异地有名专家的医疗会诊，使诊断更为及时、有效
远程教育	提供幼儿、小学、中学远程学习辅导，为成人远程学历教育和业余学习提供服务

7.2.3　智能小区物业管理系统

7.2.3.1　物业管理系统组成

智能小区物业管理系统是小区管理实现规范化、科学化、程序化的重要系统，该系统主要由以下子系统组成：

(1) 工程设计文件管理系统　提供对小区建筑物、构筑物、设备等工程文件的登记、维护、查询检索等管理功能，提供查询服务。

(2) 居民信息管理系统　建立住户信息库，实现住户档案数据的计算机自动管理，使居民的登记与查询、变更简易而快速。

(3) 设备报修、维护管理系统　对小区内公共设备、公用设施、住户专用设备的维护与报修进行登记管理，对设备报修、维护管理情况有查询、统计等管理功能，用户可以通过网上报修，相应的费用通过收费信息系统进行统一的结算。

(4) 物业收费自动化系统　对纳入小区收费管理的收费项目进行电子收费管理(包括物业管理费用、煤气费、电费、水费等代收费用)，提供网上应缴费用的查询，定期催缴，对没有上网能力的住户提供电话查询或者到物业管理中心进行查询，实现收费的登记、转账、统计功能及收费项目、计费方式的变更登记等功能，同时将其他各子系统相应的收费信息递交收费信息系统进行统一结算，居民可通过小区电子银行或 IC 卡缴费。

(5) 来客访问管理系统　对出入小区的外来人员进行人员信息、出入信息的登记、汇总、监督管理和查询。

(6) 设备运行状态信息管理及调控系统　对小区内各类设备的基本信息及其运行状况进行登记、维护，对修理、更换情况进行汇总。

7.2.3.2　物业管理信息系统的硬件和软件环境

恰当地选择硬件设备和相应的软件系统是确保物业管理信息系统上述功能得以实现的根本。物业管理信息系统的硬件和软件系统如表 7.3 所示。

表 7.3　物业管理信息系统的硬件和软件系统

硬　件　系　统	软　件　系　统
1. 服务器、客户机及外部设备	1. 计算机操作系统软件
2. 数据通信及网络设备	2. OFFICE 办公软件及网络软件
3. 声音、图形图像处理设备	3. 声音、图形图像处理软件
4. 信息存储设备	4. 数据库软件
5. 其他设备	5. 其他应用软件

任务 3　智能小区的设计目标及规范

任务描述

了解智能住宅小区设计的目标、一般原则、设计规范和技术要求，为进行智能住宅小区的设计和施工奠定基础。

任务分析

主要分析智能住宅小区设计目标、一般原则、设计规范和技术要求。

方法与步骤

7.3.1　智能小区设计目标

1999年12月10日，建设部颁布的《全国住宅小区智能化系统示范工程建设要点与技术导则》指出，实施全国住宅小区智能化系统示范工程建设的总体目标是：通过采用现代信息传输技术、网络技术和信息集成技术，进行精密设计、优化集成、精心建设和工程示范，提高住宅高、新技术的含量和居住环境水平，以适应21世纪现代居住生活的需求。

《全国住宅小区智能化系统示范工程建设要点与技术导则》适用于被批准列入《全国住宅小区智能化技术示范工程》的住宅小区。

7.3.2　示范工程建设实施原则

(1) 必须符合国家信息化建设的方针、政策和地方总体规划建设的要求；

(2) 应在省级以上建设行政主管部门的领导和当地人民政府的领导下进行；

(3) 示范工程的等级标准应与拟建住宅小区的定位及住宅性能的等级标准基本适应；

(4) 示范工程的规划、设计、建设应与住宅小区规划、设计、建设同步进行；

(5) 示范工程的规划、设计、建设必须遵循国家和地方的统一标准和规范；

(6) 示范工程应采用集约化生产的相互匹配的产品、设备进行现场精密组装；

(7) 示范工程必须实行严格的质量监控，并达到国家统一规定的验收标准，要提高工程优良品率，创优质工程；

(8) 成片开发建设的小区，智能化建设必须纳入住宅开发建设的全过程，实行统一规划、设计和建造；

(9) 示范工程建设应推广、应用适度超前的先进、适用、优化集成的成套技术体系和设备体系；

(10) 示范工程建设应推进信息资源共享，促进我国住宅信息设备、软件产业的发展。

7.3.3　住宅小区智能化示范工程设计规范

为使不同类型、不同居住对象和不同建设标准的住宅小区合理配置智能化系统建设，示范工程按其功能要求、技术含量和经济合理性等因素综合考虑，划分为一星级(普及型，符号★，下同)、二星级(提高型，符号★★，下同)、三星级(超前型，符号★★★，下同)三种类型。

住宅小区智能化系统示范工程功能要求按不同星级应分别符合下列要求：

1. 一星级

(1) 安全防范子系统

① 出入口管理及周界防越报警；

② 闭路电视监控；

③ 对讲与防盗门控；

④ 住户报警；

⑤ 巡更管理。

(2) 信息管理子系统

① 对安全防范系统实行；

② 远程抄收与管理 IC 卡；

③ 车辆出入与停车管理；

④ 供电设备、公共照明、电梯、供水等主要设备监控管理；

⑤ 紧急广播与背景音乐系统；

⑥ 物业管理计算机系统。

(3) 信息网络子系统

① 为实现上述功能科学合理布线；

② 每户不少于两对电话线和两个有线电视插座；

③ 建立有线电视网。

2. 二星级

二星级除应具备一星级的全部功能之外，同时在安全防范子系统和信息管理子系统的建设方面，其功能及技术水平应有较大提升。信息传输通道应采用高速宽带数据网作为主干网。物业管理计算机系统应配置局部网络，并可供住户联网使用。

3. 三星级

三星级应具备二星级的全部功能。其中信息传输通道应采用宽带光纤用户接入网作为主干网，实现交互式数字视频业务。三星级住宅小区智能化系统建设在可能条件下应实施现代集成建造系统(HI-CIMS)技术，并把物业管理智能化系统建设纳入整个住宅小区建设中，作为 HI-CIMS 工程中的一个子系统。同时，HI-CIMS 系统要考虑物业公司对其智能化系统管理的运行模式，使其实现先进性、可扩展性和科学管理。

7.3.4　示范工程技术要求

1. 系统结构及组成

小区物业管理智能化系统是以信息传输通道(可采用电话线、有线电视网、高速宽带数据网、宽带光纤用户接入网、现场总线或 RS-485 总线等)为物理集成平台的多功能管理与监控的综合性系统，并与 CATV、公共交换网、互联网等联网使用。小区内部可以采用多种网络拓扑结构(如树形结构、星形结构或混合型结构)。

小区物业管理智能化系统由安全防范子系统、信息管理子系统和信息网络子系统组成。

2. 系统硬件

(1) 小区物业管理智能化系统的硬件有信息网络、计算机、公用设备、计量仪表和电子器材等。系统硬件应具有先进性，避免短期内因硬件设备陈旧造成整个系统性能不高而过早被淘汰。

(2) 在充分考虑先进性的同时，硬件系统应立足于用户对整个系统的具体需求，应优先选择先进、适用和成熟的技术，最大限度地发挥投资效益。

(3) 无论是系统设备还是网络拓扑结构，都应具有良好的开放性。网络化的目的是实现设备资源和信息资源的共享，因此，计算机网络本身应具有开放性，并应提供标准接口，用户可根据需求对系统进行拓展或升级。

(4) 计算机网络选择和相关产品的选择要以先进性和适用性为基础，同时考虑兼容性。系统应优先选择根据已有国际标准设计、生产的标准化设备，避免因兼容性差造成系统难以升级或拓展。

(5) 随着社会的不断发展和进步，住宅小区物业管理智能化系统的规模、自动化程度会不断扩大和提高，用户的需求会不断变化，因此，系统的硬件应充分考虑未来可升级性。

3. 系统软件

系统软件是小区物业管理智能化系统的核心，它的功能好坏直接关系到整个系统的水平。系统软件包括计算机及网络操作系统、应用软件及实时监控软件等。

(1) 系统软件应具有很高的可靠性和安全性。

(2) 系统软件应操作方便，采用中文图形界面，采用多媒体技术，使系统具有处理声音和图像的能力。用机环境要适应不同层次住户及物业公司人员的素质。

(3) 系统软件应符合国家标准、行业标准和国际标准，便于多次升级和支持新硬件产品。

(4) 系统软件应具有可扩充性。

情境小结

本情境主要对智能小区的基本概念、结构、基本功能、主要系统及特点进行了说明，同时介绍了实现小区智能化的基本系统功能要求，对智能小区的设计目标、原则和技术要求进行了必要的阐述。

【习题与训练项目】

习　题

1. 什么是智能小区？小区智能化系统有哪些？各有何特点？
2. 家庭智能化系统由哪几个部分组成？有何建设要求？
3. 智能小区应具备哪些安全防范系统？
4. 智能小区有哪些信息管理系统？
5. 简述智能住宅小区的信息服务内容。
6. 智能小区示范工程建设的目标是什么？
7. 智能小区示范工程建设有哪些技术要求？

训练项目

题目：智能小区认识实训

1. 实训目的

认识小区智能化系统，熟悉小区智能化系统的主要构成和基本功能，了解主要系统的设计原理和使用方法。

2. 实训场所

某智能住宅小区。

3. 实训计划

4. 实训的实施

5. 实训记录与分析

智能住宅小区认识实习记录表

<table>
<tr><th>序　号</th><th>系统构成</th><th>基本功能</th><th>使用方法</th><th>系　统　名　称</th></tr>
<tr><td></td><td></td><td></td><td></td><td rowspan="4">1. 闭路电视监控系统</td></tr>
<tr><td></td><td></td><td></td><td></td></tr>
<tr><td></td><td></td><td></td><td></td></tr>
<tr><td></td><td></td><td></td><td></td></tr>
<tr><td></td><td></td><td></td><td></td><td rowspan="8">2. 防盗报警系统</td></tr>
<tr><td></td><td></td><td></td><td></td></tr>
<tr><td></td><td></td><td></td><td></td></tr>
<tr><td></td><td></td><td></td><td></td></tr>
<tr><td></td><td></td><td></td><td></td></tr>
<tr><td></td><td></td><td></td><td></td></tr>
<tr><td></td><td></td><td></td><td></td></tr>
<tr><td></td><td></td><td></td><td></td></tr>
<tr><td></td><td></td><td></td><td></td><td rowspan="4">3. 周界报警系统</td></tr>
<tr><td></td><td></td><td></td><td></td></tr>
<tr><td></td><td></td><td></td><td></td></tr>
<tr><td></td><td></td><td></td><td></td></tr>
<tr><td></td><td></td><td></td><td></td><td>……</td></tr>
</table>

6. 实训报告

7. 实训评价

优______良______中______及格______不及格______

学习情境8　智能建筑系统工程的实施

进入21世纪以来，建筑智能化系统工程得到了很快的发展，从建设项目主管部门到广大建设单位、行业从业人员，均认为在现代建筑中智能化系统技术的应用是必不可少的。但是，由于种种原因，建筑智能化系统工程设计施工的现状存在着很多问题，概括起来有五个方面，即设计不到位、施工不到位、监理不到位、检测不到位和验收不到位，这严重影响了建筑智能化系统工程的质量和技术水平。

【能力目标】

▲ 了解智能化工程设计、施工内容；

▲ 能编写智能化工程施工方案；

▲ 能对智能化工程进行调试与验收。

任务1　智能建筑系统的设计

任务描述

智能建筑系统包括建筑设备监控、通信、计算机网络、布线、安防监控、防盗、门禁、停车库管理、公共显示、电视、广播音响、多媒体会议、机房工程等，本身又涉及弱电系统的各子专业，设计人员要有广泛的知识面，要懂技术，熟悉设备产品，懂得设计规程，能较好地完成智能化系统设计，以确保设计图纸及设备材料表达到施工招标的要求。

任务分析

智能建筑系统设计分三个阶段，即方案设计阶段、初步设计阶段和施工设计阶段，主要介绍三个阶段的设计过程、要求及成果。

方法与步骤

8.1.1　设计程序

8.1.1.1　方案确定

根据建设单位的要求和实际情况，决定哪些设备的控制纳入建筑设备自动化系统，通信自动化系统、办公自动化系统都有哪些子系统，根据系统大致规模及今后的发展确定监控中心位置和使用面积。

1. 深化设计依据

(1) 招、投标文件及招标过程中的答疑文件。

(2) 通风、水、电各专业设计图纸。

(3) 设计院关于弱电系统管线预留、预埋平面图纸。

(4) 建筑平面图纸。

2. 深化设计工作步骤

(1) 通读招、投标文件，掌握招标要求及投标内容。

(2) 根据设计院通风、水、电各专业图纸列出各子系统受控设备清单，清单内容包括设备类型、设备位置、设备配电箱编号及位置。

(3) 根据受控设备清单对投标点表进行调整。调整内容包括：按照楼层、设备位置细化点表；根据分盘原则进行分盘；核对设备。

(4) 根据调整后的点表绘制楼宇自动控制系统平面图纸。绘图要求：明确每一盘箱的安装位置；明确各种监控线路的线型、线规、监控内容；明确各种线槽、管线的规格；明确通信线路走向。

(5) 绘制系统图。绘图要求：按楼层明确每个DDC箱体的拓扑连接结构；明确盘箱编号、监控内容、盘内设备；明确中控室设备连接的拓扑结构。

(6) 绘制各子系统监控原理图、设备安装大样图；编制设计说明、图纸目录。

3. 确认设备清单要点

(1) 根据调整后的点表重新配置设备，统计后形成深化设备清单。

(2) 对于深化后的设备清单与投标设备清单差异的处理

① 认真研究招、投标文件，寻找招标过程的漏洞，与甲方进行洽商。

② 发掘设备潜力，在投标设备清单范围内消化差异。

③ 对于确属投标失误造成的差异，写出书面报告，提出解决意见报公司领导研究决策。

(3) 水阀口径的确认

根据冷水机房、空调机房大样图核对与水阀相配合的管径以及空调机组的各种参数计算水路的Kv值，根据阀门的Kv值选择阀门型号、口径。

(4) 流量变送器的选择

明确变送器安装管路的口径；流量参数的换算为1 $m^3/h=220/60(gpm)$。

(5) 压力变送器的选择

明确管路压力范围，根据压力范围确定传感器参数。

4. 深化设计成果

(1) 通过深化设计确认后的点表(与现场设备相符合)。

(2) 设计图纸的硫酸图，并经设计院签字确认。

(3) 经确认后的设备清单(与甲方完成设备调整洽商或经公司领导审批后的清单)。

(4) 设备采购需求计划书。

8.1.1.2　设计程序

1. 在方案确定的基础上，确定监控点

由于建筑设备自动化系统几乎涉及所有设备工种，因此设计过程中要注意与相关工种密切配合，熟悉其控制范围与要求，确定监控点，在遵守相关工种有关规范的基础上共同核定对指定监控点实施监控的技术可行性，绘制设备控制原理图，即按各个控制对象设备的结构和控制内容绘制设备控制原理图。

2. 编制监控表

按照各种设备控制目的及要实现的控制功能编制监控表。

3. 平面图设计

结合各设备工种平面图，进行控制分站监控点划分。按照各种设备的控制要求及内容选择控制分站、传感器及执行机构。划分时注意各控制分站的监控点不能过于饱满，应留有10%以上的余地。在此基础上，确定系统硬件组态和系统软件，绘制建筑设备自动化系统平面图；确定控制分站、传感器、执行机构、各通信及办公自动化软、硬件在现场的安装位置，绘制平面图。先按子系统进行初步设计，然后考虑集成。

4. 系统图设计

按照选择的系统绘制智能建筑系统图，将各个设备控制系统组成网络。

5. 进行监控中心布置。

8.1.2　设计内容

8.1.2.1　监控点属性的划分

监控点的属性包括模拟输入(AI)、模拟输出(AO)、数字输入(DI)和数字输出(DO)。

监控点又可划分为显示型、控制型和记录型三类。

8.1.2.2　监控表的推荐格式

所编制出的监控表，对于每个监控点应明确标示出下列内容：

(1) 所属设备名称及其编号；

(2) 监控点的被监控量；

(3) 监控点所属类型 。

监控点总表见表8.1。DDC配置一览表如表8.2所示。

8.1.2.3　系统所用设备的选型

1. 传感器的选择

(1) 温度传感器

温度传感器有热电偶和热电阻，其标准信号为0～10 mA、4～20 mA。

在BA系统中对温度的检测主要用于：

① 室内气温、室外气温，范围为－40～45 ℃。

② 风道气温，范围为－30～130 ℃。

③ 水管内水温，范围为0～100 ℃。

传感器通常采用铂热电阻、铜热电阻、热敏电阻、热电偶等。测量精度优于±1%。

(2) 湿度传感器

空气湿度常用相对湿度和露点温度来表示。

(3) 压力传感器

在建筑设备自动化系统中对压力的检测主要用于风道静压、供水管压、差压的检测，有时也用来测量液位的高度，如水箱的水位等。大部分的应用属于微压测量，量程范围为0～5000 Pa。

从压力传感器将压力转换成电量的途径来看，主要有电容式、电感式和电阻式三种，另外还有电磁感应、压阻效应、压电效应和光电效应等形式。

表 8.1 监控点总表

			DI(数字量输入点)										AI(模拟量输入点)																DO(数字量输出点)					AO(模拟量输出点)			
	设备	数量	开关状态	故障报警	超温/压报警	过滤网压差	防冻开关	风流开关信号	水流开关	蝶阀状态	送风状态	水/油位高低	照度	送风温度	回风温、湿度	CI/PH监测	室内CO_2	室内CO	室外温湿度	水/油温度	流量	压力	电流	电压	电度	功率因数	有功功率	频率	风机启动	蝶阀开关	新风阀控制	回风阀控制	开关控制	冷热水阀控制	调节蝶阀控制	热水加热控制	点数小计
1. 冷热源设备监控子系统																																					
1	冷水机组																																				
2	冷冻水泵																																				
3	冷却水泵																																				
4	冷却塔																																				
5	膨胀水箱																																				
6	冷冻水压差旁通																																				
7	冷冻水总供水管																																				
8	冷冻水总回水管																																				
9	冷却水总供水管																																				
10	冷却水总回水管																																				
	小计																																				
	合计																																				
2. 新风空调设备监控子系统																																					
1	离心通风机(—F3)																																				
2	立柜式空调器(—F3)																																				
3	轴流通风机(—F2)																																				
4	立柜式空调器(—F2)																																				
5	离心通风机(—F1)																																				
6	立柜式空调器(—F1)																																				
7	新风处理机组(—F1)																																				
8	停车场环境(—F1)																																				
9	风机盘管总控(—F1)																																				
	小计																																				
	合计																																				
	点数合计																																				

表 8.2　DDC 配置一览表

项目		设备位号	通道号	DI 类型				DO 类型				模拟量输入点 AI 要求								模拟量输出点 AO 要求					DDC 供电电源引自	管线要求			
DDC 编号				节点输入	电压输入			节点输入	电压输入			信号类型						供电电源		信号类型			供电电源			导线规格	型号	管线编号	穿管直径
序号	监控点描述						其他				其他	温度	湿度	压力	流量		其他		其他			其他		其他					
1																													
2																													
3																													
4																													
5																													
6																													
7																													
8																													
9																													
10																													
11																													
12																													
13																													
14																													
15																													

(4) 液位传感器

液位传感器主要有静压式(玻璃管式、压力表式、差压式)、浮标式、浮筒式、电容式、电接点式等形式。

(5) 流量传感器

流量传感器主要有差压流量计、转子流量计、容积流量计、涡轮流量计、漩涡流量计、电磁流量计和超声波流量计等,用来测量瞬时流量和累积流量。

2. 执行器的选择

执行器由执行机构和调节机构组成,主要有电动执行器(电磁阀、电动调节阀等)、气动执行器和液动执行器。

8.1.2.4　中央站及分站设计

1. 分级分布式系统

管理层采用以太网,通信协议为 TCP/IP,速度为 10～100 Mbit/s;控制层采用总线形网,通信协议为 RS-485,速度为 9.6～76.8 Mbit/s。

现场总线控制技术把现场信息模拟量信号(如 4～20 mA)转变为全数字双向多站的数字通信传输,使建筑自动化系统的现场装置得以形成数字通信网络,这样,BAS 的网络结构便为三层结构,即管理层、自动化层和现场层,如图 8.1 所示。

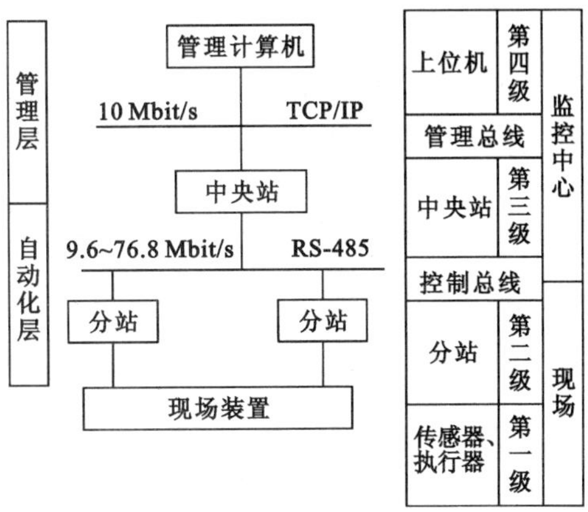

图 8.1　分级分布式系统

2. 中央站(又称为监控中心设计)

(1) 组成

中央站由处理机系统、显示设备、操作键盘、打印设备、存储设备以及一个支撑和固定这些设备的操作台组成。

(2) 分站设计

在分散控制系统中,从各种现场检测仪表(如各种传感器、变送器等)送来的过程信号均由分站进行实时的数据采集、滤波、非线性校正和各种补偿运算、上下限报警及积累量计算等,所有测量值和报警值经通信网络传送到中央站数据库,供实时显示、优化计算、报警打印等。在分站还可完成各种闭环反馈控制、批量控制与顺序控制等功能,并可接受从中央站发来的各种手动操作命令进行手动控制,从而提供对生产过程的直接调节控制功能。如图 8.2 所示。

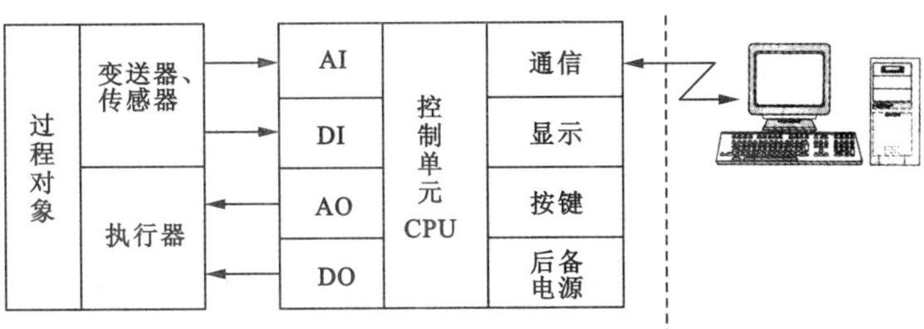

图 8.2　系统分站

(3) 软件设计

如图 8.3 所示，分布式系统的软件分为三层。

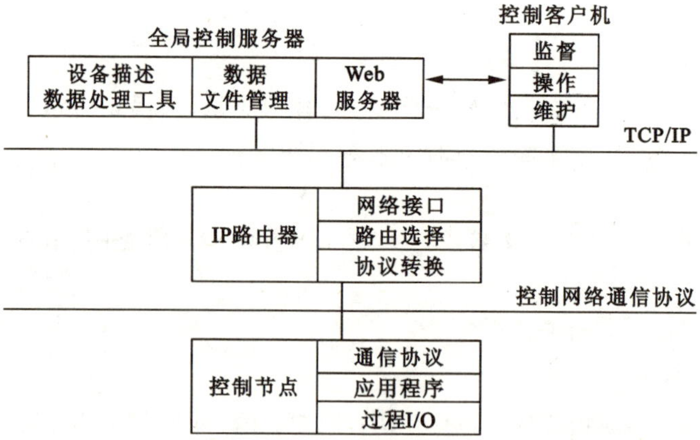

图 8.3 分布式系统的软件

上层为全局控制服务器和 Web 控制客户机。全局控制服务器的功能包括 Web 服务器、数据文件管理以及对局域控制器的管理等；控制客户机实现控制系统的监控、操作和维护等功能。

中层 IP 路由器在逻辑上起网关作用，其功能是网络连接、路由选择和协议转换等。

下层是控制网络控制节点，其功能是实现现场设备的控制功能和过程 I/O，以及控制节点接入网络的通信协议。

8.1.3 设计案例——某大厦综合布线设计

8.1.3.1 工程概况

某大厦位于某国际大都市，是集办公、展览为一体的综合性国际艺术交流中心，包括地下一层、地上六层，建筑面积 4650 m^2。

8.1.3.2 设计思路

由于该大厦不仅作为办公使用，还要举办大型展览，需要与外界进行学术交流，所以必须采用综合布线系统作为楼内语音、数据、图像及多媒体通信等系统的传输平台。

考虑语音、数据通信和办公自动化、多媒体等系统信息传输的需求，要求综合布线系统具有高度的灵活性、安全性和综合性，方便维护和管理，并且具有面向未来发展的易扩容及易扩展性。

基本的布点原则：办公区内按 5～10 m^2 设置 1 对信息点；部分办公室设置光纤点提供特殊服务；其余区域按 20 m^2 设置 1 对信息点。

综合布线系统是一项较为复杂的系统工程，它需要具有丰富经验的施工督导人员，按 BRAND-REX 和国家施工规范做出完全达到最终测试标准并得到国家电信部门认可及 25 年质量保证的工程。

综合布线系统连同各个功能系统构成的是当今集各种高尖端技术于一体的智能网络系统，业主的物业管理部门灵活可靠地通过综合布线系统实施硬件管理，通过智能网管软件实施软件管理，可大大提高楼宇的自身价值，提高业主和用户的办公效率。

本系统要求通过对大楼的结构、系统服务、管理以及它们之间的内在联系的综合考虑，提供一个投资合理而且高效、舒适、便利的环境。智能大楼完成其控制功能主要依赖于信号的采集和控制信号的传输，因此线路的物理连接就非常重要。现代化高速通信更依赖于先进的结构化布线系统，要求其为智能大楼提供高速、可靠及灵活性极高的布线网络，为各种数字和模拟信号提供最全面、最灵活的物理连接，从而实现大楼计算机系统的资源共享和各自动控制系统的管理工作。

8.1.3.3 设计依据和设计目标

1. 设计依据

本工程的技术方案主要是依据下列标准及文件作出的：

(1) 大厦平面图纸；

(2) 大厦弱电系统答疑文件；

(3)《民用建筑电气设计规范》(JGJ/T 16—92)；

(4)《工业企业通信接地设计规范》(GBJ 79—85)；

(5)《建筑与建筑群结构化布线工程设计规范》(GB/T 50311—2000)；

(6)《建筑与建筑群结构化布线工程验收规范》(GB/T 50312—2000)；

(7)《通信系统机房设计》(GBKJ—90)；

(8)《电子计算机机房设计规范》(GB 50174—93)；

(9)《智能建筑设计标准》(GB/T 50314—2000)；

(10)《大楼通信综合布线系统总规范》(YD/T 926.1—97)；

(11) ISO/IEC 11801 国际标准；

(12) EIA/TIA—568A 商用建筑通信布线标准；

(13) EIA/TIA 569 商用大楼通信路径通道和结构空间布线标准；

(14) 网络标准

IEEE802.3 总线局域网标准；

IEEE802.3U 高速以太网标准；

IEEE802.5 环形局域网标准；

ANSI FDDI 光纤分布式数据接口高速网络标准；

CDDI 铜线分布式数据接口高速网络标准；

CCITT ATM 异步传输模式；

CCITT ISDN 综合业务数字网；

BRAND-REX 结构化布线系统设计总则。

2. 设计目标

本着诚挚、科学的态度，根据业主对大厦技术功能的要求，为大厦的综合布线系统作出一套完善、可靠、最佳的支持语音、数据、图像的结构化网络的设计建议书。

本方案建议书采用英国BRAND-REX集团生产的增强型五类非屏蔽布线系统，供业主选择。

选择全球最大的数据电缆(五类及五类以上)生产厂商产品。

选择全球唯一具有局域网吹光纤布线技术专利和系统产品的厂商。

3. 设计原则

(1) 实用性——实施后的结构化布线系统将能够适应现代和未来技术的发展，并且实现语音、数据通信、多媒体以及信息管理系统等。

(2) 灵活性——PDS结构化布线系统能够满足应用的要求，即任意信息点能够连接不同类型的设备，如计算机、打印机、终端或电话、传真机等。

(3) 模块化——PDS布线系统中要求所有的接插件都是积木式的标准件，以方便使用、管理和扩充。

(4) 扩展性——实施后的结构化布线是可扩充的，以便将来有更大的发展时易于设备的连接和扩展。

(5) 开放性——能支持任何厂家的任意网络产品，支持任意网络结构(总线形、星形、环形等)。

(6) 经济性——在满足应用要求的基础上，尽可能降低造价。

8.1.3.4　结构化布线系统与应用系统的关系

1. 结构化布线系统与应用系统的独立性

商用建筑物布线标准EIA/TIA568规定：用星形结构的物理布线实现各种形式的网络逻辑拓扑结构，即无论将来网络技术如何发展，其局域网络的拓扑结构一定是总线形、环形、星形、树形或以上几种形式的结合，而星形的结构化物理布线通过在配线室内的跳线灵活变换便可实现以上所述的总线形(如Ethernet/IEEE802.3)、环形(IEEE802.5/TOKEN-RING，X3T9.5 TPDDI/FDDI)、星形(Star LAN)或混合型(含有环形、总线形等形式)的拓扑结构。

结构化布线不依赖于具体应用环境而位于稍高层次的网络层、传输层则与物理布线本身独立。至于更高层次的网络应用软件(如NETWARE/Windows NT等)以及网络管理软件(如CISCO Cisco View、IBM Net View、HP Open View等)，与布线系统也独立。

同时，网络技术的发展也要求建筑物的物理布线具有灵活性，能够考虑到现在和未来的应用技术水平。网络系统本身应当分步实施，其原因是多方面的，如应用的要求、财政预算上的限制或将来技术发展的考虑，而这种分步实施在技术上体现的层次不同。那么，对楼内布线本身，不必更多地考虑到网络的逻辑结构，更不需过多考虑网络服务和网络管理软件，这是物理布线以后的问题，也就是说结构化布线系统具有与应用系统的独立性。

2. 结构化布线系统与应用系统的不可分性

(1) 采用综合布线系统的原因

英国BRAND-REX的增强型五类非屏蔽布线系统便是该标准的应用示例，它能够使一次性的布线投资解决今后15～30年内将出现的布线问题。

(2) 综合布线系统与应用系统的关系

布线系统是建筑物或建筑群内信息传递的媒介，它将语音和数据通信设备、交换设备和其他信息管理系统彼此相连。其灵活性、兼容性和可靠性已得到我国用户的认可，并已经广泛地在国家职能部门、机关、银行、大型集团公司、房地产等行业得以推广。在国际上，结构化综合布线系统(BRAND-REX)早已成为建筑物的基本设施。

(3) 采用国际标准的结构化布线系统的优势

将各个系统统一布线，提高全系统的性能价格比；具有开放性和充分的灵活性，不论各个子系统设备如何改变、位置如何移动，布线系统只需跳线不需任何其他改变；设计思路简洁，施工简单，施工费用降低；充分适应通信和计算机网络的发展，为今后办公全面自动化打下了坚实的线路基础；大大减少维护管理人员的数量及费用；可根据最终用户的不同需求进行随时的改变和调整。其经济效益分析如下：

① 结构化布线系统综合了数据与语音的传输介质，建筑物铺设管道面积小，符合管道投资效益；

② 厂家25年质保，节省维修成本；

③ 全部配线采用统一介质，不必重复投资；

④ 采用开放式配线结构，不会限制发展和将来系统模式；

⑤ 预先配线，不会破坏原有装潢及大楼结构，符合结构体安全性；

⑥ 国际性行销产品，使用面广，货源充足；

⑦ 产品符合 EIA/TIA 568 A 标准及 ISO/IEC IS 11801 国际标准，布线系统无后顾之忧。

8.1.3.5　BRAND-REX 结构化综合布线系统的介绍

BRAND-REX 结构化布线系统由非屏蔽铜缆系统、屏蔽铜缆系统、普通光缆系统、吹光纤布线系统四个部分组成。它是世界上极少数可同时提供屏蔽和非屏蔽系统的厂家，更是极少数可同时提供 50/125、62.5/125 多模和单模光纤系统的厂家。同时，在布线系统中涵盖了从线缆到配线架到模块、面板等端到端的全系列的产品。

和同类产品相比，BRAND-REX 结构化布线系统除了有较好的价格优势外，更融合了美洲和欧洲布线系统的优点，它可提供各类环保型产品（该产品阻燃并不产生有毒气体），以及先进的五类，增强型五类（千兆比）系统，甚至是最为先进的六类（已于 1998 年获得欧洲久负盛名的丹麦 3P 实验室认证，是目前世界上唯一允许在六类电缆上标注 UL 标志的产品）和七类系统（已在欧洲、北美和大洋洲使用多年）。同时，奔瑞公司投资 2000 万美元开发的吹光纤布线系统以其独有的灵活性、分散投资特性和安全性成为布线界最为亮丽的风景，该产品现已在我国迅速普及。

BRAND-REX（奔瑞）结构化布线系统均独立生产，并通过世界主要测试机构的检测。对于由 BRAND-REX 正式授权代理实施的安装，BRAND-REX 更提供 25 年的系统保证。

8.1.3.6　整体系统的需求

在过去，当人们配接大楼内的语音及数据线路时，需要使用各种不同的电缆线、配线插座以及接头等。例如：用户交换机通常使用双绞线，计算机系统常使用同轴电缆，局域网则可能使用双绞线或同轴电缆，这些不同的设备使用不同的传输介质来构成网络；同时连接这些互不兼容、不同类型的插头、接头、插座及配线架需花费更多的人力、物力和时间，使简变繁。而且只要变动终端机、电话机的位置，就必须重新布放缆线以及安装新的插座，并且在施工时办公室的作业将被中断，系统无法使用。在这种传统的布线结构之下，办公室空间的重新规划以及更换计算机主机或交换机将是一件非常耗费资金与时间的工作。

现在，PDS 将所有语音、数据、图像的布线组合在一套标准的布线系统上，并将各种设备、终端之接头插入标准的壁式插座内。增强型五类综合化布线系统，以一样的布线综合所有语音、数据、图像与监控设备，当终端机、电话机乃至其他设备的位置需变动时，只需将接头拔出，然后将其插入新的插座上，在配线间做一些简单的跳线变动即可，而不必再布放新的电缆以及新的插座。

当使用增强型五类线缆时，计算机系统、PABX 以及 LAN 的配线是合用一套由相同配件所组成的配线系统，综合在一起同时工作。增强型五类布线系统可相容各个不同厂家的语音、数据及其他设备产品，良好的开放性结构可以作为各种不同工作标准的基准，用户不需要为不同的设备准备不同的配线零件以及复杂的线路标示与管理线路图。最重要的是：配线系统将具有更大的适用性，而且可以利用最低的成本，在最低的干扰下，进行工作地点上终端机与电话机位置的重新安排与规划。综合布线系统以一套单一的配线系统，综合了整个通信网络。

综合布线系统将协助业主解决目前所面临的有关语音、数据、图像监控等设备在配线上的不便，以迎接未来综合业务数据网络时代的来临。

8.1.3.7　增强型五类综合布线系统的优势

(1) 开放配线系统

增强型五类布线系统是一个重要的观念，即是以服务所有通信设备在当前与将来的布线需求为主要目标而研究发展的整体式开放配线系统。

(2) 满足各种不同计算机与通信的需求

增强型五类布线系统是针对综合计算机与通信的布线而设计的，即可以满足各种不同计算机与通信的需求，包括模拟与数字语音系统、高速及低速数据传送、传真机或图形终端站以及绘图机(Plotters)所传送的图像资料、办公室内部的电视会议与安全系统的视频信号以及建筑物保安系统的探测器信号。

(3) 模块化结构

综合布线系统基于模块化的设计思想，最易于配线上的扩充及重新配置。它运用了AT&T 星形结构方式，并与邮电通信以及 EIA/TIA-568A 所遵循的大楼布线结构方式相同。

扩充工作非常简单。信号传输是经由单一的途径到设备；或合用环状结构，各设备之间的信号线路相互独立，故在执行更改或重新配置时，仅影响到实际进行修改的线路。这种结构可以使故障分析工作变得非常简便——当有故障出现时，可以迅速地找出其位置并予以排除。

星形结构方式具有多元化功能，可以在网络中搭配其他种类的拓朴结构。例如：局域网通常合用总线结构，各设备之间的传输是经由环状路线至设备。只要在适当的节点上进行一些配线上的更动，即可将电路带入任一结构上，而不需移动缆线及其他设备。

8.1.3.8　综合布线系统的构成

综合布线系统由六个子系统构成。

(1) Worklocation 工作区子系统

连接合用标准的 24 号实心铜导线，外皮选用聚氯乙烯绝缘材料，实现 RJ-45 插座与各种类型、各种厂商设备的连接，包括计算机、网络集线器、电话机、传真机，选用不同适配器可以连接监控器等设备。

(2) Horizontal 水平区子系统

实现信息插座和管理子系统间的连接，该子系统统一采用 24 号 8 芯双绞线，标准长度不大于 90 m，但在实际应用时，按照不同的应用标准可以超过 90 m，国内常用的有三类、五类、超五类及六类线缆，传输带宽分别为 10 Mbps、100 Mbps、155 Mbps 和 200 Mbps。

(3) Administration 管理子系统

管理子系统是连接干线子系统和水平子系统的设备，主要有铜缆配线架和光纤配线架。利用配线架跳线管理方式，可使布线系统具有灵活、可调整的能力。当布置要求出现变化时，只需将相关跳线作出改动即可。管理子系统应留有足够的空间来放置配线架和网络设备。

(4) Backbone/Riser 垂直干线子系统

采用光缆介质、大对数双绞线电缆，分别实现高速计算机网络与程控交换机(PBX)以及控制中心、低速网络与各管理子系统的连接。

(5) Equipment 设备间子系统

主要是计算机中心机房、网络设备、程控交换机、楼宇控制装置和保安控制中心内的各种设备与配线设备之间以及设备与设备之间的连接等。邮电部门的光缆和电缆进入楼宇后连接到总配线架上。

(6) Campus Backbone 建筑群子系统

实现建筑物之间的相互连接,常用通信介质是光缆和大对数铜缆,如星形结构方式中的每一支连线,每一子系统为一独立的单元组,更改任意子系统时,不会影响到其他子系统。在垂直干线子系统中,可以合用双绞线或更大带宽的光缆。而在 BRAND-REX PDS 上,其他子系统并不因垂直干线的变动而有所变动。BRAND-REX PDS 的模块化设计,当企业成长需要调整配线时,不会因此而影响到整体布线系统,可以保护用户先前在布线方面的投资,BRAND-REX PDS 布线系统也是一种富有灵活性的系统,可以配合用户的需求进行设计。

8.1.3.9　某大都市××大厦综合布线系统方案设计

1. 布线系统用户需求分析

(1) 用户需求

需求设计条件如图 8.4 所示。

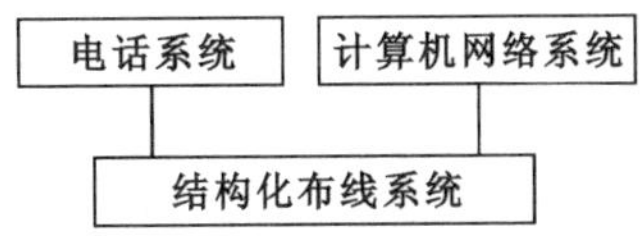

图 8.4　用户需求

根据大厦各层功能的要求采用综合布线系统,对楼内的电话系统、计算机系统统一布线,最终为以上系统的智能化管理提供一个开放的、灵活的、先进的和可扩展的线路基础。

(2) 用户需求可行性分析

系统纳入结构化综合布线系统的条件如下:

① 双绞线设备端口至终端端口距离不得超过 90 m;

② 数据传输的带宽在水平区小于或等于 100 MHz 时,可采用增强型五类线缆;

③ 直流电压小于或等于 150 V。

据对大厦的建筑及功能特点的分析及甲方的要求,考虑到如果不做数据和语音主干,直接由电视电话网络机房通过水平布线子系统向各层弱电终端布线会出现水平线缆超长的问题,在电视电话网络机房内设置主配线间,在第一层、第四层设置分配线间,水平子系统采用增强型五类非屏蔽线缆,部分有特殊要求的办公室设置光纤点,并给出增强型五类非屏蔽线缆的产品清单,供用户选择。

2. 综合布线系统解决方案

(1) 工作区子系统的设计

工作区布线子系统由终端设备连接到信息插座的连线组成,如图 8.5 所示。

工作区子系统信息插座安装位置确定:

工作区子系统由终端设备连接到信息插座的连线和信息插座组成。通过插座既可引出电话,也可以插入数据终端以及其他传感器和弱电设备。在本基础上对信息出口的数量设计主要针对计算机网络系统和电话传输系统。工作区子系统信息插座安装位置如图 8.6 所示。

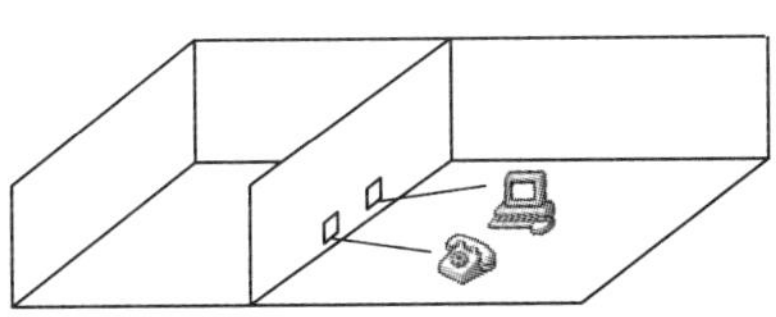

图 8.5　工作区布线子系统示意图

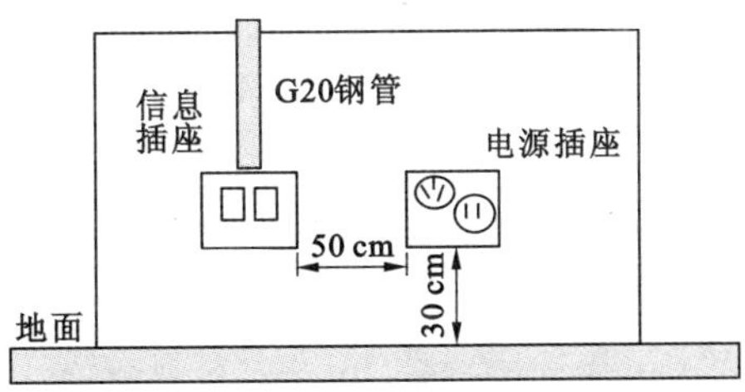

图 8.6　工作区子系统信息插座安装位置

若采用增强型五类非屏蔽信息模块，可以提供到桌面 100M 的带宽。

对部分有特殊要求的办公室及会议室设置有光纤点，可以提供到桌面 1000M 的带宽。

各功能区域根据具体情况确定信息点的位置，选择 RJ-45 插座，实现语音或者连接数据及多媒体设备的功能，信息点的位置和数量按平面图进行设计和布置。

在 RJ-45 插座内不仅可以插入数据通用的 RJ-45 插头，也可以插入电话机专用的 RJ-11、RJ-12 插头。对于光纤点，可以插入光纤跳线进行与终端之间的连接。

根据大厦的实际情况和使用要求，工作区子系统中信息插座均选用满足 ISO 11801 及 EIA/TIA 568 A/B 标准的增强型模块式 RJ-45 插座，可支持百兆或千兆以太网的传输。每个信息插座均带有永久性的防尘门，为国标 86 型，其面板选用单口和双口两种。

(2) 水平子系统

水平布线子系统是将干线子系统线路延伸到用户工作区。该系统是从各个子配线间出发连向各个工作区的信息插座。如图 8.7 所示。

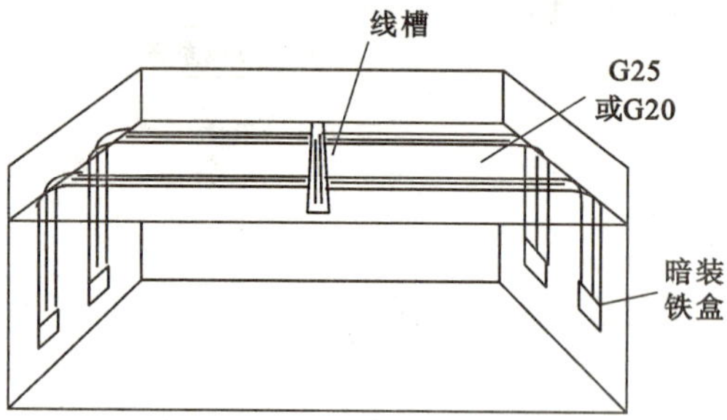

图 8.7 水平子系统示意图

① 水平线缆路由设计 走廊的吊顶上应安装有金属线槽，进入房间时，从线槽引出金属管以埋入方式由墙壁而下沿地面到各个信息点。

② 水平线缆的选型与计算 水平线缆用来连接工作区子系统与管理子系统，将垂直子系统的路线延伸到用户工作区子系统。本工程中水平布线系统的计算机系统和电话系统均采用增强型五类 8 芯非屏蔽双绞线进行传输，符合 EIA/TIA568 A、ISO 11801 等标准，其传输数据时可在 90 m 范围内保证最高达 100 Mbps(增强型五类线缆)的传输速率，水平用线长度将根据平面布置、竖井位置及电缆路由走向来确定，在此项目中，由于有光纤到桌面，所以水平子系统也包括两芯室内多模光纤。

③ 超五类水平铜缆主要性能描述 增强型五类电缆由 24-AWG 实心铜导线和聚氯乙烯绝缘外皮组成，符合并大大超过 EIA/TIA 568A-5、ISO 11801、EN50173 设定的超五类电缆的特性要求，此外，其频率性能保证到 150 MHz，满足目前及可预见的未来局域网的最高频率。该电缆具有很好的 ACR 值，以确保高速多协议局域网的运行，而较低的延迟及差异延迟则可保证全面支持 10 BASE-T、16 Mbps、100 BASE-T、ATM155 Mbps、ATM622 Mbps 和 1000 Mbps数据网络、其他数据应用系统(包括多媒体业务、会议电视等)的应用和所有语音通信系统(模拟、数字、多功能和 ISDN 语音系统)的应用。

④ 两芯室内多模光纤 光纤规格：所采用光纤为多模渐变折射率光纤，芯/包层为 62.5/125 μm，标称波长为 850 nm 或 1300 nm，符合 ISO/IEC 11801 光纤标准和 IEC793-2 光纤规定。

⑤ ST 多模光纤接头 用于把光缆与光纤设备连接起来，可跨接或互连。

(3) 垂直干线子系统

主要用于连接各层配线室，并连接主配线室。数据垂直主干线选用 6 芯多模室内光纤，语音垂直主干线选用三类 25 对大对数电缆。

(4) 设备间子系统

设备间子系统由交连、互连配线架组成，管理点为连接其他子系统提供连接手段，交连和互连允许将通信线路定位或重定位到建筑物的不同部分，以便能更容易地管理通信线路，使在终端移动设备时能方便地进行插拔。

考虑到水平线缆超长的问题，大厦主配线间设置在一层的电视网络机房，在一层的配电室设置一个分配线间，用来管理地下一层及一层、二层的信息点；在四层的配电室设置一个分配线间，用来管理三～六层的信息点。

配置中采用三类25对大对数线缆作为语音连接，大对数线缆采用100对110型卡接式配线架，水平数据及语音均采用24口快接式配线架，到桌面的光纤点采用光纤配线架连接，配线架与配线架之间加过线槽，可以管理各种跳线。

配线架的管理方式采用快接式配线架，可方便实现从信息点到设备（网络交换机、集线器等）的互连。

配线管理是根据建筑开间、分区、占用楼层等信息，以表格方式记录布线的通路、接地、缆线终接的位置，所用部件或材料的说明、尺寸及安装空间，并对布线通路、信息插座、接地、电缆加上永久性标志，以方便维护人员识别和管理。

设备间环境的要求：将服务电梯安排在设备间附近，以便装运笨重的设备；室温应保持在18～27 ℃，相对湿度保持在30%～55%；保持室内无尘或少尘，通风良好，亮度至少达30英尺（烛光）；安装合适的消防系统（如采用湿式消防系统，不要把喷头直接对准电气设备）；使用防火门及至少能耐火1小时的防火墙和阻燃漆；提供合适的门锁，至少要有一扇窗口留作安全出口；尽量远离存放危险物品的场所和电磁干扰源（如发射机和电动机）；设备间的地板承载能力至少应为500 kg/m^2。

BRAND-REX系统中典型的接线间，其可以走进人的最小安全尺寸是1200 mm×1500 mm，标准的天花板高度为2400 mm，门至少为高2100 mm、宽1000 mm，向外开。在主、分配线间最好有设备柜，其大小可按设备的尺寸而定，一般采用木质或玻璃材料制成。在设备间尽量将设备柜放在靠近竖井的位置，在柜子上方应装有通风口，用于设备通风。

(5) 建筑群子系统

在此项目中，标书没有要求建筑群子系统。

3. 管线设计

(1) BRAND-REX管线水平线子系统的布线方案

水平线子系统完成由分配线间到工作区信息出口线路连接的功能。有以下两种走线方式：

① 墙上型信息出口

采用走吊顶的轻型装配式槽形电缆桥架的方案。这种方式适用于大型建筑物，为水平线系统提供机械保护和支持。装配式槽形电缆桥架是一种闭合式的金属托架，安装在吊顶内，从弱电井引向各个设有信息点的房间，再由预埋在墙内的不同规格的铁管将线路引到墙上的暗装铁盒内。BRAND-REX系统的布线是放射型的，线缆量较大，所以线槽容量的计算很重要。按照标准的线槽设计方法，应根据水平线的外径来确定线槽的容量，即：

$$线槽的横截面积=水平线截面积之和\times 3$$

线槽的材料为冷轧合金板，表面可进行相应处理，如镀锌、喷塑、烤漆等。线槽可以根据情况选用不同的规格。同时，为确保线路的安全，应使槽体有良好的接地端。金属线槽、金属软管、电缆桥架及各分配线箱均需整体连接，然后接地。如果不能确定信息出口的准确位置，拉线时可先将线缆盘在吊顶内的出线口，待具体位置确定后，再引到各信息出口。

② 地面型信息出口

采用地面线槽走线方式。这种方式适用于大开间的办公室，有大量地面型信息出口的情况。应先在地面垫层中预埋金属线槽，主线槽从弱电井引出，沿走廊引向各方向，到达设有信息点的各房间时，再用支线槽引向房间内的各信息点出线口。强电线路可以与弱电线路平行配置，但需分隔于不同的线槽中，这样可以向每一个用户提供一个包括数据、语音、不间断电源、照明电源出口的集成面板，真正做到在一个清洁的环境中实现办公室自动化。由于地面垫层中可能会有消防等其他系统的线路，所以必须由建筑设计单位根据 BRAND-REX 管线设计人员提出的要求，综合各系统的实际情况，完成地面线槽路由部分的设计。线槽容量的计算也应根据水平线的外径来确定，地面线槽也需整体连接，然后接地。如图 8.8 所示。

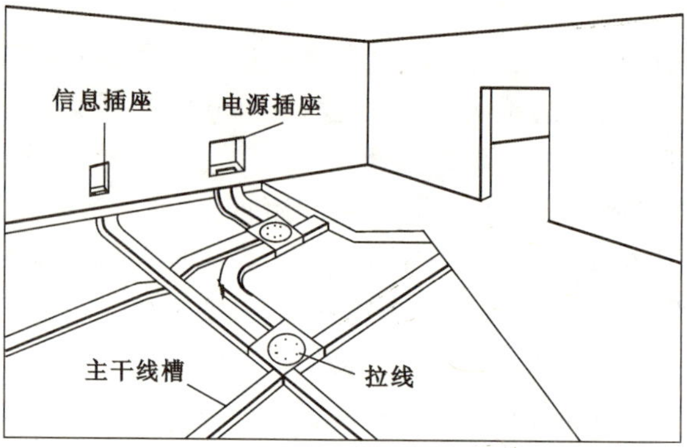

图 8.8　水平线子系统的布线

(2) 设备电源管线方案

接线间的 AC 电源需求与接线间内安装的设备数量有关。

首先，在配线间内应至少留有两个为本系统专用的，符合一般办公室照明要求的(220 V，10 A)单相三极电源插座。根据接线间内设备的供电需求，还需配有另外的带 4 个 AC 双排插座的 20 A 专用线路。此线路不应与其他大型设备并联，并且最好先连接到 UPS，以确保对设备的供电及电源的质量。

4. 验收与测试

试运行结束后，甲方和 BRAND-REX 公司检验人员共同对整个工程进行最终验收。验收采用抽查方式，其内容和程序由双方共同协商确定。

系统验收合格后，将提供由 BRAND-REX 公司出具的 25 年质量保证证书。

(1) 验收标准

双绞线连接应符合 ISO IS 11801 国际标准 CAT.5 E 的要求。

光纤连接应符合 ISO IS 11801 国际标准 Optical Class 的要求。

(2) 测试项目及参数

① 双绞线连接：双绞线连接如图 8.9 所示。

- 接线正、误测试：所有双绞线连接必须进行测试；
- 接线连通测试：所有双绞线连接必须进行测试；
- ISO/IEC 11801 标准认定测试：随机抽样 10％双绞线连接进行测试。

② 光纤连接：光纤连接如图 8.10 所示。

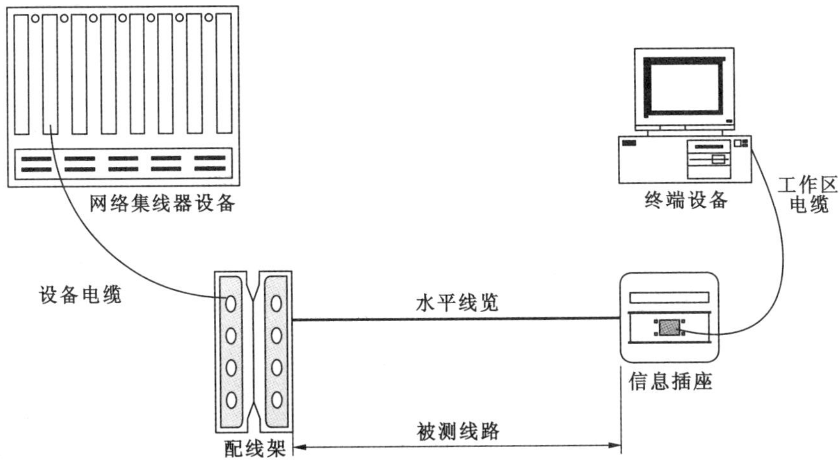

图 8.9　双绞线连接

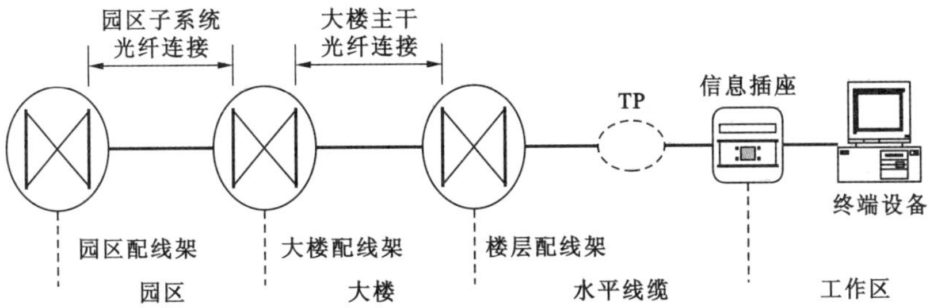

图 8.10　光纤连接

- 测试波长：1300 nm 或 850 nm。
- 主干子系统光纤连接：

信号衰减小于 2.6 dB (500 m，波长 1300 nm)；

信号衰减小于 3.9 dB (500 m，波长 850 nm)。

(3) 测试仪器

所使用的测试仪器为 DSP-4300(FLUK)。

(4) 测试结果及测试报告

若测试结果表明所有连接(包括光纤连接和双绞线连接)满足以上 ISO/IEC IS 11801 标准中的要求，可以确认工程合格。

验收报告应由双方项目经理签字。

测试报告经双方签字后完成系统。

(5) 标签及布线文档的设置目的

为了保证用户在布线系统交付使用后能对整个布线系统进行有效的维护和管理，对布线系统中的线缆及接插件加注标签，并制作一套完整的布线文档。

① 加注标签的范围　包括所有跳线的两端、工作区信息插座和机柜内配线架。

② 加注标签的原则　对以上范围内的对象全部加注标签；每一个标签与它所加注的对象唯一对应。

③ 布线文档的范围　所有线缆的清单；有关管路使用的清单，包括管路内线缆的种类及数

量;线缆属性清单,包括线长、起终点、线缆主要特性、线缆连接类别(A—D)和线缆种类(5E)。

5. 布线系统实施说明

工程施工包括线路敷设、配线机柜安装、配线架和跳线架安装、线缆端接、信息模块端接及相关的全套工作。具体表现为:

(1) 现场勘察;

(2) 电缆桥架和预埋管的安装配合;

(3) 布线工程管理;

(4) 整体布线逻辑设计及工程设计;

(5) 电缆、光缆的敷设及标记;

(6) 配线机柜的安装;

(7) 安装主配线架;

(8) 安装分配线架;

(9) 安装信息插座及其附件;

(10) 水平电缆和光缆的端接及链接性能测试;

(11) 布线系统整体链接性能测试;

(12) 编写整个工程的测试报告;

(13) 编写综合布线工程的完工文件档案;

(14) 用户培训;

(15) 提交整个布线工程的测试报告和完工文件档案。

任务 2 智能建筑系统工程的施工

智能化系统工程是超前的、技术含量较高的高科技工程,对安装要求严格,施工专业性强,必须精心组织设计,各单位密切配合,方可保证智能化系统具有高度的安全性、可靠性和稳定性,以及设备安装的整体美观,方便实用,维护便利。

任务描述

智能建筑系统工程的施工是保证系统正常运行的重要环节。根据智能化系统建设的实施模式,从工程施工的准备入手,到系统施工、调试开通和竣工验收,确保整个工作过程保质保量进行,并注意做到安全施工。

任务分析

通过施工四个阶段的学习,能较好地掌握智能建筑的施工程序、方法和技巧,并能对系统进行调试与验收。

方法与步骤

8.2.1 智能化系统建设的实施模式

智能化系统建设包括以下几种模式:

(1) 工程总承包模式；

(2) 系统总承包、安装分包模式；

(3) 总包管理、分包实施模式；

(4) 全分包实施模式。

8.2.2　建筑智能化系统工程施工前的准备

工程的施工全过程可分为施工准备、施工、调试开通和竣工验收四个阶段。

8.2.2.1　施工前的准备工作

业务部与工程部进行商务正式移交后，由项目经理组织工程部、技术部并指挥供应部和质监部，分项或同时进行如下工作安排：

1. 现场勘察和图纸现场签证记录

如发现施工的条件与设计图纸条件不符或者有错误，或者因为材料、设备规格质量、场地不能满足设计要求，可以提出合理化的改进意见，并遵循技术核定和设计变更签证制度，进行图纸的施工现场变更签证。如对投资影响较大时，要报请项目的原批准单位批准。所有变更资料都要有正式的文字记录，归入拟建工程施工档案，作为施工、竣工验收和工程估算的依据。

2. 图纸会审

图纸会审一般由甲方组织，监理主持，由设计单位和施工单位、协作单位参加。对所探讨的问题逐一地做好记录，由监理形成"图纸会审纪要"，由建设单位正式行文，参加单位共同会签、盖章，作为设计文件并与技术文件一起用于指导施工的依据，以及建设单位与施工单位进行工程估算的依据。图纸会审完成后即提交开工报告，办理建筑材料报验。

3. 材料、器械准备

材料、构(配)件、订制品、机具和设备是保证施工顺利进行的物资基础，这些物资的准备工作必须在工程开工之前完成。主要是根据施工预算进行分析，按照施工进度计划要求，按材料名称、规格、使用时间、材料储备额和消耗定额进行汇总，编制出材料需要量计划，为施工备料、确定仓库和场地堆放所需的面积以及组织运输等提供依据。根据各种物资的需要量计划，分别落实货源，安排运输和储备，使其满足连续施工的要求。

4. 技术交底及施工流程

由项目经理亲自主持编写施工手册。设计人员与施工队进行技术交底，由设计人员向施工队阐明要点、难点及各系统工程的注意事项，组织施工人员学习设计方案并熟识施工图，所有参与人员签名记录备案。按照施工总平面图的布置，建造临时设施，为正式开工准备好生产、办公、生活居住和储存等临时用房。施工流程如图 8.11 所示。

8.2.2.2　施工技术要求

1. 弱电管、线、槽施工标准及要求

严格执行施工规范，按施工图和施工手册进行施工。未经总工程师签名、项目经理同意并向监理公司申报，不得随意改动施工方案。对施工完成部分要做好成品保护。管槽施工必须横平竖直。吊线、格墨、打平水、拉直线(预埋管线除外)。

2. 电缆桥架的安装技术要求

(1) 电缆桥架必须根据图纸走向及现场建筑特性设计弯头、马鞍、长度等。

(2) 电缆桥架安装必须横平竖直。

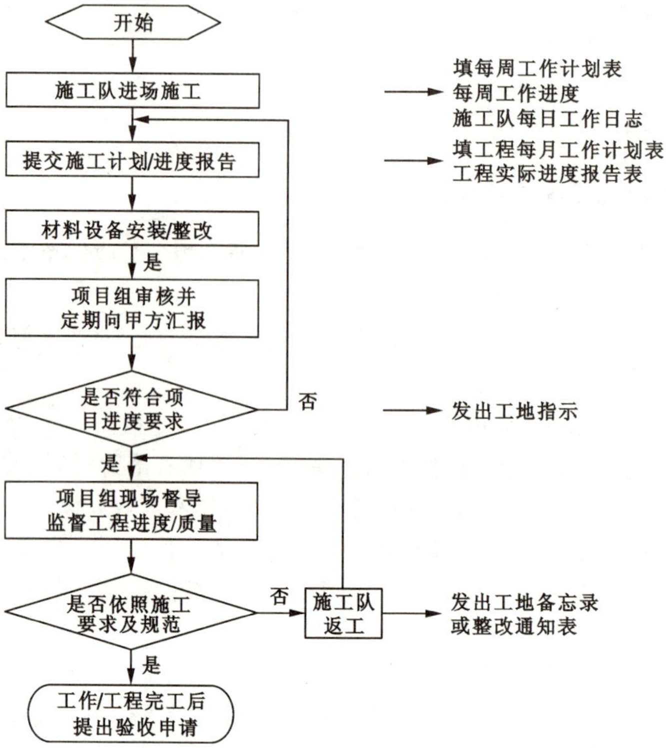

图 8.11　智能化系统施工流程

(3) 电缆桥架安装必须根据桥架大小，精确计算出承托点受力情况。要求均匀、整齐美观及牢固可靠。

(4) 桥架角弯必须有充分的弧度，防止将电缆拆散。

(5) 电缆桥架必须至少将两端加接地保护，工程中要求每隔 20 m 接地一次，如图纸上没明确如何接地，则应建议在桥架内加设一条 BV16 mm^2 的双色地线。

3. 弱电电缆敷设技术要求

(1) 电缆敷设前须先核准电缆型号、截面是否与设计相同，进行目测和物理粗测。

(2) 电缆敷设前必须详细勘察放缆现场环境，确定最佳放缆方案。

(3) 对截面为 25 mm^2 及以上电缆，放缆时应增设电缆导向缆辘，以避免拉伤电缆。

(4) 电缆敷设应根据用电设备位置，在桥架内由里到外整齐排列。

(5) 对于使用电缆规格相同的设备，放缆时应先远后近。

(6) 电缆固定时，在转弯处弯曲半径不小于电缆直径的 6 倍。

(7) 每放一个回路，都必须在电缆头、尾上绑挂电缆铭牌，铭牌上应编上每回路编号、电缆型号、规格及长度。也可用号码管作标识。

(8) 布放电缆的牵引力应小于电缆允许张力的 80%。对直径为 0.5 mm 的双绞线，牵引力不能超过 100 N；直径为 0.4 mm 的双绞线，牵引力不能超过 70 N。

(9) 对批量购进的四对双绞电缆，应从任意三盘中抽出 100 m 进行电缆电气性能抽样测试，对电缆长度、衰减、近端串扰等几项指标进行测试。

8.2.2.3　施工部署与方法

1. 施工部署

整个弱电系统工程的施工分系统、分层、分阶段地进行，施工过程依照先隐蔽后明设、先主干管网后分支、先尾端后前端、先外围后机房的顺序进行。

管线与线缆敷设施工期间，以结构化布线为主要进度控制项目，其他子系统的线缆施工应以此为主线。为便于保证质量、进度和节约材料，按统一布局敷设，所有系统的主干管线统一敷设施工。

在系统调试期间，以弱电系统集成子系统为主。

2. 施工阶段划分和主要项目工艺流程

(1) 施工阶段的划分

第一阶段：施工准备(包括现场准备、技术准备、物资准备等及预埋)；

第二阶段：主干管线施工及电线电缆敷设；

第三阶段：前端设备安装；

第四阶段：机房设备安装；

第五阶段：为子系统调试与系统联机调试。

(2) 编写主要项目工艺施工流程图

根据不同阶段画出主要项目的工艺施工流程图，便于按此施工。

8.2.3　弱电部分主要项目施工方法及技术措施

1. 施工准备

(1) 完成管线预埋图后，根据工程项目总体进度计划，组织各子系统施工单位部分施工人员到施工现场，配合土建完成前期的管线预埋工作。

(2) 土建工程进展到具备了大批弱电系统施工人员进场的条件后，项目经理部立即组织和协调施工人员进场，同时要组织完成各项准备工作。

2. 主干管线施工及电线电缆敷设

(1) 在弱电系统工程中，线缆是大动脉，各类线缆是神经，弱电系统网络是中枢，施工质量是保证，各部分环环相通，相互依存，缺一不可。必须精心设计、精心组织、精心施工，才能最终保证系统的畅通无阻、运行自如。弱电系统工程因子系统多，故管线施工量大。系统的主干线管和分支线管由安装方预埋，按照施工图施工。主干线管与分支线管的施工是影响工程工期的关键工序，因此必须与施工单位配合，以保证施工工期。

(2) 在楼层内，除弱电系统的主干线管与分支线管外，还有强电部分的供电线管、给排水系统的上下水管道、消防工程的主干管道等。因此，在进行该项施工时，必须与其他施工单位密切配合、相互协调，尽量避免“管线打架”、相互扯皮而造成返工，根据小让大的原则，弱电系统的主干线管最好在上述管道基本完成后再进行施工(可分区进行)。

(3) 弱电系统工程施工中采用的电源线、控制线、信号线应根据不同的用途分门别类地放入相应的区域，以免造成相互干扰。

(4) 所有线缆敷设后，要分门别类整理，绑扎成束，在改变路由处还应做好相应标记并记录在册。10 根以上的线缆应留有备用线。

(5) 电缆均应一缆到底，中间不允许有接续。

(6) 在线缆敷设完成后，要对线缆进行相应的测试。对各类电源线、信号线、控制线要做相应的通断测试和绝缘电阻测试。

(7) 线缆的敷设路由应与施工图纸相一致，并一一做好记录，以备复核和检查。并将超出管线以外的线缆绑扎起来，做好半成品的现场保护工作，以防交叉施工中被砸伤或人为破坏。

(8) 主干管线与分支管线施工及线缆铺设完成后，应及时向工程监理报验，待监理检查合格并办理有关手续后再进行下一道工序的施工。

3. 前端设备的安装

(1) 前端设备的安装应根据施工图纸设计要求的坐标点及其高度、角度等，预先固定膨胀螺栓或预埋吊挂件。要求定位准确、安装牢固、造型美观。

(2) 前端设备在正式安装前要进行技术复核，再次对照设备订货单及施工图纸核对所用设备是否正确，能够单机通电试验的设备一定要通电测试调整后再安装，看终端的配置是否符合要求等，确保质量无误后方可进行安装。施工实践证明，这些细致的工作对保证系统的一次开通具有相当重要的意义。

(3) 若线缆敷设工序与设备安装工序相隔时间较长，在设备安装前重新测试线缆的性能，以保证系统的一次开通率和可靠性。

(4) 安装完毕后，应收集前端设备的有关资料，如开箱单、产品合格证、使用说明书等，并应做好相应的调试和安装记录，以备检查或复核。

4. 机房设备的安装与接地

(1) 各个系统的控制机柜均安装在机房内，机柜安装应牢靠平稳，多个机柜并排安装时应排列整齐，机柜周围应留有一定的空间，便于操作。最后所有系统的线缆都汇集到机房内可能比较杂乱无章，应分门别类地整理顺畅，按不同支路绑扎成束，并做好标记。引入、引出机柜的线缆应有一定的冗余度。所有线缆接头应按规定做好标记和编号，并做好相应的记录。弱电系统的设备大部分采用UPS不间断电源或稳压电源集中供电，所用线缆应满足使用功率的要求，且符合电气设备规范。

(2) 在建筑物的各管理控制中心，各类设备按照分区摆放、相互之间连线方便且互不干扰的原则，将产生尘埃及废物的设备摆放在远离对尘埃敏感设备(如磁盘机、磁带机和磁鼓)的地方，并集中放置在靠近机房排风的地方。另外，各通信远端模块、交换机柜、各类服务器的摆放位置应考虑距离墙面不能小于800 mm，周围要留有足够的检修和操作空间。

(3) 弱电系统的线缆采取有别于强电系统的独立接地系统，保证对系统进行防雷接地、工作接地、保护接地、防静电接地、屏蔽接地、直流接地(信号接地、逻辑接地)等措施，并使电子设备中的电子线路有一个基准电位，保证电子设备能稳定、可靠地工作。

(4) 安装完毕后，收集机房设备的有关资料，如开箱单、产品合格证、使用说明书等，并应做好安装记录，以备检查或复核。

5. 系统软、硬件设备的安装内容、方法和步骤

(1) 系统软、硬件设备安装目标

① 所有系统和设备能够接通并正常运转；

② 所有软件能够在相应平台上正常运行；

③ 对系统运行进行监控测试，保证系统优化运行。

(2) 硬件设备的安装内容、方法和步骤

① 开箱验货：根据设备装箱单逐一清点所到货物。

② 准备安装:确认包装内没有遗漏的部件;阅读安装指南;检查安装环境是否符合要求;准备好安装必需的设备,包括防静电腕套、安装所需螺丝钉等;确保交流电源符合供电要求;严防静电伤害。要采取一些措施,如带上防静电腕套、安装模块时只拿着边缘、模块没有安装时要把它放在原始的包装袋内、加电运行系统自检程序等。

③ 完成硬件连接:将系统的各种设备正确安装上去,再连接其他外部设备。

④ 硬件加电测试:仔细观察指示灯,如果有硬件出错,填写相应报告,对设备进行返修。

⑤ 填写安装调试报告。

⑥ 讨论遗留问题,尽快提交解决方案。

任务3　系统调试与验收

任务描述

系统的调试包括各单体设备的调试和系统整体调试,涉及软、硬件,必须全面掌握相关方面的知识与技能,才能完成好调试任务。

任务分析

从单体调试入手步步推进,在单体设备调试好的基础上,进入整机调试,做好调试记录,以备将来的维护运行。

方法与步骤

8.3.1　建筑智能化系统调试

8.3.1.1　调试程序及单体调试

设备安装完成后,即可根据设计图纸、施工图纸及系统技术要求和编制的调试规范进行子系统调试。调试工作应由有经验的专业工程师承担。子系统的调试必须达到设计指标,调试过程中严格执行相关的规范。

1. 调试程序

调试程序如图8.12所示。

2. 空调系统单体设备的调试

(1) 冷冻水的出水温度应维持在设定值(设定值可以调整)。

(2) 操作者可以对主冷冻机、冷冻泵、冷却泵、冷却塔风机进行选择,并且可以对准备启动的备用设备的次序进行编程。初始选择后,在一定的间隔内,操作者启动所选择的主设备。如果主冷冻机、冷却塔风机或泵没有启动成功,就会有一个报警送到网络计算机上,提醒操作员启动备用设备。

(3) 联动的电动蝶阀在运行模式下应后于冷冻泵的开启而开启,目的是达到降低冷冻泵由于动压未形成前所受到的过电流冲击,保护设备。

(4) 操作员根据负载的需要,增加或减少冷冻机和泵的开启数量。

(5) 差压变送器测量冷冻水的供回水压力。差压变送器的输出作为DDC控制器的输入,

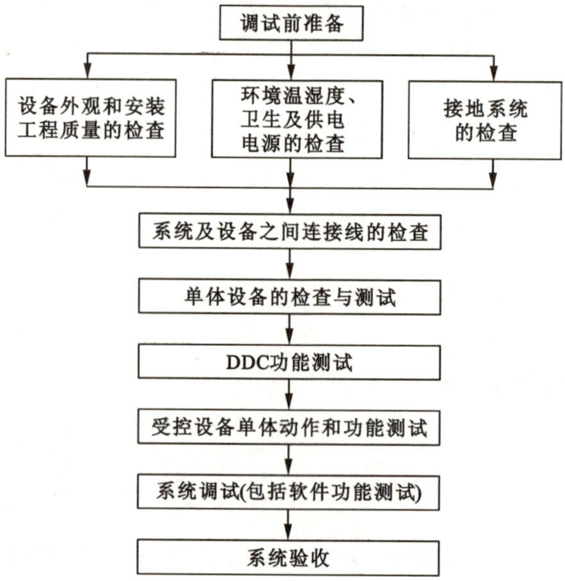

图 8.12　智能化工程调试程序

输入的信号通过软件转换（比例积分）控制，采用旁通阀控制供回水压差，控制器的输出调节阀门开度以维持压差设定值。总之，无论采取何种方式，都应在满足负载要求的前提下，实现可梯度连续调节供水量，维持供回水压差，节约能量。

（6）设备的主、备用身份可程控设定，以便均衡利用设备，延长整体使用寿命。当备用冷冻机开启时，应先开启备用泵。

（7）根据冷却水的供/回水温度和运行模式，程序选择开启冷却塔风机的台数，使冷却水的供水温度保持在设定值，目的是既要满足空调负荷要求，又要节能。

（8）根据冷冻机组的启停台数、室外温度、冷却水温度、冷却泵开启台数来确定冷却塔的启停台数。

（9）根据冷却塔出水管的温度比较，控制两台冷却塔进水管的阀门开度，以便调节两台冷却塔的流量。并依据回水温度平均值调节控制冷却水供回水旁通阀开度，使进入机组冷凝器的水温符合机组设计要求。

（10）记录设备运行时间，开列维修报告，以便及时对设备进行维护保养。

3. 给排水系统单体设备的调试

（1）集水坑：监视集水坑高/低/溢流液位及相关水泵的工作状况、故障报警，不对排污泵进行启停控制，液位或水泵报警时提醒值班人员采取相应处理措施。

（2）生活冷水：监视变频生活水泵的运行状态、故障报警，同时监视水箱溢流和低液位。超标时报警，提醒值班人员采取相应处理措施。

（3）消防水箱：监视水箱溢流液位和低液位，超标时报警，提醒值班人员采取相应处理措施。监视消防水泵运行状态/故障报警。

（4）大厦内总用水量计量。

4. 变配电照明系统单体设备调试

（1）公共照明系统：按照事先编制好的时间程序以及室外照度自动控制公共照明系统的

启停；室外照度监测；停车场照明控制；室外立面泛光照明和建筑物轮廓内透光照明控制；航空障碍灯控制，故障报警；楼内公共区域照明节能控制；无专人管理区域照明控制，如会议室、新闻发布中心等场所；户外装饰照明如 CEC 标志牌、彩灯、霓虹灯、广告灯及喷泉灯控制；以上照明回路开关状态；事故照明状态监测，包括安全照明、应急照明与疏散标志照明。

(2) 变配电系统：根据招标书要求，对变配电系统提供标准通信接口(RS-232/485)方式监测变配电系统的参数。通过操作以下设备进行调试：

① 高、低压断路器及开关设备按顺序自动接通、分断。

② 高、低压母线联络断路器按需要自动接通、分断。

③ 备用柴油发电机组及其配电屏开关设备按顺序自动合闸，转换为正常供配电方式。

5. 电梯系统运行状态的监测

通过电梯系统已有的标准通信接口与 BAS 系统联系起来，集中到一个监控、管理的平台，中心对各部电梯的运行状态、各类故障、运行时间、维护等内容进行记录。

6. 基本应用软件设定与确认。

8.3.1.2　系统测试与统调

1. 测试前准备

(1) 系统的各分项工程完成后，最后要进行系统的联机统调。首先要制定好统调方案，按照预定的方案检查系统的运行是否正常，系统及各种参数指标是否满足设计要求，系统间的通信是否畅通，与系统联动的设备控制是否灵活。有时要反复调整多次，才能使系统工作在最佳状态。

(2) 设备安装调试过程中，参加安装和调试的人员要认真做好各项记录，包括单机、子系统和系统统调的各种记录及测试结果等。

(3) 为了验证系统的可靠程度，还要进行系统的运行试验，确认系统在功能方面的完备性、可靠性，并做好系统试运行记录。这些记录均是工程验收和日后维修、维护所不可缺少的技术文件资料。

(4) 设备安装时应邀请业主方的技术人员、操作人员和维护人员参加，使其熟悉设备的安装位置、安装方法、调试过程及性能要求，以便迅速掌握设备的操作方法、故障诊断技巧，更有利于今后的检修维护工作。这也是最好的一种培训方式——现场培训。

2. 弱电系统工程施工和调试使用的仪表

(1) 接地电阻测量仪　如 ZC-29，用于土壤电阻率、接地电阻的测量。

(2) 万用表　有数字式、指针式多种型号，可测电阻、电压、电流。其灵敏高，频率范围广，用于线路测量、系统调试。

(3) 摇表　额定电压 500 V，用来测量和检查线路设备或线路的绝缘电阻。

(4) 直流电桥　用来测量精密直流电阻值。

(5) 全频电视信号发生器　如 PD5388 A，用于测量和系统调试作信号源用。

(6) 场强仪　用于测量电磁场强度。

(7) 数字毫伏表　用于测量从低频到高频的小电压。

(8) 示波器　用于系统调试中测量信号快速变化的波形。

(9) 逻辑笔　用于系统调试中测量数字电路或系统中某点的逻辑状态。

(10) 电脑(线号＋标签)　如两用打字机 TM-35 E，用于打印线路编号。

(11) 数字式查线仪　如 DKX-24，用于线路查线，可查断线、短路、绝缘等。

(12) 选频电频表　用于测量传输衰减、串音衰减、放大器的增益、滤波器的频率衰减和特性等。

(13) 光纤测量设备　如HP背向反射仪(直观检测光纤切面)、光功率计、稳定光源、光万用表、光故障定位仪、发射光缆和带ST连接器(光纤衰减测量)等。

(14) 网络电缆测试仪　如Fluke4000测试并自动与标准进行比较,并且显示通过(Pass)或错误(Fail)信息,同时有声音提示,用RS-232打印出报告。

(15) 简易综合布线测量仪　用于测量UTP双绞线。

3. 整机测试与调试

系统测试在测试小组开展,在测试环境中按测试规程实施,由测试经理统一负责,可分为系统测试准备和系统测试实施。

(1) 应用软件测试准备　测试经理编制系统测试计划(包括系统测试的目的、测试环境、测试范围、测试人员和测试进度安排)和测试用例。

(2) 检查并确认测试环境　包括硬件、网络、操作系统、数据库系统软件、数据库服务器和客户机等。

(3) 原系统典型业务办理　先将系统进行备份,然后在原系统办理若干典型业务,打印处理结果,备份系统数据;恢复系统到正常状态 。

(4) 测试实施　新系统测试准备好后,测试经理组织测试人员按照测试计划和测试规程实施。使用典型业务用例,完成后与原系统的处理结果进行对比。如果完全相同,则测试通过。

(5) 测试问题的解决　当测试中发现问题时,测试经理提交测试问题报告。组织有关人员分析后,进行处理。处理完成后,提交处理结果说明。测试经理组织测试人员对处理结果进行检查,同时进行回归测试,确认所有问题得到解决。回归测试中发现新的问题时,将提交新的测试问题报告。解决了问题将关闭测试问题报告。回归测试采用同样的测试用例。

(6) 测试结束　当系统测试或回归测试问题降低到一定程度时,结束测试,测试经理提交测试分析报告,软件、文档纳入版本管理系统。

8.3.2　工程检验与验收

1. 系统验收条件

系统验收前,要编制好竣工报告,由主管部门组织验收,施工单位及有关部门参加并做好交验准备,提供下列资料:

(1) 设计文件和相关的技术标准;

(2) 各子系统的验收规范和标准;

(3) 系统的评估办法;

(4) 施工图纸、竣工图纸及施工中各类设计变更单;

(5) 各种施工记录,包括管线敷设记录、设备安装调试记录、试运行记录等。

按竣工交验程序分别对系统功能、施工质量、竣工资料等项目进行检查和验收,最后施工单位限期整改。

系统初验后,经试运行一段时间(一般约一个月)一切正常,即可组织相关部门验收。

2. 验收规范和质量评定标准

参照下列标准和有关规范进行评估:

（1）建筑工程施工质量验收统一标准(GB 50300—2001)；

（2）电子计算机机房施工及验收规范(SJ/T 30003—93)；

（3）电气装置安装工程施工及验收规范；

（4）建设工程施工现场供用电安全规范；

（5）施工现场临时用电安全技术规范；

（6）建筑施工安全检查评分标准；

（7）建筑施工高处作业安全技术规范；

（8）美国电子工业协会/通讯工业协会 EIA/TIA568 工业标准及国际商务建筑布线标准；

（9）建筑与建筑群综合布线工程验收规范(GB/T 50312—2000)；

（10）设计图纸、会审记录和设计变更修改通知书及招标文件；

（11）上级主管部门的有关工程竣工的文件和规定；

（12）工程承包合同及甲方提出的其他要求、规范；

（13）工程设计文件(包括施工图纸、设计说明书、设计变更洽商记录、各种设备说明书等)；

（14）专家评审报告。

3. 系统检验与验收过程

（1）施工图的验收：图纸必须经过 ISO 小组、总工程师、总监理工程师组织各专业工程师、供应部、项目经理、施工员进行审查。经评定质量合格，填写图纸质量评审表，确认合格方可交出施工图。经多方会审通过后方可用于施工。

（2）进场材料单证齐备，经质检员认可并向监理工程师填写材料报验单，获得批准方可使用。

（3）分项工程：经自检合格、总监理工程师复查认可向监察院填写分项工程报检表，获准后方可进行下一道工序。

（4）隐蔽工程：经多方检验合格，向监理工程师填写隐蔽工程报验表，合格后才可隐蔽。

（5）线缆敷设经各种测试合格、标色齐全，方可接入设备。

（6）设备到货外观完好无损，三方会检证实配件齐全、主机完整、证书齐备，填写开箱报验表获批，并且条件成熟方可安装。

（7）设备安装验收按现行国家标准《电气装置工程施工及验收规范》的规定执行，并符合设计特殊要求。所有线、管、槽的安装应牢固、整齐、无破裂。

（8）其他系统按照各自的标准执行。

（9）系统运行验收：当设备安装完毕并调试运行无误后，由乙方派人进行系统联调，并向甲方提交调试报告。乙方认为所承担的工程项目全部完成后，书面通知甲方进行系统运行验收。

（10）系统自检 100%合格，连续试运行正常，方可作竣工报验，填写“智能弱电工程竣工验收证明书”。自检合格后，在竣工验收前 10 天，向建设单位、监理单位申报。工程竣工验收由建设单位组织进行。建设单位、监理单位(也可会同专家组)验收完毕并确认工程符合竣工标准和合同条款规定要求以后，签以“竣工验收证明书”。

（11）验收合格后，建设单位操作人员经上岗培训合格，方可移交建设单位使用，并发出移交通知书。

（12）工程资料、文件、图表等整理成册移交建设单位存档。

（13）工程移交：办理“建筑安装工程施工资料移交书”，并由双方负责人签章，并附“技术资料移交明细表”，内容包括中标通知书、竣工工程一览表、工程竣工图、施工图会审记录、工程设计变更记录、施工变更洽商记录、工程开工报告、隐蔽工程验收记录、系统调试记录、分项工程质量检验评定、分部工程质量检验评定、单位工程设备安装质量检验评定、系统运行记录、工程质量事故发生的情况和处理结果、竣工验收申请单、竣工验收证明书、操作人员培训记录表等，以及工程所使用的各种重要材料、设备安装记录或出厂证明文件、新工艺、新材料、新技术、新设备的试验、验收和鉴定记录或证明文件。向业主和集成商办理工程移交手续，包括固定资产移交、竣工结算和竣工决算、工程保修等手续，并签认交接验收证明书。工程完工验收后，办理工程结算手续，编制工程决算，上报有关部门批准。

情境小结

本情境主要内容是智能建筑工程的施工，从了解智能化工程设计入手，对智能建筑施工内容、施工程序、施工方法进行介绍，最后对智能化工程调试与验收加以阐述。主要应掌握以下内容：

(1) 智能建筑系统设计分三个阶段，即方案设计阶段、初步设计阶段和施工设计阶段。

(2) 设计程序：先确定设计方案，然后进行深化设计依据，深化设计工作步骤。在方案确定的基础上，确定监控点，编制监控表，再进行平面图和系统图设计，最后进行监控中心布置。

(3) 施工阶段划分为五个阶段：第一阶段为施工准备(包括现场准备、技术准备、物资准备等及预埋)；第二阶段为主干管线施工及电线电缆敷设；第三阶段为前端设备安装；第四阶段为机房设备安装；第五阶段为子系统调试与系统联机调试。

(4) 根据不同阶段画出主要项目的工艺施工流程图，便于按此施工。

(5) 掌握弱电部分主要项目施工方法及技术措施。

(6) 熟悉常用调试工具，单体调试后，进行整机调试。

(7) 熟悉系统验收条件，掌握验收规范和质量评定标准。

【习题与训练项目】

习　题

1. 简述智能化工程深化设计工作步骤。
2. 描述施工的五个阶段各阶段的工作过程。
3. 施工流程的基本内容是什么？
4. 单体调试有哪些内容？
5. 系统在什么条件下可验收？
6. 说明系统检验与验收过程。

训练项目

题目：智能化系统施工实训

(一) 实训目的

1. 熟悉智能化系统施工程序；
2. 具有指导施工的能力。

（二）实训内容与设备

1. 实训内容

（1）研究设备安装位置；

（2）进行施工技术训练。

2. 实训设备

线槽、铁锯、电焊机、电钻、金属胀管、扳手等。

（三）实训步骤

1. 编写实训计划书；

2. 准备实训用具；

3. 熟悉系统施工情况；

4. 对系统进行施工操作训练。

（四）实训报告

1. 实训计划；

2. 实训工程过程的报告。

（五）实训记录与分析

智能化系统主要项目施工方法及技术要求训练

序号	施工标准及技术要求	系统名称
		1. 弱电管、线、槽施工标准及要求
		2. 电缆桥架的安装技术要求
		3. 弱电电缆敷设技术要求

（六）问题讨论

1. 谈谈对弱电电缆敷设训练的体会。

2. 弱电管敷设应注意哪些问题？

3. 总结电缆桥架的安装技巧。

技能考核

1. 独立操作的能力；

2. 对不同设备安装时的技巧。

优________良________中________及格________不及格________

学习情境 9　建筑智能化工程管理

【能力目标】

▲ 具有对楼宇中智能设备的维护、管理及排除故障能力；
▲ 掌握智能化物业管理的定义和内容；
▲ 能实现物业管理的目标；
▲ 能够参与楼宇设备管理；
▲ 具有独立完成智能化物业管理的能力。

任务描述

智能楼宇管理是伴随着我国楼宇智能化而出现的朝阳职业，从业人员约 70 万人，目前主要集中在上海、北京、广州、深圳、天津、重庆、杭州、宁波、大连等大中型城市。

我国的智能楼宇起源于 20 世纪 90 年代，起步较晚，但发展迅速，特别是在大中型城市如上海、北京、深圳、杭州、宁波等，高档写字楼、智能小区建设速度很快。在大中型城市，智能化系统已相当普及，成为住宅、社区等的必配设施。

任务分析

智能建筑由于增设了大量的智能化系统，需要有专人对建筑物本体和其中的设备设施定期地进行测试和诊断，及时地进行维护和修理。建筑物及设施的完好不仅可以降低其寿命周期成本，延长使用寿命，而且可以使物业增值。本情境重点介绍楼宇智能化管理的重要性以及管理内容、目的及管理职责。

任务 1　楼宇智能化管理的内容

任务描述

对一座大厦进行智能化管理，首先应对智能大厦中的设备进行管理。楼宇设备管理的目的在于提高设备的运行效率，保证运行质量，最终提高整座大厦的运作效益。设备运行、维护管理的优劣直接关系到各个系统能否达到原有的设计性能与服务年限，关系到大厦的供电、供水、供热、供冷等能源供应状况，也关系到能否为用户提供一个高质量的，安全、舒适而又方便的使用环境。

任务分析

对智能大厦中的设备进行管理包括楼宇设备管理与系统设计、楼宇设备运行管理、楼宇设备维修管理、楼宇设备的增建和改造管理以及楼宇设备管理的人员编制几个方面。

方法与步骤

9.1.1　楼宇设备管理与系统设计

为了充分发挥智能化系统的功能，在进行系统设计与选型时就应考虑日后运行与维修保养，以免由于设计、选型时考虑不周致使智能化设备不能充分发挥作用而造成浪费。设备管理系统网络图如图9.1所示。

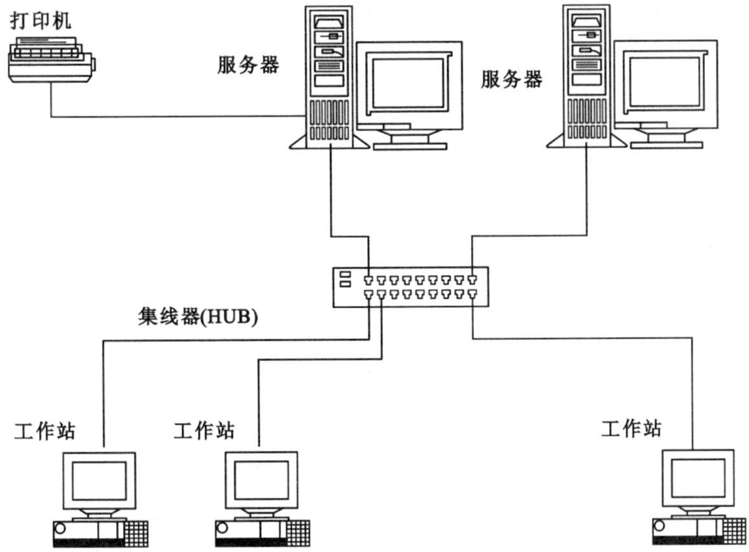

图9.1　设备系统网络图

1. 系统的可靠性

除必须考虑系统本身的可靠性以外，还应考虑到系统遇到异常情况时如何保证大厦的正常运行。例如，设备出现故障或停电时，应考虑运行资料的保存并由自控转为手控。

2. 系统的可变性

考虑到使用的需要、技术的发展或是环保方面的要求，日后难免要扩容或进行改造，系统设计时应留出备用的预埋管线，控制室内应预留出足够的空间等。例如，客户入住办公大楼后，往往由于使用需要再分割出经理室和会议室。按消防局规定，高层建筑内每一个到顶的房间皆须安装1个烟雾探测器，这就使探测器数目大增，甚至增至原容量的2倍以上。如果设计消防自控系统时没有考虑这种需要，正常营运时就会带来很多麻烦。

3. 系统的可操作性

如果智能化系统为国外进口产品，选择设备时应考虑操作系统的汉化以及操作界面的简易程度，以保证外语程度不很高的操作者能进行正常操作。

4. 系统的可监察性

楼宇自控系统的执行机构分散在各个楼层的不同位置，为使系统及操作员能监察到自动控制指令是否生效，应考虑有一个配套的独立反馈信息传感器。否则，报警装置失灵时，某些设备故障可能不易被发现，对大厦运营造成一定影响。

5. 系统培训

每个智能化系统的操作与维修各不相同，为确保日后操作人员能熟练掌握操作与维修知识，选购设备时应同时考虑操作人员的培训问题，要求供货商提供足够的培训和所有有关的技术资料，以方便日后的正常工作。

9.1.2　楼宇设备的运行管理

设备运行管理的目的在于：(1) 确保设备安全、正常运行；(2) 及早发现设备隐患并有效排除；(3) 节约能源。其中节能是设备运行管理的重点。

大厦建成之后，如何在漫长的使用过程中实现运行节能不仅可能而且十分必要。能源支出往往达到总设备管理支出的 50%左右，其中电费支出又占能源总支出的 70%。实际运行中，电力负荷、空调负荷等都是变化的，如何根据负荷变化情况进行调整，提高设备运行效率以实现运行节能，是运行管理中至关重要的课题。例如，变配电系统中，无功负荷的补偿通过电容器组的投切，应将功率因数控制在 0.9 以上。变压器投入并联运行的台数应根据实际负荷大小进行调整，并使运行中的变压器的负载系数保持在 0.5～0.7，以提高变压器的运行效率。

空调、制冷系统中，应根据实际冷负荷的变化，确定冷水机组及相应循环水泵、冷却塔风机的投入台数，提高制冷系统运行效率。并且针对不同的季节，修改温度、湿度设定值，以减少能量消耗；合理调整新风比例，以充分利用新风冷量或减少新风处理能耗。

照明系统中，高效节能灯具的使用，灯具开启的声控、光控等，都是节能的有效措施。

在智能建筑中，由于建筑设备自动化系统能够对包括暖通空调、供配电、给排水、电梯等在内的各种机电设备的运行状态进行自动监视，自动检测并记录、显示实时运行数据，使之一目了然；通过与办公自动化系统的联网，可对各种运行数据的变化趋势进行分析，及时了解设备是否处于正常运行状态；如果运行参数超出正常范围，会自动实现越限报警；设备出现故障，会自动进行故障报警，并且自动启动备用设备。因而，无须投入多少人力即可确保设备的安全与正常运行，并及早发现设备老化或其他隐患。不仅如此，还能自动进行节能管理，如冷水机组及相应设备运行台数的控制、焓值控制、照明系统的节能控制、无功补偿电容器的自动投切等，从而使设备自动运行于最优状态。与人工巡检相比较，设备的智能化管理大大提高了管理效率，节约了人力。

9.1.3　楼宇设备的维修管理

设备维修、保养是设备正常运行的保证，不仅要使设备随时处于良好的工作状态，而且要保证各项运行参数合格，以便确保设备能达到原有的设计性能与服务年限。设备维修工作可分为定期维修和紧急维修两类，如图 9.2 所示。定期维修、保养做得好，紧急维修就会相应减少。

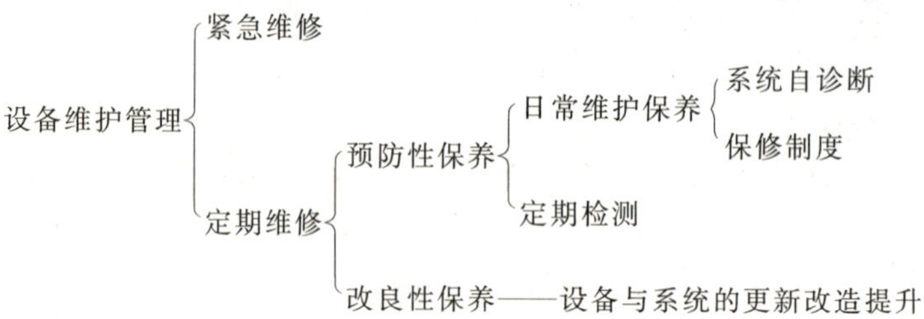

图 9.2　设备维护管理内容分类

1. 定期维修、保养管理

定期维修、保养工作对于保持设备良好的运转状态、延长设备寿命极为重要，但必须制定一套定期维修、保养计划并且严格遵照执行。在智能大厦里，可以借助办公自动化系统编制一套预防性维修管理程序来执行。根据上次检修时间就可以自动安排出各类设备的定期检修时间表，打印出具体检修项目及要求。检修完毕后再将检修情况及结果输入并存档，建立设备维修档案备查。

由于智能化系统比较复杂，系统设计及零部件皆为公司“专利”，系统发生故障必须由供货商维修，因而在选型时就要考虑供货商在本地区的维修能力。例如，在本地区是否设有维修点，维修点是否有足够的零件与配件，系统的设计是否能支持在故障时把整个感应器或子站换掉以维持正常运行等。在制定维修保养合同时必须注意下述问题：

(1) 应明确规定彼此的责任范围。

(2) 应含有制约保养承包单位的零件价目表，可将此价目表作为合同附件之一。

(3) 应包括制约保养承包单位的条款，如逾期不作定期保养需罚款多少，重大故障或隐患若干时间内不能排除罚款多少，甚至解除合同等。签订维修保养合同之后，还须对保养承包单位的工作进行检查，如每次到场保养时间、每次故障报修的日期/时间以及故障排除的日期/时间等，以便据此对表现不好的承包单位进行必要的追究。

2. 紧急维修管理

为确保紧急维修工作能够按期顺利完成，应通过对紧急维修的管理达到下述要求：

(1) 对简单的急修工作应能于最短时间内完成；

(2) 对较大的急修工作应能有效跟进，直到完成为止；

(3) 对紧急维修的部位及项目进行分类、统计、分析，以便掌握设备存在的隐患；

(4) 对紧急维修消耗的材料进行有效监控。

为达到上述目标，现代物业管理都采用“维修工作单”(或称工程联系单)的作业方式。维修工作单的内容包括：① 发单人填写部分。包括发单人姓名、发单日期/时间及问题简述。② 收单人填写部分。包括收单人姓名、收单日期/时间、问题分类、问题处理办法及结果、材料消耗、完工时间、维修人签名、验收人签名等。维修工作单的格式务求简洁、易懂，注重可操作性。在智能大厦里，维修工作单的传递可借助通信系统里的电子邮件来进行，十分快捷；还可通过办公自动化系统检查工作单的执行情况，如果工作单发出后时间太久仍未完成会报警；工作单的分类、统计、分析、归档储存都由办公自动化系统来完成，与人工操作相比，大大提高了效率。

9.1.4　楼宇设备的增建、改造管理

基于大厦营运上的需要并避免大厦设备老化，应适当地对大厦内的设备、设施进行增建、更新和改造。例如，原设计功能与实际使用有矛盾、设备与设施未达到设计水准、因经营需要而改变原有用途、设施能耗大不符合节能要求、设备老化等，都可能要求扩容、更新或改造。在提交增建、更新或改造工程方案时，应注意阐明如下问题：

(1) 说明设备现存问题。

(2) 现存问题可能导致的最坏后果。

(3) 建议的解决方案。

(4) 经济性分析:说明需投资的金额与资金回收时间。通常,应将投资回收时间控制在五年以内。

9.1.5　楼宇设备管理的人员编制

设备管理人员编制的多少直接关系设备管理的成本。在国内,一般情况下,用于运行管理与维修管理的各级工作人员的工薪支出占设备管理成本的40%左右。在智能建筑中,建筑设备自动化系统能够自动监视设备运行状态,自动检测、显示各种运行参数,自动实现越限报警、故障报警,并且能够根据外界条件与负载变化情况自动进行节能控制,使设备运行于最优状态,这样不仅提高了服务质量和管理效率,而且可使人们从填写值班记录或人工巡检中解放出来,大幅度减少了运行值班人员的编制。

智能化设备的维修、保养前已述及,由于涉及高新技术,专业性很强,并且是制造商的"专利",用户手中缺乏设计图纸与零件,即使有专业维修人员也难以插手,因此,对于复杂设备的故障诊断与维修,应与供货商签订维修保养合同,由供货商解决。对于一些不需要太高专业水平的故障诊断,如线路故障或感应器探头损坏等,可以自行维护。在人员编制上应尽可能考虑统筹兼顾、一职多能,以便灵活调配,充分利用人力资源。

任务 2　智能楼宇中央控制室职能

任务描述

智能楼宇中央控制室的主要职能是物业管理。智能建筑中涉及许多高新技术与产品,传统建筑手工作坊式的维修与管理体制已不能满足要求。智能建筑的宗旨就是将结构、系统、服务与运营统一并优化组合。智能建筑提供了安全、舒适、高效、便利的环境以及足够的现代化管理设备与手段,为搞好物业管理与服务提供了良好的物质条件。

任务分析

国内外的经验都证明:管理是维修的基础,否则维修实质上就会变成抢修。为适应现代化智能建筑的需要,中央控制室的首要任务是搞好维修,建立专业化、高水平的维修队伍,并使维修工作智能化。维修智能化的首要表现是对设备与系统建立档案,智能预测,定期维护,贯彻以防为主的方针,既提高系统可靠性,又减少了修理工作量。在智能建筑的维修工作中,应由过去主要依赖个人技能发展到靠先进技术、设备与管理,以提高维修的效率和质量。

方法与步骤

9.2.1　智能化物业管理的定义

物业管理涉及的领域很广泛。广义的物业管理泛指一切有关房地产发展、租赁、销售及售租后的服务。狭义的物业管理则指楼宇的维修及相关机电设备和公共设施的管理与维护,包括治安保卫、清洁卫生、绿化等内容。理论上可总结为:由专业化的企业组织,运用现代管理手段和先进的维修养护技术,为物业售后的整个使用过程提供对房屋及其设备、基础设施与周围环境的专业化管理。它是以经济方法为房屋、居住环境、物业维修等方面提供高效优质、经济的服务。

（1）物业管理的对象是完整的物业，指已建成、验收合格、已投入或即将投入使用的物业。

（2）物业管理服务的对象是人，即物业的业主和用户，包括同住人、承租人和实际使用物业的其他人。

（3）物业管理服务的投入能对物业实现提升其使用功能，延长使用寿命，完善物业环境，使其正常使用，力争保值、增值。

（4）物业管理是一种企业化、社会化、专业化、市场经营型的服务。

（5）物业管理同社区建设密切关联。物业管理可以同创建“文明小区”、“安全小区”、“卫生小区”建设结合起来，创造“整洁、文明、安全、方便”的优秀物业区域，实现物质文明和精神文明的统一。

楼宇智能化管理是物业智能化管理的一个组成部分。所谓物业智能化管理，是指在物业管理中运用现代计算机技术、自动控制技术、通信技术等高新技术和相关的设备系统实现对物业及物业设施、设备、物业环境、物业消防、安防等的自动监控和集中管理，实现对业主信息、报修、收费、综合服务等的计算机网络化管理，以完善业主的生活、工作环境和条件，以便充分发挥智能物业的价值。

智能化的物业管理是智能物业发展的必然结果与要求。智能物业是物业智能化管理的依托，而物业智能化管理是智能物业正常使用、发挥价值的保障。随着智能物业的蓬勃兴起和不断完善，对智能化物业管理的需求也越来越迫切。智能化物业管理市场极为广阔，但同时也对从事传统物业管理的企业提出了有力挑战，它不仅仅是管理方式和管理手段的改变，更需要管理理念的转变和管理人员素质的极大提高。可见，智能化物业管理是一种知识型管理。

9.2.2　物业管理的目标与内容

物业管理的根本目标是为全体业主和用户提供并保持良好的生活、工作环境，并尽可能满足他们的合理要求。

尽管物业类型各有不同，使用性质差异很大，但物业管理的基本内容是一样的。社会化、专业化、市场化的物业管理实质上是一种综合的经营型管理服务，融管理、经营、服务于一体，三者相互联系、相互促进。物业管理涉及的服务领域相当广泛，其基本内容按服务的性质和提供的服务方式可分为常规性的公共服务、针对性的专项服务和委托性的特约服务三大类。

1. 常规性的公共服务

这是指物业管理中的基本管理工作，物业管理的公共服务面向全体业主、使用人，其目的是为了保证物业的完好和正常使用，维持正常的生活、工作秩序和保护环境。公共服务是物业管理单位提供的基本服务，内容通常在物业管理委托合同中有明确规定，大致包括以下内容：

（1）物业的公共场地、设施和设备的管理，包括日常运行、保养和维护。

（2）物业公共清洁卫生的管理，包括物业公共场所的日常清扫、保洁、外运、清除及灭杀“四害”等。

（3）物业公共绿地的管理，包括除草、修剪、施肥和杀虫等。

（4）治安管理，配合当地公安机关对物业及其管辖区域进行安全保卫，预防和减少危害、损失。

（5）消防管理，内容包括进行火灾的预防和监控，发生火灾及时向消防部门报告和组织扑救，预防和避免业主、使用人的生命财产损失等。

(6) 车辆和道路管理，内容包括交通秩序的管理和车辆停放的管理；有专门停车场的，可开展车辆保管业务。

(7) 协助有关部门制止违章、违规的各种行为。

(8) 协助主管部门保证物业区域的供水、供电、供气、通信等设施的正常运行。

2. 针对性的专项服务

这是指物业管理企业为改善和提高业主及使用人的工作、生活条件，面向广大业主及使用人，为满足其中一些住户、群体和单位的一定需要而提供的专项服务工作。专项服务的内容主要有以下几大类：

(1) 为业主收洗和缝制衣物，代购日常用品，室内卫生清扫，代购代订车、船、飞机票，接送小孩上下学；

(2) 开办各种商业服务项目，如小型商场、美发厅、修理店等；

(3) 开办各种文化、教育、卫生、体育类场所；

(4) 代办各种保险业务，设立银行分支机构等；

(5) 提供中介服务，如物业销售、租赁、评估、公证等；

(6) 提供带有社会福利性质的各项服务工作。

3. 委托性的特约服务

委托性的特约服务是为满足业主的个别需求，受委托而提供的服务，实际上是专项服务的补充和完善，通常指在物业管理委托合同中未要求，物业管理企业在专项服务中也未设立，而物业产权人、使用人又提出该方面的需求，此时，物业管理企业应在可能的情况下尽量满足其需求，提供特约服务。如小区内老年病人的护理、接送子女上学、照顾残疾人的上下楼梯、为业主及使用人代购生活物品等。

9.2.3　智能化物业管理的作用

多年来国内外的实践证明，智能化物业管理的作用体现在：

1. 可以延长物业使用年限及确保其功能的正常发挥

智能大厦建成后，一要受到自然环境因素的作用而发生损坏，如震力、重力、风力、大气与水的侵蚀作用等；二是在使用过程中要受到人为因素的作用而受到破坏，如设计、施工质量较差，建筑材料不合格，使用不当等情况。因此，随着时间的推移，房屋的结构部位、围护部分、装修、上下水及其设备管道等都将发生不同程度的损坏，如不及时进行维修和加强管理就会影响物业功能的正常发挥，诸如电梯中途停止运行，清水管、便池漏水或屋面漏雨，门锁开关失灵，煤气、供热、空调、供水、供电中断，阳台栏杆、雨棚倒塌，装饰层脱落等，不仅使用功能不能正常发挥，还会过早达到危房程度或损坏，甚至酿成伤害事故，以致影响用户生活(住宅)、工作(写字楼)与生产经营(商用与工业物业)的正常进行。

推行专业化、社会化的物业管理不仅仅在于确保物业在整个使用周期内功能的正常发挥，而且良好的、不间断的专业管理服务还可以使物业的寿命延长。有些智能化小区管理得比较好，使人们在清静、优美、生活方便的环境里安居乐业。但有很多智能化小区因管理不善，在小区内乱搭乱建，环境乱七八糟，房屋刚使用两三年就已面目全非，不仅影响到城市面貌，也给居民的生活、学习和工作带来许多不便。由于管理体制的关系，很多智能化小区至今没有推行专业化、社会化的物业管理，尚在多家分割管理，各自为政。一个住宅区或一幢楼房往往是根据产权或隶属关系分为几家合管或各自分管，有的地方甚至连房屋的电气、卫生设备、上下水管道也实行分割管理，造成互不衔接，出了问题就电话请、上门催，但也难得找到产权单位派技工上门修理。这表明，没有专业化、社会化的物业管理，物业使用年限会大为缩短。

智能化大楼的设施设备日趋大型化、高级化、自动化，初期投资所占比例也越来越大，见表9.1、表9.2和表9.3。

表9.1　各项投资在智能大厦总投资中所占的比例(%)

种类	土建	给排水	空调	电气	升降机
超高层	63.4	5.0	12.6	11.8	7.2
一般	67.8	4.5	13.1	10.1	4.5

表9.2　各项费用在智能大厦总建设中的比例(%)

种类	土建	给排水	空调	电气	升降机	室外
钢筋混凝土	62.62	6.04	14.53	12.75	3.47	0.59
混凝土	70.67	7.1	8.92	10.1	2.75	0.46

表9.3　智能化大厦电气设备费中的比例分配(%)

电气设备	受变电	预备电源	干线动力	电灯插座	电话	防灾	通信
100	23	6	17	34	8	8	4

智能化大楼的寿命成本中各项费用的比例分配见图9.3。

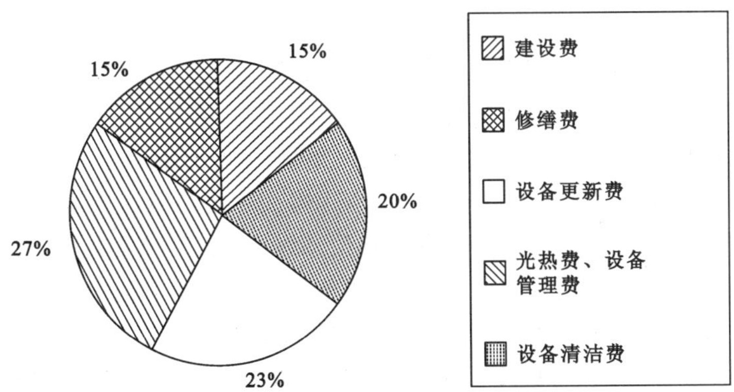

图9.3　寿命周期成本中各项费用的比例

可见，设备的物业管理费用占据了设备寿命周期成本的85%。因此，维持设备的功能、确保设备的高效率、尽量减少设备的故障是发挥设备投资效益的重要环节。

设备在其寿命周期内发生故障的情况与人的一生很相似。在幼儿期对外界的抵抗力弱，死亡率高。随着年龄的增长，死亡率逐渐降低。到青壮年期死亡率最低，且趋于稳定。进入老年期逐渐出现生理上的老化现象，死亡率又开始上升。因此，设备的故障曲线形状像一个浴缸，称之为“浴槽曲线(Bath-tub Curve)”(见图 9.4)。

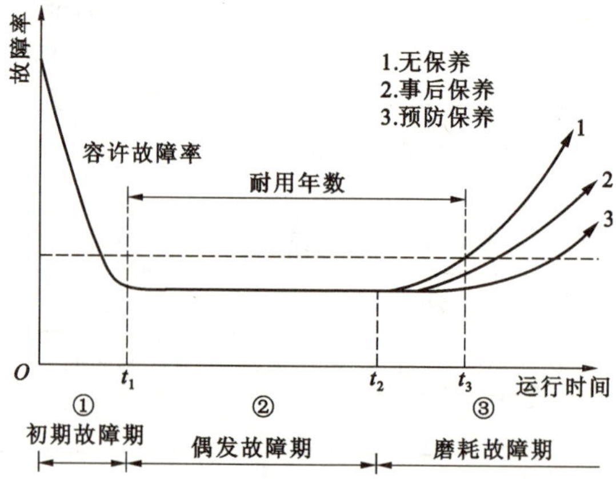

图 9.4 设备故障曲线

图中的 1、2、3 三条曲线分别代表了三种不同的保养方式：(1) 只使用不保养；(2) 事后保养；(3) 预防保养。可见，采取预防保养可以大大延长设备的使用寿命。

在初期故障期，为了减少最初故障率时间，物业设施管理人员要了解装置中寿命最短的部件或组件，并加以特别注意。此外还要了解设计、施工和材料方面的缺陷和不足，找出造成设备不可靠性的原因并加以解决，尽快使设备故障率下降并进入稳定运行状态。为此，物业设施管理人员在大楼的施工安装阶段就应该到位，对工程实施监理并熟悉整个系统，学习运行操作和设备保养的方法和程序。

在偶发故障期，设备的故障率下降到准许故障率之下。此时，应着重提高物业设施管理人员对故障的检测诊断能力和修理能力，加强对物业设施管理人员的教育培训，加强对备品的管理。为减少设备故障率，延长耐用寿命，应进行必要的设计改善。

在磨耗故障期，设备和系统构成接近或达到各自的寿命期，由于零部件的磨损和材质的劣化使故障率上升。如果在磨耗故障期之前将部分零部件更新，可以降低此时的故障率，在磨耗故障期还应精心进行预防保养，定期对零部件进行检测，掌握其劣化程度。同时坚持平时的清扫、给油、调整，减缓零部件的磨损和劣化速度，延长其寿命。

2. 为业主及租户创造和保持一个安全、舒适、文明、和谐的生活与工作环境

物业管理基本分为管理和服务两个方面。管理方面主要是做好户籍、产权、产业、租赁、租金、设备等方面的管理工作；掌握房产的变动和使用情况，使房屋及时得到修理，保持房屋功能；把房屋的数量、建筑形式、完好程度、设备使用情况及时准确地记录下来，随时变更原始记录，这是管理方面的一项经常性工作。服务方面主要是充分保证满足用户要求，及时登门进行日常服务，并超前检修上下水管道、暖气管道，水管的防冻保暖，换纱窗，检修门锁以及修换灯口、电线、开关。另外，及时检修锅炉，保证供暖；及时检修泵房、变电所，保证供水、供电；及时检修煤气管道，保证安全供气；及时检修电梯，保证安全运行。当然，服务中也包括管理，对于房屋、设备必须点交、登记齐全，建立保管卡。向用户点交清楚，明确保管责任。在日常工作中要注意宣传使用房屋设备的常识，并注意设备变化情况。用户迁入或迁出时，要进行清点。

物业售租后服务或物业管理不仅可以使物业及其设备处于完好状态与正常运行及延长使用寿命，而且可以为物业中生活与工作的人们创造和保持一个安全、舒适、文明、和谐的生活与

工作环境和氛围。运作良好的大厦设施有助于工作效率的提高;称心如意的住宅环境有助于人际关系的调适。住宅社会学研究表明,良好的环境不仅能减少烦恼、焦虑、矛盾、摩擦乃至某些危害社会的不良行为,还会形成互助、互谅的社会风气,促进身心健康,乃至提高小孩的学习成绩,这一切是社会稳定和经济增长所必须具备的前提条件。

3. 有利于提高城市管理的社会化和专业化程度

物业管理将分散的社会分工汇集起来统一办理,如清洁、保安、环境绿化、水电等,每个产业人或租住人只需面对物业管理公司一家就能将所有关于房屋和住宅环境的日常事宜办妥,而不必分别面对各个不同部门。物业管理公司可以将房屋的环境卫生承包给专业的清洁公司打扫,向专业保安公司雇聘保安人员,将小区环境绿化承包给专业绿化队,住户只需根据物价部门批准的收费标准,按管理企业的收费通知单连同租金按时一次性交付。这既方便使用者,也便于统一管理。完善的物业管理对物业整个使用周期内的综合管理与服务按合同承包经营。

其管理与服务项目一般包括下列内容:

(1) 房屋及基础设施、公共设施的管理。包括房屋维护与修理、电梯设备维护与开启;园林绿化、道路、路灯、供电设施、供排水管网、自来水加压站、生活污水处理站、煤气与供热等的管理及维修。

(2) 地产管理。主要禁止在所属范围内私搭乱建、乱占、乱堆等非法使用土地。

(3) 综合服务。包括治安——防盗、防火与消防、值勤、看管车辆;环卫——维护区容、区貌,所属范围内室外公共场所的清扫及蓄水池定期清洗等;生活服务,含家务劳动、代送病人去医院、代接送幼儿上学与回家、家用电器修理、代换煤气、代收代交水电煤气供热费用、代办保险与交税、代收与分送信件报刊、传呼电话;宣传合理使用房屋与设备的知识,如不准污染环境(发出噪音、垃圾乱倒)、损坏园林绿化及康乐设施、载重汽车进入小区通道以及在中小学、幼儿园、医疗所门前设摊摆点叫卖等。

(4) 组织有益的社区康乐活动等。这种管理方式大大提高了城市管理的社会化和专业化。

4. 可使物业保值增值

好的物业管理通过不断地"追加劳动",对旧房进行更新改造和室内装修,不仅能使物业及其设备处于完好状态和正常运行,而且可以提高物业的档次和适应性,使物业保值和增值。即使在市场比较疲软的景况下,也能够容易地招徕顾客,出售或出租这些房屋,获取更多的利润或租金,从而产生较高的经济效益。如疏于管理,就可能会造成更多的问题,使新建的住宅区在数年内变成危旧房区。可见,优质的物业管理是最实在、最有效的宣传手段,既可使整个地区的房地产增值,也能为企业带来直接的经济效益。

任务3　智能化工程管理案例

任务描述

通过案例,了解智能化工程施工管理的内容和方法。

任务分析

通过两个案例，分别阐述智能设备的管理方法和建筑智能化系统物业管理的内容，使读者更清晰地了解智能化工程施工管理这一学习情境。

方法与步骤

9.3.1　智能设备管理案例

随着计算机网络管理系统的兴起和发展，使楼宇电气设备进行集中监视、智能化管理成为可能。在此，结合山西日报社新建的 3.3 万 m^2 30 层高的新闻采编大楼的电气设备对智能化管理做一探讨。

1. 智能化管理系统的设计目标及系统划分

以计算机网络管理系统为基础的电气设备智能化管理系统应具备以下条件：(1) 具有高度共享的信息资源；(2) 能够提供舒适的工作环境，提高工作效率；(3) 有利于节约管理费用和运行费用，达到短期投资长期受益的目的；(4) 具有可扩展性和变更性，以适应改造设备和改善工作条件的要求。

由于大楼的设计和设备的配置主要体现在安全性、舒适性和便捷性三个方面的管理内容和服务功能上。据此，系统应划分为中央计算机管理系统、结构化综合布线信息网络系统、程控交换机语言服务系统、供配电管理系统、电梯服务运行控制系统、消防报警及联运控制系统、保安监控系统、中央空调管理系统、给排水系统及卫星接收和有线电视系统。

2. 管理系统的集成模式及组成

管理系统采用南京消防集团公司的 JA-BAS-9000 型楼宇自动化系统，该系统分为四个层，通过总线网络连接而成体系结构，如图 9.5 所示。

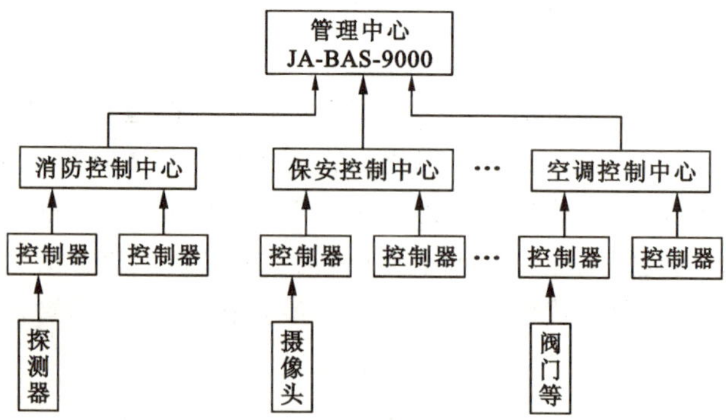

图 9.5　某楼宇自动化管理系统

第一层主要是各种现场设备(如空调系统、给排水系统、供配电系统、消防控制系统及保安系统等)的传感器和执行器。传感器提供了测量手段，把各种运行的物理模拟量转变为电平信号，输入系统作为控制的依据，包括温度、湿度和流量传感器及电压、电流变送器等。执行器提供了控制的手段，如电动阀门、继电器等。

第二层是各种现场设备的控制器，如 R7044 Excel Puls 控制器、Delat Net Mocro Cel 控制器等，负责对各种现场设备的直接控制，因此也称作现场控制站。其主要作用是采集第一层的现场数据作为控制的依据，经相关处理后去控制各种现场设备，并把有关数据（如状态、报警等）传送给第三层的操作站。

第三层是操作站或系统控制中心，完成对整个建筑物中本系统所有现场设备的集中监视和控制。由一台PC机来实现主要功能，包括历史数据的收集，报警信息和各种图形的显示和处理，报表的生成和打印等，并采用现场指定的图形为操作员提供直观的图形接口。

第四层是由若干个第三层的子系统组成中央管理系统。该系统采用集散型控制系统，控制模式采用目前国际上比较先进的控制器集成模式，即采用一套计算机管理系统，一套管理软件和统一的操作系统。各子系统之间是并行处理，资源和任务共享，它们全部集中到中央管理机一级来实现整个建筑物各子系统的综合管理，即将各子系统所采集的控制信号都集成到现场控制器上，通过分布式操作系统软件来调度现场控制器所采集到的信号，并设置信息传送路径，系统的各控制器通过通信的方式（RS-485）与中央管理机相连。各现场控制器独立地完成系统分配给自己的任务，如数据采集、计算、处理、检测及控制等。由于控制器是独立的，使系统的"危险"分散，提高了整个系统的可靠性。由于现场控制器具有RS-485和RS-232通信接口，可以方便地与外部的智能设备或仪表建立通信，相互间进行信息交换。

虽然目前高层建筑的基建经费不足，难以一步到位实现电气设备的计算机系统管理，但在设计、规划及设备选型订货时从长远考虑，已预留了现场条件，如综合布线系统的实施就为高层建筑的智能化集成管理提供了物理基础和骨架。

9.3.2　华为基地科研中心智能化系统的物业管理

随着我国经济和社会的快速发展以及城市现代化建设的不断改进和完善，为满足人们工作和生活的需要，各种形式的智能建筑不断涌现。如何做好这部分物业的管理工作，使其真正达到和满足人们的使用需求，并使物业得到保值增值，便成了物业管理行业日益重视的课题，而智能建筑的管理难度主要体现在建筑内智能化系统的管理。可以设想一下，假如一幢200 m高的智能建筑的建筑自动化（BA）系统因管理不善而瘫痪，那将会是一种什么样的情形？因此，如何做好建筑智能化系统的管理便成为物业工程管理方面的重中之重。

华为技术有限公司深圳基地科研中心是典型的"6A"建筑，即具有建筑自动化（BA）、通信自动化（CA）、办公自动化（OA）、防火自动化（FA）、信息管理自动化（MA）和保安自动化（SA）六大子系统。

该科研中心于2003年3月建成投入使用，建筑面积29.8万m^2，五栋大楼，其中一栋大楼的高度接近100 m，基本上算是高层建筑。五栋大楼形成一个建筑群，其智能化系统是一个整体，高度集成，设备先进，规模之大，是智能建筑当中少见的。其建筑自动化系统采用的是美国江森自控有限公司的产品，监控点超过50000个，曾经是亚太地区最大的BA系统；防火自动化系统采用的是德国西门子公司的产品，有近16000个监控点；保安自动化系统单是摄像机就有1000多台。自2003年3月接管至2006年6月，在接管和运行过程中发现过不少问题，有些甚至是设计方面考虑不周或系统本身存在的问题，严重影响正常使用，在业主的大力支持和积极协调下，问题得到解决，系统不断得到完善，目前智能化系统完全正常运行，设备完好率也一直保持在99.98%以上的高水平。智能化系统方面（包括因智能化系统问题而导致有关的其他系统）的客户投诉为零。之所以能取得如此好的成绩，得益于管理上采取了一些非常实用的手段和方法。

1. 前期介入

这里说的前期介入是指在建筑施工接近尾声、物业尚未正式接管之前的介入。这个阶段的工作重点是让员工特别是管理人员充分熟悉现场环境、各智能系统的设计思想和构成以及设备的具体分布等情况，这对于以后的物业管理工作非常重要。这期间管理人员的另一项重要工作就是要争取参加监理公司组织的工程例会，并与业主、监理公司和各施工单位的人员建立广泛的联系，尽量多获得一些第一手资料，并将发现的设计或施工中存在的缺陷或不利于今后的物业正常使用或管理的问题提出来，以便提前解决。

2. 接管验收注重实效

物业正式接管阶段的工作一定要得到业主、监理公司和施工单位的支持，并与施工单位一起进行，同时要求监理方和施工方对物业管理方发现的问题进行现场确认。接管验收要以国家有关建设工程的验收规范(如《智能建筑工程质量验收规范》、《火灾自动报警系统施工及验收规范》等)和新建智能建筑本身的设计目标、业主需求为依据，制定出一整套严格的实施方案。这样做有两大好处，一是发现的问题可以当场确定，有些也可以立即处理，减少争执；二是在查找缺陷的过程中可以让物业管理人员对系统和设备多一些了解，学到一些实用的东西。在这一阶段主要应做好两方面的工作，一是动员员工按照国家有关新建物业的验收规范要求对接管物业(包括智能化系统)的施工质量和设备质量进行外在的验收，并以统一模板的记录表记录下来，要求施工方现场确认，再将记录的缺陷情况以文件形式发给业主或者监理公司，要求他们协调施工单位处理好。这项工作看似简单，但却可以发现一些相当有价值的缺陷，比如曾发现电动阀的执行器与阀体的连接螺栓没有完全拧好，有些甚至少安装了螺栓，这样安装的电动阀在实际投入使用后其使用性能甚至使用寿命就会大打折扣。又比如曾发现装饰豪华的会议室里的隐蔽喷淋头的装饰盖板居然没有安装，这对原本非常好的视觉效果无疑是一种大的破坏。甚至还发现中央空调的个别空调风柜里的滤网压差传感器的两根进风管居然安装在了风柜的外面，这样的安装与没有安装压差传感器毫无差别，对正常使用后的设备运行、检修都是一个不小的隐患。二是做好系统及设备的功能验收工作，即对各个建筑设备系统及设备本身进行功能测试。这是物业接管验收的重点工作，尤其是对智能化系统。这部分工作就要复杂得多，实施难度也大得多。智能化系统因涉及面广，如科研中心的防火自动化系统就涉及消防水系统、变配电系统、发电机及应急照明系统、中央空调系统、送排风系统、照明系统和电梯系统等，因此，做功能验收(测试)时要动用大量的人力和物力，各相关专业都必须按要求选派精兵强将配合进行，而且要有非常好的组织策划，否则就成了走过场，徒劳无益。那么，如何做好智能化系统的功能测试呢？

首先，要与业主、监理公司、施工单位沟通并达成共识，约定好功能测试的时间、地点、各方负责人、联系方式以及由谁组织制订详细的测试方案(或称测试计划)等。

第二，要有严密的组织和测试计划。在组织对科研中心的消防系统进行功能测试的方案中，主要有两项内容：其一是功能测试总的安排，涉及所有相关单位和所需物资器材等，具体内容包括主持单位、参加单位、功能测试实施单位、测试记录单位、测试记录确认单位、召集人、人员集合地点、测试时间、测试顺序、测试流程、物资准备、现场应急、测试通知等，每一项都力求具体，就连测试用对讲机由谁提供、频率为多少都进行了明确规定；其二是确定测试时分组和各组负责人，以及各方参加测试人员的岗位安排及电话号码，这些内容全部制成表格形式，发至各方负责人及主要参加测试人员的手中。

第三，要根据实际情况制作一整套测试记录表，使测试工作规范化、记录标准化。如当时为火灾自动报警系统功能测试制定的记录表(见表 9.4)就是根据科研中心的实际情况制作的，在表格中有测试地点、测试时间、记录人、记录确认人、触发设备、设备自动联动情况、消防控制室设备状态显示情况等内容，把火警情况下所有设备的运行情况都记录了下来。

表 9.4　某智能化系统楼层消防联动测试记录表

<table>
<tr><td>测试地点</td><td>座 层 分 区</td><td>测试时间</td><td>年 月 日</td><td>记录人</td><td></td><td>记录确认人</td><td></td></tr>
<tr><td>触发设备</td><td colspan="4">自动联动情况</td><td colspan="3">消防总控室设备状态显示情况</td></tr>
<tr><td rowspan="2">烟感 □
温感 □
手报 □
红外报警器 □
(说明：每个防火分区各测试烟感、温感、手报或红外报警器一个点，并分别作一次记录)</td><td colspan="4" rowspan="2">1. 本区域警铃鸣响 □
2. 相邻区域警铃鸣响 □
3. 防火卷帘降落并封闭防火分区和中庭 □
4. 相应区域的加压送风机启动 □
5. 相应区域的排风机启动 □
6. 本区域内所有排烟阀打开 □
7. 本层加压送风阀打开 □
8. 上下层加压送风阀打开 □
9. 本层空调风机停止运行 □
10. 本层消防应急广播启动 □
11. 公共门禁联动开启 □
12. 打印机打印信息正确性 □</td><td>火灾自动报警室</td><td>报警控制中心</td><td>联动控制柜</td></tr>
<tr><td>1. 报警响应 □
2. 报警位置正确 □
3. 设备状态显示正确 □</td><td>1. 报警响应 □
2. 报警位置正确 □
3. 设备状态显示正确 □</td><td>1. 报警响应 □
2. 报警位置正确 □
3. 设备状态显示正确 □</td></tr>
</table>

填表说明：若某项测试正确，在对应□内打“√”；否则在对应□内打“×”。

第四，物业公司内部一定要形成共识，领导要给予大力支持。测试过程同时也是物业管理员工进行现场培训和学习实际操作的过程，通过功能测试能够得到极大的锻炼，使其真正地认识到系统及设备是如何工作的。另外，通过功能测试能及时发现一些大的设计或施工缺陷。比如在对科研中心 BAS 的功能测试中就发现 F1(楼宇名称)一层 8 号空调机回风管的温度传感器安装在 5 号空调机的回风管上，致使中控室 BAS 系统无法对 8 号空调机进行有效监控。再比如，因 BAS 设计时考虑不周，将高杆灯、矮杆灯、景观照明灯、泛光灯等各种室外照明设备进行分片区由同一控制点进行控制，未考虑到这些灯一般是不会同时启用的，因而达不到使用要求。因此，功能测试意义重大。测试完成后，还应对测试结果进行汇总分析，并交给相关单位进行整改。如有必要，还应进行第二次功能测试，以验证整改效果。

当然，接管验收并不能发现和解决所有问题，有些问题是需要一定时间才能发现的，这就需要根据国家《房屋建筑工程质量保修办法》等规章，与业主、监理公司及施工单位签署接管验收谅解备忘录，明确规定在施工单位保修期内发现的设计、施工或系统本身存在的问题，有关设计或施工方照常承担整改责任。比如，科研中心防火自动化系统的电脑 LMS 图文显示系统接管不久就出现图形无故消失的现象，重新启动后又恢复正常。经确认是电脑 LMS 图文显示系统本身存在严重缺陷，在现场处理后未能得到解决的情况下，将问题反馈到施工单位，施工单位在对问题进行研究后更换了操作系统软件，并对系统作了改进，目前系统完全正常工作。

3. 日常管理规范化、标准化

一般情况下，物业公司本身就有一套现成的管理体系，但每一个物业管理项目可能有其独特性，因此，物业接管之后要立即着手制定适合本项目的管理体系。在智能化系统方面也要制定相关制度，做到工作规范化、标准化，岗位职责具体化，可操作性强，效果好。如对科研中心建筑自动化(BA)系统的设备和员工管理中就制定了如下措施：

(1) 建立明确的岗位职责，如《中控室操作员岗位职责》、《弱电维修工岗位职责》等。

(2) 建立日常运行维修制度，明确日检、周检、月检的检修内容和检修标准，并要求每半年对整个系统进行一次全面的功能测试，便于及时发现问题和解决问题。

(3) 设计一套符合实际、实用的记录表格，做到事事有记录。如科研中心 BAS 的日常运行维修表格有 5 张，包括设备运行参数更改记录表、设备故障维修记录表、中控室 BAS 运行记录表、设备保养记录表、员工临时申请空调、照明记录表；功能测试表格有 12 张，分门别类，简单明了。

(4) 做好设备台账或设备清单。在设备清单中，设备的名称、品牌、型号/规格、出厂编号、安装编号、安装位置、安装数量等应当一应俱全。

(5) 做好竣工资料的接管和保管、借阅工作。

(6) 重视与业主及设备维修保养单位的沟通，并对维修保养单位实施有效监管和定期评估工作，以督促维修保养单位切实履行维修保养职责。

4. 重视员工业务能力的培养

物业管理行业属于服务性行业，主要成本就是人力成本，主要资源也就是人力资源，因此要牢固树立“以人为本”的经营理念，注重员工业务能力、综合素质的培养和队伍建设。由于业主招标物业管理项目一般都是在物业建设快完工或原物业管理合同快结束时才进行的，再加上物业管理属于微利行业，物业公司不可能事先闲置着大批员工，而每一个中标的物业管理项目的工作人员(除少数管理人员以外)基本上都是临时招聘的。也正是因为这个原因，员工的素质参差不齐，要想让员工很快适应环境并形成战斗力，就必须采取一些有效措施。在员工业务能力培养上主要从以下几个方面着手：

(1) 通过早期介入，让员工熟悉现场环境和设备分布。

(2) 接管验收开始之前，通过业主支持和协调，请设计单位、施工单位的工程技术人员给员工讲解系统的设计思想、系统构成、设备分布、运行维修注意事项等理论知识，并到现场进行实操训练。

(3) 利用接管验收的机会，让员工更直接、更广泛地接触系统，使接管验收成为综合培训员工的课堂。

(4) 建立设备运行维护共同管理期。一般情况下，新安装的设备从投入使用到完全正常运行都需要一个磨合期，时间因不同设备而定，在磨合期内设备最容易暴露出问题。而新建智能建筑的设备都是刚安装到位，有些设备甚至还处于调试阶段，加上刚到岗的员工对整个系统及设备都不熟悉，也需要有一个“磨合期”。因此，在设备磨合期，与施工单位建立设备运行维护共同管理期是很有必要的，并且要求施工方在共管期间必须教会物业公司的岗位员工熟悉操作流程和操作方法，达到独立工作的目的。科研中心消防系统的设备运行维护共管期就是在消防系统的物业接管工作会议上确定的。通过一个月的磨合，员工的业务能力得到大幅提升，基本达到独立运行维护的要求。

（5）定期组织员工进行业务知识培训，包括理论和实践两个方面，以不断提高员工的专业知识和专业技能。

情境小结

楼宇智能化系统使用期限的长短、工作效率和工作精度的高低既取决于系统本身的结构和精度性能，也在很大程度上取决于对它的操作、维护和管理情况。正确地使用智能化设备可以防止发生非正常损失和避免突发性故障，使设备保持良好的工作性能和应有的精度；而精心维护设备则可以改善设备技术状态，延缓劣化进程，消灭隐患于萌芽状态，保证设备的安全运行，延长使用寿命，提高使用效率。本情境应重点掌握如下几点：

（1）掌握楼宇智能化物业管理的作用；

（2）熟悉楼宇设备运行管理的内容；

（3）了解楼宇设备的增建、改造管理程序。

习　题

1. 简述智能化物业管理应实现哪些目标和内容。
2. 楼宇智能化管理的作用有哪几点？
3. 楼宇设备的运行管理主要包括哪些基本内容？
4. 楼宇设备管理的人员编制有何特点？
5. 楼宇设备的增建、改造管理应有哪些要求？
6. 智能化物业管理的作用是什么？

参考文献

1 胡崇岳.智能建筑自动化技术.北京:机械工业出版社,1999

2 梁华.建筑弱电工程设计手册.北京:中国建筑工业出版社,1999

3 沈瑞珠.楼宇智能化技术.北京:中国建筑工业出版社,2004

4 薛颂石.智能建筑与综合布线系统.北京:人民邮电出版社,2002

5 蒋永琨,王世杰.高层建筑防火设计实例.北京:中国建筑工业出版社,2004

6 韩宁,刘国林.综合布线.北京:人民邮电出版社,2000

7 郑李明,徐鹤生.安全防范系统工程.北京:高等教育出版社,2004

8 杨志,邓仁明,周齐国.建筑智能化系统及工程应用.北京:化学工业出版社,2002

9 孙景芝,韩永学.电气消防.北京:中国建筑工业出版社,2000

10 刘晓胜,吴乐南,周爽.智能小区系统工程技术导论.北京:电子工业出版社,2001

11 朱立彤,孙兰.智能建筑设计与施工系列图集(5).北京:中国建筑工业出版社,2003

12 薛颂石.智能建筑设计与施工系列图集(3).北京:中国建筑工业出版社,2002

13 景政刚.智能建筑设计与施工系列图集(4).北京:中国建筑工业出版社,2003

14 郑强等.智能建筑设计与施工系列图集(2).北京:中国建筑工业出版社,2002

15 建筑工程设计施工系列图集.北京:中国建筑工业出版社,2003